이렇게만 **공**부하면 **자**격증딴다!

DIAT 디지털정보활용능력
프리젠테이션
(파워포인트 2021)

발 행 일 : 2025년 11월 03일(1판 1쇄)
I S B N : 979-11-92695-83-9(13000)
정   가 : 17,000원

집   필 : KIE기획연구실
진   행 : 김동주
본문디자인 : 아카데미소프트 편집팀

발 행 처 : (주)아카데미소프트
발 행 인 : 유성천
주   소 : 경기도 파주시 정문로 588번길 24
홈페이지 : www.aso.co.kr

※ 이 책은 저작권법에 따라 보호를 받는 저작물이므로 무단 전재와 무단 복제를 금지하며,
    이 책 내용의 전부 또는 일부를 이용하려면 반드시 (주)아카데미소프트의 서면동의를 받아야 합니다.

CONTENTS

PART 01 DIAT 시험 안내 및 자료 사용 방법

시험안내 01	DIAT 시험 안내	4
시험안내 02	DIAT 자료 사용 방법	6
시험안내 03	DIAT 교재 사용 방법	13

PART 02 출제유형 완전정복

출제유형 01	페이지 설정 및 슬라이드 마스터	16
출제유형 02	[슬라이드1] 제목 도형	24
출제유형 03	[슬라이드1] 본문 도형	30
출제유형 04	[슬라이드1] 그림 및 텍스트 상자	36
출제유형 05	[슬라이드1] 애니메이션	42
출제유형 06	[슬라이드2] 소제목 도형	48
출제유형 07	[슬라이드2] 본문 도형	58
출제유형 08	[슬라이드2] SmartArt 삽입	70
출제유형 09	[슬라이드3] 표	78
출제유형 10	[슬라이드3] 차트	84
출제유형 11	[슬라이드3] 텍스트 상자 및 배경	98
출제유형 12	[슬라이드4] 본문 도형	106
출제유형 13	[슬라이드4] WordArt	122

PART 03 출제예상 모의고사

모의고사 01	제 01 회 출제예상 모의고사	128
모의고사 02	제 02 회 출제예상 모의고사	133
모의고사 03	제 03 회 출제예상 모의고사	138
모의고사 04	제 04 회 출제예상 모의고사	143
모의고사 05	제 05 회 출제예상 모의고사	148
모의고사 06	제 06 회 출제예상 모의고사	153
모의고사 07	제 07 회 출제예상 모의고사	158
모의고사 08	제 08 회 출제예상 모의고사	163
모의고사 09	제 09 회 출제예상 모의고사	168
모의고사 10	제 10 회 출제예상 모의고사	173
모의고사 11	제 11 회 출제예상 모의고사	178
모의고사 12	제 12 회 출제예상 모의고사	183
모의고사 13	제 13 회 출제예상 모의고사	188
모의고사 14	제 14 회 출제예상 모의고사	193
모의고사 15	제 15 회 출제예상 모의고사	198

PART 04 최신유형 기출문제

기출문제 01	제 01 회 최신유형 기출문제	204
기출문제 02	제 02 회 최신유형 기출문제	209
기출문제 03	제 03 회 최신유형 기출문제	214
기출문제 04	제 04 회 최신유형 기출문제	219
기출문제 05	제 05 회 최신유형 기출문제	224
기출문제 06	제 06 회 최신유형 기출문제	229
기출문제 07	제 07 회 최신유형 기출문제	234
기출문제 08	제 08 회 최신유형 기출문제	239
기출문제 09	제 09 회 최신유형 기출문제	244
기출문제 10	제 10 회 최신유형 기출문제	249

※ 부록 : 시험직전 모의고사 3회분 수록

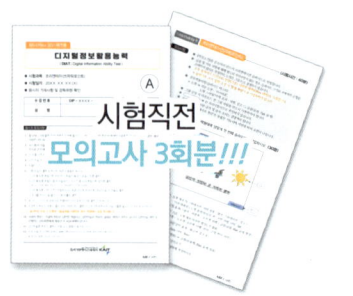

PART 01
DIAT 시험 안내 및 자료·교재 사용 방법

- ☑ **시험안내 01** DIAT 시험 안내
  - ☑ 디지털정보활용능력(DIAT) 시험 과목 및 합격 기준
  - ☑ 디지털정보활용능력(DIAT) 검정 기준

- ☑ **시험안내 02** DIAT 자료 사용 방법
  - ☑ 자료 다운로드 방법
  - ☑ 아카데미소프트의 코딩아지트에서 개발한 '온라인 답안 시스템'
  - ☑ 아카데미소프트의 코딩아지트에서 개발한 '개인용 채점 프로그램(MAG_Personal)'

- ☑ **시험안내 03** DIAT 교재 사용 방법
  - ☑ 출제유형 완전정복 사용 방법
  - ☑ 출제예상 모의고사/최신유형 기출문제 사용 방법

PART 01 DIAT 시험 안내 및 자료·교재 사용 방법

DIAT 시험 안내

- ☑ 디지털정보활용능력(DIAT) 시험 과목 및 합격 기준
- ☑ 디지털정보활용능력(DIAT) 검정 기준

1. 디지털정보활용능력(DIAT / Digital Information Ability Test)

- 컴퓨터와 인터넷을 이용한 정보가 넘쳐나고 사물과 사물 간에도 컴퓨터와 인터넷이 연결된 디지털정보시대에 기본적인 정보통신기술, 정보처리기술의 활용분야에 대해 학습이나 사무업무를 수행할 수 있도록 종합적으로 묶어 효과적으로 구성한 자격종목
- 총6개 과목으로 구성(작업식 5개 과목, 객관식 1개 과목)되어 1개 과목만으로도 자격취득이 가능하며 합격점수에 따라 초·중·고급자격이 부여
- 과목별로 시험을 응시하며 시험 당일 한 회차에 최대 3개 과목까지 응시 가능

2. 필요성

- 사무업무에 즉시 활용 가능한 작업식 위주의 실기시험
- 정보통신·OA·멀티미디어·인터넷 등 분야별 등급화를 통한 실무능력 인증

3. 자격 종류

- 자격구분 : 공인민간자격
- 등록번호 : 2008-0265
- 공인번호 : 과학기술정보통신부 제2020-2호

4. 시험 과목

검정과목	사용프로그램	검정방법	문항수	시험시간	배점
프리젠테이션	- MS 파워포인트 2021 - 한컴오피스 한쇼 2022	작업식	4문항	40분	200점
스프레드시트	- MS 엑셀 2021 - 한컴오피스 한셀 2022	작업식	5문항	40분	200점
워드프로세서	- 한컴오피스 한글 2022	작업식	2문항	40분	200점
멀티미디어제작	- 포토샵/곰믹스 for DIAT - 곰픽/곰믹스 for DIAT	작업식	3문항	40분	200점
인터넷정보검색	- 인터넷	작업식	8문항	40분	100점
정보통신상식	- CBT 프로그램	객관식	40문항	40분	100점

합격기준
- 고급 : 해당과제의 80% ~ 100% 해결능력
- 중급 : 해당과제의 60% ~ 79% 해결능력
- 초급 : 해당과제의 40% ~ 59% 해결능력

※ 검정 수수료 및 시험 일정은 www.ihd.or.kr 홈페이지 하단의 [자격안내]에서 확인할 수 있습니다.

5. DIAT 프리젠테이션 검정 기준

과목	대분류	중분류	소분류	문제수
프리젠테이션		프리젠테이션 구성	1-1. 프리젠테이션 만들기와 열기	4
			1-2. 프리젠테이션 저장과 닫기	
			1-3. 프리젠테이션 모양 만들기	
			1-4. 슬라이드 마스터	
		슬라이드 작성	2-1. 슬라이드 편집과 보기	
			2-2. 텍스트 추가와 서식	
			2-3. 단락 서식	
			2-4. 맞춤법 검사와 자동 고침	
			2-5. 슬라이드 노트와 유인물	
			2-6. 머리글 및 바닥글	
			2-7. 슬라이드 번호, 날짜/시간 등 입력	
		도형 및 개체 활용	3-1. 도형 및 이미지 삽입 및 편집	
			3-2. 선, 연결선, 테두리 추가	
			3-3. 특수 텍스트(워드아트, 클립아트, 다이어그램 등) 효과 만들기	
			3-4. 채우기, 3차원 효과	
			3-5. 개체 이동과 대칭	
		수식, 표, 차트	4-1. 수식 작업	
			4-2. 표 삽입 및 편집	
			4-3. 차트 삽입 및 편집, 데이터 입력	
		슬라이드 쇼	5-1. 슬라이드 쇼 디자인	
			5-2. 애니메이션 슬라이드	
			5-3. 시간과 화면 전환	
			5-4. 음향, 동영상 추가	
			5-5. 슬라이드 쇼 실현과 제어	
			5-6. 웹에서 프리젠테이션 열기와 찾기	
			5-7. 웹에 게시	
합 계				4

6. DIAT 회원 가입 및 시험 접수 안내

❶ 아카데미소프트(https://aso.co.kr) 홈페이지 자료실에 **PDF**로 제공합니다.
❷ [자료실]-[공지]-'DIAT 회원 가입 PDF 및 시험 접수 안내' 파일을 클릭

PART 01 DIAT 시험 안내 및 자료·교재 사용 방법

DIAT 자료 사용 방법

☑ 자료 다운로드 방법 ☑ 온라인 답안 시스템
☑ 개인용 채점 프로그램

1. 자료 다운로드 방법

❶ 웹 브라우저를 실행하여 아카데미소프트(https://aso.co.kr) 홈페이지에 접속합니다. 이어서, [교재소개]-[DIAT 자격증]-[26 DIAT 파포 2021(좌)] 교재를 클릭합니다.

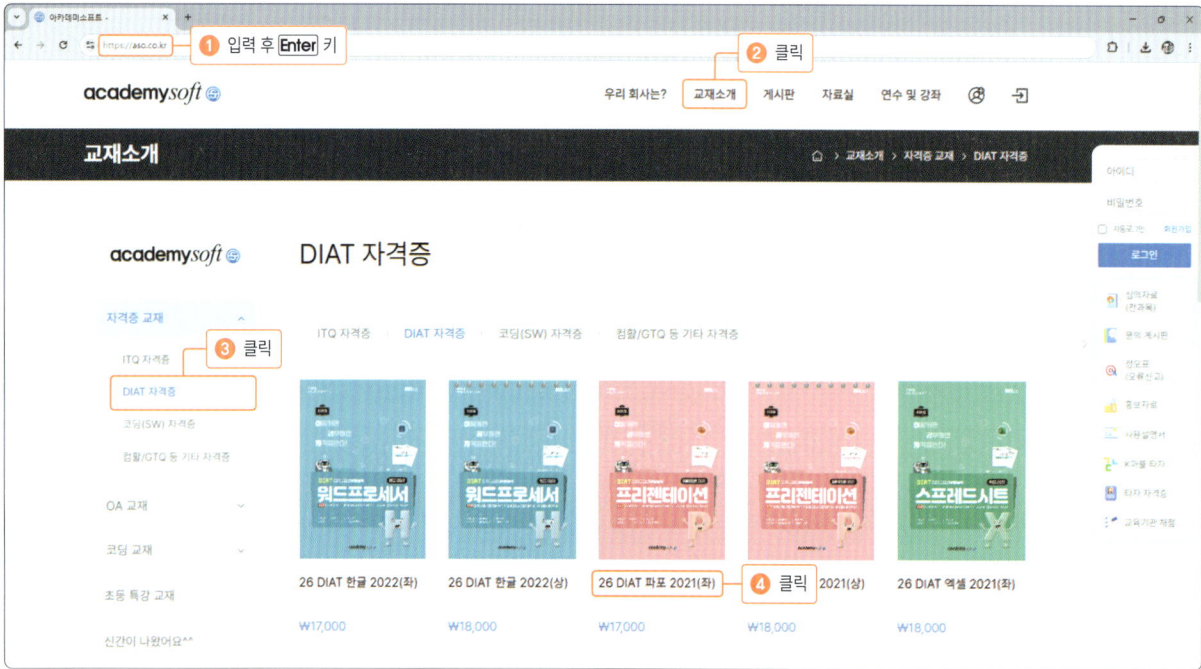

❷ 교재 이미지 오른쪽에 [교재 학습자료]를 클릭하면 [다운로드] 폴더에 저장됩니다.

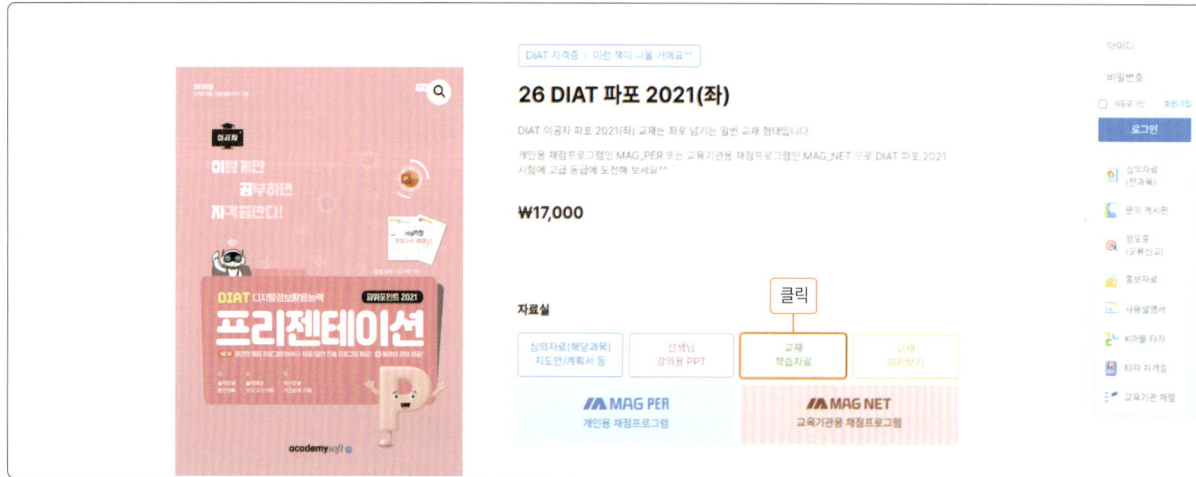

2. 아카데미소프트의 코딩아지트에서 개발한 '온라인 답안 시스템'

❶ 온라인 답안 시스템

[MAG PER 개인용 채점 프로그램·답안 전송] 프로그램은 **수험자 연습용 답안 전송 프로그램**이기 때문에 **서버에서 제어가 되지 않는 개인용 버전**입니다. 실제 시험 환경을 미리 확인하는 차원에서 테스트하시기 바랍니다.

※ 해당 '온라인 답안 시스템'은 변경된 DIAT 시험 버전에 맞추어 수정된 최신 버전의 프로그램입니다.

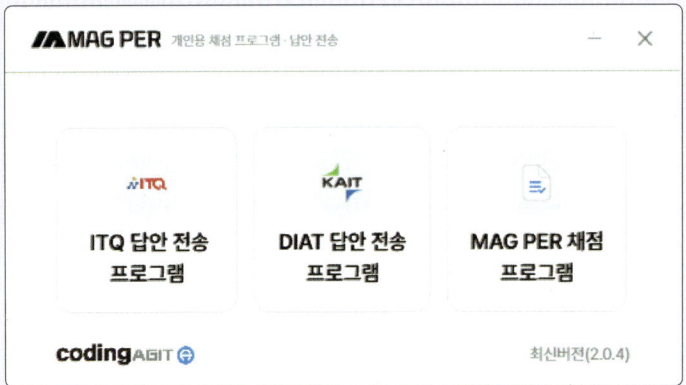

❷ [개인용 채점프로그램]을 클릭하여 다운로드한 다음 [ASO_MAG_PER_250912] 파일을 압축 해제합니다. 이어서, [ASO_MAG_PER_250912] 폴더에서 **'개인용 채점 프로그램(MAG_Personal)_실행 파일'**을 더블클릭하여 실행합니다.

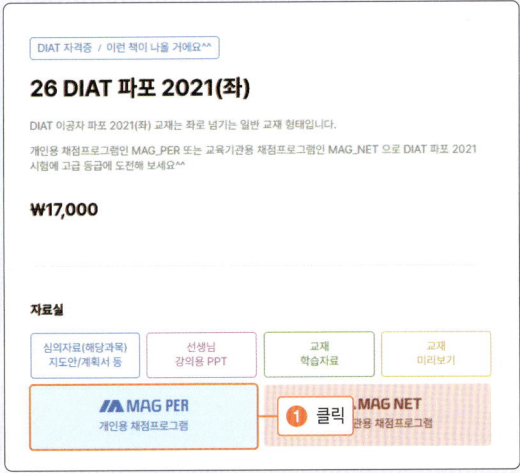
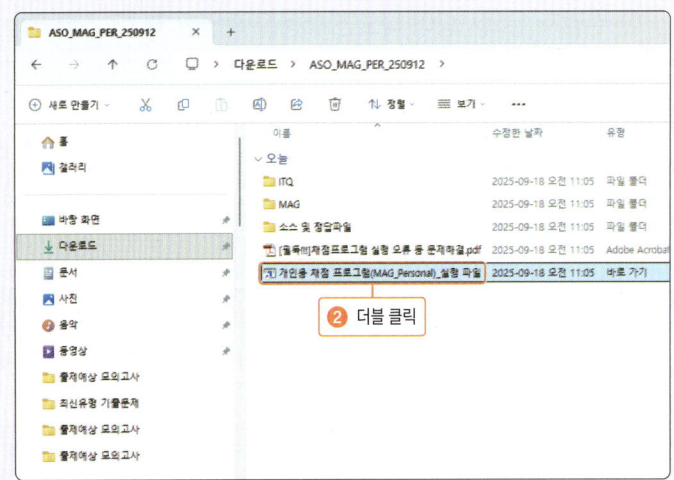

❸ 〈DIAT 답안 전송 프로그램〉 단추를 클릭합니다.

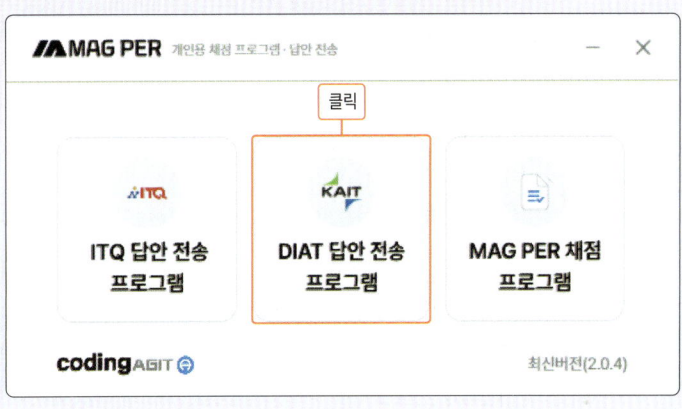

❹ 답안 전송 프로그램이 실행되면 '수검번호'에서 목록 단추를 클릭하여 해당 과목을 선택합니다.

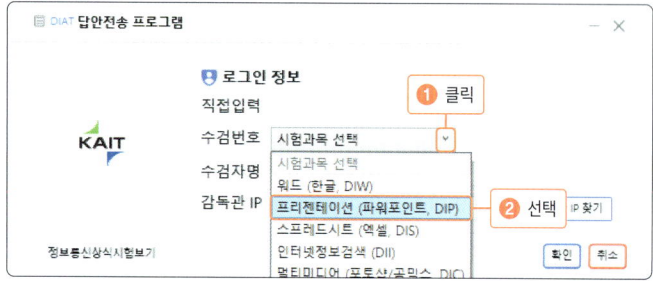

❺ 과목 선택이 끝나면 '수검번호' 및 '수검자명'을 입력한 다음 〈감독관 IP 찾기〉 단추 및 〈확인〉 단추를 클릭합니다.
  ※ 데모용 연습 프로그램이기 때문에 '수검번호' 및 '수검자명'은 본인이 원하는 내용을 입력하세요.

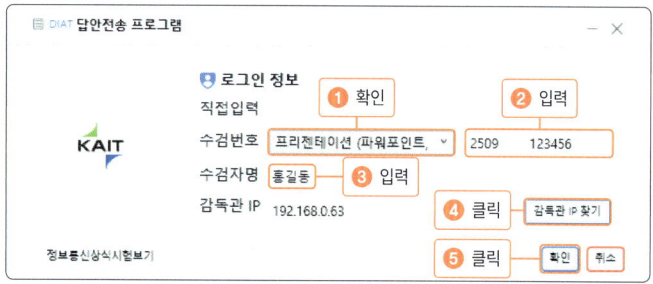

❻ 수검자 유의사항이 나오면 내용을 확인한 후 [마스터 키] 칸을 클릭하고 Enter 키를 누릅니다.

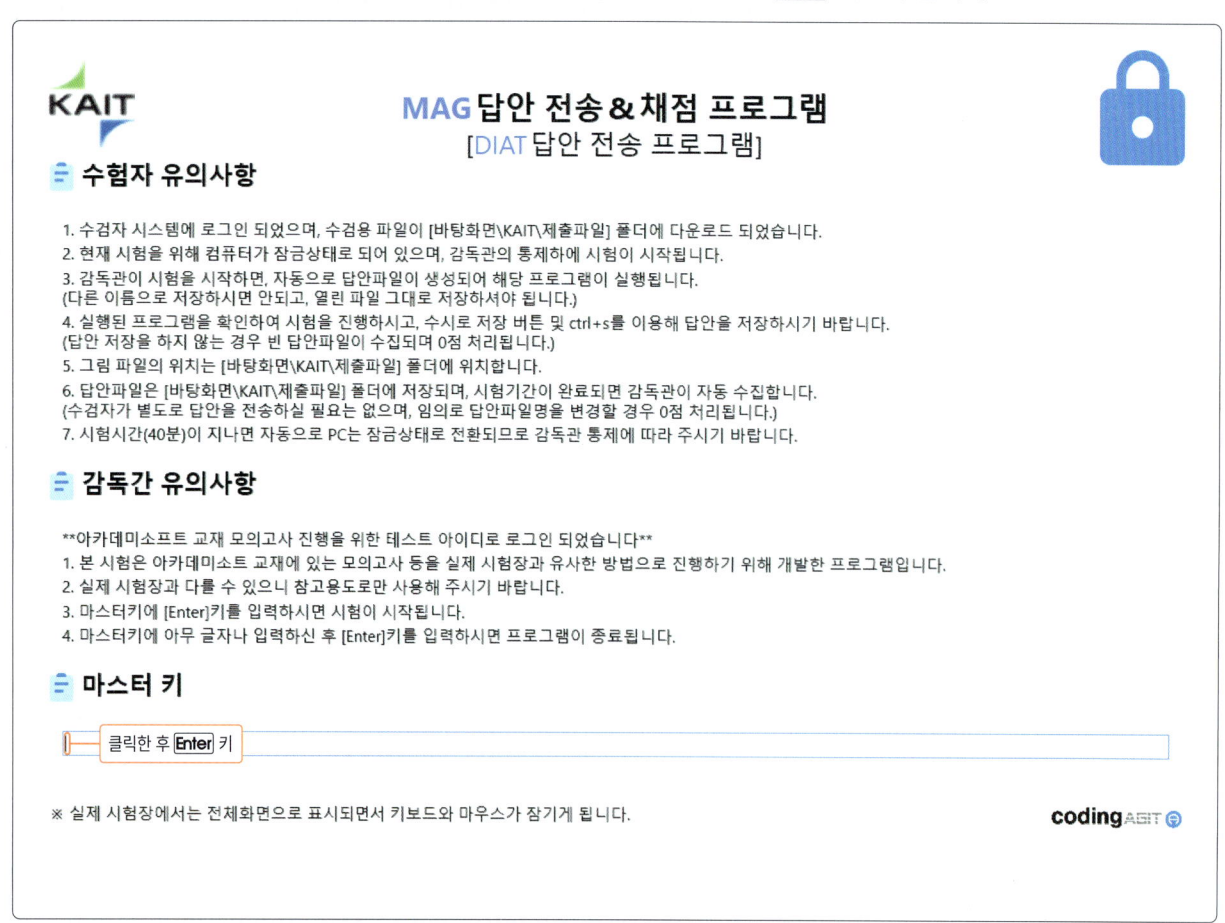

❼ 시험이 시작됨과 동시에 해당 프로그램이 자동으로 실행되면서 답안 파일이 자동으로 열립니다. 이어서, 남은 시간을 확인하면서 답안을 작성합니다.

※ 시험을 강제로 종료하고자 할 때는 〈강제종료〉 단추를 클릭한 후 '비밀번호(0000)'를 입력한 다음 〈확인〉 단추를 클릭합니다.

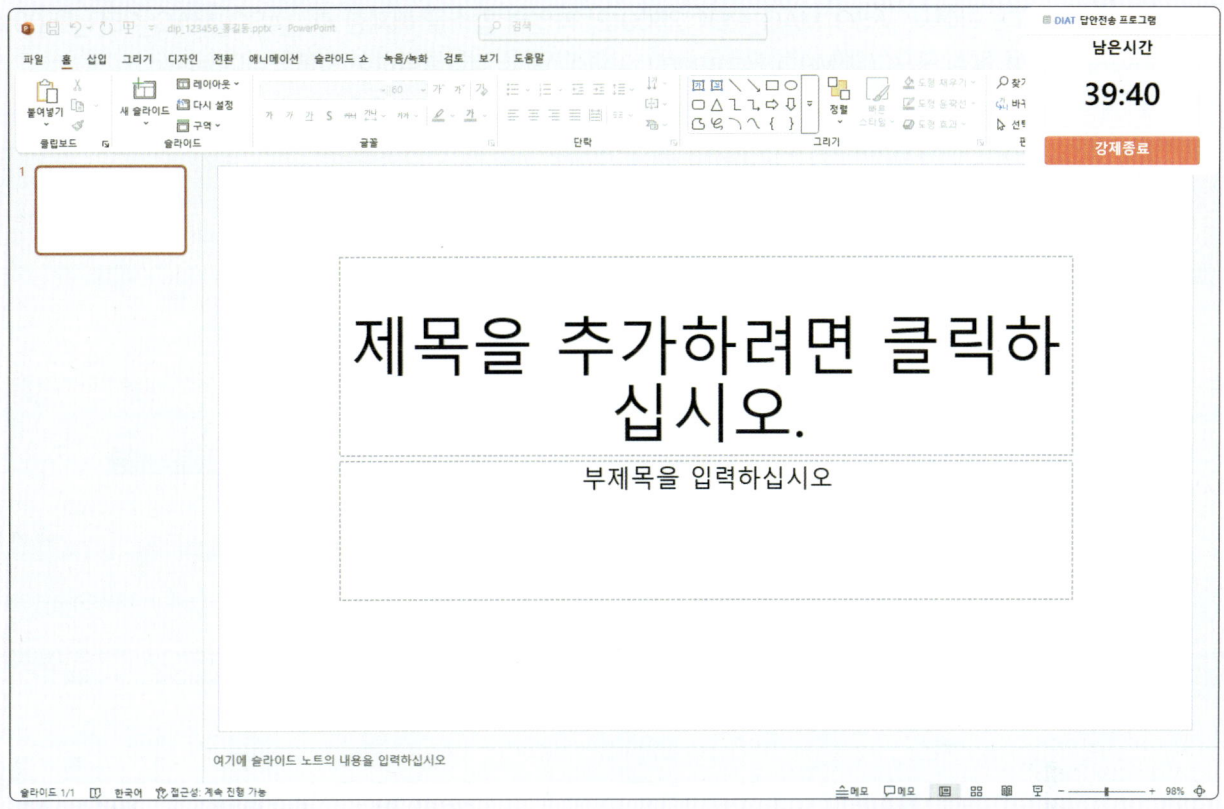

3. 아카데미소프트의 코딩아지트에서 개발한 '개인용 채점 프로그램(MAG_Personal)'

❶ 자동 채점 프로그램은 작성한 답안 파일을 정답 파일과 비교하여 틀린 부분을 찾아주는 프로그램입니다. 프로그램 상의 한계로 100% 정확한 채점은 어렵기 때문에 참고용으로 사용하시기 바랍니다.

❷ [아카데미소프트 홈페이지]-[자격증 교재]에서 해당 교재를 클릭하고 교재 이미지 오른쪽에 [개인용 채점프로그램] 클릭합니다. 이어서, [ASO_MAG_PER_250912] 파일의 압축을 해제한 후 [ASO_MAG_PER_250912] 폴더에서 '개인용 채점 프로그램(MAG_Personal)_실행 파일'을 더블클릭하여 실행합니다.

※ 채점 프로그램 폴더는 임의로 이름을 변경하거나 삭제하면 작동되지 않습니다.

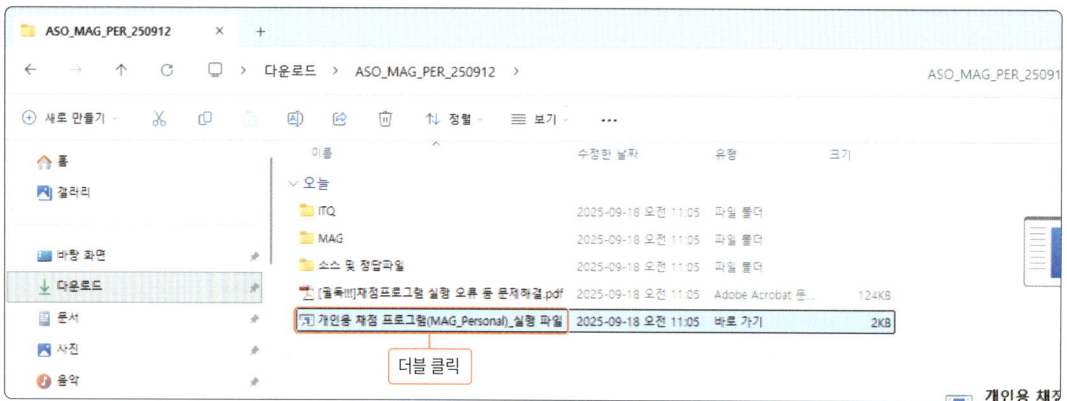

❸ 〈MAG PER 채점 프로그램〉 단추를 클릭합니다.

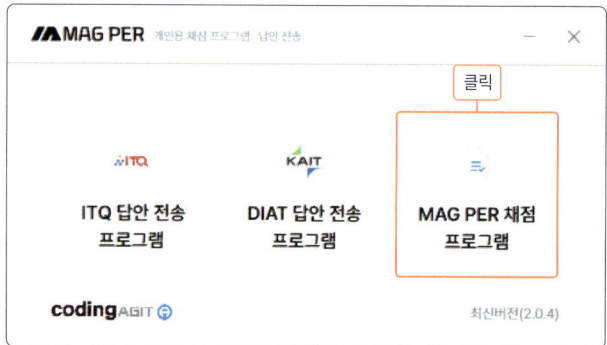

❹ [MAG PER_개인용 채점프로그램]이 실행되면 [DIAT 자격증]을 클릭한 후 채점하고자 하는 표지 아래 〈채점시작〉 단추를 클릭합니다.

❺ [MAG PER_개인용 채점프로그램] 대화상자가 나오면 [정답 파일]에서 〈불러오기〉 단추를 클릭합니다. 이어서, [열기] 대화상자가 나오면 채점에 사용할 정답 파일을 선택한 후 〈열기〉 단추를 클릭합니다.

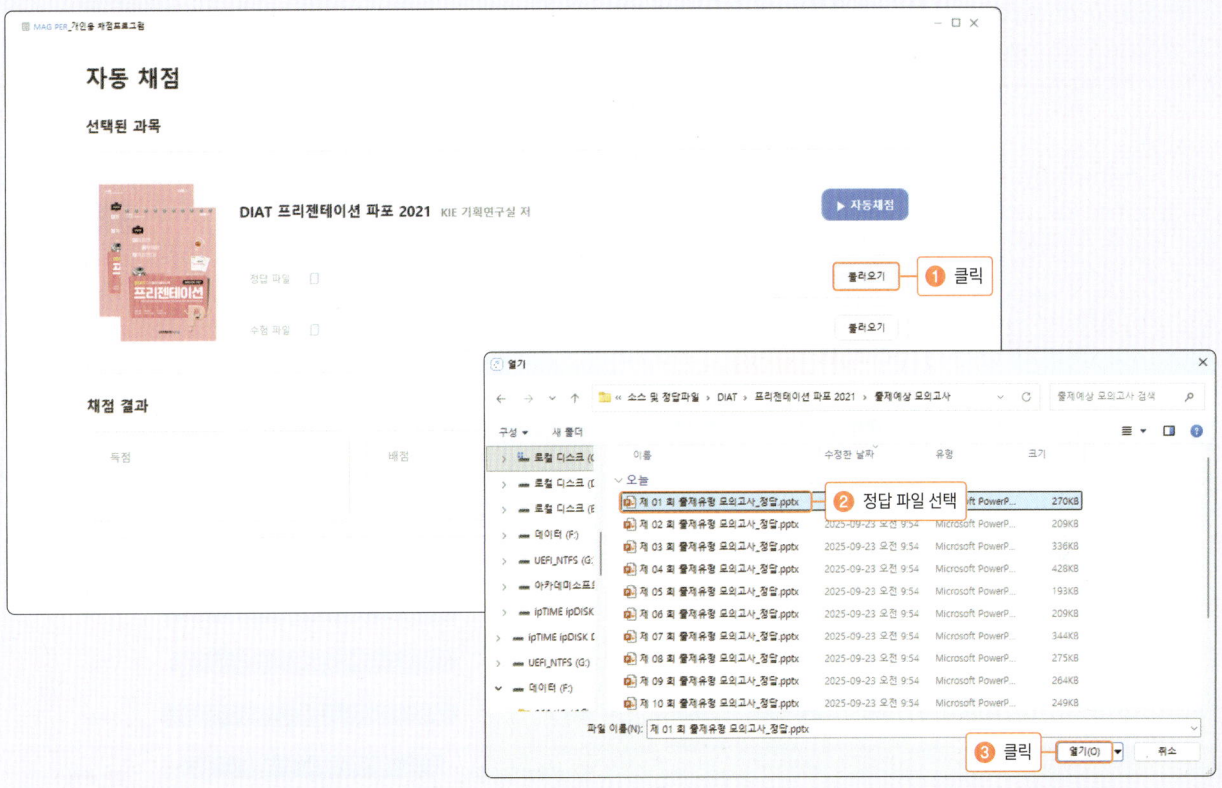

❻ 정답 파일이 열리면 [수험 파일]에서 〈불러오기〉 단추를 클릭합니다. 이어서, [열기] 대화상자가 나오면 정답 파일과 비교하여 채점할 학생 답안 파일을 선택한 후 〈열기〉 단추를 클릭한 다음 〈자동채점〉 단추를 클릭합니다.

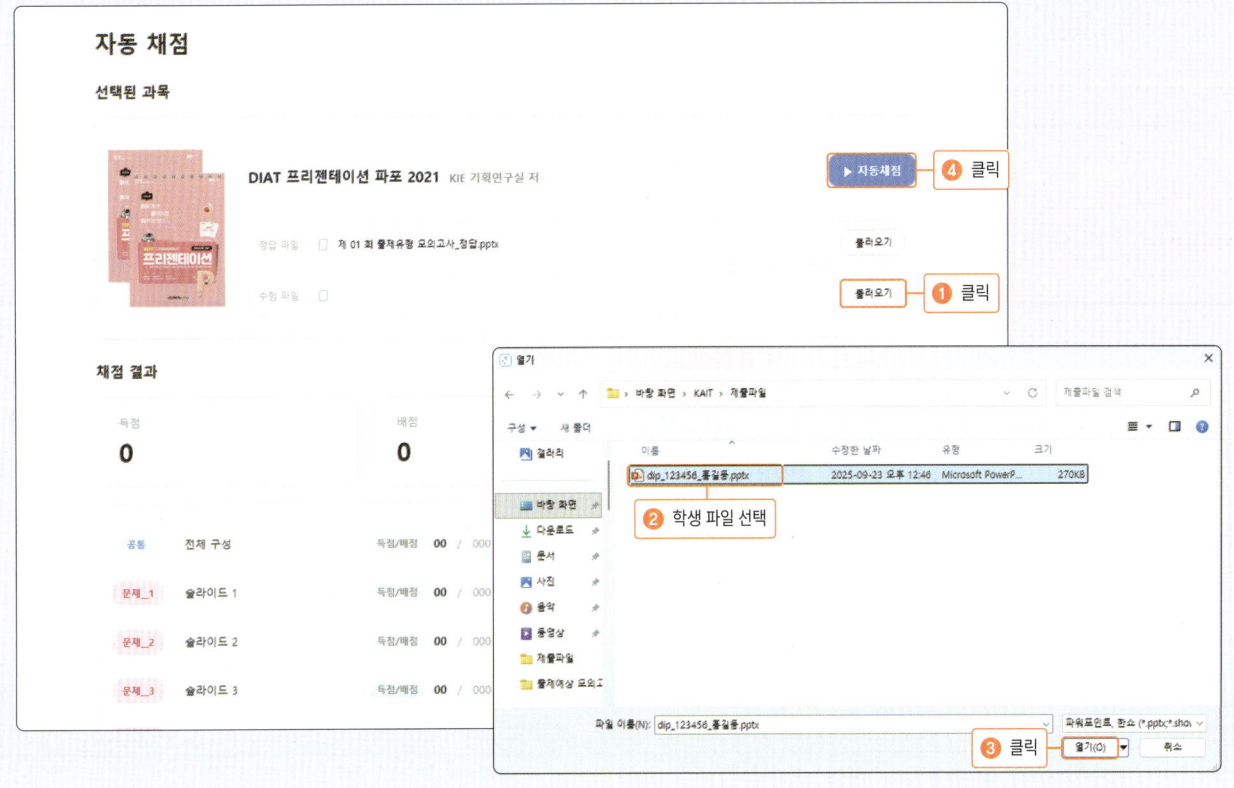

❼ 채점이 완료되면 문제별 전체 점수에서 맞은 점수를 확인하실 수 있습니다. 각 기능별로 자세하게 틀린 부분을 확인 할 때는 문제별 오른쪽에 〈상세결과〉 단추를 클릭하여 [정답] 항목과 비교하여 틀린 부분을 다시 확인합니다.

▲ 상세결과 페이지

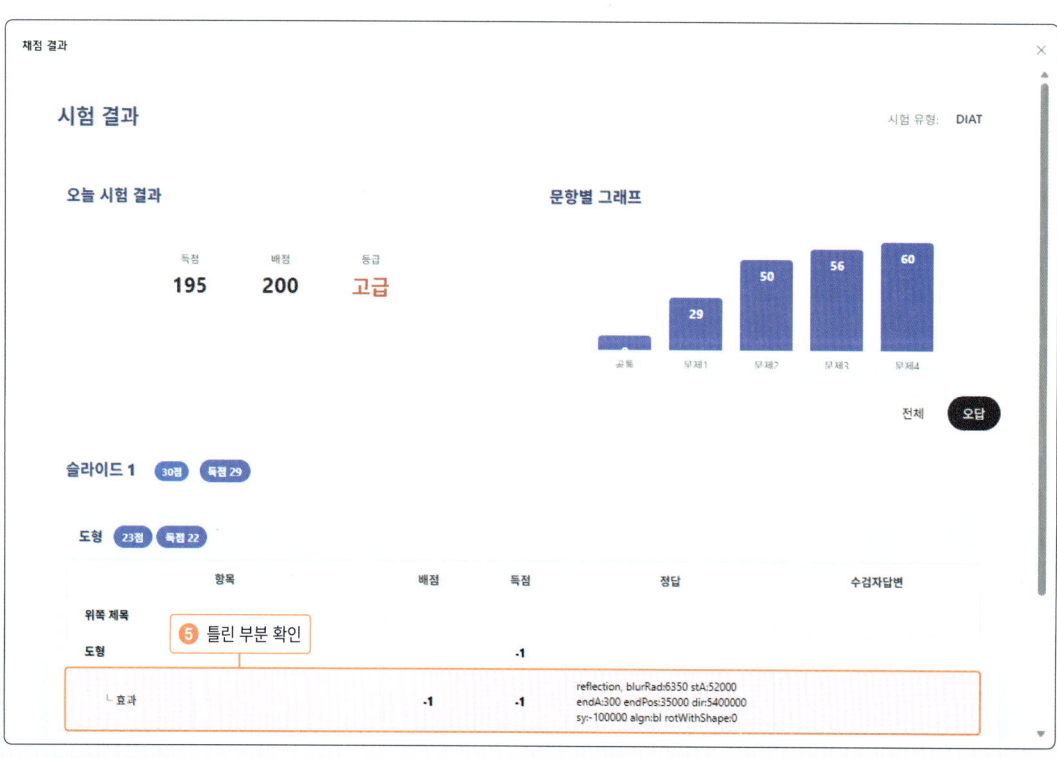

▲ 틀린 부분 확인

PART 01 DIAT 시험 안내 및 자료·교재 사용 방법

DIAT 교재 사용 방법

☑ 출제유형 완전정복 사용 방법
☑ 출제예상 모의고사/최신유형 기출문제 사용 방법

1. 출제유형 완전정복 사용 방법

❶ 출제유형 완전정복의 작성 시간과 권장 시간을 활용합니다.

※ **작성 시간** : 수험자가 문제를 해결하는데 걸린 시간을 기록합니다.
※ **권장 시간** : 전체 시간을 배분하여 해당 문제를 해결하는데 필요한 권장 소요 시간입니다.

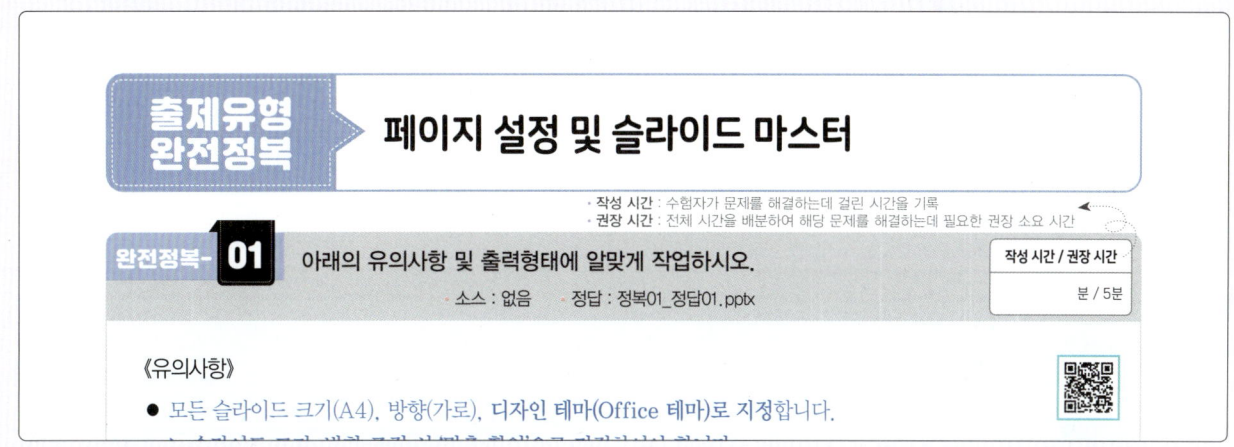

2. 출제예상 모의고사/최신유형 기출문제 사용 방법

❶ 출제예상 모의고사/최신유형 기출문제의 작성 시간과 채점 결과를 활용합니다.

※ **채점 결과** : [MAG PER_개인용 채점프로그램]을 활용하여 점수를 기록합니다.

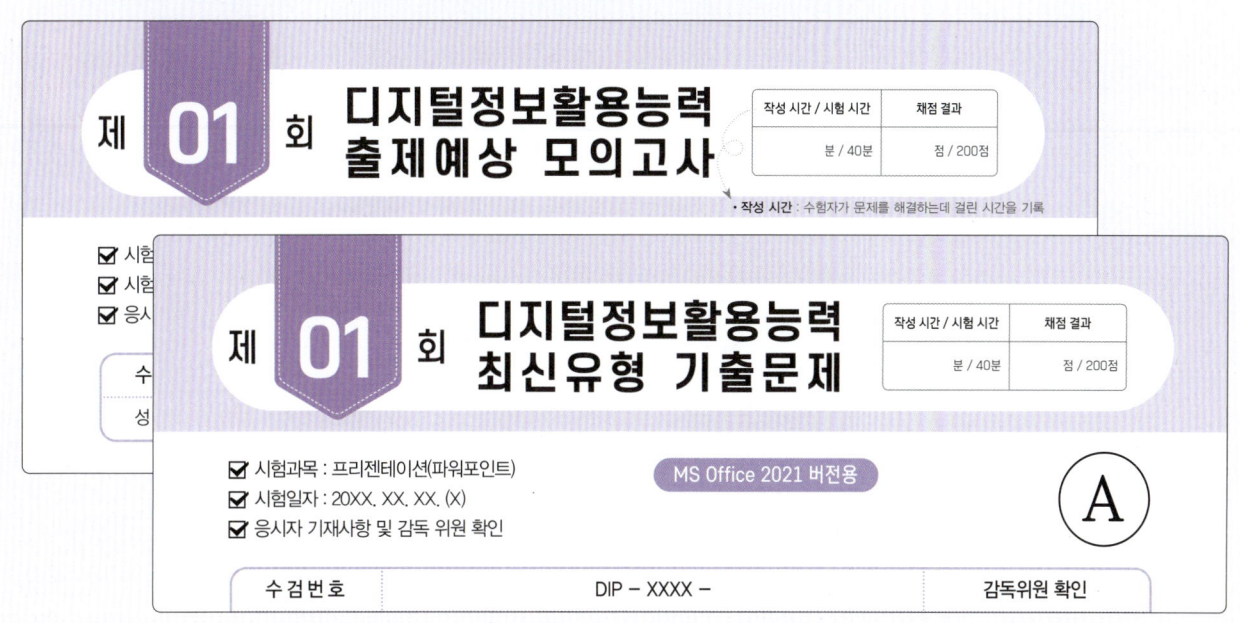

MEMO

PART 02
출제유형 완전정복

- ☑ 공통사항 **01** 기본설정, 용지설정 — 전체 점수에서 감점
- ☑ 공통사항 **02** 오탈자
- ☑ 출제유형 **01** 페이지 설정 및 슬라이드 마스터
- ☑ 출제유형 **02** [슬라이드1] 제목 도형
- ☑ 출제유형 **03** [슬라이드1] 본문 도형
- ☑ 출제유형 **04** [슬라이드1] 그림 및 텍스트 상자 — (30점)
- ☑ 출제유형 **05** [슬라이드1] 애니메이션
- ☑ 출제유형 **06** [슬라이드2] 소제목 도형
- ☑ 출제유형 **07** [슬라이드2] 본문 도형 — (50점)
- ☑ 출제유형 **08** [슬라이드2] SmartArt 삽입
- ☑ 출제유형 **09** [슬라이드3] 표
- ☑ 출제유형 **10** [슬라이드3] 차트 — (60점)
- ☑ 출제유형 **11** [슬라이드3] 텍스트 상자 및 배경
- ☑ 출제유형 **12** [슬라이드4] 본문 도형 — (60점)
- ☑ 출제유형 **13** [슬라이드4] WordArt

PART 02 출제유형 완전정복

페이지 설정 및 슬라이드 마스터

☑ 페이지 설정 후 레이아웃 변경하기
☑ 슬라이드 마스터 지정하기

 **미리보기**   • 소스 : 없음   • 정답 : 유형01_정답.pptx

《유의 사항》

- 《작성 조건》을 준수하여 반드시 프리젠테이션 슬라이드로 작업합니다.
- 글꼴 및 기타 사항에 대해 별도의 지시사항이 없는 경우, 슬라이드 크기와 전체적인 균형을 고려하여 임의로 작성하되, 도형은 그룹으로 설정하지 않습니다.
- 모든 슬라이드 크기(A4), 방향(가로), 디자인 테마(Office 테마)로 지정합니다.
  ▶ 슬라이드 크기, 방향 조정 시 '맞춤 확인'으로 지정하여야 합니다.
- 공통적용사항(슬라이드 마스터)
  ▶ 도형 ⇒ 기본 도형 – '사각형: 빗면', 도형 스타일('미세 효과 – 황금색, 강조 4'), 글꼴(돋움, 20pt, 굵게)
- 그림 삽입 시 다운로드 한 그림 파일을 반드시 사용하여야 합니다.
- ┈┈┈▶ 은 지시사항이므로 작성하지 않습니다.
- 슬라이드에 제시된 글자 및 숫자 오탈자는 별도 감점 처리됩니다.
- "도형 서식"과 "셰이프 형식"은 동일한 기능이며, 버전에 따라 표현이 다릅니다.

【슬라이드1】 아래의 작성조건 및 출력형태에 알맞게 첫 번째 슬라이드에 작업하시오.   (30점)

《출력형태》

시험분석

Digital Information Ability Test

→ 주의 사항 : 실수가 많은 내용

난이도	권장 시간 / 시험 시간	유형 점수 / 시험 점수
★★☆☆☆	5분 / 40분	40점 / 200점

*전체 점수에서 강점되는 점수

☑ 출제유형 01에 작성하는 도형은 [슬라이드 마스터]에서 작성합니다.
☑ 슬라이드 크기는 'A4 용지'와 '맞춤 확인'을 클릭해서 크기를 맞춰서 작업합니다.
☑ 1번 슬라이드의 레이아웃은 [빈 화면] 슬라이드로 수정한 후 Enter 키를 눌러 슬라이드 4개를 미리 만들어 놓습니다.

Skill 01 페이지 설정하기

● 모든 슬라이드 크기(A4), 방향(가로), 디자인 테마(Office 테마)로 지정합니다.
▶ 슬라이드 크기, 방향 조정 시 '맞춤 확인'으로 지정하여야 합니다.

❶ 〈시작( )〉 단추를 클릭한 후 [모두]-[PowerPoint( )]를 클릭하여 프로그램을 실행합니다.

> **TIP 시험장 오피스 프로그램 환경**
> 실제 시험장에서는 시험이 시작됨과 동시에 답안 파일(파워포인트 2021)이 자동으로 열립니다. 답안 파일이 자동으로 실행되면 파일명(dip_123456_홍길동.pptx)을 확인합니다.

❷ 슬라이드 크기를 지정하기 위해 [디자인] 탭의 [사용자 지정] 그룹에서 [슬라이드 크기(□)]-'사용자 지정 슬라이드 크기'를 선택합니다.

❸ [슬라이드 크기] 대화상자가 나오면 슬라이드 크기를 'A4 용지(210×297mm)'로 선택한 후 〈확인〉 단추를 클릭합니다. 이어서, 〈**맞춤 확인**〉 단추를 클릭합니다.

※ 유의 사항의 '디자인 테마(Office 테마) 지정'은 [디자인] 탭의 [테마] 그룹을 보면 기본값으로 설정되어 있습니다.

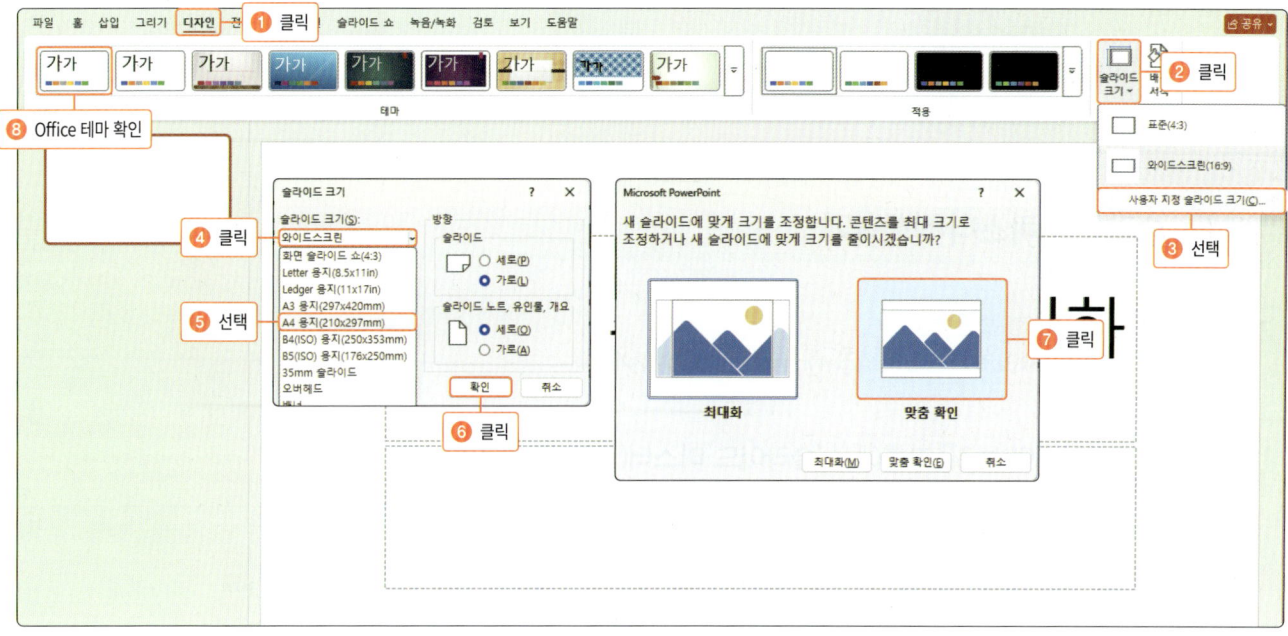

Skill 02 레이아웃 변경 및 슬라이드 추가하기

❶ [홈] 탭의 [슬라이드] 그룹에서 [레이아웃()]-'빈 화면'을 선택합니다.

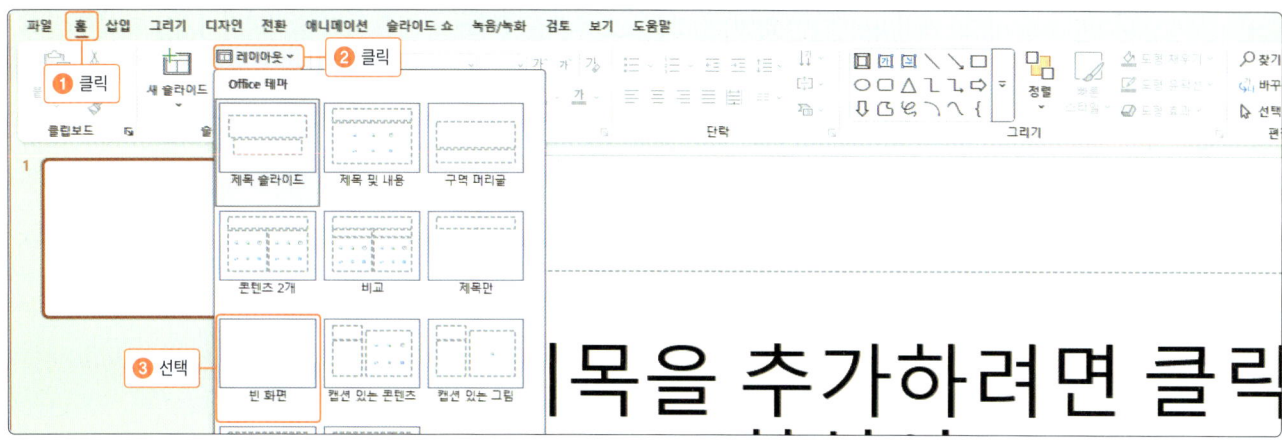

❷ 슬라이드를 추가하기 위해 슬라이드 미리보기 창에서 첫 번째 슬라이드를 클릭한 후 Enter 키를 세 번 눌러 총 4개의 슬라이드를 만듭니다.

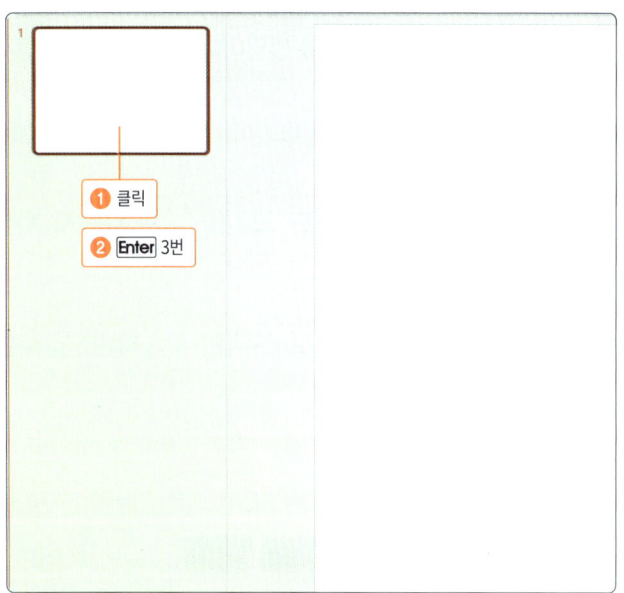
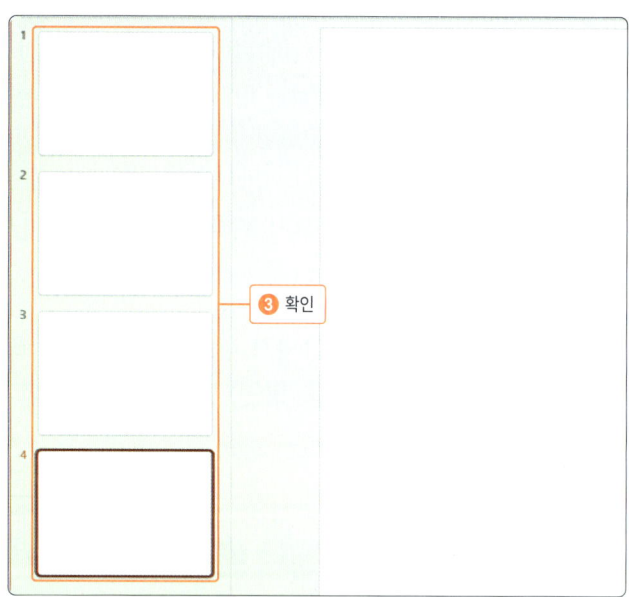

Skill 03 슬라이드 마스터 작성하기

▶ 도형 ⇒ 기본 도형 : '사각형: 빗면',
　　도형 스타일('미세 효과 - 황금색, 강조 4'), 글꼴(돋움, 20pt, 굵게)

❶ [보기] 탭의 [마스터 보기] 그룹에서 '슬라이드 마스터(▭)'를 클릭합니다.

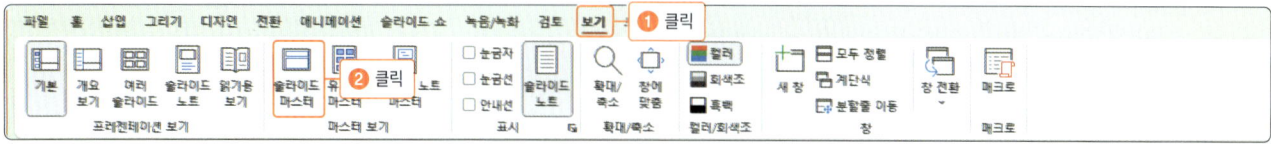

❷ 모든 슬라이드에 슬라이드 마스터를 적용하기 위해 왼쪽 마스터 미리보기 창에서 목록 맨 위에 있는 **[Office 테마 슬라이드 마스터: 슬라이드 1-4에서 사용]**을 클릭합니다.

※ 마스터 미리보기 창의 스크롤바를 맨 위쪽으로 드래그합니다.

❸ [삽입] 탭의 [일러스트레이션] 그룹에서 [도형(　)]-[기본 도형]-'**사각형: 빗면(　)**'을 선택합니다.

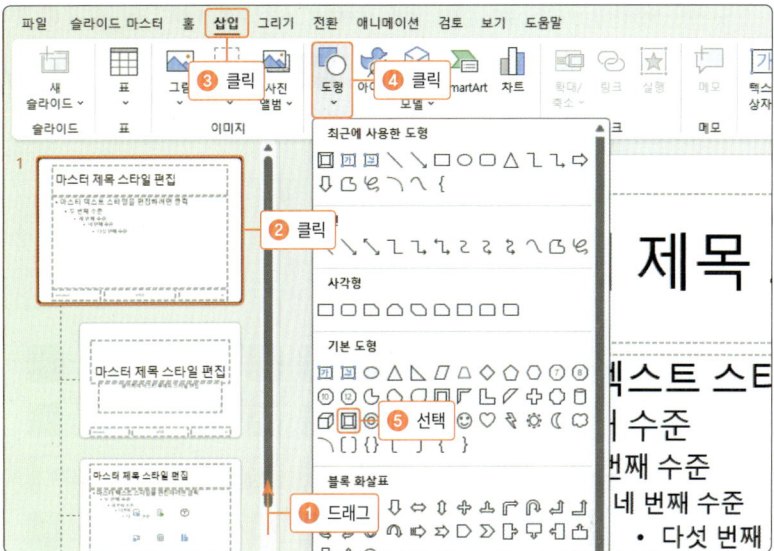

❹ 마우스 포인터가 ＋ 모양으로 변경되면 아래 그림처럼 드래그하여 도형을 삽입합니다. 이어서, 조절점(○)을 드래그하여 《출력형태》와 같이 크기를 조절한 후 위치를 변경합니다.

※ 슬라이드 마스터에 삽입되는 도형의 크기와 위치는 《출력형태》를 참고하여 작업해야 합니다.

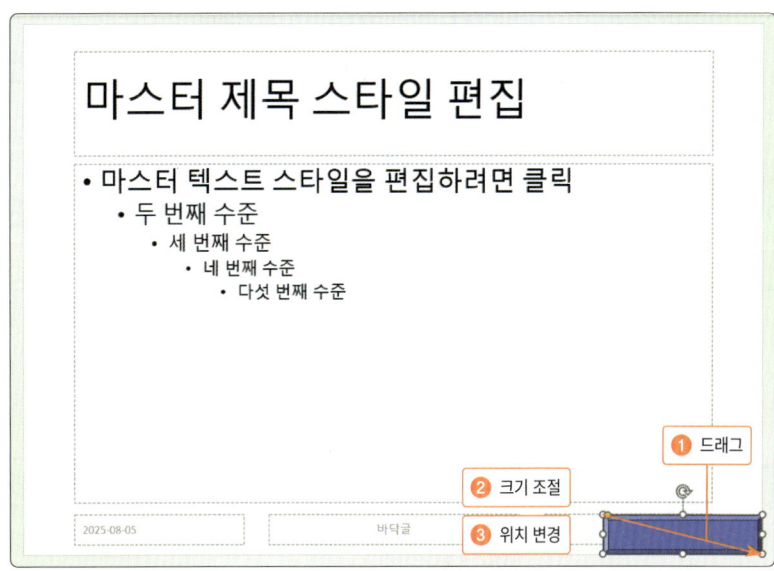

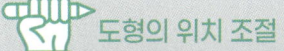
도형의 위치 조절
도형이 선택된 상태에서 키보드 방향키(←, →, ↑, ↓)를 이용하면 도형의 위치를 세밀하게 조절할 수 있습니다.

❺ 도형이 선택된 상태에서 '**Climate**'를 입력한 후 **Esc** 키를 누릅니다.

※ 만약 도형 선택이 해제되었을 경우에는 도형을 다시 클릭하여 선택한 후 작업합니다.

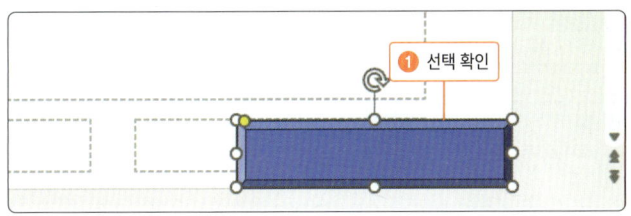
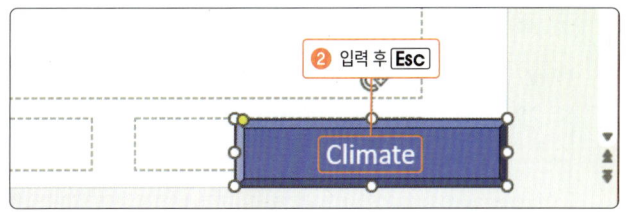

❻ 도형의 스타일을 변경하기 위해 [도형 서식] 탭의 [도형 스타일] 그룹에서 자세히() 단추를 클릭한 후 '미세 효과 – 황금색, 강조 4(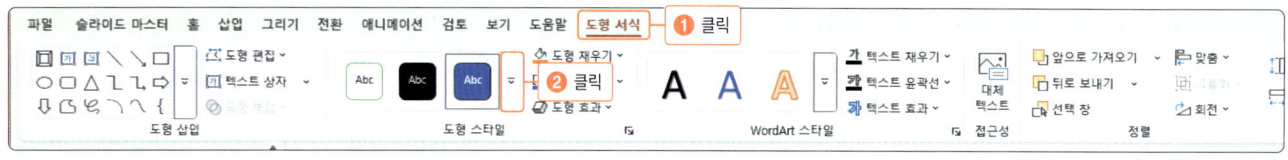)'를 선택합니다.

※ 슬라이드 마스터 도형에 '도형 스타일', '질감' 채우기가 자주 출제됩니다.

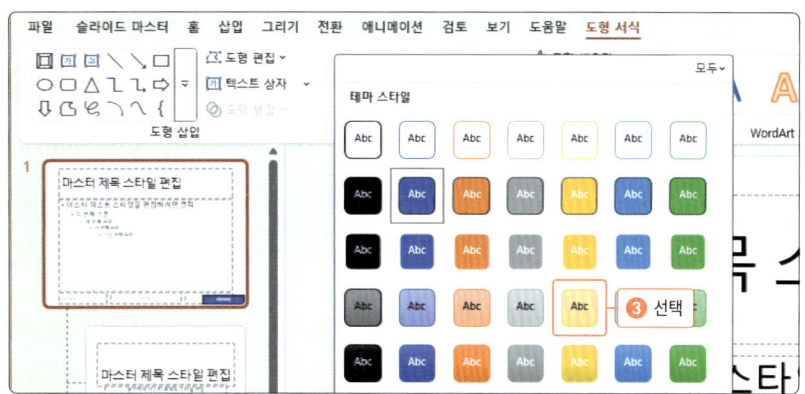

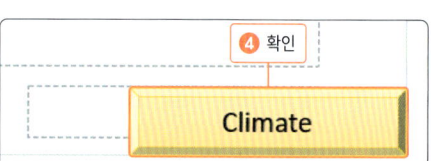

도형 회전하기

《출력형태》를 참고하여 도형을 상·하·좌·우로 회전할 수 있습니다. 도형 회전은 [도형 서식] 탭의 [정렬] 그룹에서 [회전()]–'상하 대칭()' 또는 '좌우 대칭()'을 선택합니다.

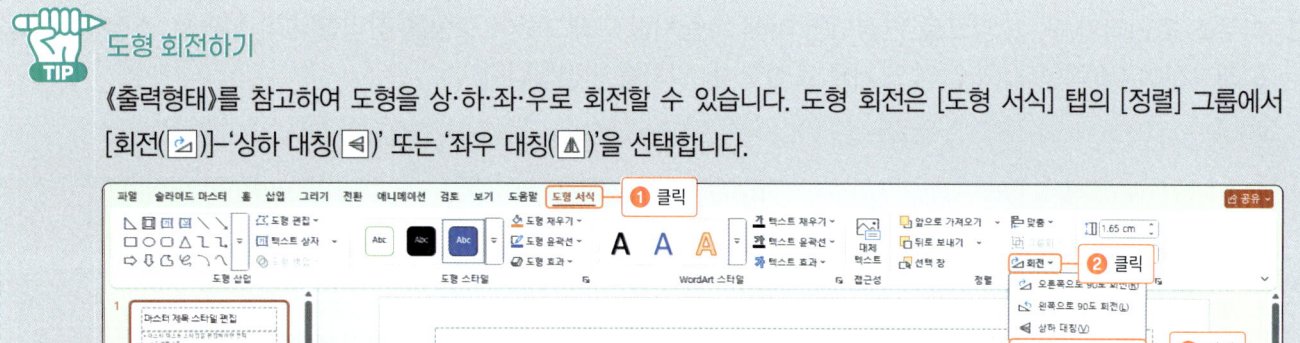

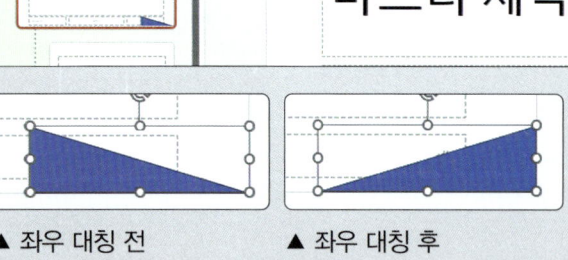

▲ 좌우 대칭 전   ▲ 좌우 대칭 후

❼ 글꼴 서식을 변경하기 위해 [홈] 탭의 [글꼴] 그룹에서 '글꼴(돋움), 글꼴 크기(20pt), 굵게(가)'를 지정합니다.

※ 글꼴 서식을 변경할 때는 도형(텍스트가 없는 부분)을 클릭하거나, 도형 안쪽의 내용을 드래그하여 블록으로 지정한 후 작업합니다.

※ 글꼴 입력 칸을 클릭한 후 찾고자 하는 글꼴을 직접 입력(돋움)하면 좀 더 빠르게 찾을 수 있습니다.

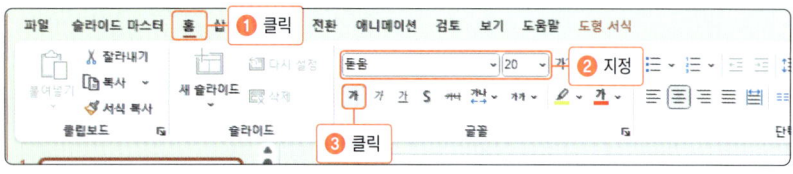

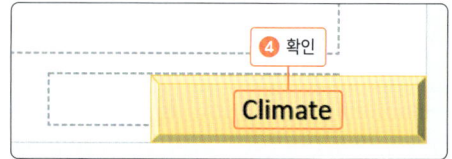

텍스트가 두 줄로 나오는 경우

글꼴 서식을 변경한 후 입력된 텍스트가 두 줄로 바뀌는 이유는 글꼴의 크기에 비해 도형이 작기 때문입니다. 이런 경우에는 도형의 가운데 조절점(ㅇ)을 드래그하여 도형의 크기(너비)를 조절합니다.

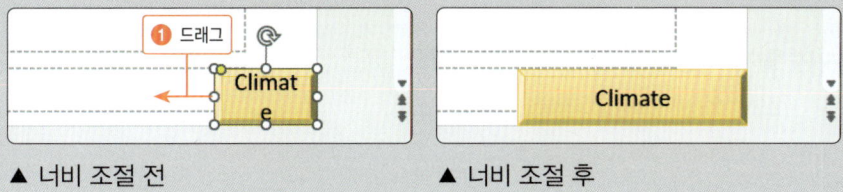

▲ 너비 조절 전   ▲ 너비 조절 후

⑧ 슬라이드 마스터에 도형이 완성되면 **[슬라이드 마스터] 탭**의 **[닫기] 그룹**에서 '**마스터 보기 닫기(X)**'를 클릭합니다.

※ 슬라이드 마스터에서 작성한 도형을 수정하고 싶을 때는 [보기] 탭의 [마스터 보기] 그룹에서 '슬라이드 마스터( )'를 클릭한 후 맨 위쪽 슬라이드([Office 테마 슬라이드 마스터: 슬라이드 1-4에서 사용])를 선택하여 수정합니다.

⑨ 모든 슬라이드에 도형이 삽입된 것을 확인한 후 [파일]-[저장](**Ctrl**+**S**) 또는 [빠른 실행 도구 모음]에서 '**저장( )**'을 클릭합니다.

※ 실제 시험을 볼 때 작업 도중에 수시로(10분에 한 번 정도) 저장을 하는 것이 좋습니다.

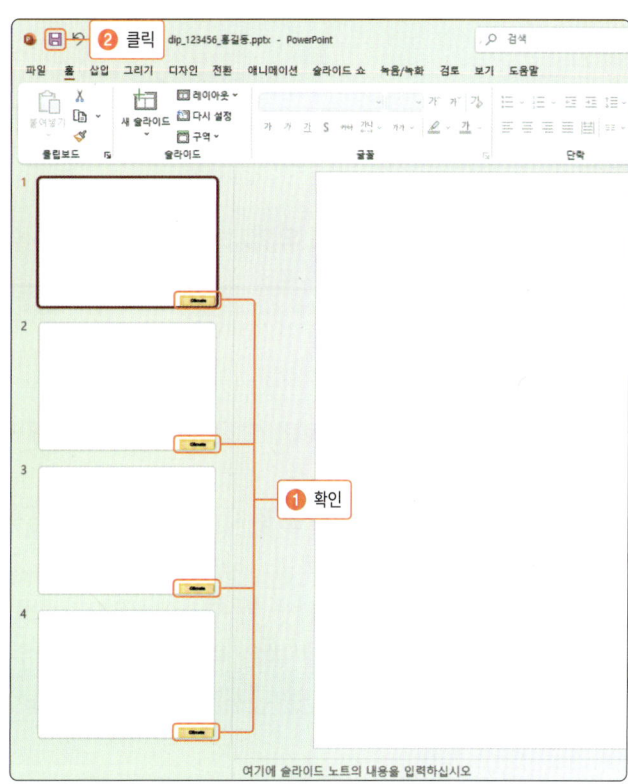

출제유형 완전정복 — 페이지 설정 및 슬라이드 마스터

완전정복-01
아래의 유의사항 및 출력형태에 알맞게 작업하시오.

· 소스 : 없음   · 정답 : 정복01_정답01.pptx

작성 시간 / 권장 시간 : 분 / 5분

· 작성 시간 : 수험자가 문제를 해결하는데 걸린 시간을 기록
· 권장 시간 : 전체 시간을 배분하여 해당 문제를 해결하는데 필요한 권장 소요 시간

《유의사항》
- 모든 슬라이드 크기(A4), 방향(가로), 디자인 테마(Office 테마)로 지정합니다.
  ▶ 슬라이드 크기, 방향 조정 시 '맞춤 확인'으로 지정하여야 합니다.
- 공통적용사항(슬라이드 마스터)
  ▶ 도형 ⇒ 기본 도형 – 'L 도형', 도형 스타일('미세 효과 – 파랑, 강조 5'), 글꼴(바탕, 20pt, 굵게, 텍스트 그림자)

《출력형태》

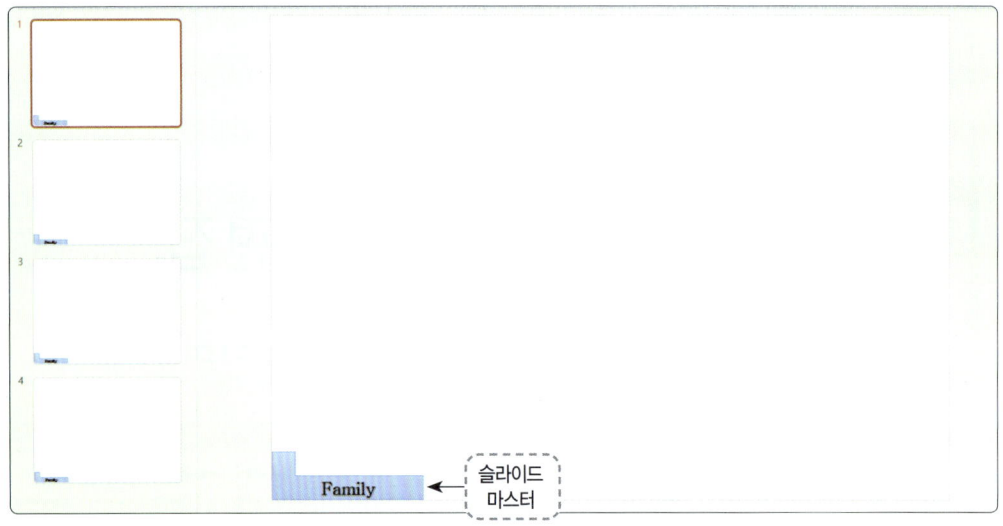

완전정복-02
아래의 유의사항 및 출력형태에 알맞게 작업하시오.

· 소스 : 없음   · 정답 : 정복01_정답02.pptx

작성 시간 / 권장 시간 : 분 / 5분

《유의사항》
- 모든 슬라이드 크기(A4), 방향(가로), 디자인 테마(Office 테마)로 지정합니다.
  ▶ 슬라이드 크기, 방향 조정 시 '맞춤 확인'으로 지정하여야 합니다.
- 공통적용사항(슬라이드 마스터)
  ▶ 도형 ⇒ 별 및 현수막 – '두루마리 모양: 가로로 말림', 도형 스타일('밝은 색 1 윤곽선, 색 채우기 – 파랑, 강조 5'), 글꼴(궁서체, 18pt, 굵게, 노랑)

《출력형태》

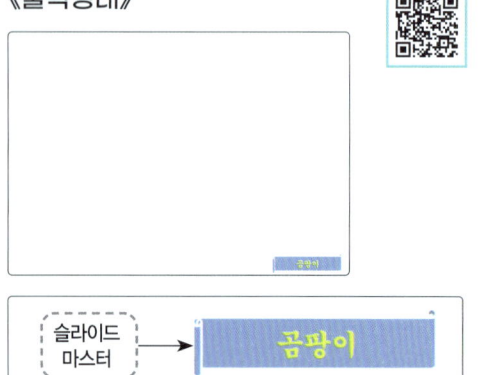

완전정복-03

아래의 유의사항 및 출력형태에 알맞게 작업하시오.

- 소스 : 없음
- 정답 : 정복01_정답03.pptx

작성 시간 / 권장 시간
분 / 5분

《유의사항》

- 모든 슬라이드 크기(A4), 방향(가로), 디자인 테마(Office 테마)로 지정합니다.
  ▶ 슬라이드 크기, 방향 조정 시 '맞춤 확인'으로 지정하여야 합니다.
- 공통적용사항(슬라이드 마스터)
  ▶ 도형 ⇒ 블록 화살표 – '화살표: 줄무늬가 있는 오른쪽',
    도형 스타일('미세 효과 – 주황, 강조 2'),
    글꼴(돋움, 20pt, 굵게, 자주)

《출력형태》

완전정복-04

아래의 유의사항 및 출력형태에 알맞게 작업하시오.

- 소스 : 없음
- 정답 : 정복01_정답04.pptx

작성 시간 / 권장 시간
분 / 5분

《유의사항》

- 모든 슬라이드 크기(A4), 방향(가로), 디자인 테마(Office 테마)로 지정합니다.
  ▶ 슬라이드 크기, 방향 조정 시 '맞춤 확인'으로 지정하여야 합니다.
- 공통적용사항(슬라이드 마스터)
  ▶ 도형 ⇒ 사각형 – '사각형: 둥근 모서리',
    도형 스타일('보통 효과 – 파랑, 강조 1'),
    글꼴(굴림, 18pt, 굵게, 기울임꼴)

《출력형태》

완전정복-05

아래의 유의사항 및 출력형태에 알맞게 작업하시오.

- 소스 : 없음
- 정답 : 정복01_정답05.pptx

작성 시간 / 권장 시간
분 / 5분

《유의사항》

- 모든 슬라이드 크기(A4), 방향(가로), 디자인 테마(Office 테마)로 지정합니다.
  ▶ 슬라이드 크기, 방향 조정 시 '맞춤 확인'으로 지정하여야 합니다.
- 공통적용사항(슬라이드 마스터)
  ▶ 도형 ⇒ 기본 도형 – '육각형',
    도형 스타일('보통 효과 – 파랑, 강조 5'),
    글꼴(돋움체, 20pt, 굵게)

《출력형태》

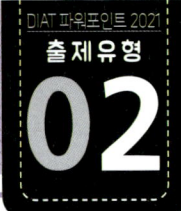

PART 02 출제유형 완전정복

[슬라이드1] 제목 도형

☑ 도형을 작성한 후 도형 서식 지정하기
☑ 도형에 글자를 입력한 후 글꼴 서식 변경하기

• **소스** : 유형02_문제.pptx   • **정답** : 유형02_정답.pptx

【슬라이드1】 아래의 작성조건 및 출력형태에 알맞게 첫 번째 슬라이드에 작업하시오.　　　　(30점)

《출력형태》

《작성조건》

> ▶ 도형 1 ⇒ 기본 도형 – '사각형: 모서리가 접힌 도형', 도형 채우기(그라데이션 : 미리 설정 –
> '아래쪽 스포트라이트 – 강조 6', 종류 – 방사형, 방향 – '오른쪽 위 모서리에서'),
> 도형 윤곽선(실선, 색 : 진한 빨강, 너비 : 1pt, 겹선 종류 : 단순형),
> 도형 효과(그림자 – 바깥쪽 – '오프셋: 왼쪽 위'), 글꼴(굴림, 40pt, 굵게, 노랑)

▶ 도형 2 ⇒ 기본 도형 – '해', 도형 채우기('주황, 강조 2'), 선 없음,
　　　　　　도형 효과(그림자 – 안쪽 – '안쪽: 위쪽', 반사 – '근접 반사: 터치')

▶ 도형 3 ⇒ 기본 도형 – '구름', 도형 스타일('강한 효과 – 황금색, 강조 4')

▶ 그림 삽입 ⇒ 그림 1 삽입, 크기(높이 : 8cm, 너비 : 4cm)

▶ 텍스트 상자(봄, 여름, 가을, 겨울이 뚜렷한 대한민국) ⇒ 글꼴(돋움, 24pt, 굵게, 기울임꼴)

▶ 애니메이션 지정 ⇒ 도형 1 : 나타내기 – 올라오기

▶ 지시사항이 없는 부분은 《출력형태》와 동일하게 작성하시오.

Digital Information Ability Test

시험 분석

➡ 주의 사항 : 실수가 많은 내용

- ☑ 출제유형 02에 나오는 도형은 슬라이드1을 클릭한 후 작업합니다.
- ☑ 도형 1의 위치 및 크기는 《출력형태》를 참고해서 비슷하게 맞춰서 조절합니다.
- ☑ 도형 1의 조건(도형 채우기, 도형 윤곽선, 도형 효과, 글꼴)을 빠짐없이 작업합니다.

난이도	권장 시간 / 시험 시간	유형 점수 / 시험 점수
★★☆☆☆	3분 / 40분	➤ 30점 / 200점

* 출제유형 02 ~ 05까지 합쳐진 점수

Skill 01 도형 1 작성하기

① 첫 번째 슬라이드를 클릭한 후 [삽입] 탭의 [일러스트레이션] 그룹에서 [도형(▢)]-[기본 도형]-'사각형: 모서리가 접힌 도형(▢)'을 선택합니다.

※ 학습을 위해 필요한 출제유형 완전정복 파일은 [소스 및 정답] 폴더에서 불러와 작업합니다.

② 마우스 포인터가 ✛ 모양으로 변경되면 드래그하여 도형을 삽입합니다. 이어서, 조절점(○)을 드래그하여 《출력형태》와 같이 크기를 조절한 후 위치를 변경합니다.

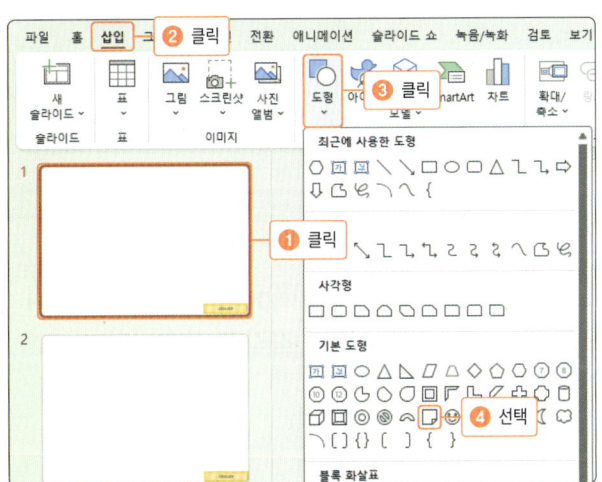
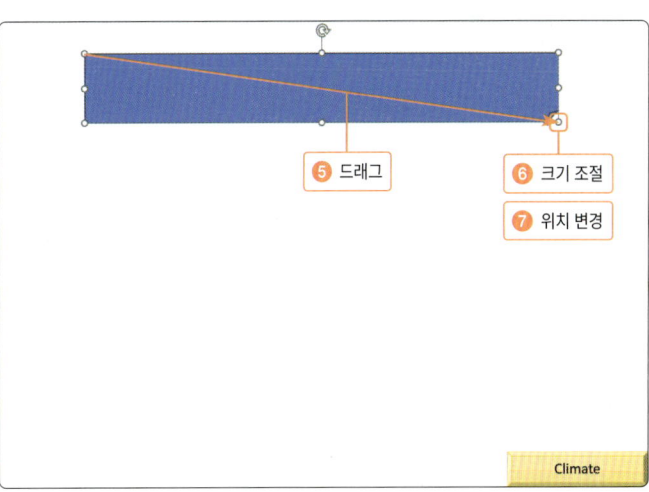

③ 도형이 선택된 상태에서 '대한민국 기후 분석'을 입력한 후 Esc 키를 누릅니다.

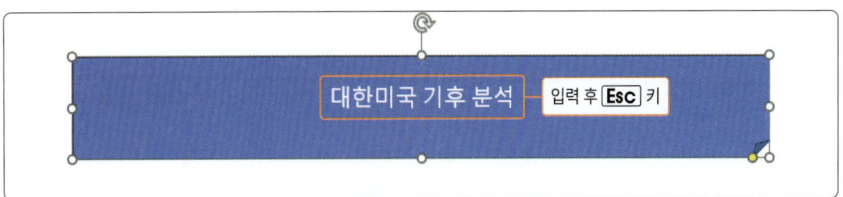

모양 조절점

대부분의 도형은 모양 조절점(○)을 이용하여 모양을 변경할 수 있습니다. 도형을 선택했을 때 도형 주위에 노란색 원형 형태인 모양 조절점(○)을 원하는 위치로 드래그하면 도형의 모양을 변경할 수 있습니다.

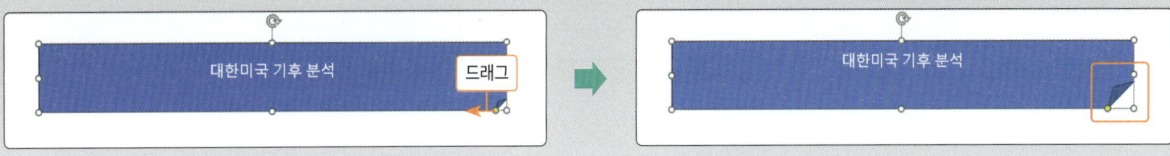

❹ 도형에 그라데이션을 채우기 위해 도형 위에서 마우스 오른쪽 단추를 눌러 바로 가기 메뉴가 나오면 **[도형 서식]**을 클릭합니다.

※ 텍스트가 입력된 도형은 글자가 없는 부분 위에서 마우스 오른쪽 단추를 눌러 바로 가기 메뉴를 실행합니다.

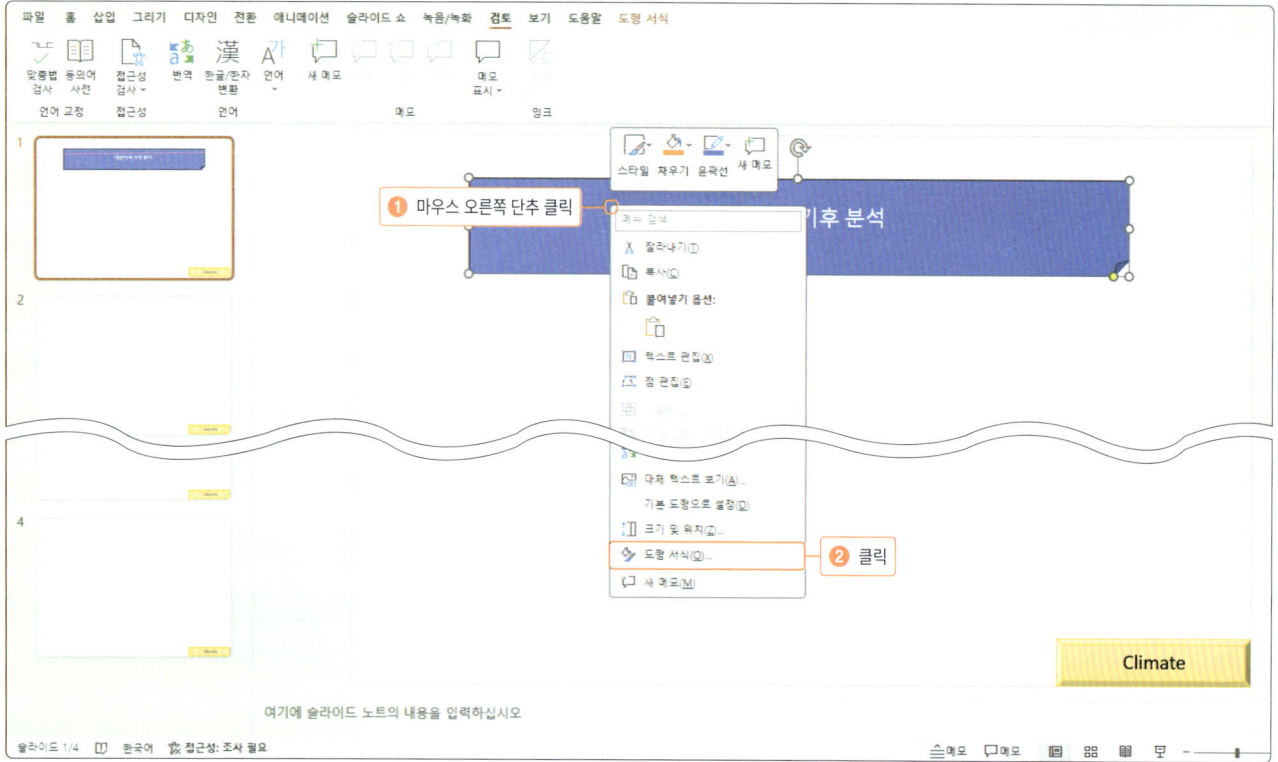

❺ 오른쪽에 [도형 서식] 창이 나오면 **[채우기]-[그라데이션 채우기]**를 선택합니다. 이어서 **그라데이션 미리 설정**('아래쪽 스포트라이트 - 강조 6'), 종류(방사형), 방향(오른쪽 위 모서리에서)'을 각각 지정합니다.

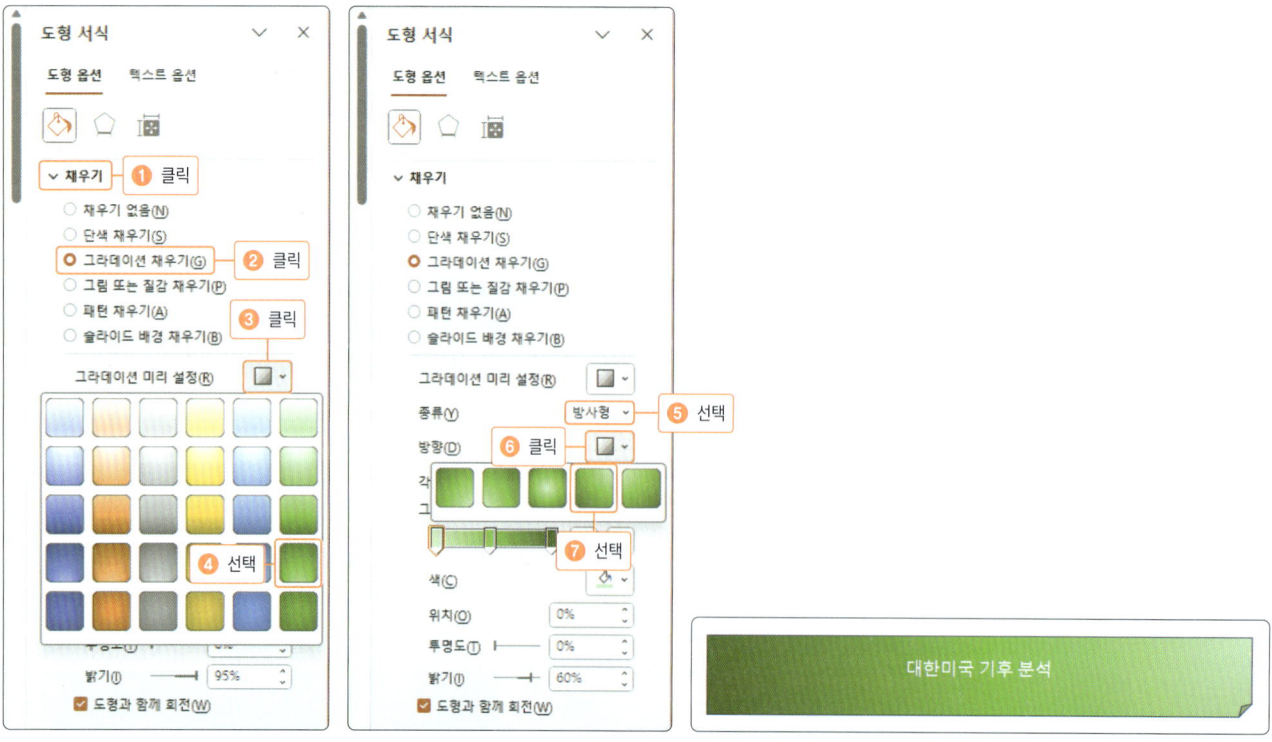

▲ 그라데이션 적용

❻ 오른쪽 [도형 서식] 창에서 [선]을 클릭하여 [실선]을 확인한 후 **색(진한 빨강)**을 선택합니다. 이어서, **너비(1pt), 겹선 종류(단순형)**을 각각 지정한 후 작업 창을 종료(☒)합니다.

   ※ 《작성조건》에서 겹선 종류를 '단순형(▬▬▬)'으로 지정하라는 문제가 나오면 겹선 종류의 기본 값이 '단순형'이기 때문에 별도의 변경 없이 다음 작업을 진행해도 됩니다.

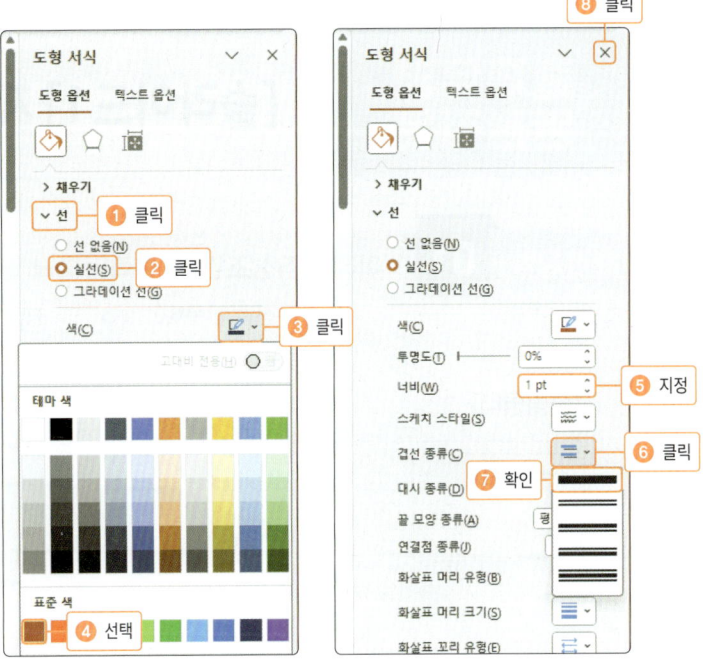

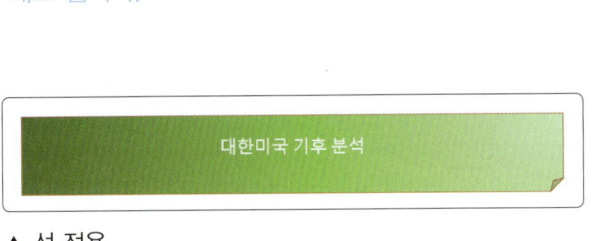

▲ 선 적용

❼ [도형 서식] 탭의 [도형 스타일] 그룹에서 [도형 효과]–[그림자]–[바깥쪽]–'오프셋: 왼쪽 위'를 선택합니다.

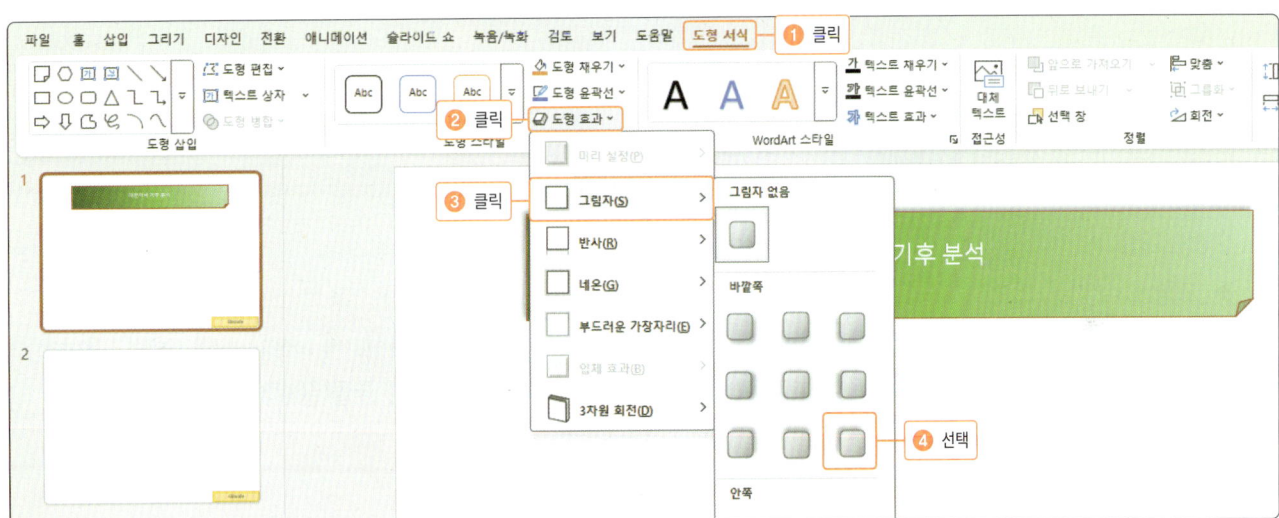

❽ 글꼴 서식을 변경하기 위해 [홈] 탭의 [글꼴] 그룹에서 '**글꼴(굴림), 글꼴 크기(40pt), 굵게(가), 글꼴 색(노랑)**'을 지정합니다.

   ※ 글꼴 서식을 변경할 때는 도형의 테두리를 클릭하거나, 내용을 드래그하여 블록으로 지정한 후 작업합니다.

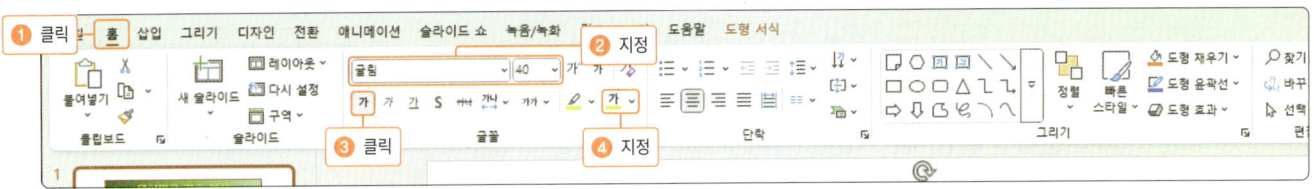

❾ 모든 슬라이드에 도형이 삽입된 것을 확인한 후 [파일]–[저장](Ctrl+S) 또는 [빠른 실행 도구 모음]에서 '**저장(🖫)**'을 클릭합니다.

   ※ 실제 시험을 볼 때 작업 도중에 수시로(10분에 한 번 정도) 저장을 하는 것이 좋습니다.

[슬라이드1] 제목 도형

완전정복-01

아래의 작성조건 및 출력형태에 알맞게 작업하시오.

· 소스 : 정복02_문제01.pptx   · 정답 : 정복02_정답01.pptx

작성 시간 / 권장 시간
분 / 3분

《출력형태》

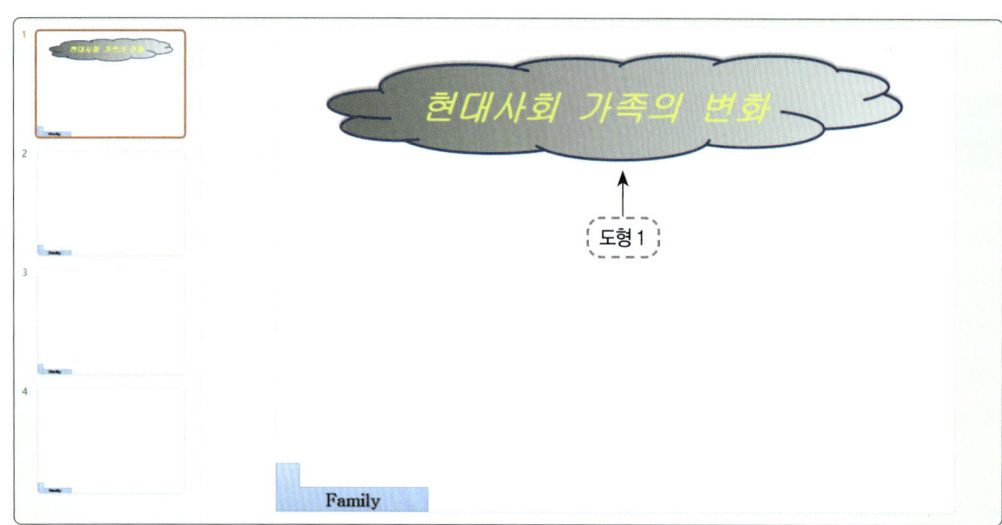

《작성조건》

▶ 도형 1 ⇒ 기본 도형 – '구름', 도형 채우기(그라데이션 : 미리 설정 – '아래쪽 스포트라이트 – 강조 3', 종류 – 방사형, 방향 – '오른쪽 아래 모서리에서'), 도형 윤곽선(실선, 색 : 진한 파랑, 너비 : 3pt, 겹선 종류 : 단순형), 도형 효과(그림자 – 바깥쪽 – '오프셋 위쪽'), 글꼴(굴림체, 40pt, 굵게, 기울임꼴, 노랑)

완전정복-02

아래의 작성조건 및 출력형태에 알맞게 작업하시오.

· 소스 : 정복02_문제02.pptx   · 정답 : 정복02_정답02.pptx

작성 시간 / 권장 시간
분 / 3분

《작성조건》

▶ 도형 1 ⇒ 기본 도형 – '정육면체', 도형 채우기(그라데이션 : 미리 설정 – '방사형 그라데이션 – 강조 5', 종류 – 방사형, 방향 – '가운데에서'), 도형 윤곽선(실선, 색 : 노랑, 너비 : 1pt, 겹선 종류 : 단순형), 도형 효과(그림자 – 원근감 – '원근감: 오른쪽 위'), 글꼴(돋움체, 40pt, 굵게, 텍스트 그림자, 노랑)

《출력형태》

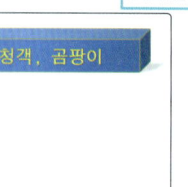

완전정복-03

아래의 작성조건 및 출력형태에 알맞게 작업하시오.
- 소스 : 정복02_문제03.pptx
- 정답 : 정복02_정답03.pptx

작성 시간 / 권장 시간
분 / 3분

《작성조건》

▶ 도형 1 ⇒ 기본 도형 – '오각형', 도형 채우기(그라데이션 : 미리 설정 – '방사형 그라데이션 – 강조 5', 종류 – 방사형, 방향 – '가운데에서'), 도형 윤곽선(실선, 색 : 진한 파랑, 너비 : 3pt, 겹선 종류 : 단순형, 대시 종류 : 사각 점선), 도형 효과(그림자 – 원근감 – '원근감: 아래'), 글꼴(궁서체, 44pt, 굵게, 텍스트 그림자, 노랑)

《출력형태》

완전정복-04

아래의 작성조건 및 출력형태에 알맞게 작업하시오.
- 소스 : 정복02_문제04.pptx
- 정답 : 정복02_정답04.pptx

작성 시간 / 권장 시간
분 / 3분

《작성조건》

▶ 도형 1 ⇒ 기본 도형 – '육각형', 도형 채우기(그라데이션 : 미리 설정 – '위쪽 스포트라이트 강조 2', 종류 – 방사형, 방향 – '가운데에서'), 도형 윤곽선(실선, 색 : 빨강, 너비 : 2pt, 겹선 종류 : 단순형), 도형 효과(입체 효과 – '둥글게'), 글꼴(돋움체, 44pt, 굵게, 텍스트 그림자, '검정, 텍스트 1')

《출력형태》

완전정복-05

아래의 작성조건 및 출력형태에 알맞게 작업하시오.
- 소스 : 정복02_문제05.pptx
- 정답 : 정복02_정답05.pptx

작성 시간 / 권장 시간
분 / 3분

《작성조건》

▶ 도형 1 ⇒ 기본 도형 – '십자형', 도형 채우기(그라데이션 : 미리 설정 – '가운데 그라데이션 – 강조 6', 종류 – 선형, 방향 – '선형 왼쪽'), 도형 윤곽선(실선, 색 : 주황, 너비 : 2pt, 겹선 종류 : 단순형), 도형 효과(그림자 – 바깥쪽 – '오프셋: 아래쪽'), 글꼴(궁서체, 40pt, 굵게, 텍스트 그림자, 주황)

《출력형태》

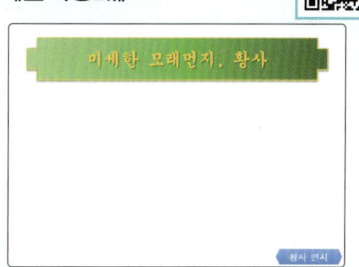

PART 02 출제유형 완전정복

[슬라이드1] 본문 도형

☑ 도형에 도형 효과 지정하기
☑ 도형에 도형 스타일 지정하기

 **미리보기**　　　　　　　　　　　　　　· 소스 : 유형03_문제.pptx　　· 정답 : 유형03_정답.pptx

【슬라이드1】 아래의 작성조건 및 출력형태에 알맞게 첫 번째 슬라이드에 작업하시오.　　(30점)

《출력형태》

《작성조건》

▶ 도형 1 ⇒ 기본 도형 – '사각형: 모서리가 접힌 도형', 도형 채우기(그라데이션 : 미리 설정 –
　'아래쪽 스포트라이트 – 강조 6', 종류 – 방사형, 방향 – '오른쪽 위 모서리에서'),
　도형 윤곽선(실선, 색 : 진한 빨강, 너비 : 1pt, 겹선 종류 : 단순형),
　도형 효과(그림자 – 바깥쪽 – '오프셋: 왼쪽 위'), 글꼴(굴림, 40pt, 굵게, 노랑)

▶ 도형 2 ⇒ 기본 도형 – '해', 도형 채우기('주황, 강조 2'), 선 없음,
　도형 효과(그림자 – 안쪽 – '안쪽: 위쪽', 반사 – '근접 반사: 터치')

▶ 도형 3 ⇒ 기본 도형 – '구름', 도형 스타일('강한 효과 – 황금색, 강조 4')

▶ 그림 삽입 ⇒ 그림 1 삽입, 크기(높이 : 8cm, 너비 : 4cm)

▶ 텍스트 상자(봄, 여름, 가을, 겨울이 뚜렷한 대한민국) ⇒ 글꼴(돋움, 24pt, 굵게, 기울임꼴)

▶ 애니메이션 지정 ⇒ 도형 1 : 나타내기 – 올라오기

▶ 지시사항이 없는 부분은 《출력형태》와 동일하게 작성하시오.

시험분석

➡ 주의 사항 : 실수가 많은 내용

☑ 출제유형 03에 나오는 도형은 슬라이드1을 클릭한 후 작업합니다.
☑ 도형의 위치 및 크기는 《출력형태》를 참고해서 비슷하게 맞춰서 입력합니다.
☑ 도형 조건(도형 채우기, 도형 윤곽선, 도형 스타일, 도형 효과)을 빠짐없이 작업합니다.
☑ 도형을 작성할 때 Shift 키를 누른 상태에서 드래그를 하면 가로·세로 비율이 맞춰서 그려집니다.

난이도	권장 시간 / 시험 시간	유형 점수 / 시험 점수
★★☆☆	2분 / 40분	30점 / 200점

※ 출제유형 02 ~ 05까지 합쳐진 점수

Skill 01 도형 2 작성하기

▶ 도형 2 ⇒ 기본 도형 – '해', 도형 채우기('주황, 강조 2'), 선 없음,
　　　　도형 효과(그림자 – 안쪽 – '안쪽: 위쪽', 반사 – '근접 반사: 터치')

❶ 첫 번째 슬라이드를 클릭한 후 [삽입] 탭의 [일러스트레이션] 그룹에서 [도형(🔽)]-[기본 도형]-'해(☼)'를 선택합니다.

❷ 마우스 포인터가 ✚ 모양으로 변경되면 드래그하여 도형을 삽입합니다. 이어서, 조절점(○)을 드래그하여 《출력형태》와 같이 크기를 조절한 후 위치를 변경합니다.

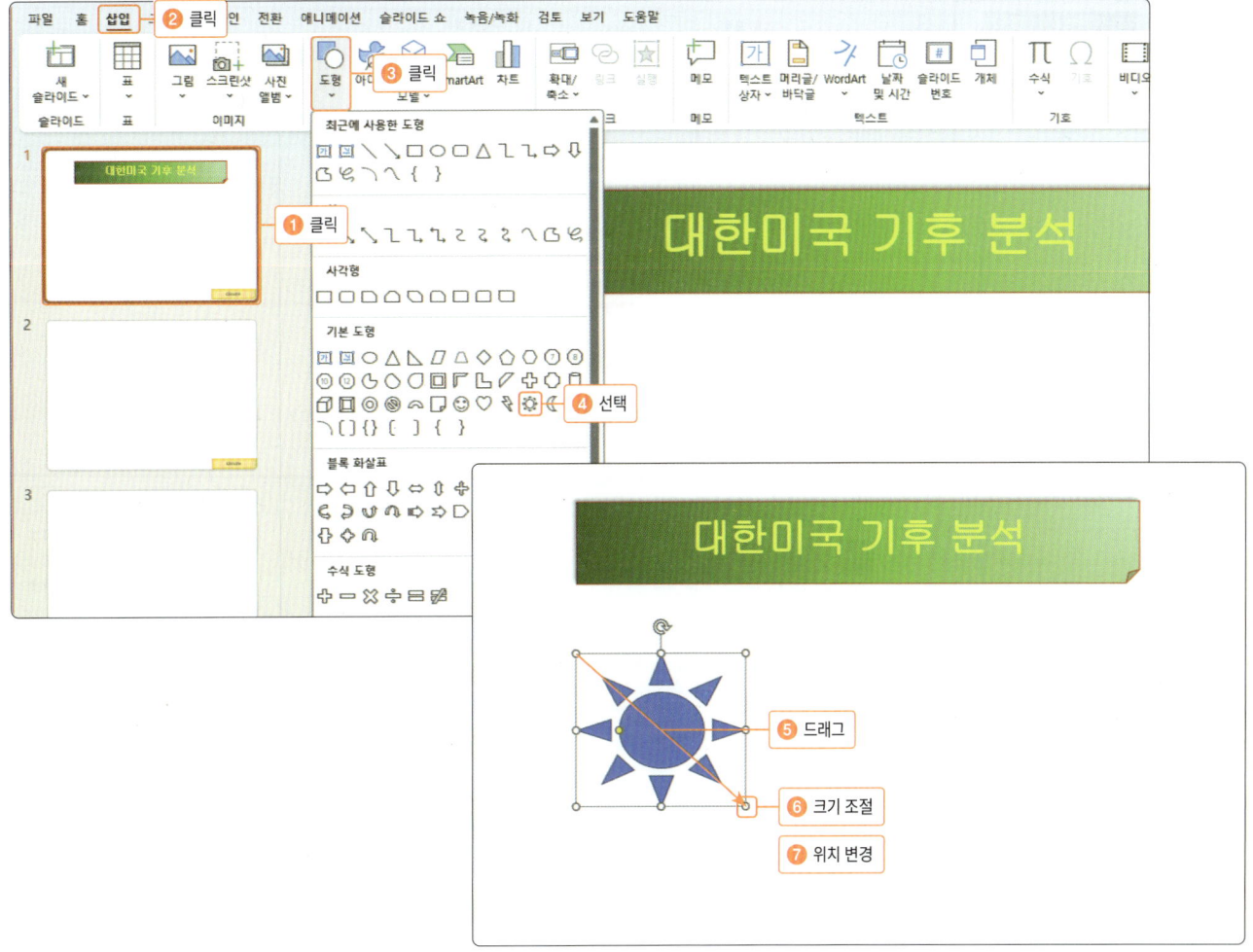

❸ [도형 서식] 탭의 [도형 스타일] 그룹에서 [도형 채우기]-'주황, 강조 2'를 선택합니다. 이어서, [도형 윤곽선]-'윤곽선 없음'을 선택합니다.

※ 시험에서는 '윤곽선 없음'이 '선 없음'으로 표시되어 있습니다.

❹ 도형 효과를 적용하기 위해 [도형 서식] 탭의 [도형 스타일] 그룹에서 [도형 효과]-[그림자]-[안쪽]-'안쪽: 위쪽'을 선택합니다. 이어서, [도형 효과]-[반사]-'근접 반사: 터치'를 선택합니다.

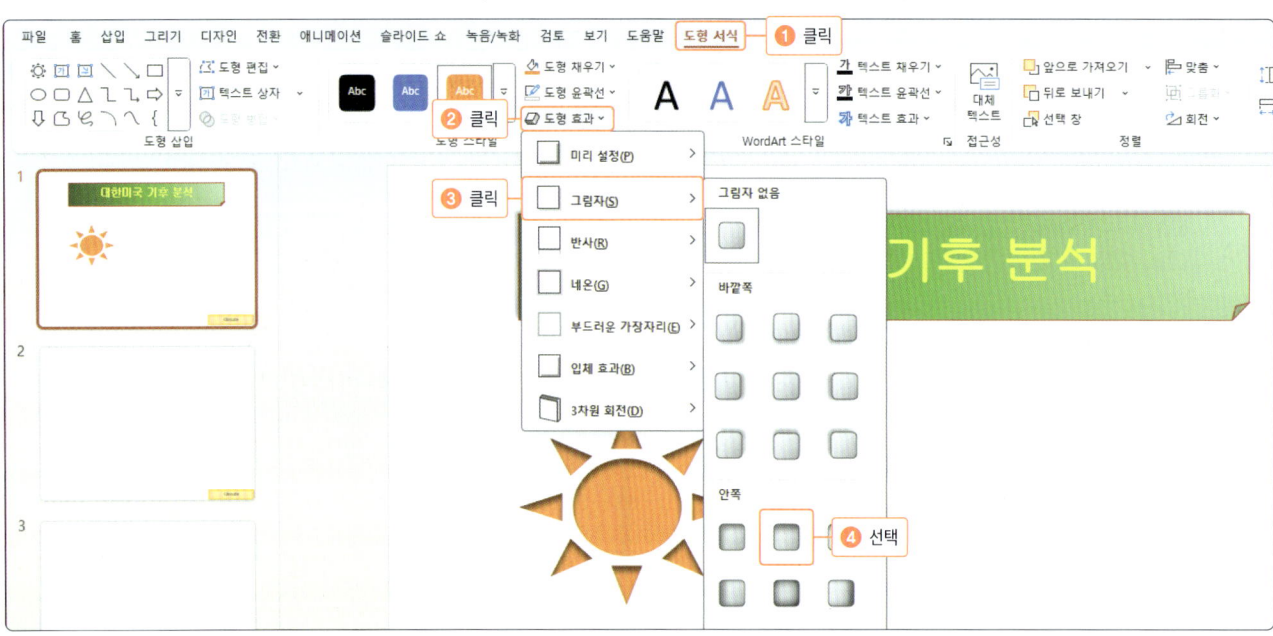

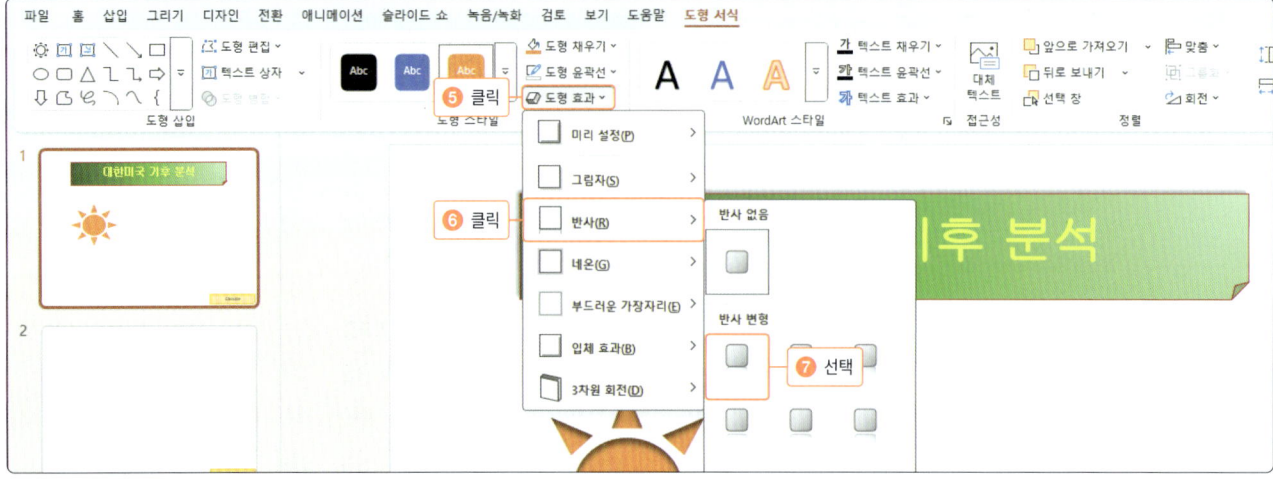

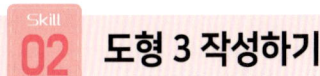
도형 3 작성하기

▶ 도형 3 ⇒ 기본 도형 - '구름', 도형 스타일('강한 효과 - 황금색, 강조 4')

❶ [삽입] 탭의 [일러스트레이션] 그룹에서 [도형( )]-[기본 도형]-'구름( )'을 선택합니다.

❷ 마우스 포인터가 ┼ 모양으로 변경되면 드래그하여 도형을 삽입합니다. 이어서, 조절점( )을 드래그하여 《출력형태》와 같이 크기를 조절한 후 위치를 변경합니다.

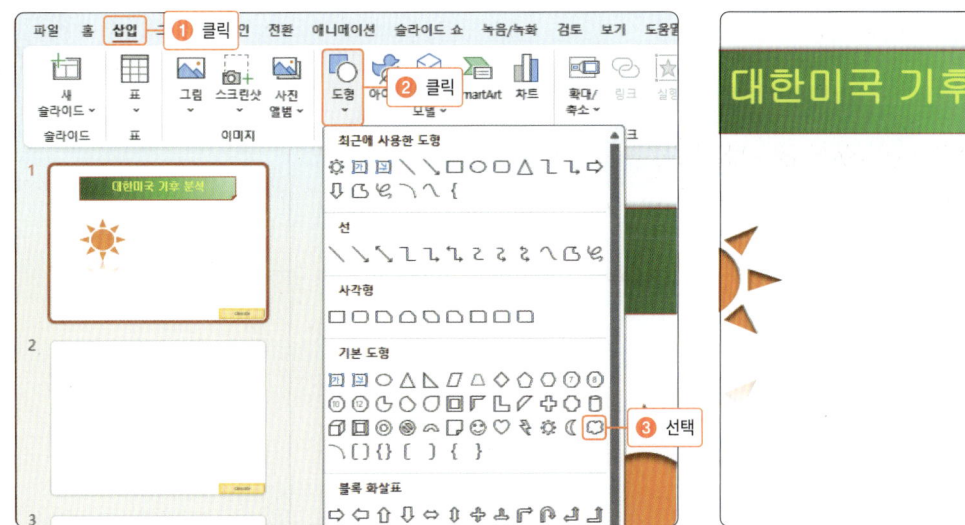
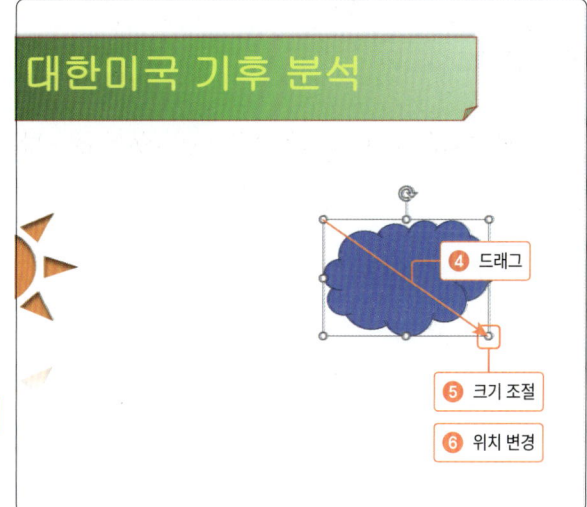

❸ [도형 서식] 탭의 [도형 스타일] 그룹에서 자세히( ) 단추를 클릭한 후 '강한 효과 - 황금색, 강조 4( )'를 선택합니다.

❹ 모든 슬라이드에 도형이 삽입된 것을 확인한 후 [파일]-[저장](Ctrl + S) 또는 [빠른 실행 도구 모음]에서 '저장( )'을 클릭합니다.

※ 실제 시험을 볼 때 작업 도중에 수시로(10분에 한 번 정도) 저장을 하는 것이 좋습니다.

출제유형 완전정복 > [슬라이드1] 본문 도형

완전정복-01 아래의 작성조건 및 출력형태에 알맞게 작업하시오.
- 소스 : 정복03_문제01.pptx
- 정답 : 정복03_정답01.pptx

작성 시간 / 권장 시간
분 / 2분

《출력형태》

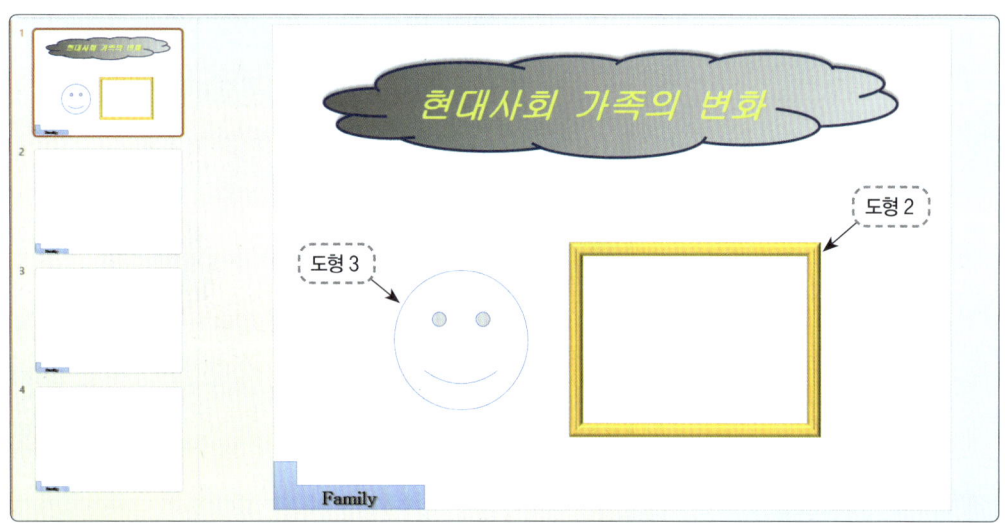

《작성조건》
▶ 도형 2 ⇒ 기본 도형 – '액자', 도형 채우기('황금색, 강조 4'), 선 없음,
　　　　　도형 효과(그림자 – 안쪽 – '안쪽: 가운데', 입체 효과 – '리블렛')
▶ 도형 3 ⇒ 기본 도형 – '웃는 얼굴', 도형 스타일('색 윤곽선 – 파랑, 강조 1')

완전정복-02 아래의 작성조건 및 출력형태에 알맞게 작업하시오.
- 소스 : 정복03_문제02.pptx
- 정답 : 정복03_정답02.pptx

작성 시간 / 권장 시간
분 / 2분

《작성조건》
▶ 도형 2 ⇒ 블록 화살표 – '화살표: 오른쪽으로 구부러짐',
　　　　　도형 채우기('파랑, 강조 5, 25% 더 어둡게'),
　　　　　선 없음, 도형 효과(그림자 – 바깥쪽 – '오프셋:
　　　　　오른쪽 아래', 반사 – '근접 반사: 터치')
▶ 도형 3 ⇒ 수식 도형 – '부등호',
　　　　　도형 스타일('미세 효과 – 파랑, 강조 1')

《출력형태》

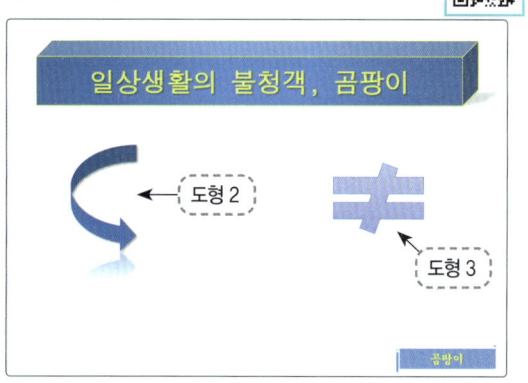

완전정복-03

아래의 작성조건 및 출력형태에 알맞게 작업하시오.
- 소스 : 정복03_문제03.pptx
- 정답 : 정복03_정답03.pptx

《작성조건》
▶ 도형 2 ⇒ 수식 도형 – '더하기 기호', 도형 채우기(연한 파랑, 그라데이션 – '가운데에서'), 선 없음, 도형 효과(그림자 – 안쪽 – '안쪽: 가운데', 반사 – '근접 반사: 터치')
▶ 도형 3 ⇒ 수식 도형 – '나누기 기호', 도형 스타일('강한 효과 – 파랑, 강조 1')

《출력형태》
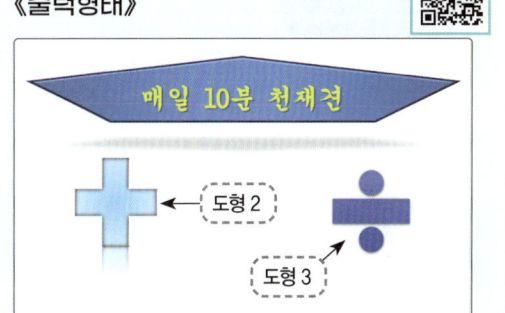

완전정복-04

아래의 작성조건 및 출력형태에 알맞게 작업하시오.
- 소스 : 정복03_문제04.pptx
- 정답 : 정복03_정답04.pptx

《작성조건》
▶ 도형 2 ⇒ 기본 도형 – '구름', 도형 채우기(연한 파랑, 그라데이션 – '가운데에서'), 선 없음, 도형 효과(그림자 – 바깥쪽 – '오프셋: 위쪽', 반사 – '근접 반사: 터치')
▶ 도형 3 ⇒ 기본 도형 – '달', 도형 스타일('미세 효과 – 녹색, 강조 6')

《출력형태》

완전정복-05

아래의 작성조건 및 출력형태에 알맞게 작업하시오.
- 소스 : 정복03_문제05.pptx
- 정답 : 정복03_정답05.pptx

《작성조건》
▶ 도형 2 ⇒ 기본 도형 – '구름', 도형 채우기('주황, 강조 2'), 선 없음, 도형 효과(그림자 – 안쪽 – '안쪽: 왼쪽', 반사 – '근접 반사: 터치')
▶ 도형 3 ⇒ 기본 도형 – '번개', 도형 스타일('강한 효과 – 검정, 어둡게 1')

《출력형태》
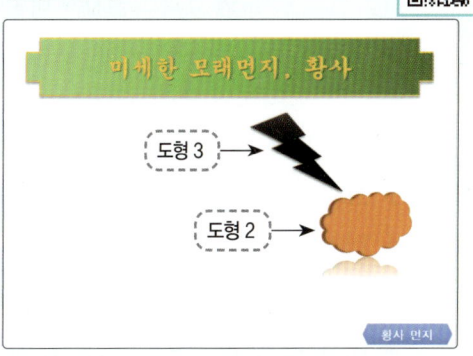

PART 02 출제유형 완전정복

[슬라이드1] 그림 및 텍스트 상자

☑ 그림을 삽입한 후 크기 지정하기
☑ 텍스트 상자를 삽입하기

 **미리보기** · 소스 : 유형04_문제.pptx · 정답 : 유형04_정답.pptx

【슬라이드1】 아래의 작성조건 및 출력형태에 알맞게 첫 번째 슬라이드에 작업하시오. (30점)

《출력형태》

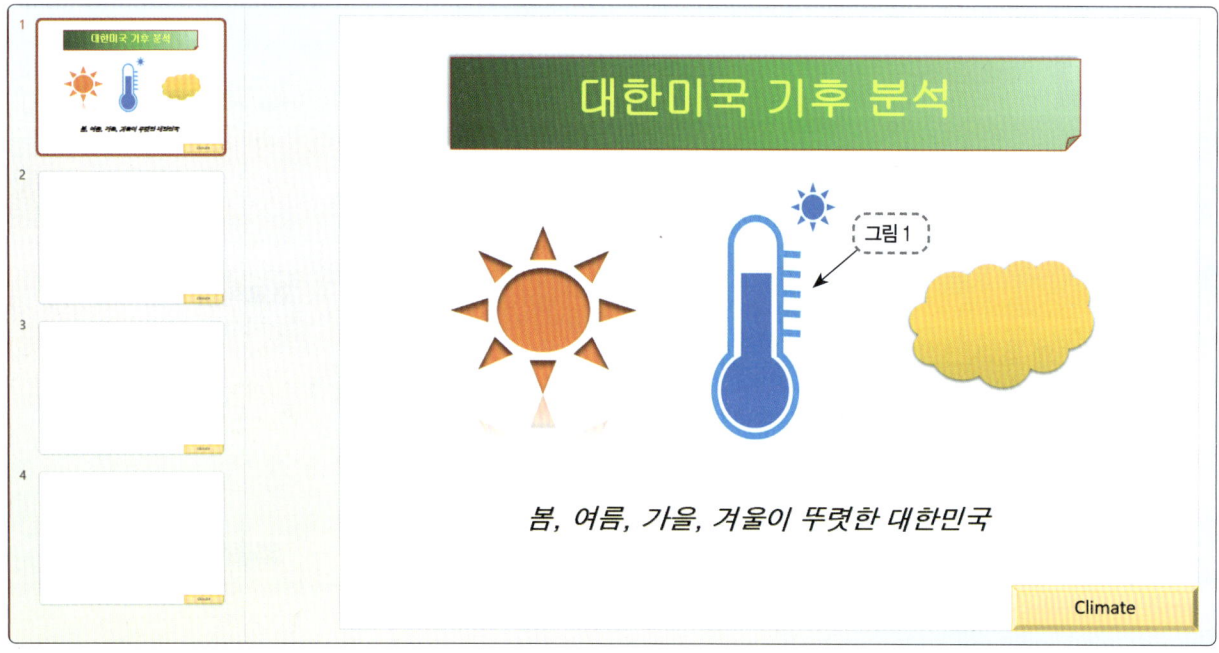

《작성조건》

▶ 도형 1 ⇒ 기본 도형 – '사각형: 모서리가 접힌 도형', 도형 채우기(그라데이션 : 미리 설정 – '아래쪽 스포트라이트 – 강조 6', 종류 – 방사형, 방향 – '오른쪽 위 모서리에서'), 도형 윤곽선(실선, 색 : 진한 빨강, 너비 : 1pt, 겹선 종류 : 단순형), 도형 효과(그림자 – 바깥쪽 – '오프셋: 왼쪽 위'), 글꼴(굴림, 40pt, 굵게, 노랑)

▶ 도형 2 ⇒ 기본 도형 – '해', 도형 채우기('주황, 강조 2'), 선 없음, 도형 효과(그림자 – 안쪽 – '안쪽: 위쪽', 반사 – '근접 반사: 터치')

▶ 도형 3 ⇒ 기본 도형 – '구름', 도형 스타일('강한 효과 – 황금색, 강조 4')

▶ 그림 삽입 ⇒ 그림 1 삽입, 크기(높이 : 8cm, 너비 : 4cm)

▶ 텍스트 상자(봄, 여름, 가을, 겨울이 뚜렷한 대한민국) ⇒ 글꼴(돋움, 24pt, 굵게, 기울임꼴)

▶ 애니메이션 지정 ⇒ 도형 1 : 나타내기 – 올라오기

▶ 지시사항이 없는 부분은 《출력형태》와 동일하게 작성하시오.

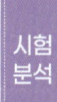

Digital Information Ability Test

난이도	권장 시간 / 시험 시간	유형 점수 / 시험 점수
★★☆☆	3분 / 40분	30점 / 200점

• 출제유형 02 ~ 05까지 합쳐진 점수

시험 분석

➜ **주의 사항 : 실수가 많은 내용**
- ☑ 출제유형 04에 나오는 도형 및 그림은 슬라이드1을 클릭한 후 작업합니다.
- ☑ 실제 시험에서는 그림을 [바탕화면]-[KAIT]-[제출파일] 폴더에서 불러옵니다.
- ☑ 그림을 삽입하고 크기를 지정해야 하므로, '가로 세로 비율 고정' 항목의 체크를 해제해야 합니다.
- ☑ 그림과 텍스트 상자 도형의 위치는 《출력형태》를 참고해서 비슷하게 맞춰서 입력합니다.

Skill 01 그림 삽입하기

▶ 그림 삽입 ⇒ 그림 1 삽입, 크기(높이 : 8cm, 너비 : 4cm)

① 첫 번째 슬라이드를 클릭한 후 그림을 삽입하기 위해 [삽입] 탭의 [이미지] 그룹에서 [그림(🖼)]을 클릭한 다음 '이 디바이스...'를 선택합니다.

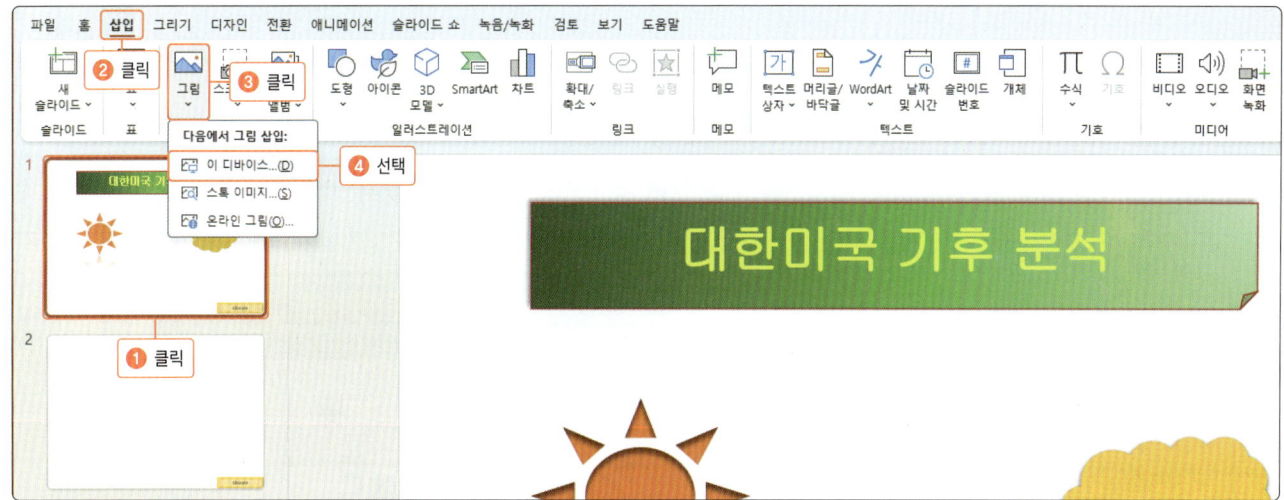

② [그림 삽입] 대화상자가 나오면 [그림 파일]-[출제유형 완전정복]-[출제유형 04]-'그림1'을 선택한 후 〈삽입〉 단추를 클릭합니다.

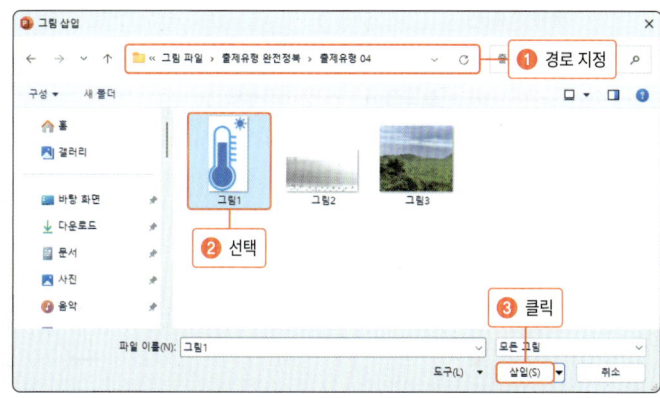

 시험 유의 사항

실제 시험에서는 바탕 화면의 [KAIT]-[제출파일] 폴더에 있는 그림을 이용해야 합니다.

❸ 삽입된 그림 위에서 마우스 오른쪽 단추를 눌러 바로 가기 메뉴가 나오면 [크기 및 위치]를 클릭합니다.

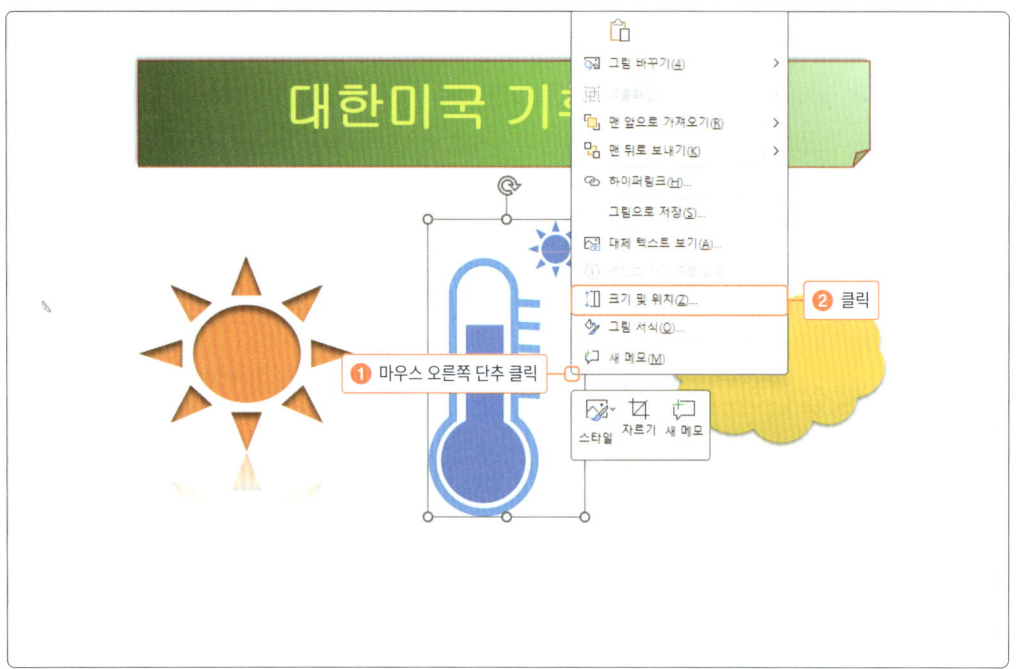

❹ 오른쪽에 [그림 서식] 창이 나오면 '**가로 세로 비율 고정**' 항목의 체크를 해제합니다. 이어서, '**높이(8), 너비(4)**'를 입력한 후 작업 창을 '종료(☒)'합니다.

❺ 그림의 크기가 변경된 것을 확인한 후 《출력형태》를 참고하여 위치를 변경합니다.

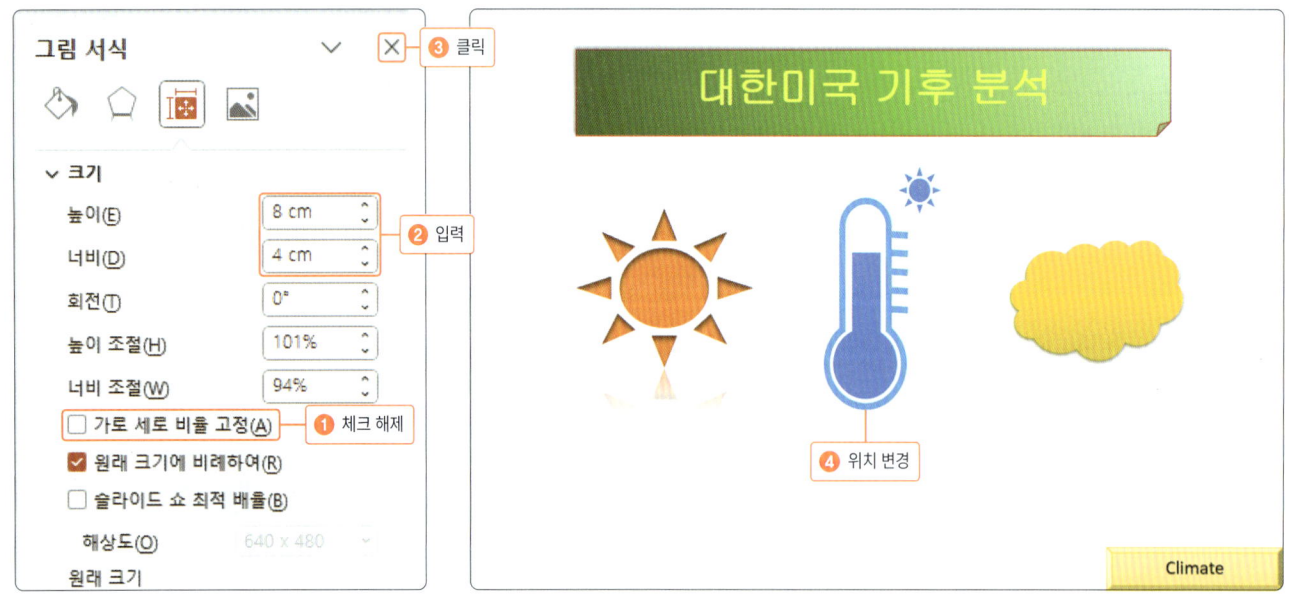

그림 크기 변경하기

파워포인트 2021에서 그림을 삽입하게 되면 기본적으로 비율이 고정되어 있기 때문에 출제되는 그림의 크기(8cm, 4cm)를 지정하기 위해서는 반드시 '가로 세로 비율 고정' 항목의 체크를 해제해야 합니다. 또한, 그림의 크기를 입력하여 변경한 후에는 더 이상 조절점(○)을 이용하여 그림의 크기를 조절하지 않습니다.

Skill 02 텍스트 상자 삽입하기

▶ 텍스트 상자(봄, 여름, 가을, 겨울이 뚜렷한 대한민국) ⇒ 글꼴(돋움, 24pt, 굵게, 기울임꼴)

① [삽입] 탭의 [텍스트] 그룹에서 '가로 텍스트 상자 그리기(가)'를 클릭합니다. 이어서, 마우스 포인터가 ↓ 모양으로 변경되면 텍스트를 입력할 위치를 클릭한 후 '봄, 여름, 가을, 겨울이 뚜렷한 대한민국'을 입력합니다.

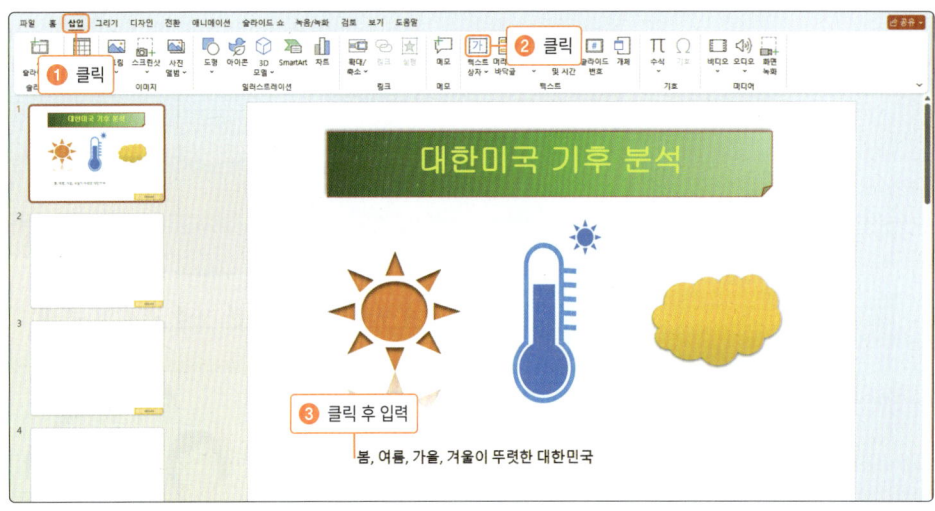

② 텍스트 상자의 테두리를 클릭한 후 [홈] 탭의 [글꼴] 그룹에서 '글꼴(돋움), 글꼴 크기(24pt), 굵게(가), 기울임꼴(가)'을 지정합니다. 이어서, 《출력형태》를 참고하여 텍스트 상자의 위치를 그림과 같이 변경합니다.

※ 마우스로 텍스트 상자의 테두리를 누른 상태(🖑)에서 드래그하여 위치를 이동시킵니다.

> **TIP 텍스트 상자 글꼴 서식 변경하기**
> ① 내용을 입력한 후 Esc 키를 누르거나 텍스트 상자의 테두리를 클릭합니다.
> ② 텍스트 상자 안의 내용을 드래그하여 블록으로 지정합니다.

③ [파일]-[저장](Ctrl+S) 또는 [빠른 실행 도구 모음]에서 '저장(💾)'을 클릭합니다.

※ 실제 시험을 볼 때 작업 도중에 수시로(10분에 한 번 정도) 저장을 하는 것이 좋습니다.

[슬라이드1] 그림 및 텍스트 상자

완전정복-01
아래의 작성조건 및 출력형태에 알맞게 작업하시오.
- 소스 : 정복04_문제01.pptx
- 정답 : 정복04_정답01.pptx

작성 시간 / 권장 시간
분 / 3분

《출력형태》

《작성조건》
▶ 그림 삽입 ⇒ 그림 1 삽입, 크기(높이 : 7cm, 너비 : 9cm)
▶ 텍스트 상자(현대사회에는 다양한 가족 유형이 존재) ⇒ 글꼴(궁서, 24pt, 기울임꼴, 밑줄)

완전정복-02
아래의 작성조건 및 출력형태에 알맞게 작업하시오.
- 소스 : 정복04_문제02.pptx
- 정답 : 정복04_정답02.pptx

작성 시간 / 권장 시간
분 / 3분

《작성조건》
▶ 그림 삽입 ⇒ 그림 1 삽입, 크기(높이 : 7cm, 너비 : 7cm)
▶ 텍스트 상자(균사로 이루어진 균계 생물을 통칭하는 말)
　　⇒ 글꼴(궁서체, 24pt, 기울임꼴, 밑줄, 자주)

《출력형태》

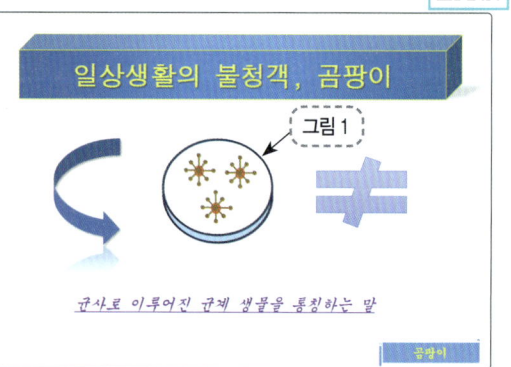

완전정복-03

아래의 작성조건 및 출력형태에 알맞게 작업하시오.

소스 : 정복04_문제03.pptx 정답 : 정복04_정답03.pptx

《작성조건》

▶ 그림 삽입 ⇒ 그림 1 삽입, 크기(높이 : 7cm, 너비 : 11cm)
▶ 텍스트 상자(쉽게 따라하는 반려견 트레이닝)
   ⇒ 글꼴(돋움체, 28pt, 굵게, 밑줄)

《출력형태》

완전정복-04

아래의 작성조건 및 출력형태에 알맞게 작업하시오.

소스 : 정복04_문제04.pptx 정답 : 정복04_정답04.pptx

《작성조건》

▶ 그림 삽입 ⇒ 그림 1 삽입, 크기(높이 : 7cm, 너비 : 11cm)
▶ 텍스트 상자(학생의 진로에 따라 원하는 과목 선택)
   ⇒ 글꼴(궁서, 24pt, 기울임꼴, 밑줄)

《출력형태》

완전정복-05

아래의 작성조건 및 출력형태에 알맞게 작업하시오.

소스 : 정복04_문제05.pptx 정답 : 정복04_정답05.pptx

《작성조건》

▶ 그림 삽입 ⇒ 그림 1 삽입, 크기(높이 : 8cm, 너비 : 11cm)
▶ 텍스트 상자(건강과 경제에 큰 피해를 주는 황사)
   ⇒ 글꼴(궁서, 24pt, 기울임꼴, 밑줄)

《출력형태》

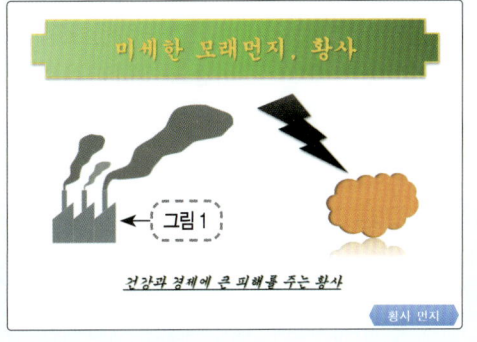

PART 02 출제유형 완전정복

[슬라이드1] 애니메이션

☑ 애니메이션 지정하기

 미리보기

· 소스 : 유형05_문제.pptx   · 정답 : 유형05_정답.pptx

【슬라이드1】 아래의 작성조건 및 출력형태에 알맞게 첫 번째 슬라이드에 작업하시오.   (30점)

《출력형태》

《작성조건》

▶ 도형 1 ⇒ 기본 도형 – '사각형: 모서리가 접힌 도형', 도형 채우기(그라데이션 : 미리 설정 – '아래쪽 스포트라이트 – 강조 6', 종류 – 방사형, 방향 – '오른쪽 위 모서리에서'),
   도형 윤곽선(실선, 색 : 진한 빨강, 너비 : 1pt, 겹선 종류 : 단순형),
   도형 효과(그림자 – 바깥쪽 – '오프셋: 왼쪽 위'), 글꼴(굴림, 40pt, 굵게, 노랑)

▶ 도형 2 ⇒ 기본 도형 – '해', 도형 채우기('주황, 강조 2'), 선 없음,
   도형 효과(그림자 – 안쪽 – '안쪽: 위쪽', 반사 – '근접 반사: 터치')

▶ 도형 3 ⇒ 기본 도형 – '구름', 도형 스타일('강한 효과 – 황금색, 강조 4')

▶ 그림 삽입 ⇒ 그림 1 삽입, 크기(높이 : 8cm, 너비 : 4cm)

▶ 텍스트 상자(봄, 여름, 가을, 겨울이 뚜렷한 대한민국) ⇒ 글꼴(돋움, 24pt, 굵게, 기울임꼴)

▶ 애니메이션 지정 ⇒ 도형 1 : 나타내기 – 올라오기

▶ 지시사항이 없는 부분은 《출력형태》와 동일하게 작성하시오.

시험 분석

Digital Information Ability Test

난이도	권장 시간 / 시험 시간	유형 점수 / 시험 점수
★★☆☆	1분 / 40분	30점 / 200점

※ 출제유형 02 ~ 05까지 합쳐진 점수

➜ **주의 사항 : 실수가 많은 내용**

☑ 출제유형 05에 나오는 애니메이션 지정은 슬라이드1을 클릭한 후 작업합니다.
☑ 애니메이션을 지정하고자 하는 도형을 정확하게 클릭한 후 애니메이션을 지정합니다.
☑ 전체적으로 도형과 그림의 위치, 크기를 《출력형태》을 보고 맞춰줍니다.
☑ 첫 번째 슬라이드 작업이 마무리가 되었으면 〈저장〉 단추를 눌러 저장합니다.

Skill 01 애니메이션 지정하기

▶ 애니메이션 지정 ⇒ 도형 1 : 나타내기 – 올라오기

① 애니메이션을 지정하기 위해 첫 번째 슬라이드를 클릭한 후 '**도형 1**'을 클릭합니다.

② [**애니메이션**] 탭의 [**애니메이션**] 그룹에서 자세히(▼) 단추를 클릭한 후 '**올라오기**'를 선택합니다.

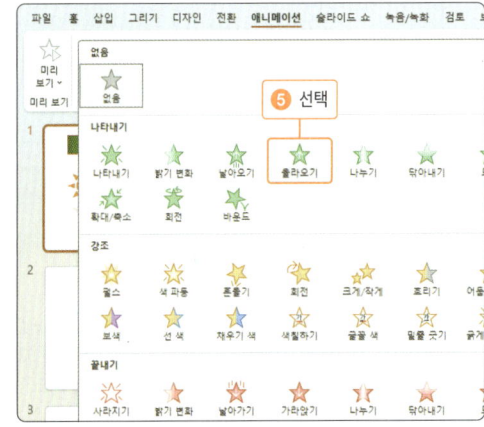

 추가 나타내기 효과

기본 나타내기 애니메이션은 나타내기, 밝기 변화, 날아오기, 올라오기, 나누기, 닦아내기, 도형, 시계 방향, 실선 무늬, 회전하며 밝기 변화, 확대/축소, 회전, 바운드 등입니다. 더 많은 나타내기 애니메이션을 지정하고자 할 경우에는 [추가 나타내기 효과]를 통해 지정할 수 있습니다.

출제유형 05   **43**   [슬라이드1] 애니메이션

❸ 다음 그림과 같이 애니메이션이 적용된 것을 확인합니다.

※ 애니메이션이 적용된 것을 확인하기 위해서는 [애니메이션] 탭이 선택되어 있어야 합니다.

 애니메이션
- F5 키를 눌러 슬라이드 쇼가 진행되면 마우스를 클릭하거나, Enter 키를 눌러 지정된 애니메이션을 확인할 수 있습니다.
- 애니메이션을 잘못 지정했을 경우에는 [애니메이션] 탭의 [애니메이션] 그룹에서 자세히(▽) 단추를 클릭하여 애니메이션 효과를 다시 선택합니다.

 시험 유의 사항

시험에서는 [슬라이드1], [슬라이드2], [슬라이드3]에 각각 애니메이션을 적용하는 문제가 출제됩니다.
《작성조건》에 따라 '도형, 그림, SmartArt, 차트' 등에 애니메이션을 적용하는 문제가 나오며 '날아오기, 바둑판 무늬, 블라인드, 다이아몬드형' 등의 애니메이션이 자주 출제됩니다.

❹ [파일]-[저장](Ctrl+S) 또는 [빠른 실행 도구 모음]에서 '저장(💾)'을 클릭합니다.

※ 실제 시험을 볼 때 작업 도중에 수시로(10분에 한 번 정도) 저장을 하는 것이 좋습니다.

[슬라이드1] 애니메이션

완전정복-01

아래의 작성조건 및 출력형태에 알맞게 작업하시오.

• 소스 : 정복05_문제01.pptx   • 정답 : 정복05_정답01.pptx

작성 시간 / 권장 시간

분 / 1분

《출력형태》

《작성조건》

▶ 애니메이션 지정 ⇒ 도형 1 : 나타내기 – 날아오기

완전정복-02

아래의 작성조건 및 출력형태에 알맞게 작업하시오.

· 소스 : 정복05_문제02.pptx · 정답 : 정복05_정답02.pptx

작성 시간 / 권장 시간
분 / 1분

《출력형태》

《작성조건》

▶ 애니메이션 지정 ⇒ 도형 1 : 나타내기 – 시계 방향 회전

완전정복-03

아래의 작성조건 및 출력형태에 알맞게 작업하시오.

· 소스 : 정복05_문제03.pptx · 정답 : 정복05_정답03.pptx

작성 시간 / 권장 시간
분 / 1분

《출력형태》

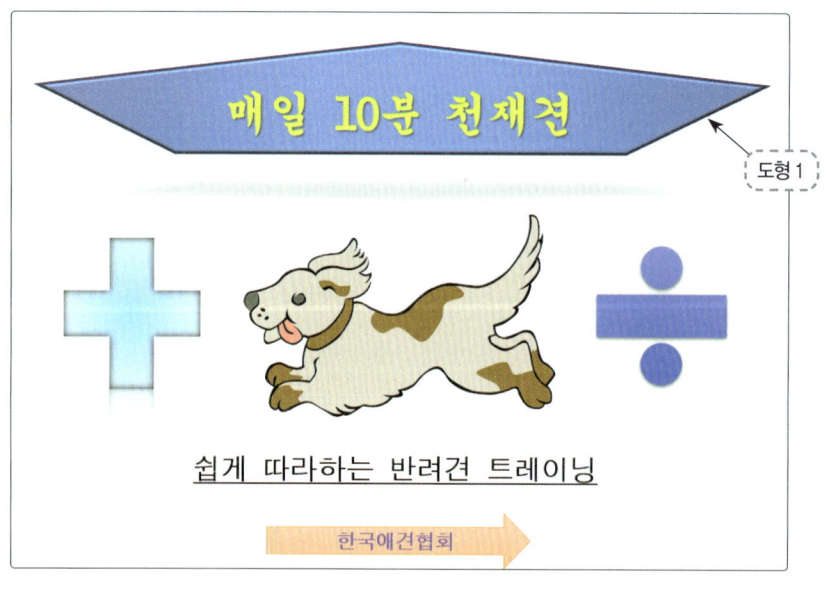

《작성조건》

▶ 애니메이션 지정 ⇒ 도형 1 : 나타내기 – 닦아내기

완전정복 - 04

아래의 작성조건 및 출력형태에 알맞게 작업하시오.

소스 : 정복05_문제04.pptx   정답 : 정복05_정답04.pptx

《출력형태》

《작성조건》

▶ 애니메이션 지정 ⇒ 도형 1 : 나타내기 – 나누기

완전정복 - 05

아래의 작성조건 및 출력형태에 알맞게 작업하시오.

소스 : 정복05_문제05.pptx   정답 : 정복05_정답05.pptx

《출력형태》

《작성조건》

▶ 애니메이션 지정 ⇒ 도형 1 : 나타내기 – 실선 무늬

PART 02 출제유형 완전정복

[슬라이드2] 소제목 도형

- ☑ 도형을 삽입한 후 서식 지정하기
- ☑ 도형을 다른 슬라이드에 복사하기

 **미리보기**　　　　　　　　　　　　　　**소스** : 유형06_문제.pptx　　**정답** : 유형06_정답.pptx

【슬라이드2】 아래의 작성조건 및 출력형태에 알맞게 두 번째 슬라이드에 작업하시오.　　(50점)

《출력형태》

《작성조건》

(1) 제목

　▶ 도형 1 ⇒ 순서도 – '순서도: 종속 처리', 도형 채우기('파랑, 강조 5, 80% 더 밝게'),
　　　도형 윤곽선(실선, 색 : 연한 파랑, 너비 : 3pt, 겹선 종류 : 단순형),
　　　도형 효과(그림자 – 바깥쪽 – '오프셋: 오른쪽 아래', 입체 효과 – '십자형으로'),
　　　글꼴(궁서, 36pt, 굵게, 기울임꼴, '파랑, 강조 5, 50% 더 어둡게')

(2) 본문

　▶ 도형 2 ⇒ 순서도 – '순서도: 다중 문서', 도형 채우기(주황, 그라데이션 – '가운데에서'),
　　　도형 윤곽선(실선, 색 : '주황, 강조 2' 너비 : 3pt, 겹선 종류 : 이중),
　　　글꼴(굴림, 20pt, 굵게, 밑줄, '녹색, 강조 6, 50% 더 어둡게')
　▶ 도형 3~6 ⇒ 기본 도형 – '1/2 액자', 도형 채우기(연한 녹색, 그라데이션 – '선형 대각선 –
　　　왼쪽 위에서 오른쪽 아래로'), 선 없음, 도형 효과(입체 효과 – '둥글게'),
　　　글꼴(굴림, 20pt, 굵게, 기울임꼴, 진한 파랑)
　▶ 실행 단추 ⇒ 실행 단추 – '실행 단추: 홈으로 이동', 하이퍼링크 : 첫째 슬라이드,
　　　도형 스타일('미세 효과 – 회색, 강조 3')
　▶ SmartArt 삽입 ⇒ 프로세스형 – '지그재그 프로세스', 글꼴(궁서, 18pt, 굵게, 텍스트 그림자, 가운데 맞춤),
　　　SmartArt 스타일(색 변경 – 색상형 – '색상형 범위 – 강조색 5 또는 6', 3차원 – '광택 처리'),
　　　(반드시 SmartArt 기능을 이용하여 작성할 것)
　▶ 애니메이션 지정 ⇒ SmartArt : 나타내기 – 도형
　▶ 지시사항이 없는 부분은 《출력형태》와 동일하게 작성하시오.

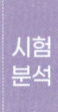

시험 분석

Digital Information Ability Test

난이도	권장 시간 / 시험 시간	유형 점수 / 시험 점수
★★☆☆	3분 / 40분	▶ 50점 / 200점

➡ 주의 사항 : 실수가 많은 내용

☑ 출제유형 06에 나오는 소제목 도형은 슬라이드2를 클릭한 후 작업합니다.

☑ 슬라이드2에서 소제목을 작성이 완료되면 슬라이드3과 슬라이드4에 똑같이 도형을 복사한 후 글자를 변경합니다.

☑ 소제목 도형 조건(도형 채우기, 도형 윤곽선, 도형 효과, 글꼴)을 빠짐없이 작업합니다.

• 출제유형 06 ~ 08까지 합쳐진 점수

Skill 01 도형 1 작성하기

▶ 도형 1 ⇒ 순서도 – '순서도: 종속 처리', 도형 채우기('파랑, 강조 5, 80% 더 밝게'), 도형 윤곽선(실선, 색 : 연한 파랑, 너비 : 3pt, 겹선 종류 : 단순형), 도형 효과(그림자 – 바깥쪽 – '오프셋: 오른쪽 아래', 입체 효과 – '십자형으로'), 글꼴(궁서, 36pt, 굵게, 기울임꼴, '파랑, 강조 5, 50% 더 어둡게')

1. 두 번째 슬라이드를 클릭한 후 [삽입] 탭의 [일러스트레이션] 그룹에서 [도형]–[순서도]–'순서도: 종속 처리'를 선택합니다.

2. 마우스 포인터가 + 모양으로 변경되면 드래그하여 도형을 삽입합니다. 이어서, 조절점(○)을 드래그하여 《출력형태》와 같이 크기를 조절한 후 위치를 변경합니다.

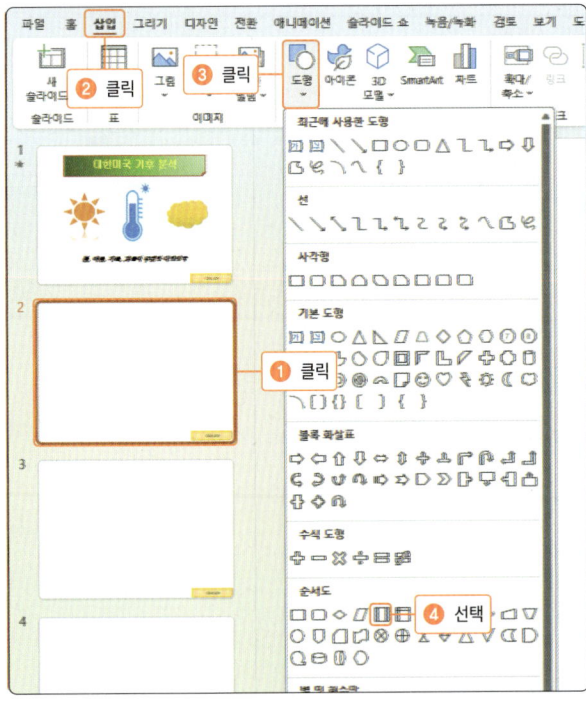
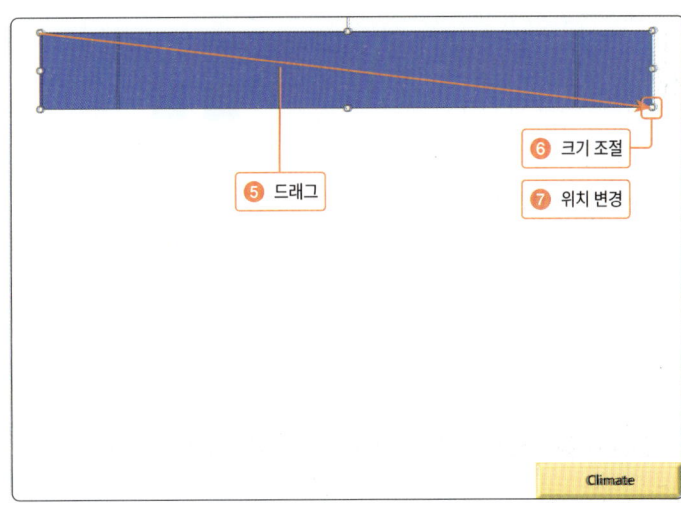

3. 도형이 선택된 상태에서 '대한민국 기후의 특징'을 입력한 후 Esc 키를 누릅니다.

[슬라이드2] 소제목 도형

④ [도형 서식] 탭의 [도형 스타일] 그룹에서 [도형 채우기]-'파랑, 강조 5, 80% 더 밝게'를 선택합니다.

⑤ 윤곽선 서식을 변경하기 위해 도형의 텍스트가 없는 부분 위에서 마우스 오른쪽 단추를 눌러 바로 가기 메뉴가 나오면 [도형 서식]을 클릭합니다.

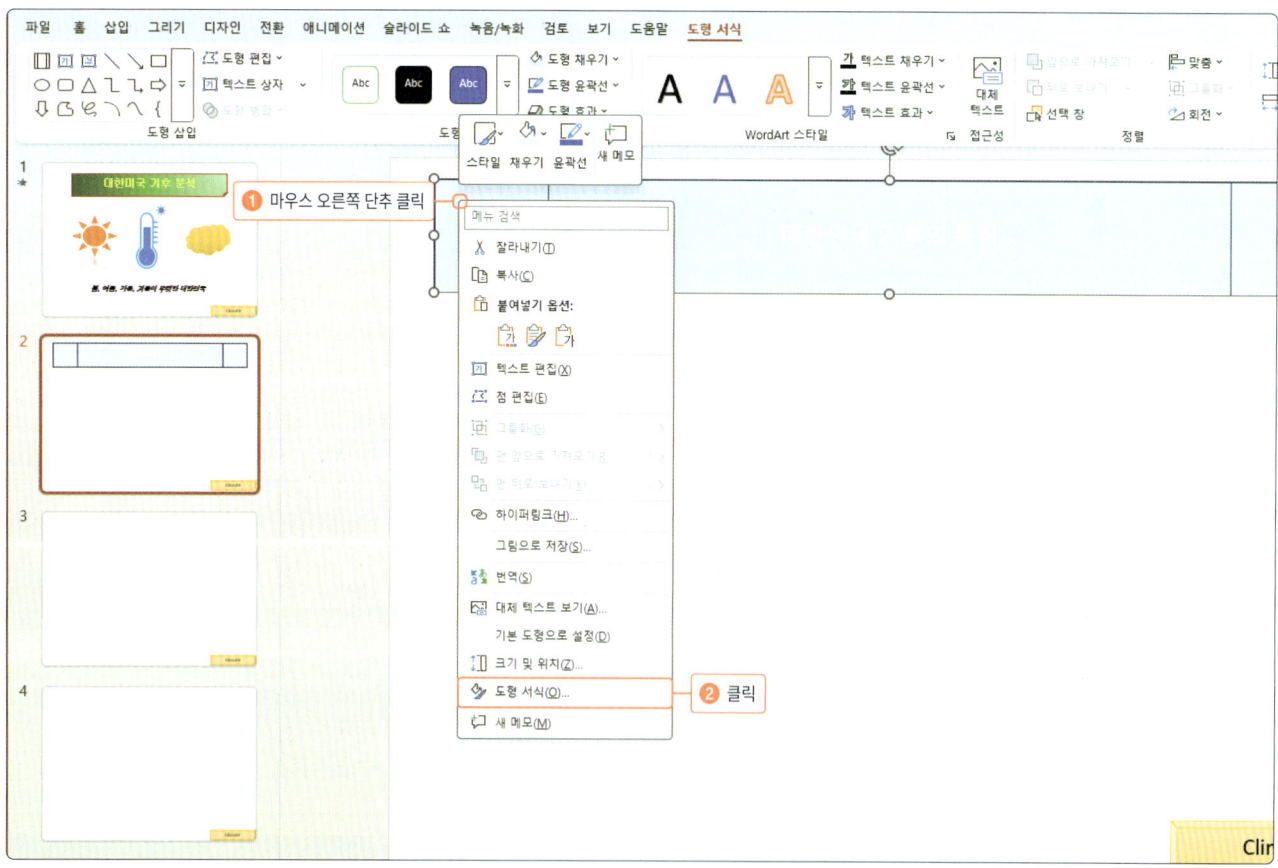

❻ 오른쪽에 [도형 서식] 창이 나오면 작업창 아래 **선**을 클릭하여 **실선**을 확인한 후 **색**( )을 클릭하여 '**연한 파랑**'으로 선택합니다. 이어서, '**너비(3pt), 겹선 종류(단순형)**'를 각각 선택한 후 작업 창을 '종료( )'합니다.

※ 《작성조건》에서 겹선 종류를 '단순형( )'으로 지정하라는 문제가 나오면 겹선 종류의 기본 값이 '단순형'이기 때문에 별도의 변경 없이 다음 작업을 진행해도 됩니다.

> **도형 윤곽선**
> 도형의 윤곽선 너비는 기본 값이 '1pt'입니다. 윤곽선을 변경하는 문제가 출제되면 [도형 서식] 작업 창에서 '선 색' 및 '선 스타일' 변경을 한 번에 작업하는 것이 편리합니다.

❼ 그림과 같이 도형의 윤곽선 서식이 변경된 것을 확인합니다.

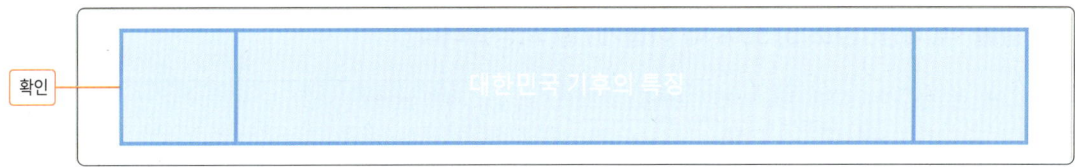

⑧ 도형 효과를 적용하기 위해 [도형 서식] 탭의 [도형 스타일] 그룹에서 [도형 효과]-[그림자]-[바깥쪽]-'오프셋: 오른쪽 아래(▢)'를 선택합니다.

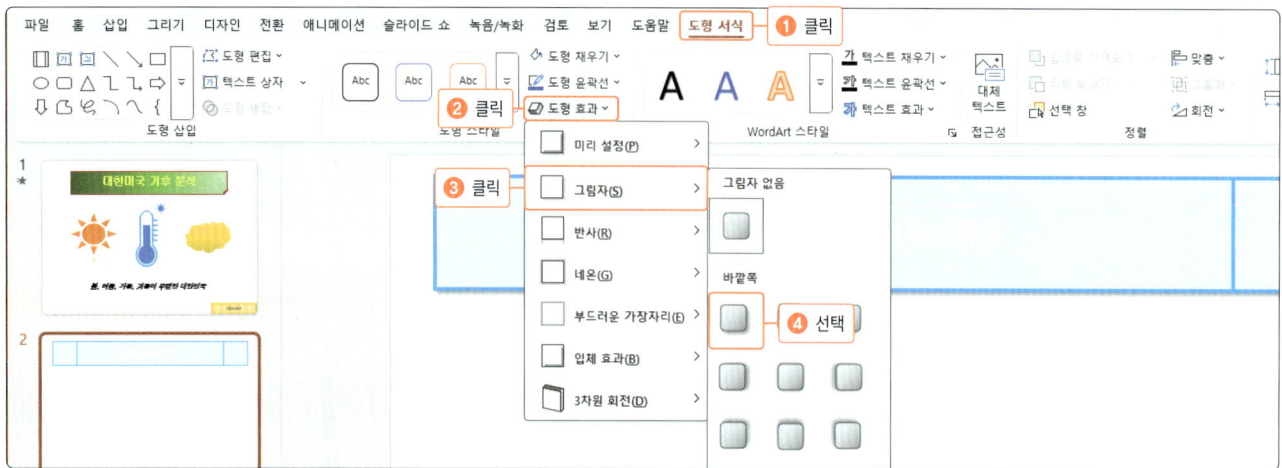

⑨ 이어서, [도형 효과]-[입체 효과]-'십자형으로(▢)'를 선택합니다.

⑩ 글꼴 서식을 변경하기 위해 [홈] 탭의 [글꼴] 그룹에서 '글꼴(궁서), 글꼴 크기(36pt), 굵게(가), 기울임꼴(가), 글꼴 색(파랑, 강조 5, 50% 더 어둡게)'을 지정합니다.

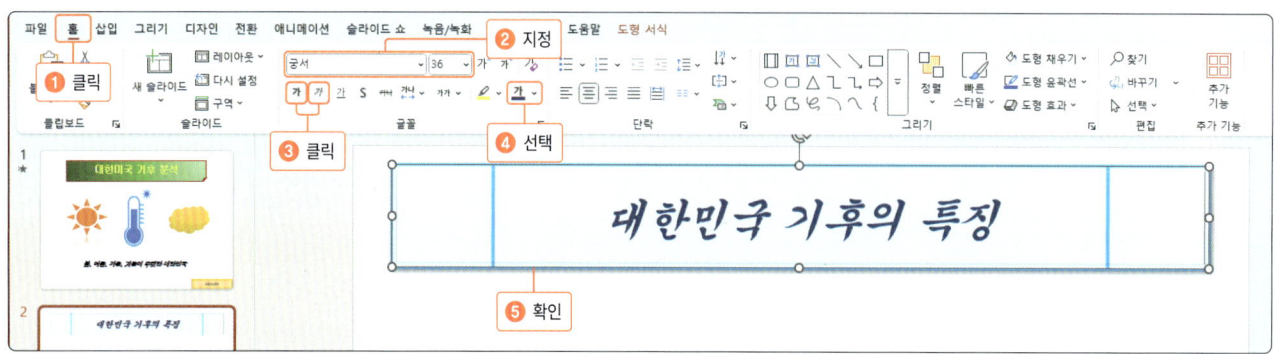

도형 1 복사하기

① 도형의 테두리 위에서 마우스 오른쪽 단추를 눌러 바로 가기 메뉴가 나오면 [복사]를 클릭합니다.

※ 복사 바로 가기 키 : Ctrl + C

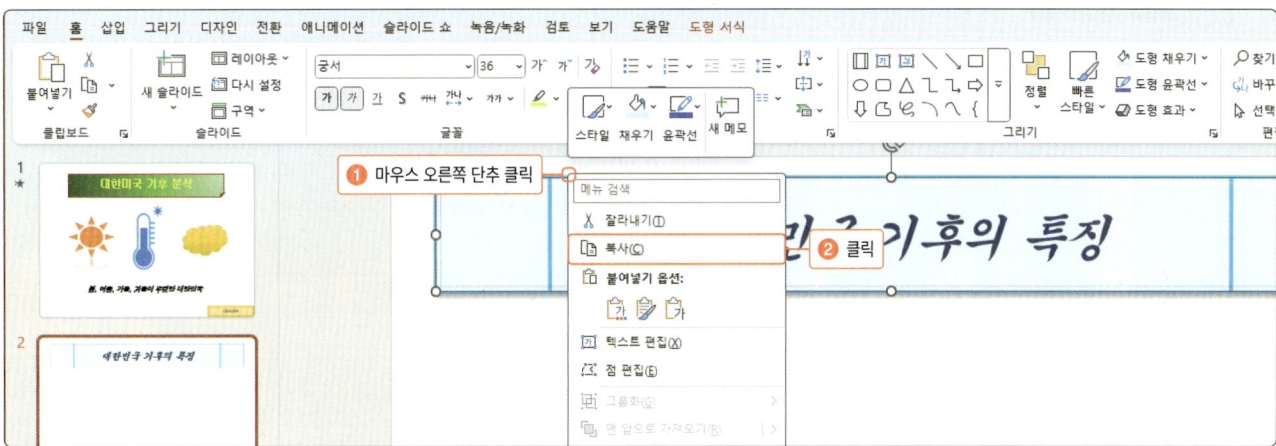

② 왼쪽 슬라이드 미리보기 창에서 세 번째 슬라이드를 클릭한 후 빈 슬라이드 위에서 마우스 오른쪽 단추를 눌러 바로 가기 메뉴가 나오면 [붙여넣기 옵션: 대상 테마 사용(가)]을 클릭합니다.

※ 붙여넣기 바로 가기 키 : Ctrl + V

TIP 복사 및 붙여넣기
- '복사' 기능은 개체를 임시 저장 공간에 복사하는 기능으로 '붙여넣기' 기능과 함께 사용합니다.
- '붙여넣기' 기능은 '복사' 또는 '잘라내기' 기능과 함께 쓰이는 기능으로 임시 저장 공간에 잠시 복사했던 내용을 원하는 곳에 붙여넣을 수 있습니다.

❸ 세 번째 슬라이드에 도형이 복사되면 도형 안의 텍스트를 드래그하여 블록으로 지정한 후 '**지역별 평균 기온 살펴보기**'를 입력합니다.

※ 텍스트가 블록으로 지정된 상태에서 내용을 입력하면 기존의 내용이 삭제되면서 동시에 새로운 내용이 입력됩니다.

※ 세 번째 슬라이드의 제목 내용은 문제지 [슬라이드3]의 《출력형태》를 참고하여 입력합니다.

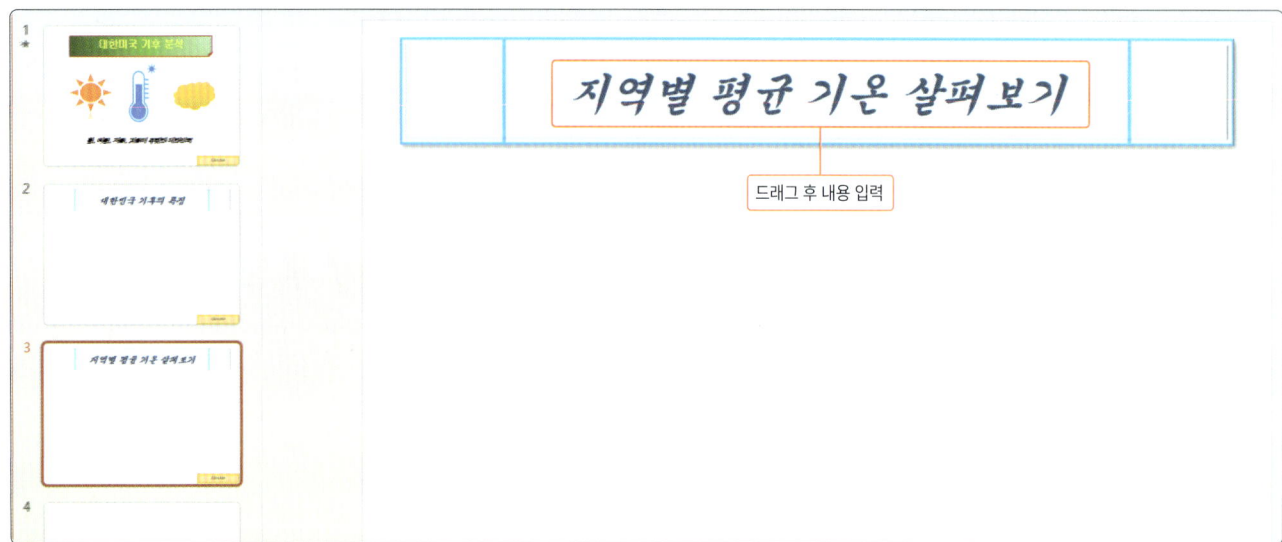

❹ 같은 방법으로 왼쪽 슬라이드 미리보기 창에서 네 번째 슬라이드를 클릭한 후 빈 슬라이드 위에서 마우스 오른쪽 단추를 눌러 바로 가기 메뉴가 나오면 **[붙여넣기 옵션: 대상 테마 사용( )]**을 클릭합니다.

❺ 복사된 도형 안의 텍스트를 드래그하여 블록으로 지정한 후 '**수도권 기후 특성 살펴보기**'를 입력합니다.

※ 네 번째 슬라이드의 제목 내용은 문제지 [슬라이드4]의 《출력형태》를 참고하여 입력합니다.

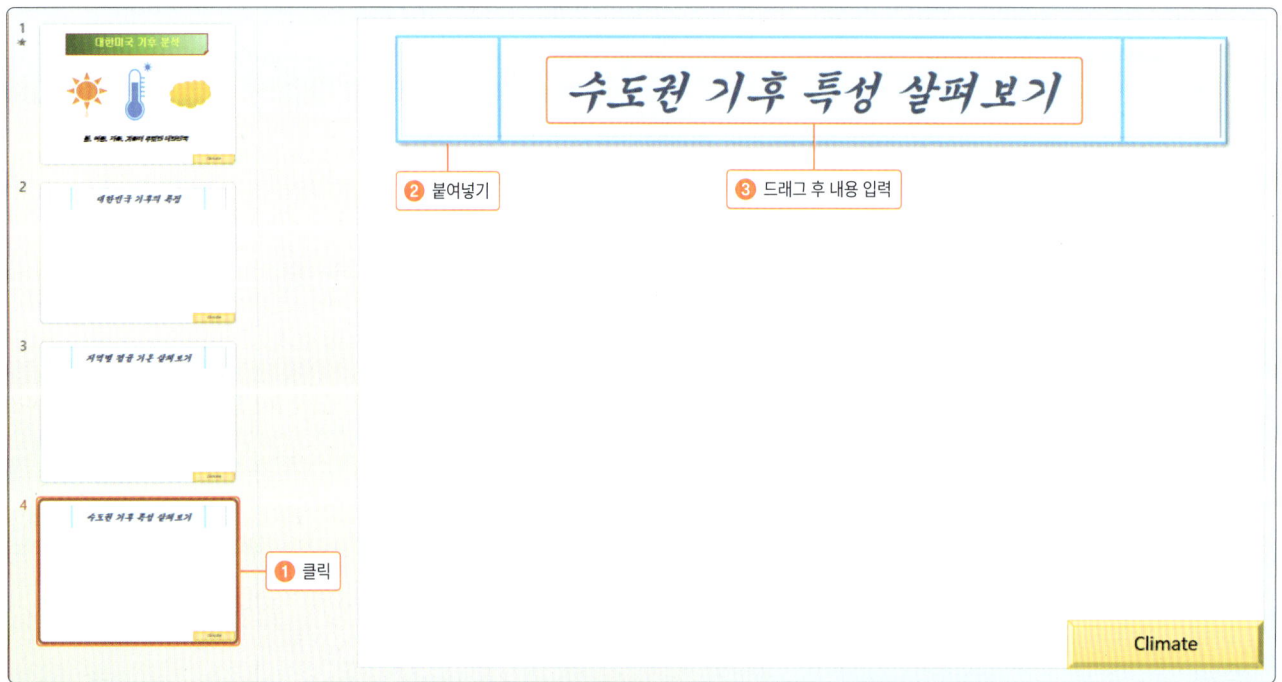

❻ **[파일]-[저장]([Ctrl]+[S])** 또는 **[빠른 실행 도구 모음]**에서 '**저장( )**'을 클릭합니다.

※ 실제 시험을 볼 때 작업 도중에 수시로(10분에 한 번 정도) 저장을 하는 것이 좋습니다.

출제유형 완전정복 > [슬라이드2] 소제목 도형

완전정복-01 아래의 작성조건 및 출력형태에 알맞게 작업하시오.

· 소스 : 정복06_문제01.pptx · 정답 : 정복06_정답01.pptx

작성 시간 / 권장 시간
분 / 3분

《출력형태》

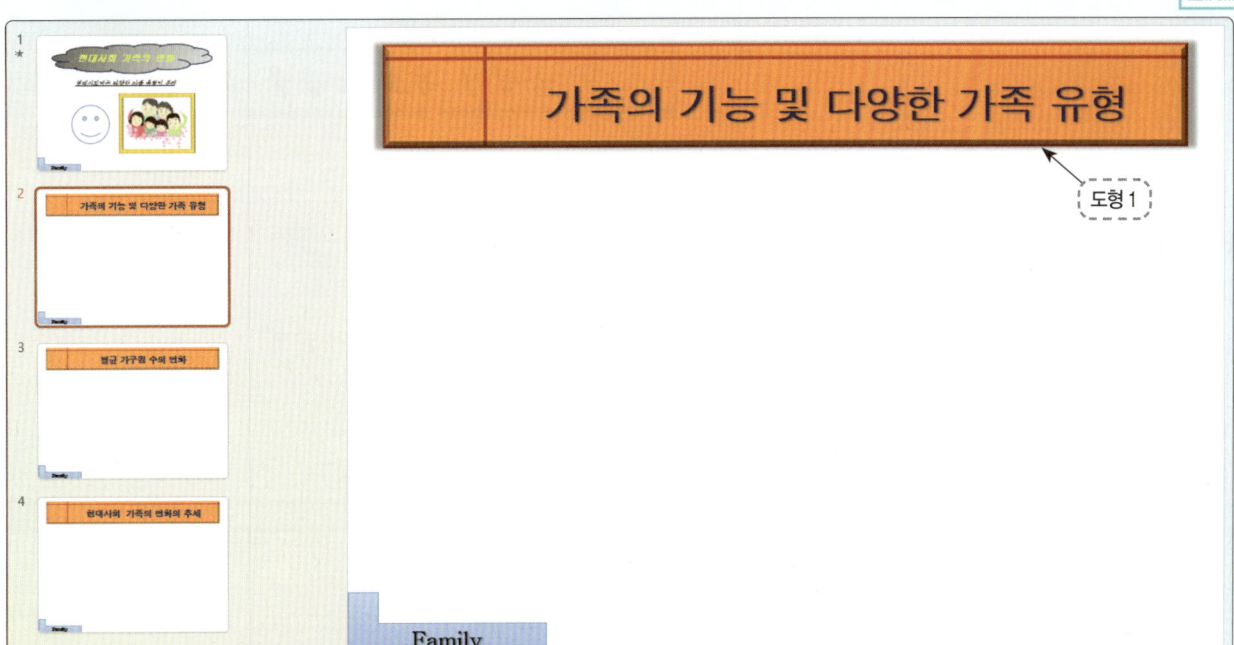

▲ 3번 슬라이드

▲ 4번 슬라이드

《작성조건》

(1) 제목

▶ 도형 1 ⇒ 순서도 – '순서도: 내부 저장소', 도형 채우기('주황, 강조 2'),
　　　　도형 윤곽선(실선, 색 : 진한 빨강, 너비 : 3pt, 겹선 종류 : 단순형),
　　　　도형 효과(그림자 – 바깥쪽 – '오프셋: 가운데', 입체 효과 – '각지게'),
　　　　글꼴(돋움, 36pt, 굵게, 텍스트 그림자, 진한 파랑)

완전정복 - 02

아래의 작성조건 및 출력형태에 알맞게 작업하시오.
- 소스 : 정복06_문제02.pptx
- 정답 : 정복06_정답02.pptx

《출력형태》

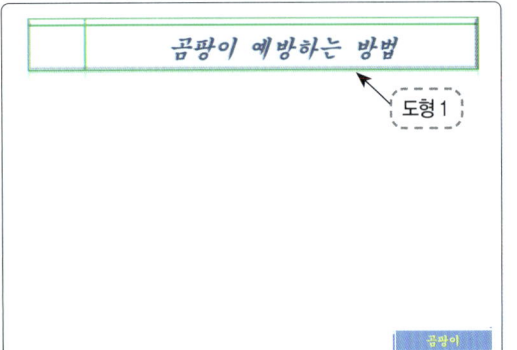

▲ 3번 슬라이드

▲ 4번 슬라이드

《작성조건》

(1) 제목
▶ 도형 1 ⇒ 순서도 – '순서도: 내부 저장소', 도형 채우기('파랑, 강조 5, 80% 더 밝게'),
도형 윤곽선(실선, 색 : 녹색, 너비 : 3pt, 겹선 종류 : 단순형),
도형 효과(반사 – '근접 반사: 터치', 입체 효과 – '둥글게 볼록'),
글꼴(궁서체, 36pt, 굵게, 기울임꼴, '파랑, 강조 5, 50% 더 어둡게')

완전정복 - 03

아래의 작성조건 및 출력형태에 알맞게 작업하시오.
- 소스 : 정복06_문제03.pptx
- 정답 : 정복06_정답03.pptx

《출력형태》

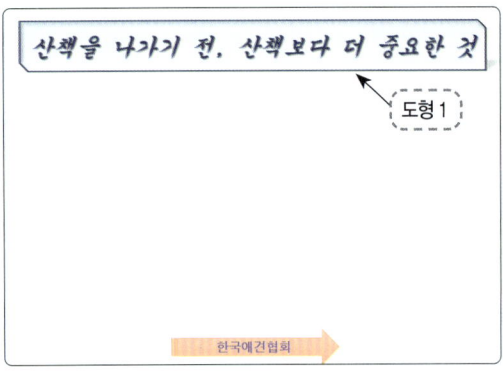

▲ 3번 슬라이드

▲ 4번 슬라이드

《작성조건》

(1) 제목
▶ 도형 1 ⇒ 사각형 – '사각형: 잘린 대각선 방향 모서리', 도형 채우기('파랑, 강조 1, 80% 더 밝게'),
도형 윤곽선(실선, 색 : 진한 파랑, 너비 : 2pt, 겹선 종류 : 단순형),
도형 효과(그림자 – 원근감 – '원근감: 오른쪽 위', 입체 효과 – '부드럽게 둥글리기'),
글꼴(궁서체, 36pt, 기울임꼴, 텍스트 그림자, 진한 파랑)

완전정복-04 아래의 작성조건 및 출력형태에 알맞게 작업하시오.

소스 : 정복06_문제04.pptx 정답 : 정복06_정답04.pptx

작성 시간 / 권장 시간
분 / 3분

《출력형태》

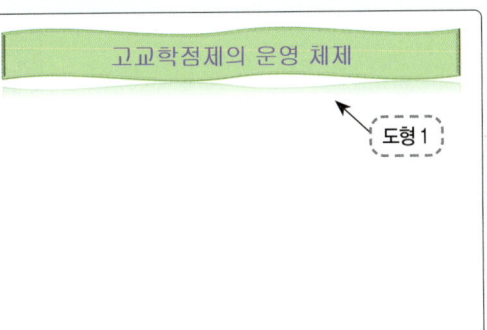

▲ 3번 슬라이드

▲ 4번 슬라이드

《작성조건》

(1) 제목
▶ 도형 1 ⇒ 별 및 현수막 – '이중 물결', 도형 채우기('녹색, 강조 6, 40% 더 밝게'),
   도형 윤곽선(실선, 색 : '녹색, 강조 6', 너비 : 2pt, 겹선 종류 : 단순형),
   도형 효과(반사 – '근접 반사: 터치', 입체 효과 – '절단'),
   글꼴(굴림, 36pt, 굵게, 자주)

완전정복-05 아래의 작성조건 및 출력형태에 알맞게 작업하시오.

소스 : 정복06_문제05.pptx 정답 : 정복06_정답05.pptx

작성 시간 / 권장 시간
분 / 3분

《출력형태》

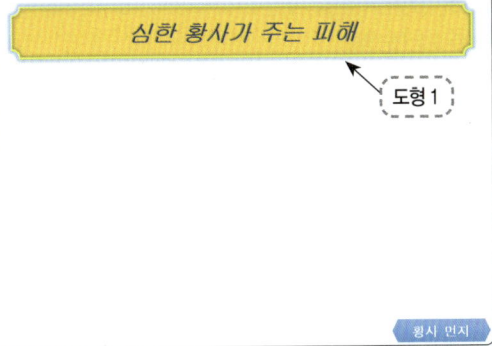

▲ 3번 슬라이드

▲ 4번 슬라이드

《작성조건》

(1) 제목
▶ 도형 1 ⇒ 기본 도형 – '배지', 도형 채우기(주황),
   도형 윤곽선(실선, 색 : 노랑, 너비 : 3pt, 겹선 종류 : 단순형),
   도형 효과(그림자 – 안쪽 – '안쪽: 가운데', 네온 – '네온: 8pt, 파랑, 강조색 1'),
   글꼴(굴림, 36pt, 굵게, 기울임꼴, 진한 파랑)

PART 02 출제유형 완전정복

[슬라이드2] 본문 도형

☑ 도형을 반듯하게 복사하기
☑ 실행 단추 삽입하기

 **미리보기**　　　　　　　　　　　　　　• 소스 : 유형07_문제.pptx　　• 정답 : 유형07_정답.pptx

【슬라이드2】 아래의 작성조건 및 출력형태에 알맞게 두 번째 슬라이드에 작업하시오.　　(50점)

《출력형태》

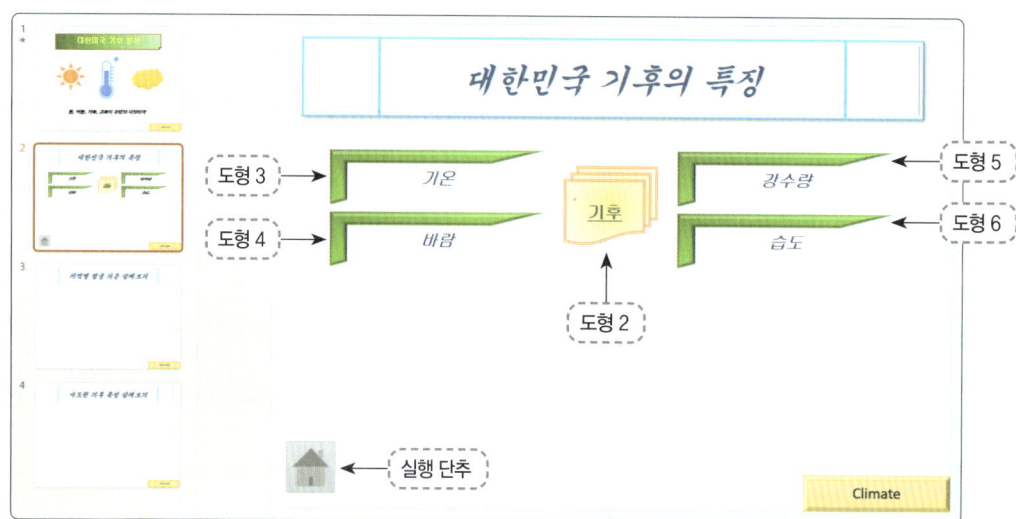

《작성조건》

(1) 제목
　▶ 도형 1 ⇒ 순서도 – '순서도: 종속 처리', 도형 채우기('파랑, 강조 5, 80% 더 밝게'),
　　　도형 윤곽선(실선, 색 : 연한 파랑, 너비 : 3pt, 겹선 종류 : 단순형),
　　　도형 효과(그림자 – 바깥쪽 – '오프셋: 오른쪽 아래', 입체 효과 – '십자형으로'),
　　　글꼴(궁서, 36pt, 굵게, 기울임꼴, '파랑, 강조 5, 50% 더 어둡게')

(2) 본문
　▶ 도형 2 ⇒ 순서도 – '순서도: 다중 문서', 도형 채우기(주황, 그라데이션 – '가운데에서'),
　　　도형 윤곽선(실선, 색 : '주황, 강조 2' 너비 : 3pt, 겹선 종류 : 이중),
　　　글꼴(굴림, 20pt, 굵게, 밑줄, '녹색, 강조 6, 50% 더 어둡게')
　▶ 도형 3~6 ⇒ 기본 도형 – '1/2 액자', 도형 채우기(연한 녹색, 그라데이션 – '선형 대각선 –
　　　왼쪽 위에서 오른쪽 아래로'), 선 없음, 도형 효과(입체 효과 – '둥글게'),
　　　글꼴(굴림, 20pt, 굵게, 기울임꼴, 진한 파랑)
　▶ 실행 단추 ⇒ 실행 단추 – '실행 단추: 홈으로 이동', 하이퍼링크 : 첫째 슬라이드,
　　　도형 스타일('미세 효과 – 회색, 강조 3')
　▶ SmartArt 삽입 ⇒ 프로세스형 – '지그재그 프로세스형', 글꼴(궁서, 18pt, 굵게, 텍스트 그림자, 가운데 맞춤),
　　　SmartArt 스타일(색 변경 – 색상형 – '색상형 범위 – 강조색 5 또는 6', 3차원 – '광택 처리'),
　　　(반드시 SmartArt 기능을 이용하여 작성할 것)
　▶ 애니메이션 지정 ⇒ SmartArt : 나타내기 – 도형
　▶ 지시사항이 없는 부분은 《출력형태》와 동일하게 작성하시오.

Digital Information Ability Test

난이도	권장 시간 / 시험 시간	유형 점수 / 시험 점수
★★☆☆☆	3분 / 40분	➤ 50점 / 200점

● 출제유형 06 ~ 08까지 합쳐진 점수

시험 분석

➔ **주의 사항 : 실수가 많은 내용**

☑ 출제유형 07에 나오는 도형은 슬라이드2를 클릭한 후 작업합니다.

☑ 도형3~6은 먼저 도형3을 조건에 맞춰서 작업한 후 **Shift**+**Ctrl** 키를 이용해서 수직 및 수평으로 복사한 다음 글자만 변경합니다.

☑ 도형2와 실행 단추에 대한 조건을 빠짐없이 작업했는지 확인합니다.

☑ 도형 윤곽선을 색만 지정할 때는 [도형 서식] 탭에서 수정하고, 다른 조건이 있을 때는 [도형 서식] 창을 열어서 작업하면 더 효율적으로 작업할 수 있습니다.

Skill 01 도형 2 작성하기

도형 2 ⇒ 순서도 – '순서도: 다중 문서', 도형 채우기(주황, 그라데이션 – '가운데에서'),
　　　　도형 윤곽선(실선, 색 : '주황, 강조 2' 너비 : 3pt, 겹선 종류 : 이중), 글꼴(굴림, 20pt, 굵게, 밑줄, '녹색, 강조 6, 50% 더 어둡게')

❶ 두 번째 슬라이드를 클릭한 후 **[삽입]** 탭의 **[일러스트레이션]** 그룹에서 **[도형( )]–[순서도]–'순서도: 다중 문서( )'** 를 선택합니다.

❷ 마우스 포인터가 ＋ 모양으로 변경되면 드래그하여 도형을 삽입합니다. 이어서, 조절점(O)을 드래그하여 《출력형태》와 같이 크기를 조절한 후 위치를 변경합니다.

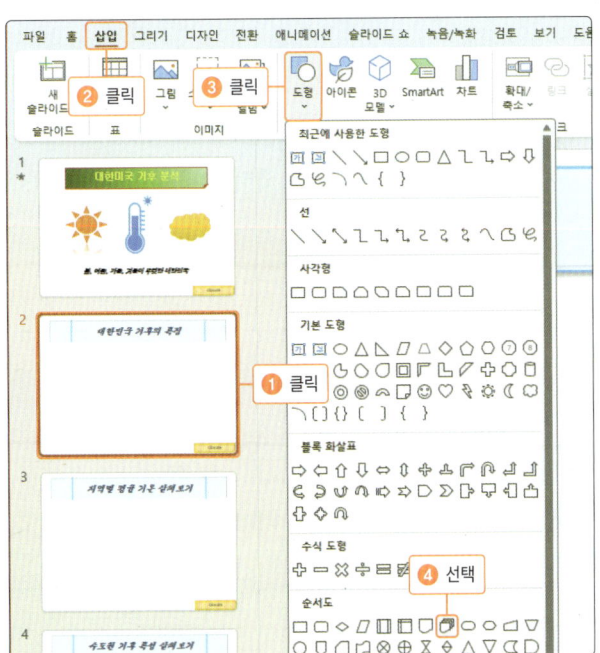

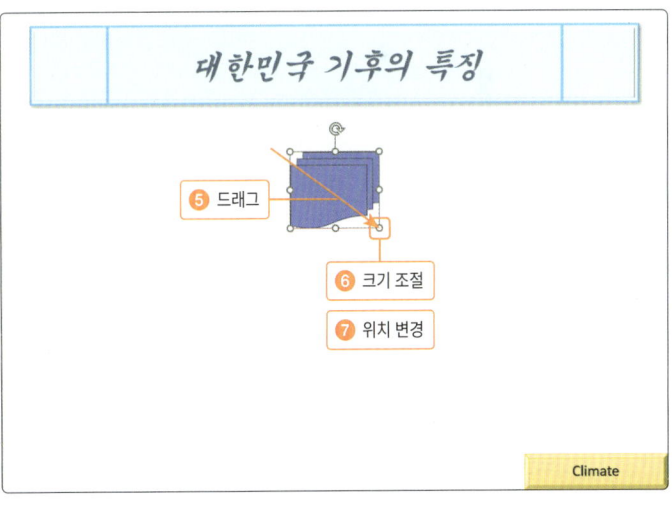

❸ 도형이 선택된 상태에서 **'기후'** 를 입력한 후 **Esc** 키를 누릅니다.

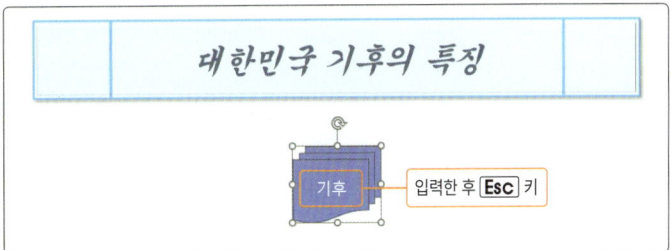

④ [도형 서식] 탭의 [도형 스타일] 그룹에서 [도형 채우기]-'주황'을 선택합니다.

⑤ 도형에 그라데이션을 적용하기 위해 [도형 서식] 탭의 [도형 스타일] 그룹에서 [도형 채우기]-[그라데이션]-[밝은 그라데이션]-'가운데에서( )'를 선택합니다.

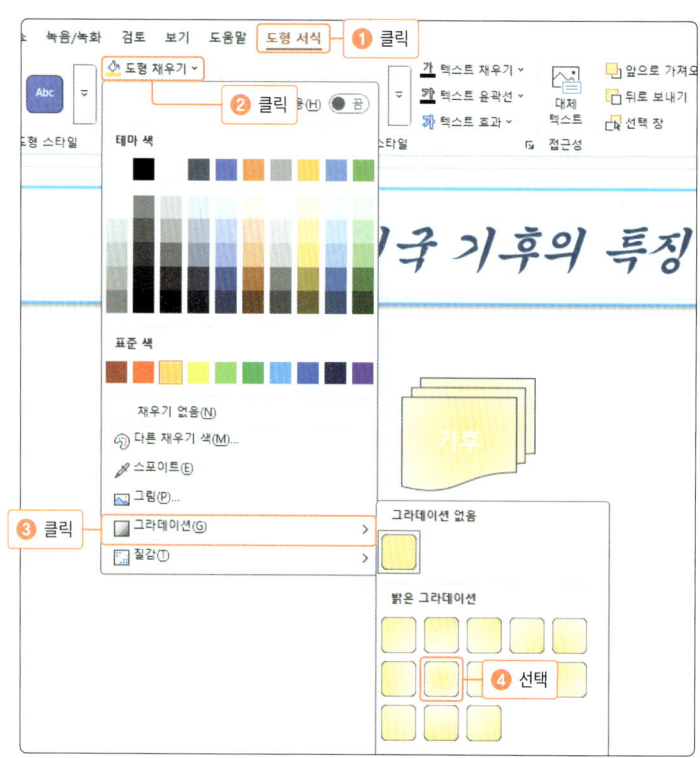

> **TIP** 도형 채우기를 이용한 그라데이션
>
> [도형 서식] 탭의 [도형 스타일] 그룹에서 [도형 채우기]-[그라데이션]을 이용하는 방법으로 '밝은 그라데이션'과 '어두운 그라데이션' 두 종류가 있습니다. 문제지의 《출력형태》를 보고 해당하는 그라데이션을 선택합니다.

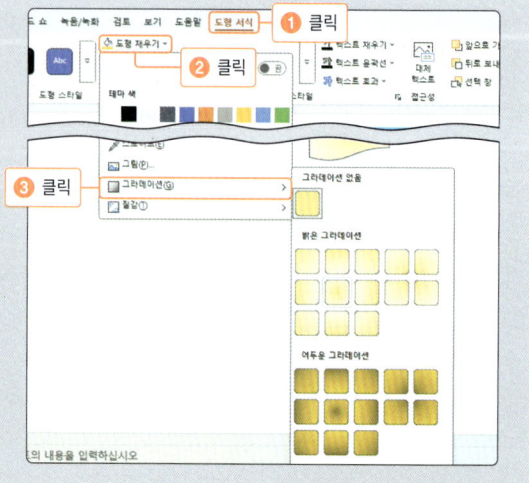

기본 설정 색을 이용한 그라데이션

오른쪽 [도형 서식] 작업 창에서 [채우기]-[그라데이션 채우기]-'그라데이션 미리 설정'을 이용하는 방법이 있습니다.

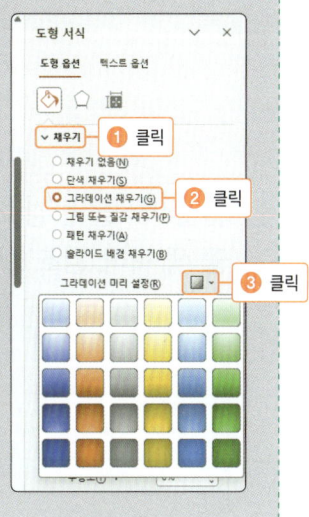

⑥ 윤곽선 서식을 변경하기 위해 도형 위에서 마우스 오른쪽 단추를 눌러 바로 가기 메뉴가 나오면 [도형 서식]을 클릭합니다.

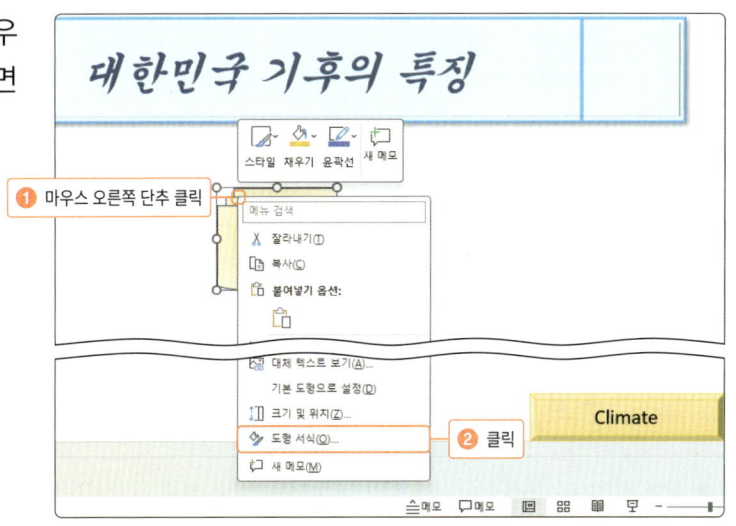

⑦ 오른쪽에 [도형 서식] 창이 나오면 작업창 아래 선을 클릭하여 색(🖉)을 클릭한 후 '주황, 강조 2'를 지정합니다. 이어서, '너비(3pt), 겹선 종류 (이중(═══))'를 각각 선택한 후 작업 창을 '종료(✕)'합니다.

※《작성조건》에서 겹선 종류를 '단순형'으로 지정하라는 문제가 나오면 별도의 변경 없이 다음 작업을 진행해도 됩니다.

 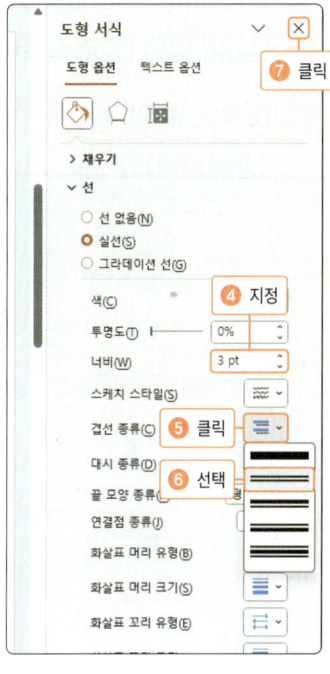

❽ 그림과 같이 윤곽선 서식이 변경된 것을 확인합니다.

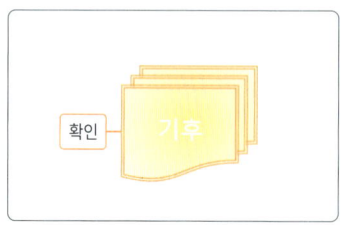

❾ 글꼴 서식을 변경하기 위해 [홈] 탭의 [글꼴] 그룹에서 '글꼴(굴림), 글꼴 크기(20pt), 굵게(가), 밑줄(가), 글꼴 색(녹색, 강조 6, 50% 더 어둡게)'를 지정합니다.

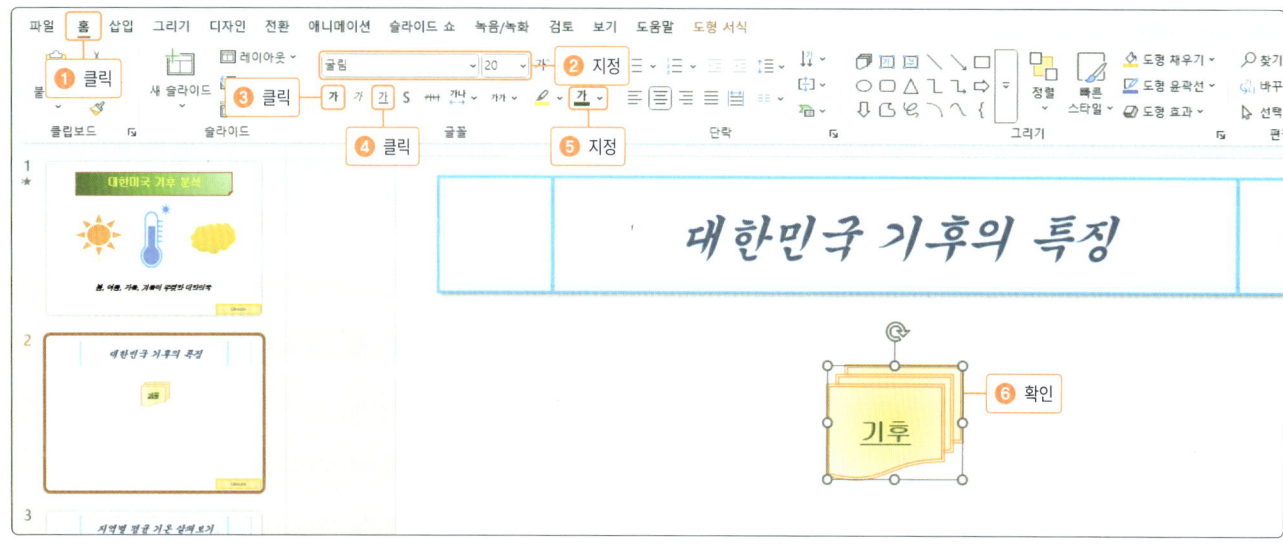

Skill 02 도형 3~6 작성하기

▶ 도형 3~6 ⇒ 기본 도형 – '1/2 액자', 도형 채우기(연한 녹색, 그라데이션 – '선형 대각선 – 왼쪽 위에서 오른쪽 아래로'), 선 없음, 도형 효과(입체 효과 – '둥글게'), 글꼴(굴림, 20pt, 굵게, 기울임꼴, 진한 파랑)

❶ [삽입] 탭의 [일러스트레이션] 그룹에서 [도형]-[기본 도형]-'1/2 액자'를 선택합니다.

❷ 마우스 포인터가 + 모양으로 변경되면 드래그하여 도형을 삽입합니다. 이어서, 조절점(○)을 드래그하여 《출력형태》와 같이 크기를 조절한 후 위치를 변경합니다.

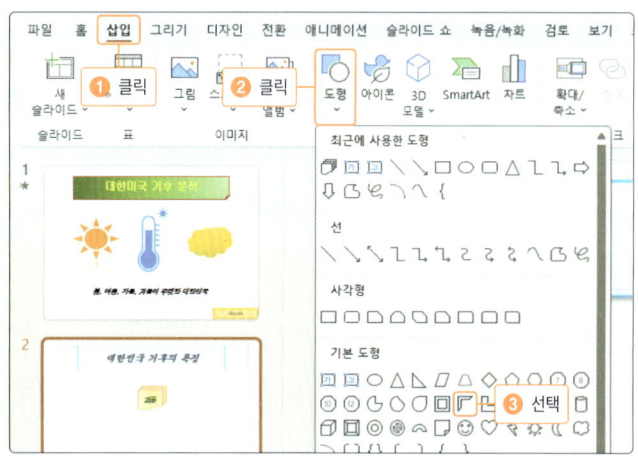
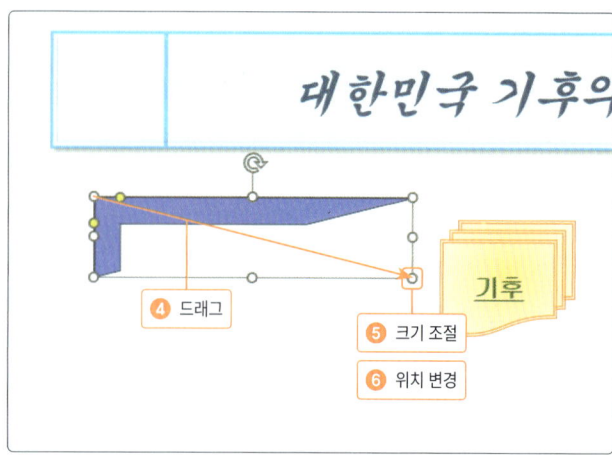

❸ 도형이 선택된 상태에서 '기온'을 입력한 후 Esc 키를 누릅니다. 이어서, 도형의 모양 조절점(◎)을 위로 드래그하여 두께를 조절합니다.

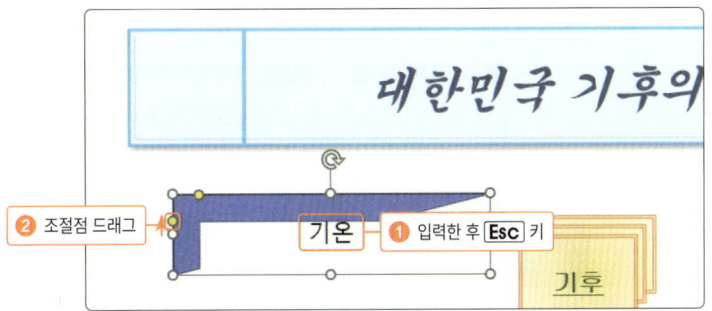
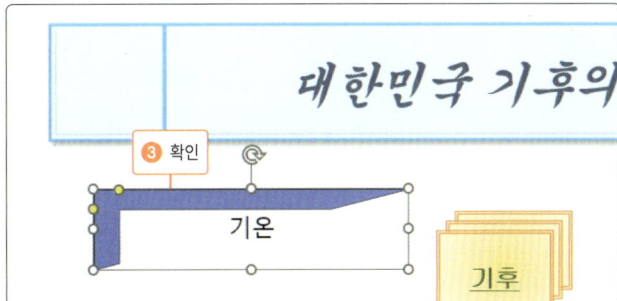

❹ [도형 서식] 탭의 [도형 스타일] 그룹에서 [도형 채우기]-'연한 녹색'을 선택합니다.

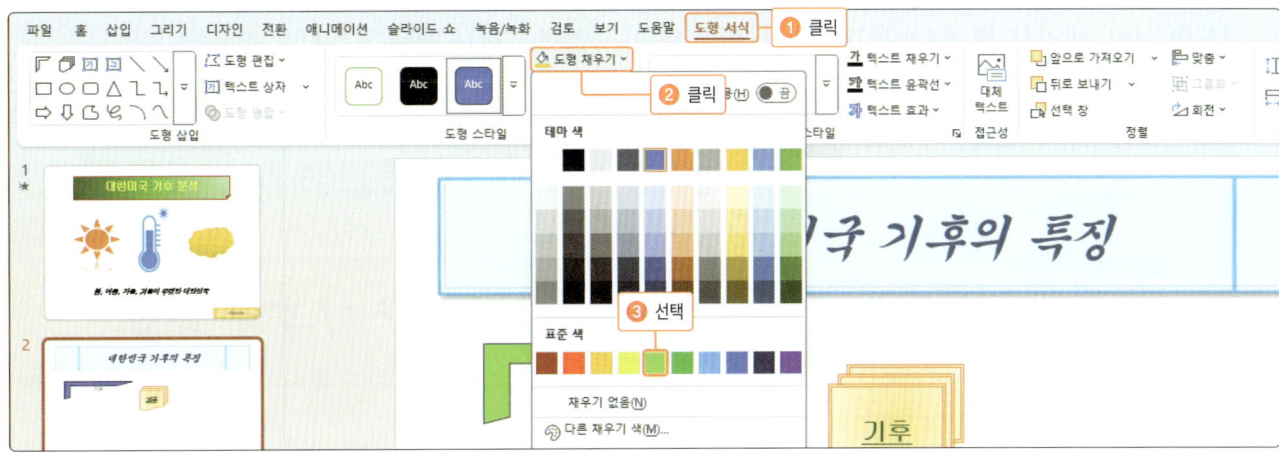

❺ 도형에 그라데이션을 적용하기 위해 [도형 서식] 탭의 [도형 스타일] 그룹에서 [도형 채우기]-[그라데이션]-[어두운 그라데이션]-'선형 대각선 - 왼쪽 위에서 오른쪽 아래로'을 선택합니다.

※ 《출력형태》를 참고하여 '밝은 그라데이션' 또는 '어두운 그라데이션'에서 선택합니다.

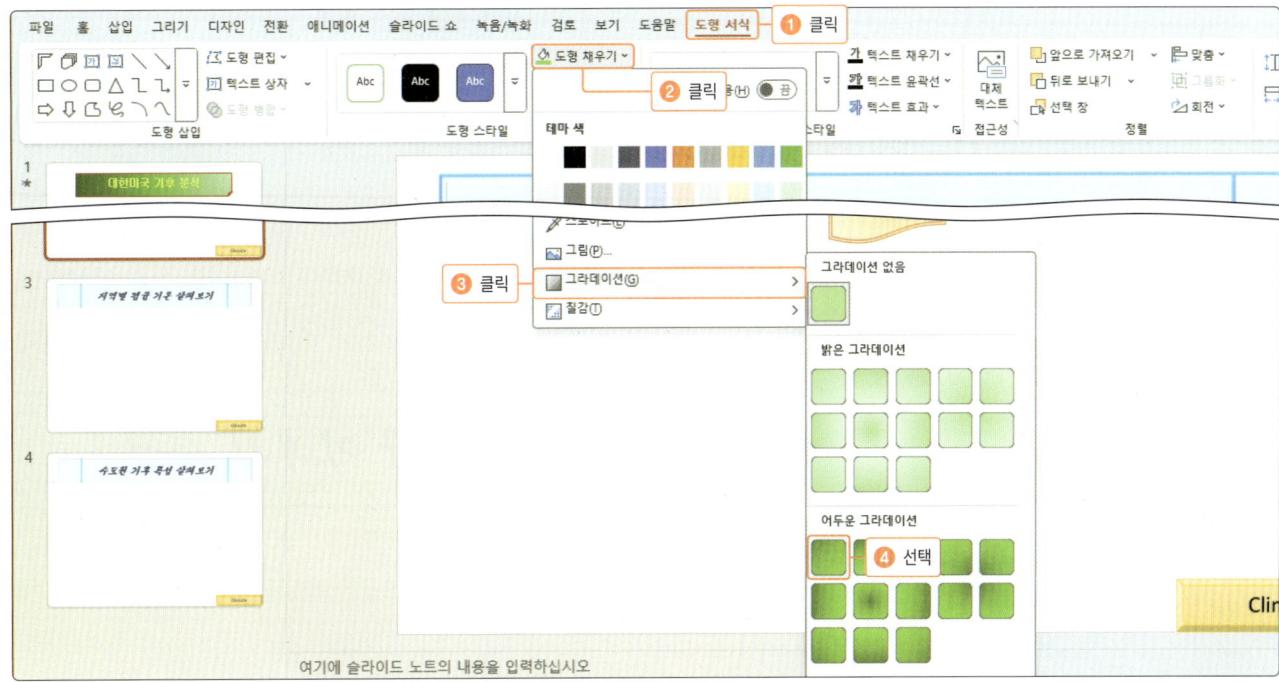

출제유형 07 63 [슬라이드2] 본문 도형

❻ 윤곽선을 변경하기 위해 [도형 서식] 탭의 [도형 스타일] 그룹에서 [도형 윤곽선]-'윤곽선 없음'을 선택합니다.

※ 윤곽선의 색상만 변경할 때는 리본 메뉴를 이용하면 편리합니다.(실선, 너비(1 pt)는 기본값)

❼ [도형 서식] 탭의 [도형 스타일] 그룹에서 [도형 효과]-[입체 효과]-'둥글게( )'를 선택합니다.

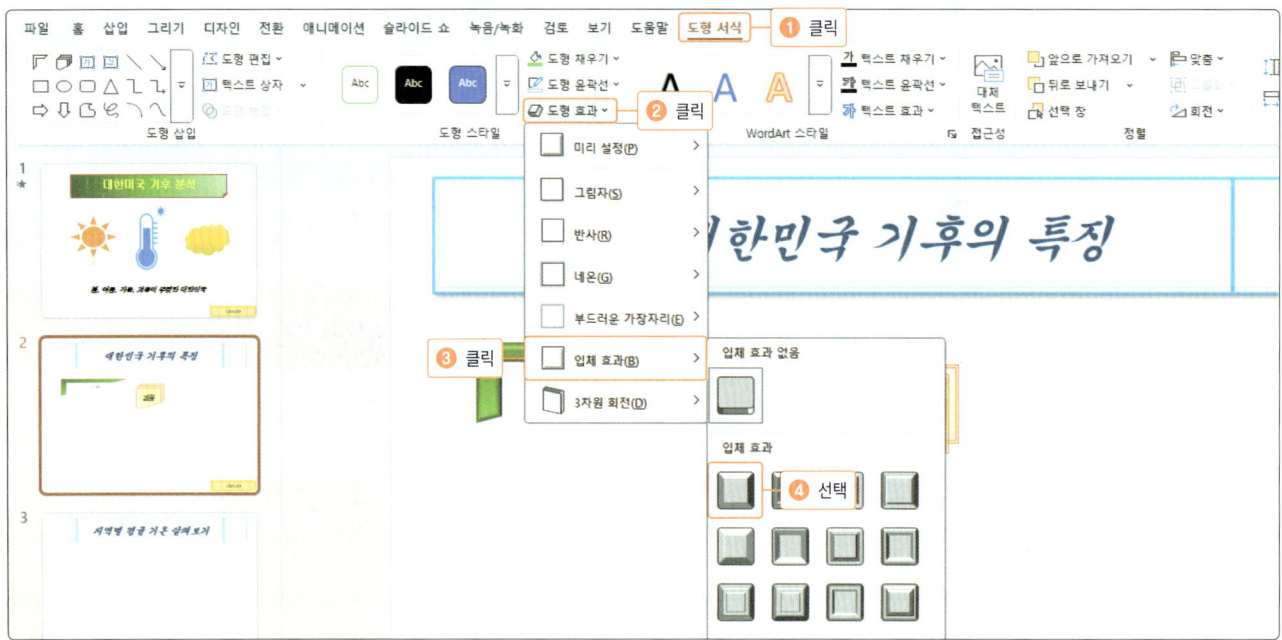

❽ 글꼴 서식을 변경하기 위해 [홈] 탭의 [글꼴] 그룹에서 '글꼴(굴림), 글꼴 크기(20pt), 굵게(가), 기울임꼴(가), 글꼴 색(진한 파랑)'을 지정합니다.

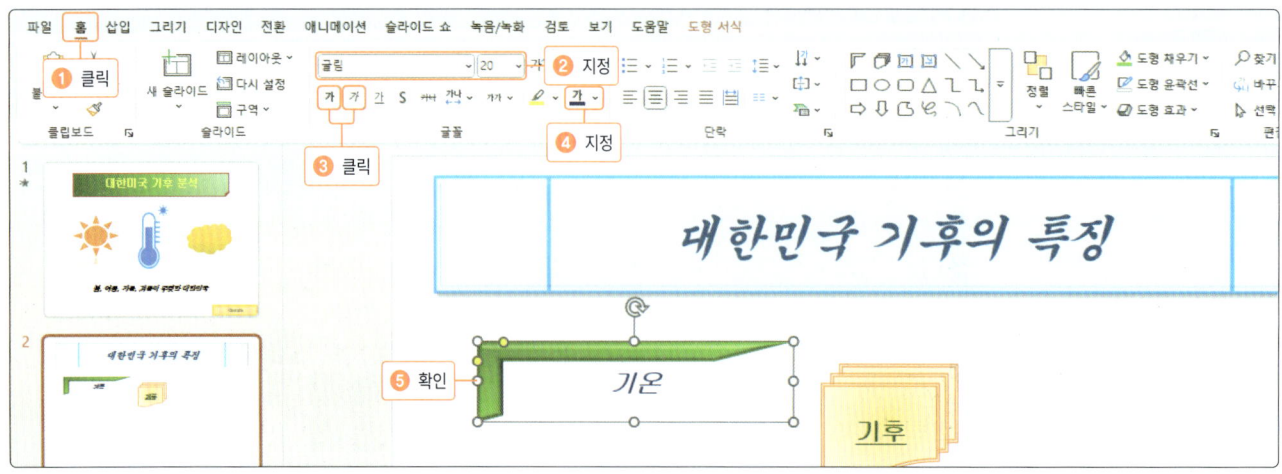

⑨ 도형이 완성되면 [Ctrl]+[Shift] 키를 누른 채 도형의 테두리를 아래쪽으로 드래그하여 그림과 같이 복사합니다.

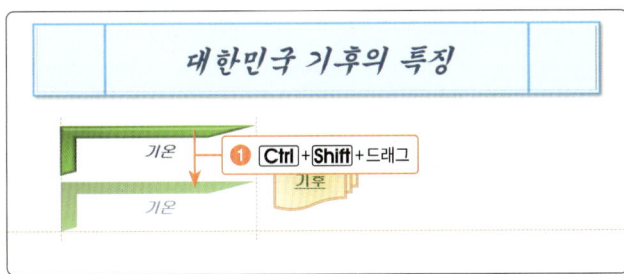
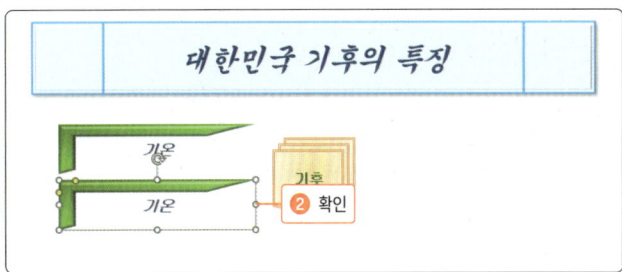

⑩ 한 개의 도형이 복사되면 [Shift] 키를 누른 채 위쪽 도형을 클릭하여 두 개의 도형을 모두 선택합니다. 이어서, [Ctrl]+[Shift] 키를 누른 채 도형의 테두리를 오른쪽으로 드래그하여 그림과 같이 복사합니다.

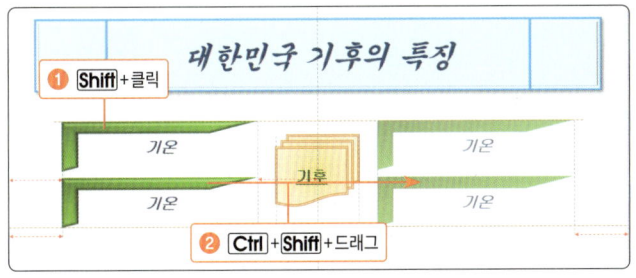
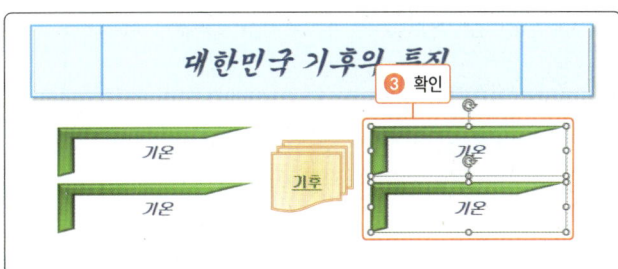

⑪ 도형이 모두 복사되면 도형 안쪽의 텍스트를 드래그하여 블록으로 지정한 후 《출력형태》와 같이 내용을 입력합니다.

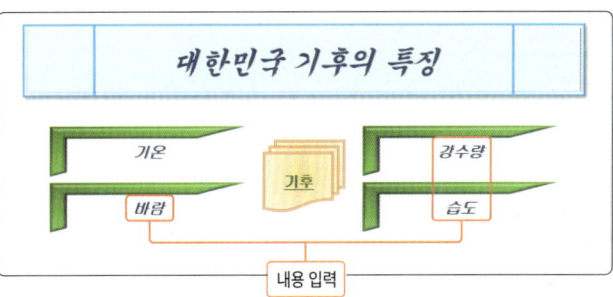

Skill 03 실행 단추 작성하기

▶ 실행 단추 ⇒ 실행 단추 – '실행 단추: 홈으로 이동', 하이퍼링크 : 첫째 슬라이드, 도형 스타일('미세 효과 – 회색, 강조 3')

① [삽입] 탭의 [일러스트레이션] 그룹에서 [도형]-[실행 단추]-'실행 단추: 홈으로 이동'을 선택한 후 마우스 포인터가 + 모양으로 변경되면 드래그하여 도형을 삽입합니다.

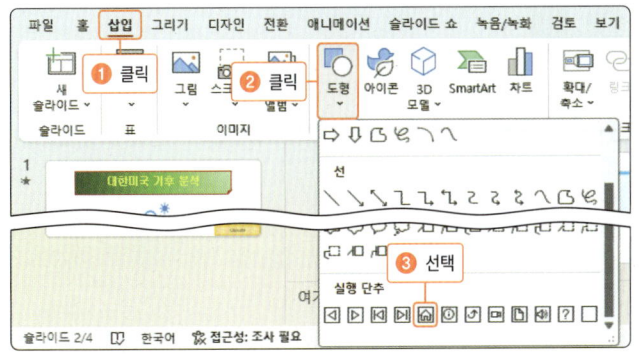
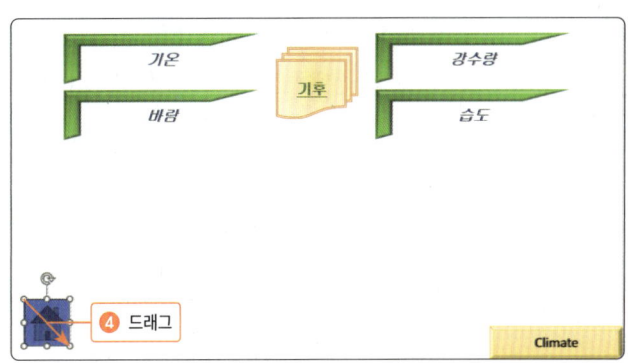

❷ [실행 설정] 대화상자가 나오면 **하이퍼링크(첫째 슬라이드)**를 확인한 후 〈확인〉 단추를 클릭합니다. 이어서, 조절점(O)을 드래그하여 《출력형태》와 같이 크기를 조절한 후 위치를 변경합니다.

※ 하이퍼링크를 수정할 때는 실행 단추 도형 위에서 마우스 오른쪽 단추를 눌러 바로 가기 메뉴가 나오면 [하이퍼링크 편집]을 클릭하여 수정합니다.

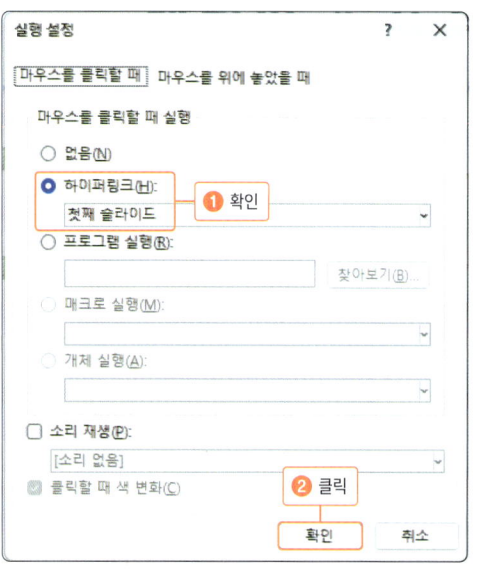

❸ [도형 서식] 탭의 [도형 스타일] 그룹에서 자세히(⌄) 단추를 클릭한 후 '미세 효과 - 회색, 강조 3(Abc)'을 선택합니다.

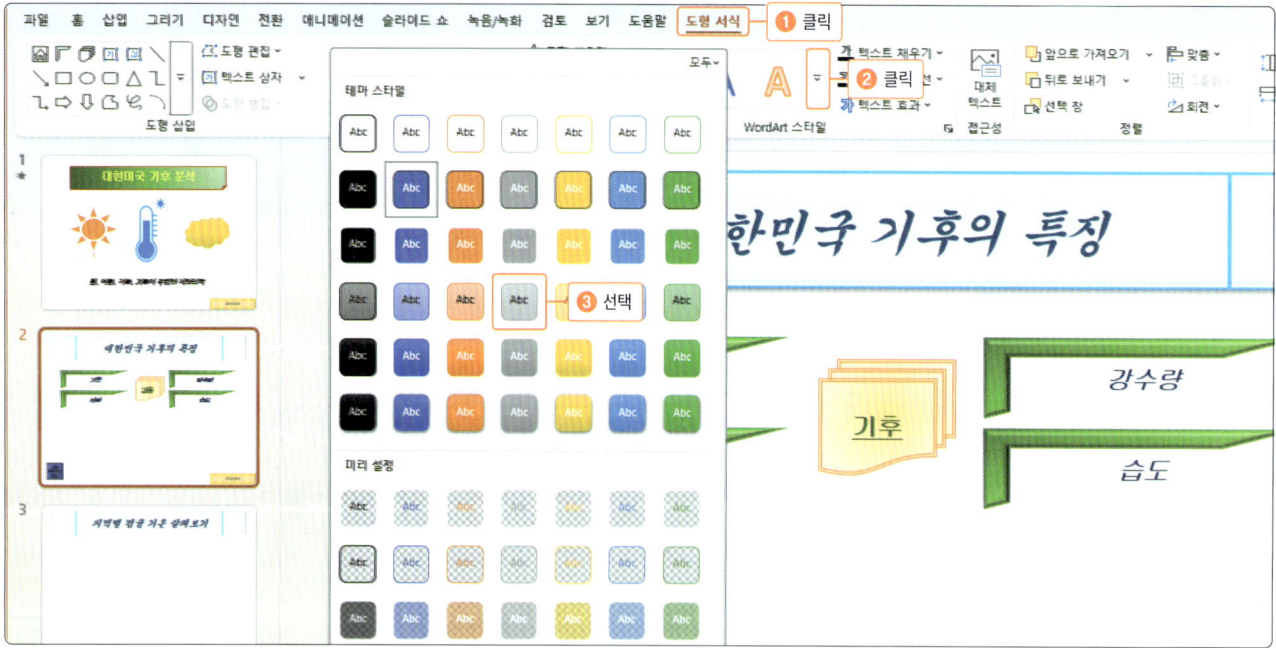

❹ [파일]-[저장](Ctrl + S) 또는 [빠른 실행 도구 모음]에서 '저장(💾)'을 클릭합니다.

※ 실제 시험을 볼 때 작업 도중에 수시로(10분에 한 번 정도) 저장을 하는 것이 좋습니다.

출제유형 완전정복 > [슬라이드2] 본문 도형

완전정복-01
아래의 작성조건 및 출력형태에 알맞게 작업하시오.

• 소스 : 정복07_문제01.pptx   • 정답 : 정복07_정답01.pptx

작성 시간 / 권장 시간
분 / 3분

《출력형태》

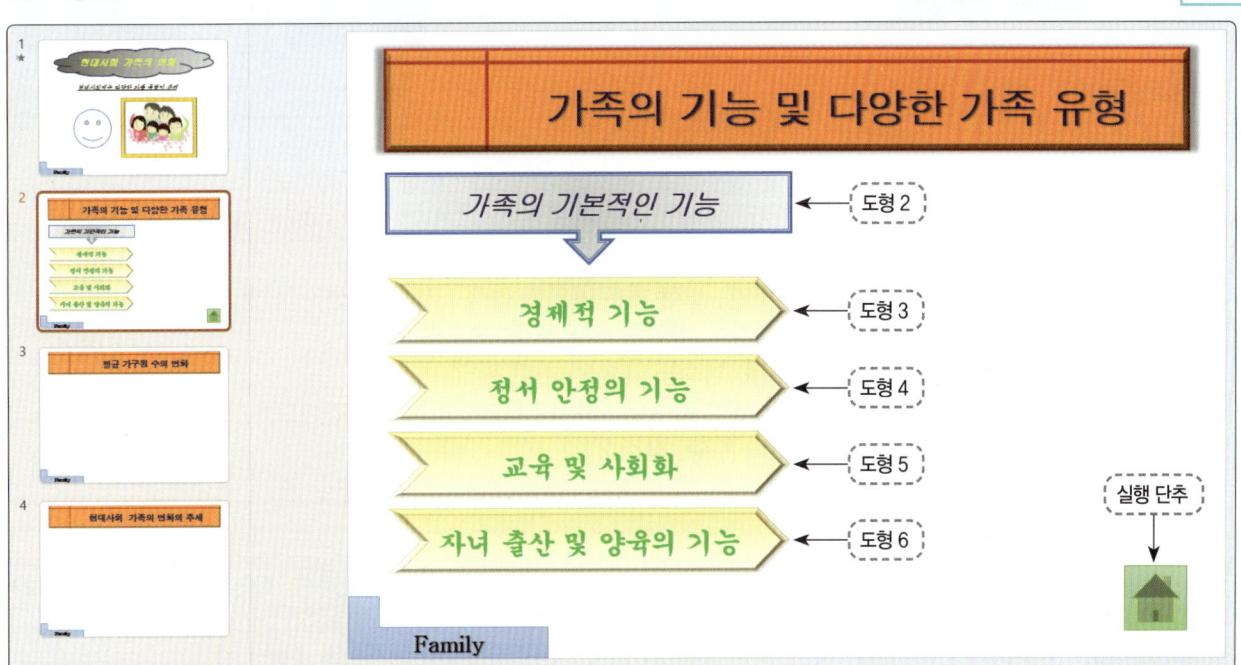

《작성조건》

(2) 본문

▶ 도형 2 ⇒ 블록 화살표 – '설명선: 아래쪽 화살표', 도형 채우기('회색, 강조 3', 그라데이션 – '가운데에서'), 도형 윤곽선(실선, 색 : 파랑, 너비 : 4pt, 겹선 종류 : 굵고 얇음), 글꼴(굴림, 24pt, 굵게, 기울임꼴, 진한 파랑)

▶ 도형 3~6 ⇒ 블록 화살표 – '화살표: 갈매기형 수장', 도형 채우기('황금색, 강조 4', 그라데이션 – '선형 아래쪽'), 선 없음, 도형 효과(입체 효과 – '볼록하게'), 글꼴(궁서, 24pt, 굵게, 녹색)

▶ 실행 단추 ⇒ 실행 단추 – '실행단추: 홈으로 이동', 하이퍼링크 : 첫째 슬라이드, 도형 스타일('미세 효과 – 녹색, 강조 6')

아래의 작성조건 및 출력형태에 알맞게 작업하시오.

· 소스 : 정복07_문제02.pptx   · 정답 : 정복07_정답02.pptx

작성 시간 / 권장 시간

분 / 3분

《출력형태》

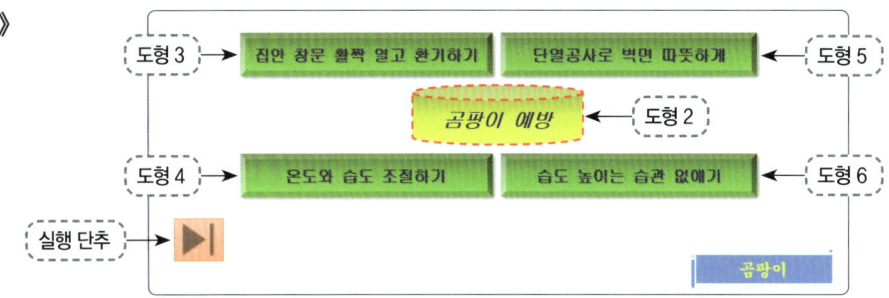

《작성조건》

(2) 본문

▶ 도형 2 ⇒ 기본 도형 – '원통형', 도형 채우기(노랑, 그라데이션 – '선형 아래쪽'),
　　도형 윤곽선(실선, 색 : 빨강, 너비 : 2pt, 겹선 종류 : 단순형, 대시 종류 : 파선),
　　글꼴(굴림체, 22pt, 굵게, 기울임꼴, 진한 파랑)
▶ 도형 3~6 ⇒ 기본 도형 – '사각형: 빗면', 도형 채우기(연한 녹색, 그라데이션 – '선형 아래쪽'),
　　선 없음, 도형 효과(그림자 – 바깥쪽 – '오프셋: 오른쪽 아래'),
　　글꼴(굴림체, 18pt, 굵게, 텍스트 그림자, 진한 파랑)
▶ 실행 단추 ⇒ 실행 단추 – '실행 단추: 끝으로 이동', 하이퍼링크 : 마지막 슬라이드,
　　도형 스타일('미세 효과 – 주황, 강조 2')

완전정복-03 아래의 작성조건 및 출력형태에 알맞게 작업하시오.

· 소스 : 정복07_문제03.pptx   · 정답 : 정복07_정답03.pptx

작성 시간 / 권장 시간

분 / 3분

《출력형태》

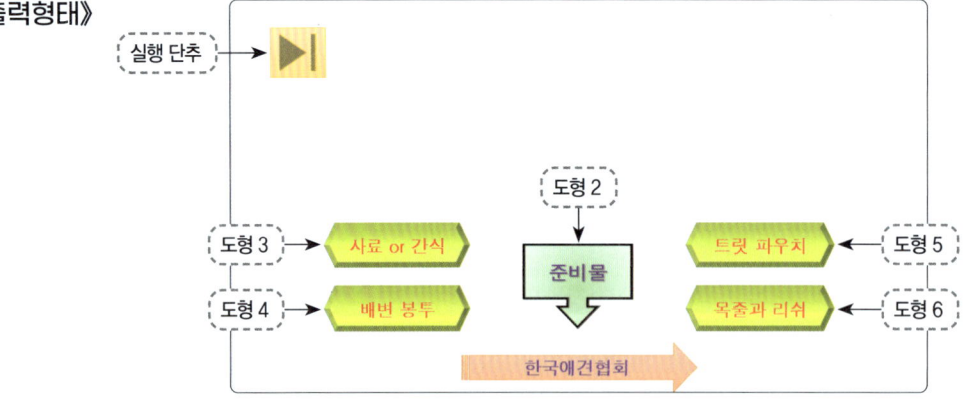

《작성조건》

(2) 본문

▶ 도형 2 ⇒ 블록 화살표 – '설명선: 아래쪽 화살표', 도형 채우기('녹색, 강조 6', 그라데이션 – '가운데에서'),
　　도형 윤곽선(실선, 색 : 검정, 텍스트 1, 너비 : 2pt, 겹선 종류 : 단순형),
　　글꼴(돋움체, 22pt, 굵게, 텍스트 그림자, 자주)
▶ 도형 3~6 ⇒ 기본 도형 – '육각형', 도형 채우기(노랑, 그라데이션 – '선형 아래쪽'), 선 없음,
　　도형 효과(입체 효과 – '각지게'), 글꼴(돋움, 20pt, 굵게, 빨강)
▶ 실행 단추 ⇒ 실행 단추 – '실행 단추: 끝으로 이동', 하이퍼링크 : 마지막 슬라이드,
　　도형 스타일('미세 효과 – 황금색, 강조 4')

완전정복-04 아래의 작성조건 및 출력형태에 알맞게 작업하시오.
· 소스 : 정복07_문제04.pptx　　· 정답 : 정복07_정답04.pptx

작성 시간 / 권장 시간: 분 / 3분

《출력형태》

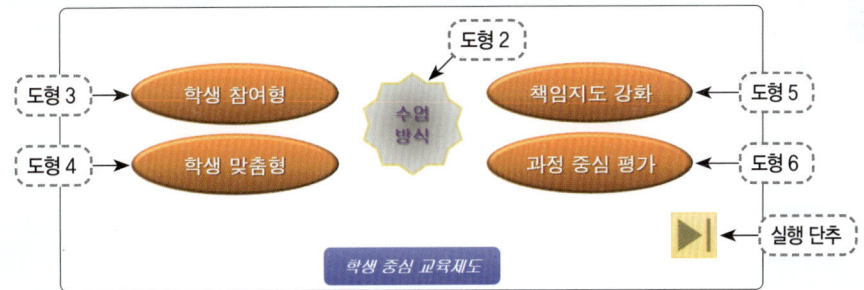

《작성조건》

(2) 본문
- ▶ 도형 2 ⇒ 별 및 현수막 – '별: 꼭짓점 10개', 도형 채우기('밝은 회색, 배경 2', 그라데이션 – '가운데에서'),
  도형 윤곽선(실선, 색 : '황금색, 강조 4', 너비, 2pt, 겹선 종류 : 이중),
  글꼴(굴림체, 20pt, 굵게, 텍스트 그림자, 자주)
- ▶ 도형 3~6 ⇒ 기본 도형 – '타원', 도형 채우기('주황, 강조 2', 그라데이션 – '선형 위쪽'), 선 없음,
  도형 효과(입체 효과 – '둥글게'), 글꼴(돋움, 22pt, 굵게, 텍스트 그림자)
- ▶ 실행 단추 ⇒ 실행 단추 – '실행 단추: 끝으로 이동', 하이퍼링크 : 마지막 슬라이드,
  도형 스타일('미세 효과 – 황금색, 강조 4')

완전정복-05 아래의 작성조건 및 출력형태에 알맞게 작업하시오.
· 소스 : 정복07_문제05.pptx　　· 정답 : 정복07_정답05.pptx

작성 시간 / 권장 시간: 분 / 3분

《출력형태》

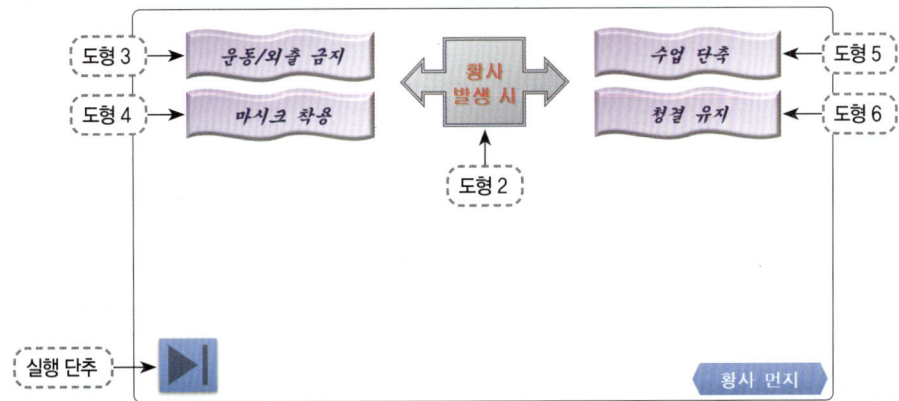

《작성조건》

(2) 본문
- ▶ 도형 2 ⇒ 블록 화살표 – '설명선: 왼쪽/오른쪽 화살표', 도형 채우기(진한 파랑, 그라데이션 –
  '선형 대각선 – 오른쪽 아래에서 왼쪽 위로'), 도형 윤곽선(실선, 색 : '청회색, 텍스트 2',
  너비 : 4pt, 겹선 종류 : 이중), 글꼴(굴림, 22pt, 굵게, 텍스트 그림자, 빨강)
- ▶ 도형 3~6 ⇒ 별 및 현수막 – '이중 물결', 도형 채우기(자주, 그라데이션 – '선형 대각선 –
  왼쪽 위에서 오른쪽 아래로'), 선 없음, 도형 효과(입체 효과 – '기울기'),
  글꼴(궁서체, 20pt, 굵게, 기울임꼴, 진한 파랑)
- ▶ 실행 단추 ⇒ 실행 단추 – '실행 단추: 끝으로 이동', 하이퍼링크 : 마지막 슬라이드,
  도형 스타일('강한 효과 – 파랑, 강조 5')

PART 02 출제유형 완전정복

[슬라이드2] SmartArt 삽입

☑ SmartArt 작성 및 스타일 지정하기
☑ 애니메이션 지정하기

 ・ 소스 : 유형08_문제.pptx ・ 정답 : 유형08_정답.pptx

【슬라이드2】 아래의 작성조건 및 출력형태에 알맞게 두 번째 슬라이드에 작업하시오. (50점)

《출력형태》

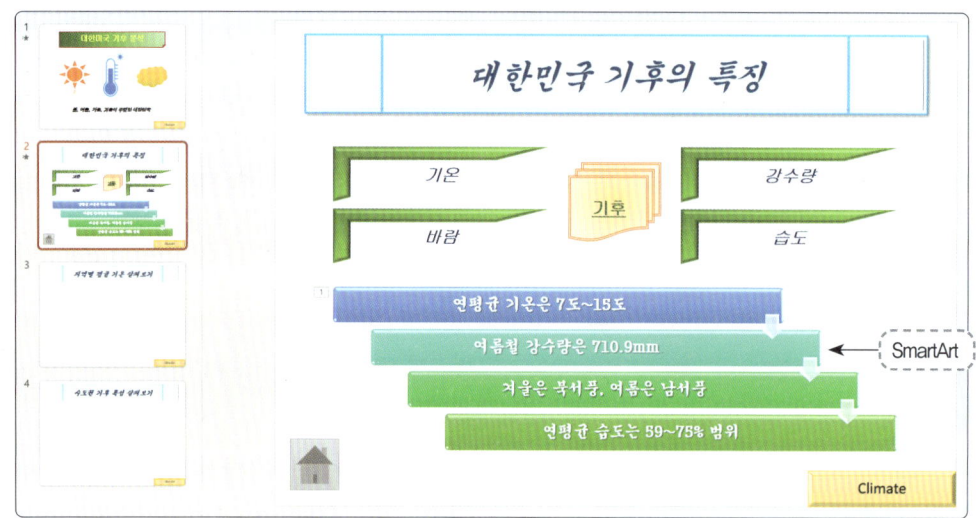

《작성조건》

(1) 제목
> ▶ 도형 1 ⇒ 순서도 – '순서도: 종속 처리', 도형 채우기('파랑, 강조 5, 80% 더 밝게'),
> 도형 윤곽선(실선, 색 : 연한 파랑, 너비 : 3pt, 겹선 종류 : 단순형),
> 도형 효과(그림자 – 바깥쪽 – '오프셋: 오른쪽 아래', 입체 효과 – '십자형으로'),
> 글꼴(궁서, 36pt, 굵게, 기울임꼴, '파랑, 강조 5, 50% 더 어둡게')

(2) 본문
> ▶ 도형 2 ⇒ 순서도 – '순서도: 다중 문서', 도형 채우기(주황, 그라데이션 – '가운데에서'),
> 도형 윤곽선(실선, 색 : '주황, 강조 2' 너비 : 3pt, 겹선 종류 : 이중),
> 글꼴(굴림, 20pt, 굵게, 밑줄, '녹색, 강조 6, 50% 더 어둡게')
> ▶ 도형 3~6 ⇒ 기본 도형 – '1/2 액자', 도형 채우기(연한 녹색, 그라데이션 – '선형 대각선 –
> 왼쪽 위에서 오른쪽 아래로'), 선 없음, 도형 효과(입체 효과 – '둥글게'),
> 글꼴(굴림, 20pt, 굵게, 기울임꼴, 진한 파랑)
> ▶ 실행 단추 ⇒ 실행 단추 – '실행 단추: 홈으로 이동', 하이퍼링크 : 첫째 슬라이드,
> 도형 스타일('미세 효과 – 회색, 강조 3')
> ▶ SmartArt 삽입 ⇒ 프로세스형 – '지그재그 프로세스형', 글꼴(궁서, 18pt, 굵게, 텍스트 그림자, 가운데 맞춤),
> SmartArt 스타일(색 변경 – 색상형 – '색상형 범위 – 강조색 5 또는 6', 3차원 – '광택 처리'),
> (반드시 SmartArt 기능을 이용하여 작성할 것)
> ▶ 애니메이션 지정 ⇒ SmartArt : 나타내기 – 도형
> ▶ 지시사항이 없는 부분은 《출력형태》와 동일하게 작성하시오.

시험 분석	➔ 주의 사항 : 실수가 많은 내용	난이도	권장 시간 / 시험 시간	유형 점수 / 시험 점수
		★★☆☆☆	3분 / 40분	50점 / 200점

☑ 출제유형 08에 나오는 도형은 슬라이드2를 클릭한 후 작업합니다.
☑ SmartArt 조건과 크기를 조절할 때는 전체 스마트아트를 클릭한 후 맞춥니다.
※ 전체 스마트아트가 아닌 하나의 도형만 선택되었을 경우 선택된 도형만 변경이 됩니다.

* 출제유형 06 ~ 08까지 합쳐진 점수

Skill 01 SmartArt 작성하기

▶ SmartArt 삽입 ⇒ 프로세스형 – '지그재그 프로세스형'

❶ 두 번째 슬라이드를 클릭한 후 [삽입] 탭의 [일러스트레이션] 그룹에서 'SmartArt( )'를 클릭합니다.

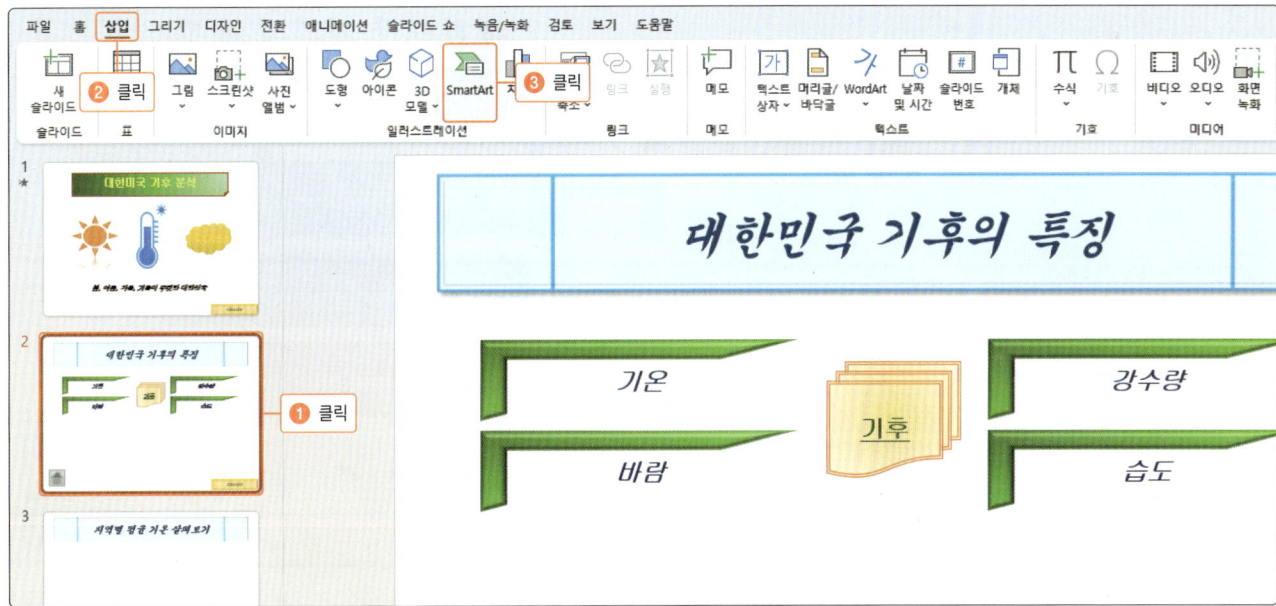

❷ [SmartArt 그래픽 선택] 대화상자가 나오면 [프로세스형]–'지그재그 프로세스형( )'을 선택한 후 〈확인〉 단추를 클릭합니다.

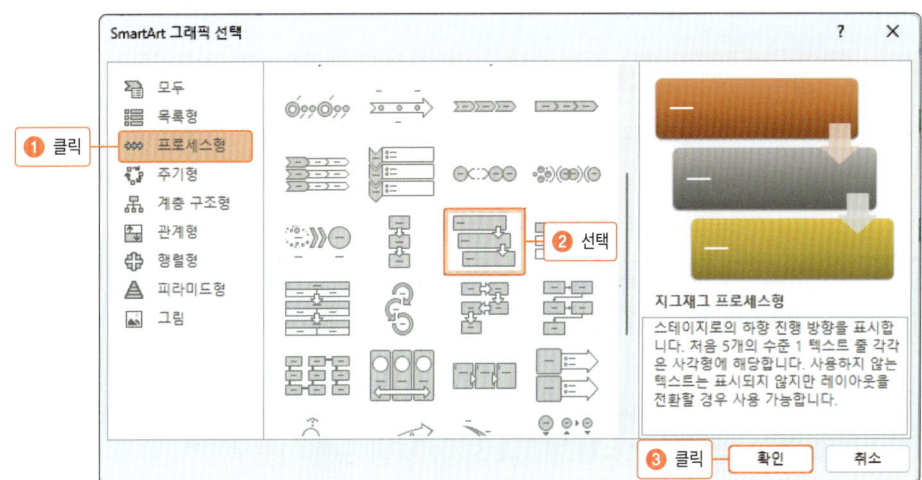

❸ SmartArt가 삽입되면 [SmartArt 디자인] 탭의 [그래픽 만들기] 그룹에서 **도형 추가**( )의 목록 단추( )를 클릭한 후 '**뒤에 도형 추가**'를 선택합니다.

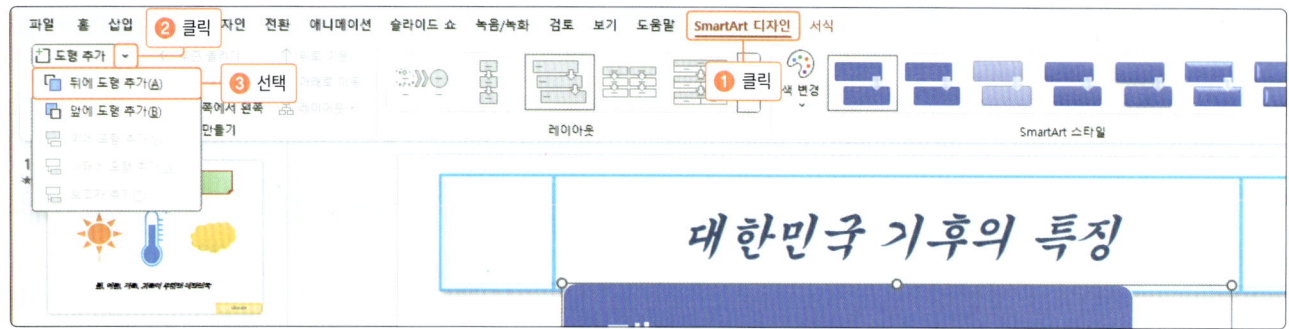

❹ SmartArt의 각 도형을 선택한 후 《출력형태》를 참고하여 내용을 입력합니다.

※ 내용을 수정할 때는 도형 안쪽의 내용을 블록으로 지정한 후 새로운 내용을 입력합니다.

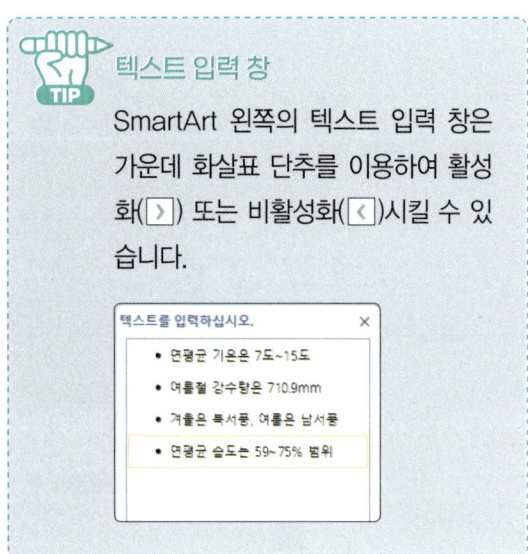

텍스트 입력 창

SmartArt 왼쪽의 텍스트 입력 창은 가운데 화살표 단추를 이용하여 활성화( ) 또는 비활성화( )시킬 수 있습니다.

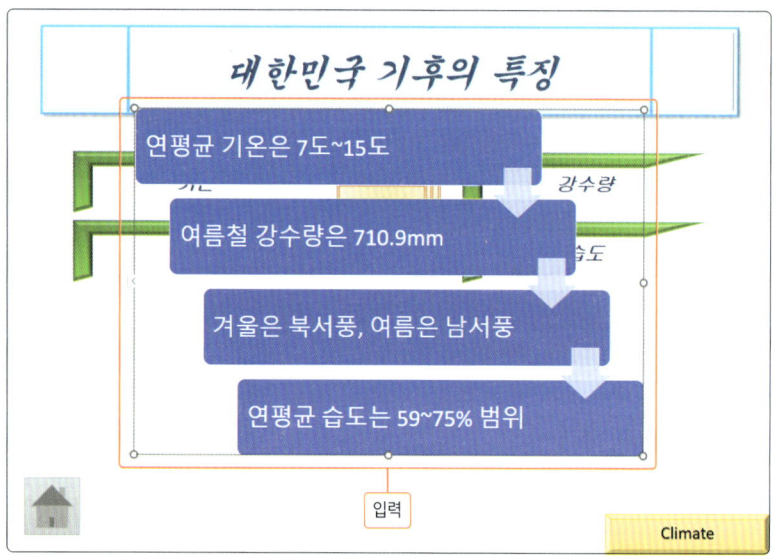

❺ SmartArt의 조절점( )을 드래그하여 그림과 같이 크기를 변경합니다.

※ SmartArt의 위치 및 크기는 《출력형태》를 참고하여 작업하며, 키보드 방향키(, , ,)를 이용하여 정확한 위치를 맞춥니다.

※ SmartArt의 테두리는 슬라이드 밖에 위치해도 감점 요소가 아닙니다.

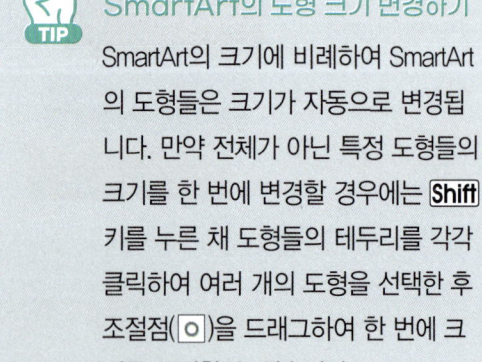

SmartArt의 도형 크기 변경하기

SmartArt의 크기에 비례하여 SmartArt의 도형들은 크기가 자동으로 변경됩니다. 만약 전체가 아닌 특정 도형들의 크기를 한 번에 변경할 경우에는 Shift 키를 누른 채 도형들의 테두리를 각각 클릭하여 여러 개의 도형을 선택한 후 조절점( )을 드래그하여 한 번에 크기를 조절할 수 있습니다.

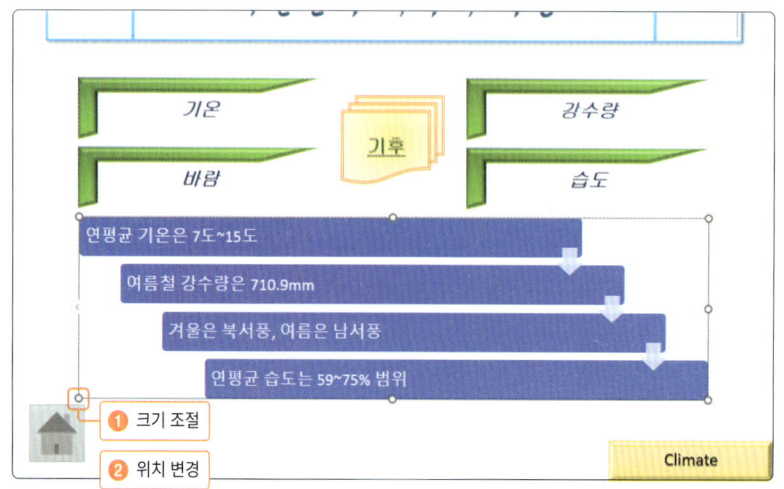

SmartArt 스타일과 색상 지정하기

▶ SmartArt 삽입 ⇒ 글꼴(궁서, 18pt, 굵게, 텍스트 그림자, 가운데 맞춤),
　　　　　　　　SmartArt 스타일(색 변경 – 색상형 – '색상형 범위 – 강조색 5 또는 6', 3차원 – '광택 처리'),
　　　　　　　　(반드시 SmartArt 기능을 이용하여 작성할 것)

❶ 글꼴 서식을 변경하기 위해 SmartArt의 테두리를 클릭한 후 [홈] 탭의 [글꼴] 그룹에서 '글꼴(궁서), 글꼴 크기(18pt), 굵게(가), 텍스트 그림자(S)'를 지정한 다음 [단락] 그룹에서 '가운데 맞춤(≡)'을 클릭합니다.

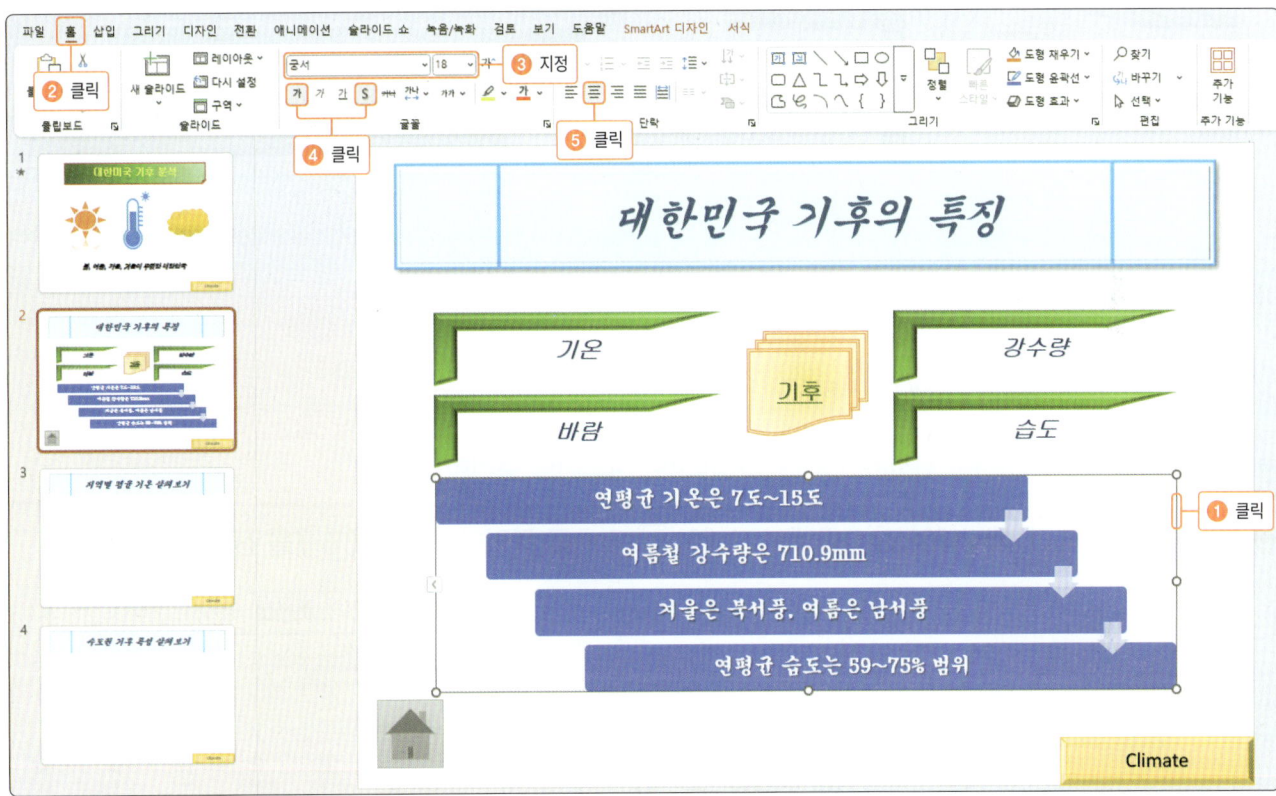

❷ SmartArt의 색을 변경하기 위해 [SmartArt 디자인] 탭의 [SmartArt 스타일] 그룹에서 [색 변경]-[색상형]-'색상형 범위 – 강조색 5 또는 6'을 선택합니다.

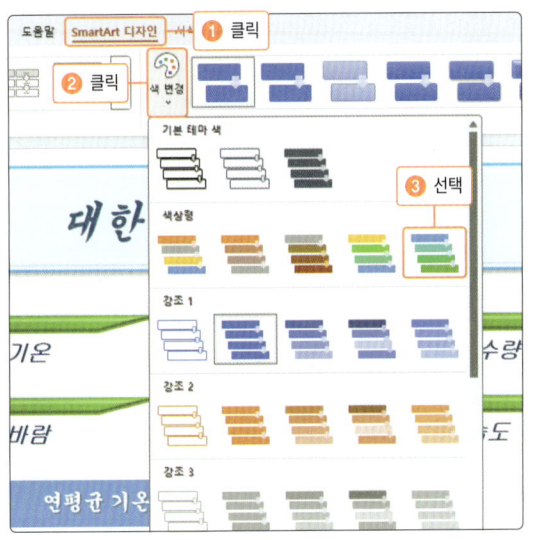
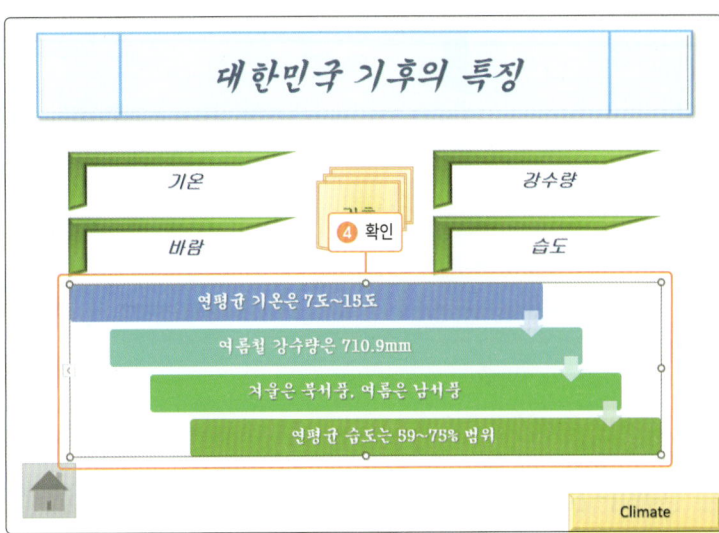

③ 3차원 스타일을 지정하기 위해 [SmartArt 디자인] 탭의 [SmartArt 스타일] 그룹에서 자세히(▼) 단추를 클릭한 후 [3차원]-'광택 처리'를 선택합니다.

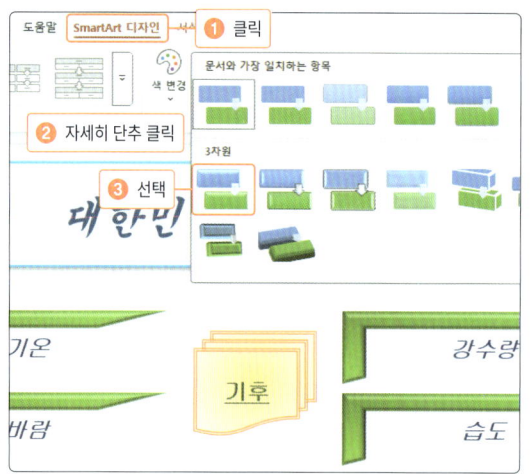
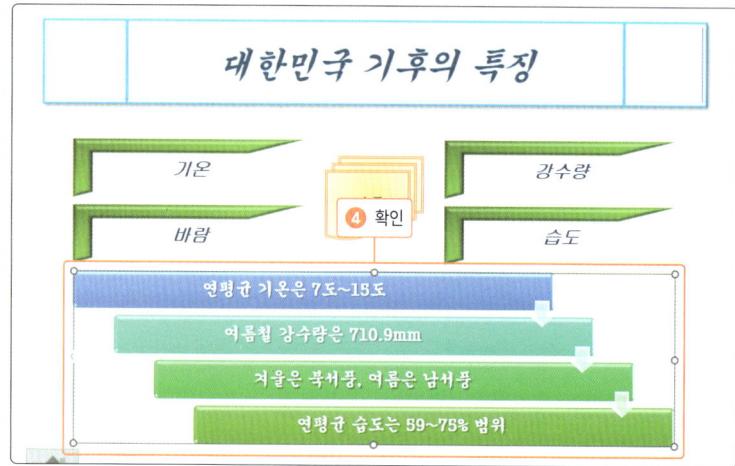

Skill 03 애니메이션 지정하기

▶ 애니메이션 지정 ⇒ SmartArt : 나타내기 – 도형

① SmartArt에 애니메이션을 지정하기 위해 SmartArt의 테두리를 클릭합니다.

② [애니메이션] 탭의 [애니메이션] 그룹에서 자세히(▼) 단추를 클릭한 후 '도형(☆)'을 선택합니다.

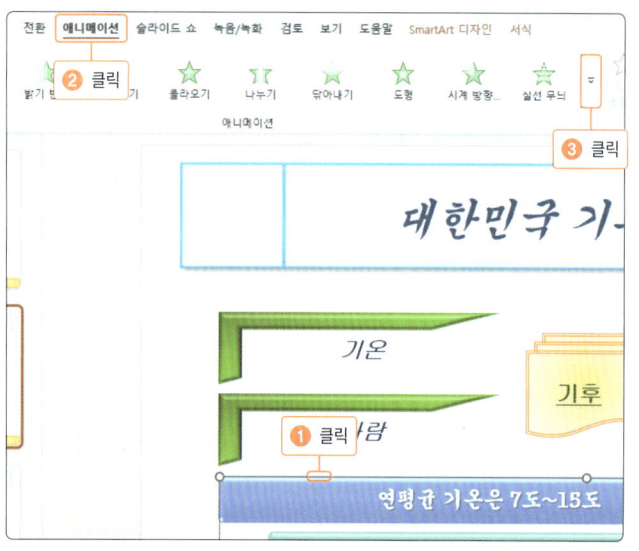
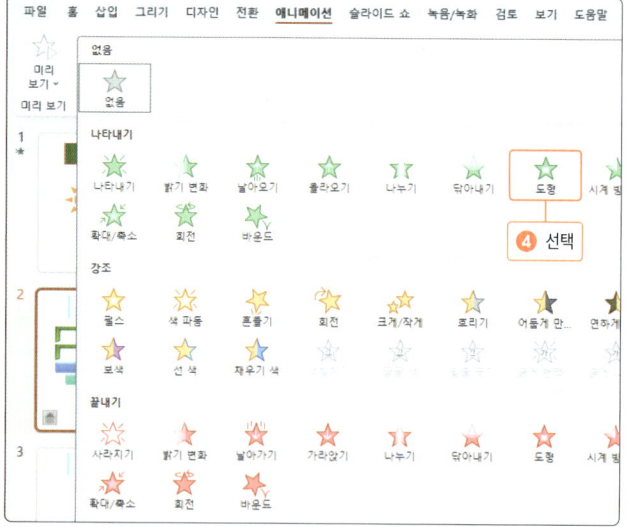

애니메이션 확인
애니메이션이 지정되면 왼쪽 슬라이드 미리보기 창에 별 모양이 추가됩니다.
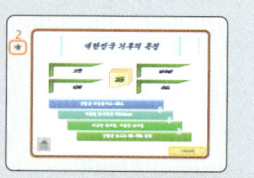

③ [파일]-[저장]([Ctrl]+[S]) 또는 [빠른 실행 도구 모음]에서 '저장(💾)'을 클릭합니다.
　※ 실제 시험을 볼 때 작업 도중에 수시로(10분에 한 번 정도) 저장을 하는 것이 좋습니다.

[슬라이드2] SmartArt 삽입

완전정복-01
아래의 작성조건 및 출력형태에 알맞게 작업하시오.

소스 : 정복08_문제01.pptx   정답 : 정복08_정답01.pptx

작성 시간 / 권장 시간
분 / 3분

《출력형태》

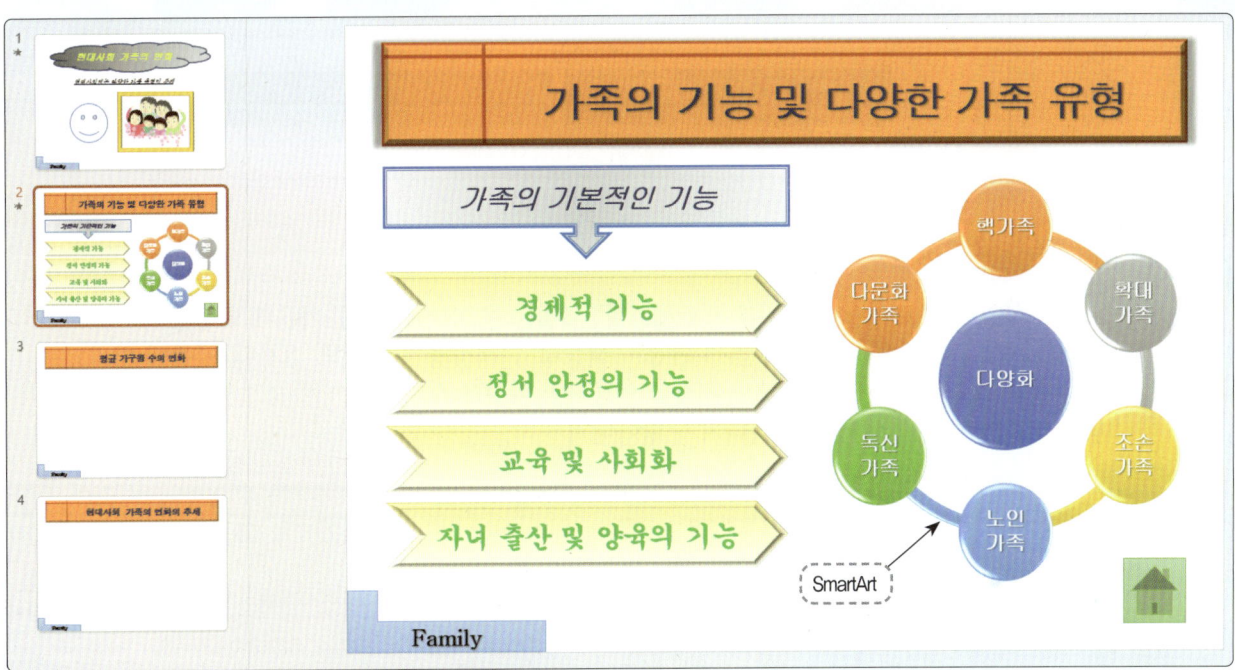

《작성조건》

(2) 본문

▶ SmartArt 삽입 ⇒ 주기형 – '방사 주기형', 글꼴(굴림, 18pt, 굵게, 텍스트 그림자, 가운데 맞춤), SmartArt 스타일(색 변경 – 색상형 – '색상형 – 강조색', 3차원 – '광택 처리'), (반드시 SmartArt 기능을 이용하여 작성할 것)

▶ 애니메이션 지정 ⇒ SmartArt : 나타내기 – 도형

▶ 지시사항이 없는 부분은 《출력형태》와 동일하게 작성하시오.

아래의 작성조건 및 출력형태에 알맞게 작업하시오.

· 소스 : 정복08_문제02.pptx · 정답 : 정복08_정답02.pptx

작성 시간 / 권장 시간

분 / 3분

《출력형태》

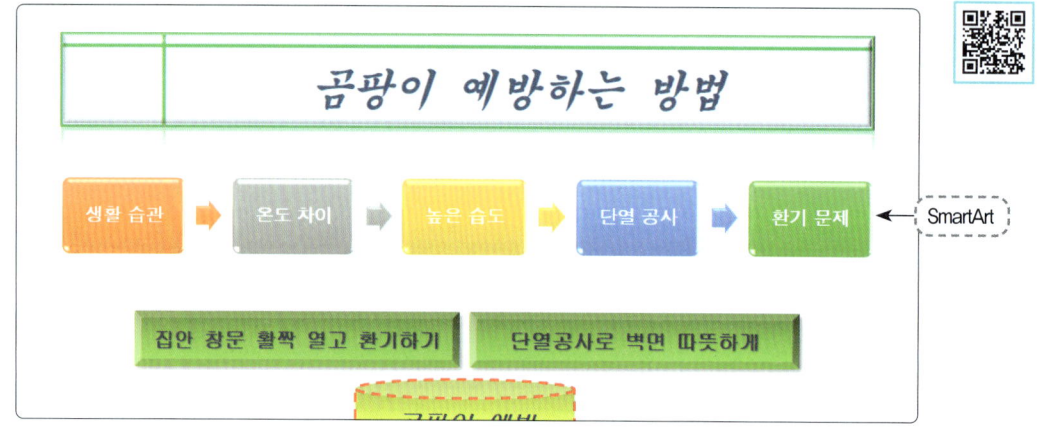

《작성조건》

(2) 본문
- ▶ SmartArt 삽입 ⇒ 프로세스형 – '기본 프로세스형', 글꼴(돋움, 16pt, 굵게, 가운데 맞춤), SmartArt 스타일(색 변경 – 색상형 – '색상형 – 강조색', 3차원 – '광택 처리'), (반드시 SmartArt 기능을 이용하여 작성할 것)
- ▶ 애니메이션 지정 ⇒ SmartArt : 나타내기 – 닦아내기

아래의 작성조건 및 출력형태에 알맞게 작업하시오.

· 소스 : 정복08_문제03.pptx · 정답 : 정복08_정답03.pptx

작성 시간 / 권장 시간

분 / 3분

《출력형태》

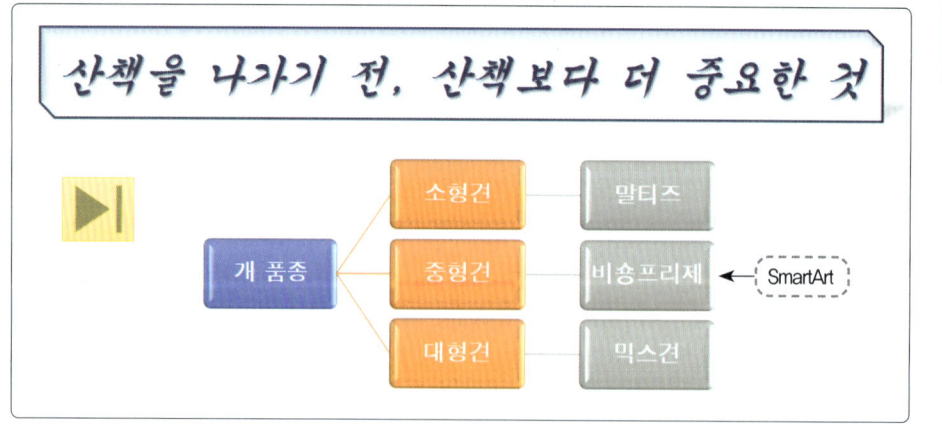

《작성조건》

(2) 본문
- ▶ SmartArt 삽입 ⇒ 계층 구조형 – '가로 계층 구조형', 글꼴(돋움, 20pt, 굵게, 가운데 맞춤), SmartArt 스타일(색 변경 – 색상형 – '색상형 – 강조색', 3차원 – '경사'), (반드시 SmartArt 기능을 이용하여 작성할 것)
- ▶ 애니메이션 지정 ⇒ SmartArt : 나타내기 – 확대/축소

완전정복-04

아래의 작성조건 및 출력형태에 알맞게 작업하시오.

- 소스 : 정복08_문제04.pptx
- 정답 : 정복08_정답04.pptx

작성 시간 / 권장 시간
분 / 3분

《출력형태》

《작성조건》

(2) 본문

▶ SmartArt 삽입 ⇒ 프로세스형 – '연속 블록 프로세스형', 글꼴(돋움체, 18pt, 굵게, 가운데 맞춤),
SmartArt 스타일(색 변경 – 색상형 – '색상형 범위 – 강조색 3 또는 4', 3차원 – '광택 처리'),
(반드시 SmartArt 기능을 이용하여 작성할 것)

▶ 애니메이션 지정 ⇒ SmartArt : 나타내기 – 날아오기

완전정복-05

아래의 작성조건 및 출력형태에 알맞게 작업하시오.

작성 시간 / 권장 시간
분 / 3분

《출력형태》

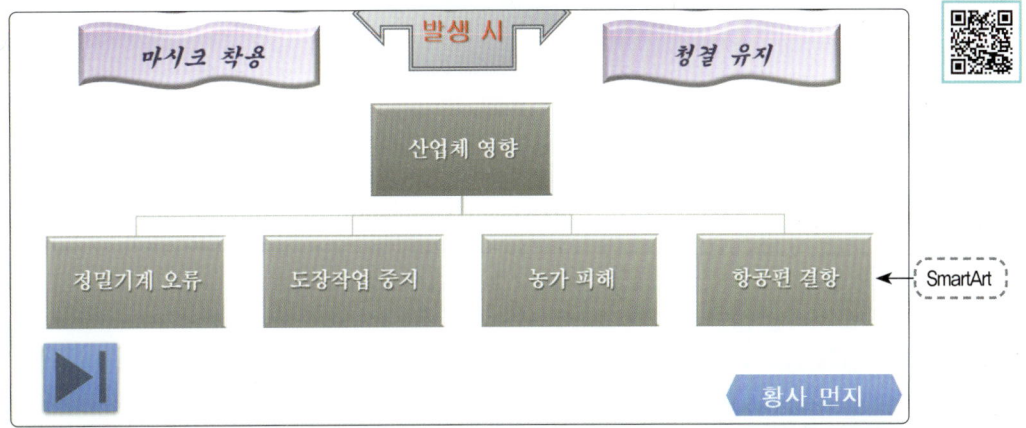

《작성조건》

(2) 본문

▶ SmartArt 삽입 ⇒ 계층 구조형 – '조직도형', 글꼴(바탕, 18pt, 굵게, 텍스트 그림자, 가운데 맞춤),
SmartArt 스타일(색 변경 – 강조 3 – '그라데이션 반복 – 강조 3', 3차원 – '광택 처리'),
(반드시 SmartArt 기능을 이용하여 작성할 것)

▶ 애니메이션 지정 ⇒ SmartArt : 나타내기 – 도형

PART 02 출제유형 완전정복

[슬라이드3] 표

- ☑ 표를 삽입한 후 스타일 지정하기
- ☑ 표 안의 내용 글꼴 서식 변경하기

 · 소스 : 유형09_문제.pptx · 정답 : 유형09_정답.pptx

【슬라이드3】 아래의 작성조건 및 출력형태에 알맞게 세 번째 슬라이드에 작업하시오. (60점)

《출력형태》

《작성조건》

(1) 제목
- ▶ 도형 1 ⇒ 순서도 – '순서도: 종속 처리', 도형 채우기('파랑, 강조 5, 80% 더 밝게'),
  도형 윤곽선(실선, 색 : 연한 파랑, 너비 : 3pt, 겹선 종류 : 단순형),
  도형 효과(그림자 – 바깥쪽 – '오프셋: 오른쪽 아래', 입체 효과 – '십자형으로'),
  글꼴(궁서, 36pt, 굵게, 기울임꼴, '파랑, 강조 5, 50% 더 어둡게')

(2) 본문 (※ 차트 작성은 반드시 '차트 삽입 → 데이터 입력 → 차트 스타일' 순으로 작성 바랍니다.)
- ▶ 텍스트 상자 1([단위 : 평균 기온(도)]) ⇒ 글꼴(궁서, 20pt, 굵게)
- ▶ 표 ⇒ 표 스타일(중간 – '보통 스타일 2 – 강조 5'),
  가장 위의 행 : 글꼴(돋움, 20pt, 굵게, 텍스트 그림자, 가운데 맞춤),
  나머지 행 : 글꼴(돋움, 18pt, 굵게, 기울임꼴, 가운데 맞춤)
- ▶ 텍스트 상자 2([출처 : 기상청]) ⇒ 글꼴(궁서, 20pt, 굵게)
- ▶ 차트 ⇒ 세로 막대형 – '묶은 세로 막대형', 차트 스타일(색 변경 – 색상형 – '다양한 색상표 3', 스타일 5),
  축 서식/데이터 레이블 서식 : 글꼴(돋움, 16pt, 굵게),
  범례 서식 : 글꼴(돋움, 16pt, 굵게, 기울임꼴), 데이터는 표 참고
- ▶ 배경 ⇒ 배경 서식(채우기 – 그림 또는 질감 채우기)에서 그림 2 삽입(현재 슬라이드만 적용)
- ▶ 애니메이션 지정 ⇒ 차트 : 나타내기 – 밝기 변화
- ▶ 지시사항이 없는 부분은 《출력형태》와 동일하게 작성하시오.

Digital Information Ability Test

난이도	권장 시간 / 시험 시간	유형 점수 / 시험 점수
★★★☆☆	4분 / 40분	➔ 60점 / 200점

시험분석

➔ 주의 사항 : 실수가 많은 내용
- ☑ 출제유형 09에 나오는 표는 슬라이드3을 클릭한 후 작업합니다.
- ☑ 표를 작성할 때 먼저 표 스타일을 지정한 후 글꼴 서식을 변경합니다.

※ 출제유형 09 ~ 11까지 합쳐진 점수

Skill 01 표 작성하기

▶ 표 ⇨ 표 스타일(중간 – '보통 스타일 2 – 강조 5')

① 세 번째 슬라이드를 클릭한 후 [삽입] 탭의 [표] 그룹에서 '표(▦)'를 클릭합니다. 이어서, 《출력형태》에 맞게 7×2표를 만듭니다.

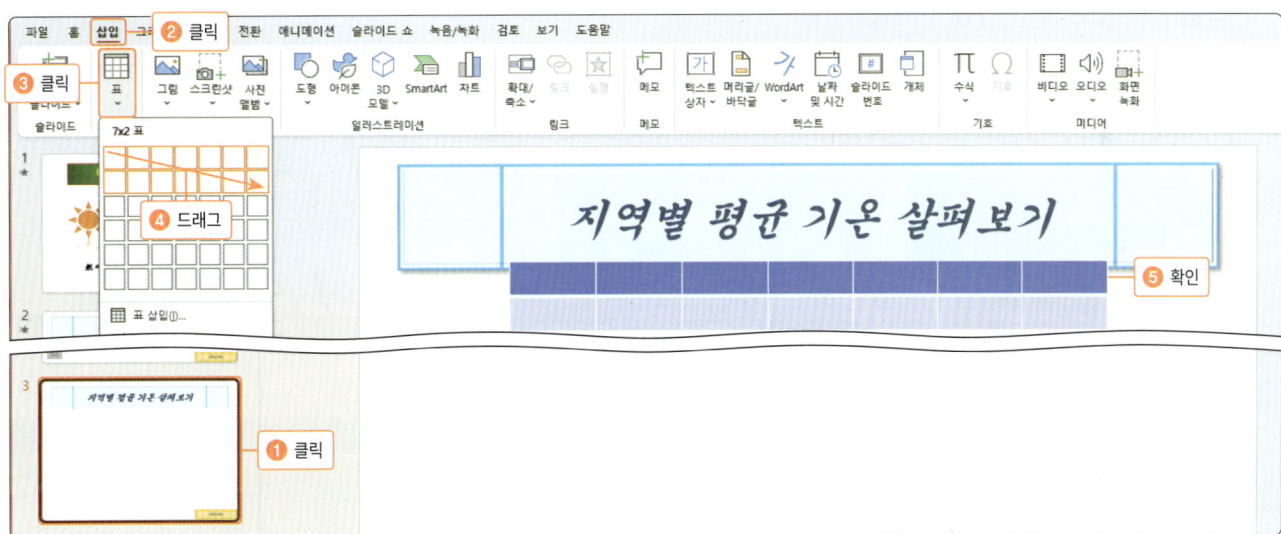

② 표가 삽입되면 테두리를 드래그하여 그림과 같이 위치를 변경합니다.
※ 표의 크기 조절 및 위치 변경은 《출력형태》를 참고하여 작업합니다.

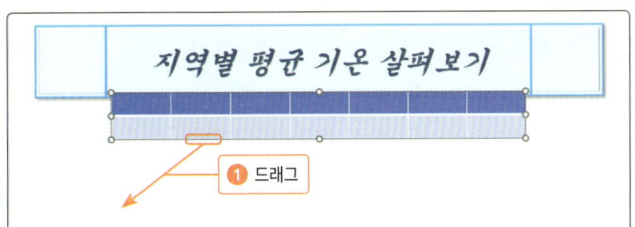 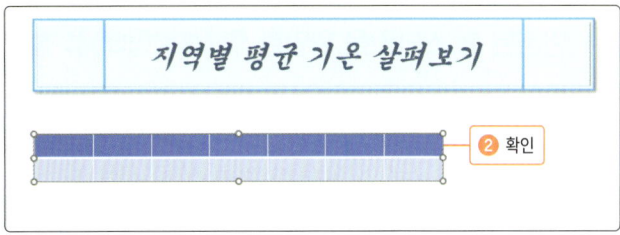

③ 표의 조절점(○)을 드래그하여 그림과 같이 크기를 조절합니다.

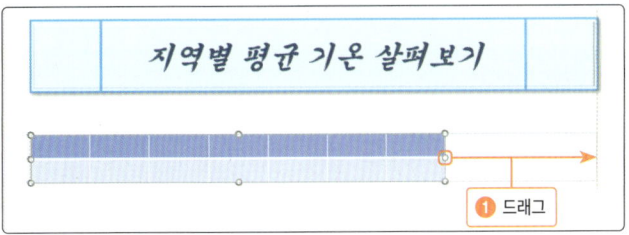 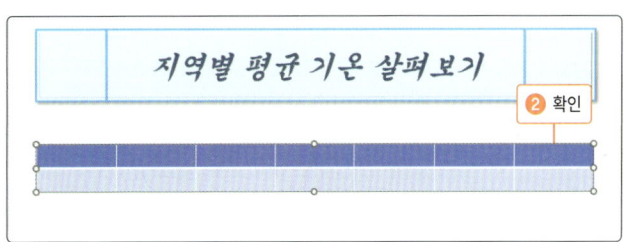

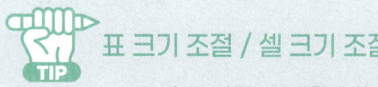

표 크기 조절 / 셀 크기 조절

- 표의 크기를 조절할 때는 표의 조절점(□) 위에 커서를 위치한 후 마우스 포인터가 ⬚ 모양으로 변경되면 드래그하여 표 전체의 크기를 조절할 수 있습니다.
- 표 안의 셀 크기를 조절할 때는 조절하려는 셀의 가로선 또는 세로선 위에 커서를 위치한 후 마우스 포인터가 ⬚ 모양으로 변경되면 드래그하여 선택한 셀의 크기를 조절할 수 있습니다.

▲ 표 크기 조절 : 조절점(□)을 드래그   ▲ 셀 크기 조절 : 셀을 드래그

④ 표 스타일을 지정하기 위해 [테이블 디자인] 탭의 [표 스타일] 그룹에서 자세히(▽) 단추를 클릭한 후 '**보통 스타일 2 - 강조 5(▦)**'를 선택합니다.

⑤ 변경된 표 스타일을 확인한 후 《출력형태》를 참고하여 각 셀에 그림과 같이 내용을 입력합니다.

※ 표 안의 내용을 입력한 후 Tab 키 또는 방향키(←, →, ↑, ↓)를 눌러 다음 셀(칸)로 이동합니다.

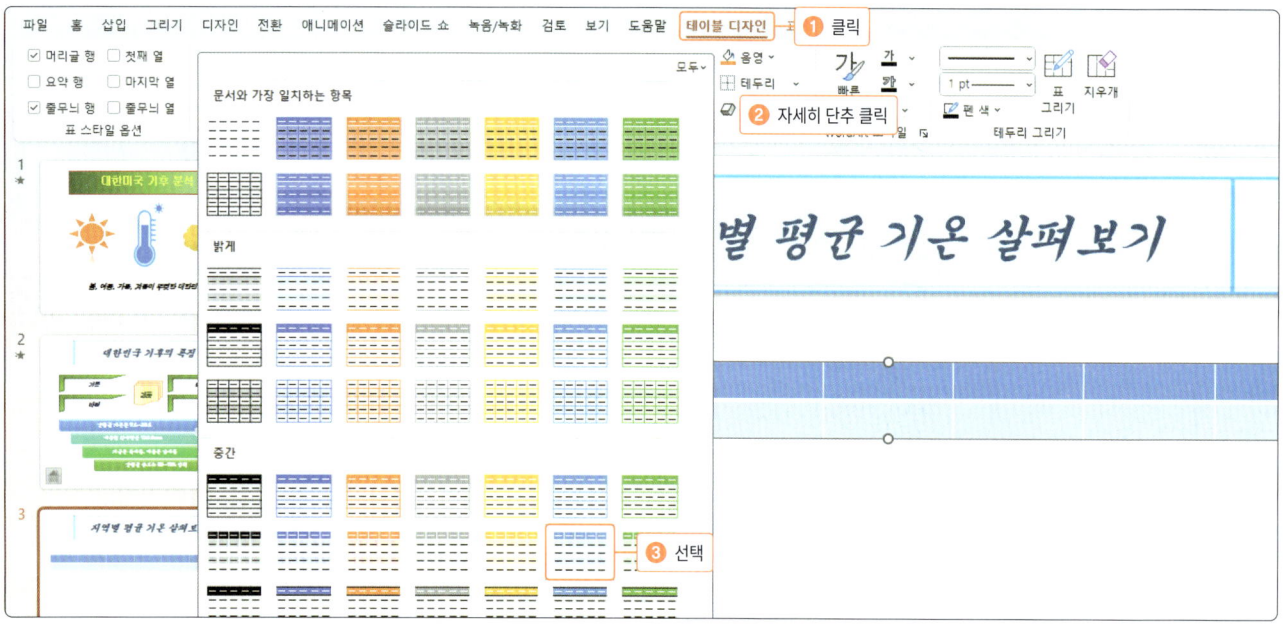

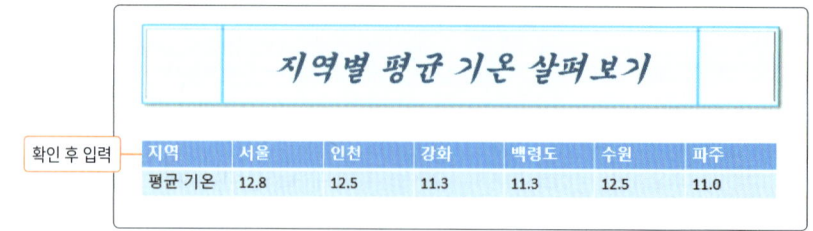

표 스타일

표 스타일을 변경하면 표 안의 글꼴 서식이 같이 변경되기 때문에 표 스타일을 먼저 지정한 후 글꼴 서식을 변경하는 순서로 작업해야 합니다.

Skill 02 표 글꼴 서식 변경하기

▶ 표 ⇒ 가장 위의 행 : 글꼴(돋움, 20pt, 굵게, 텍스트 그림자, 가운데 맞춤), 나머지 행 : 글꼴(돋움, 18pt, 굵게, 기울임꼴, 가운데 맞춤)

❶ 가장 위의 행을 드래그하여 블록으로 지정한 후 [홈] 탭의 [글꼴] 그룹에서 '글꼴(돋움), 글꼴 크기(20pt), 굵게(가), 텍스트 그림자(S)'를 지정합니다.

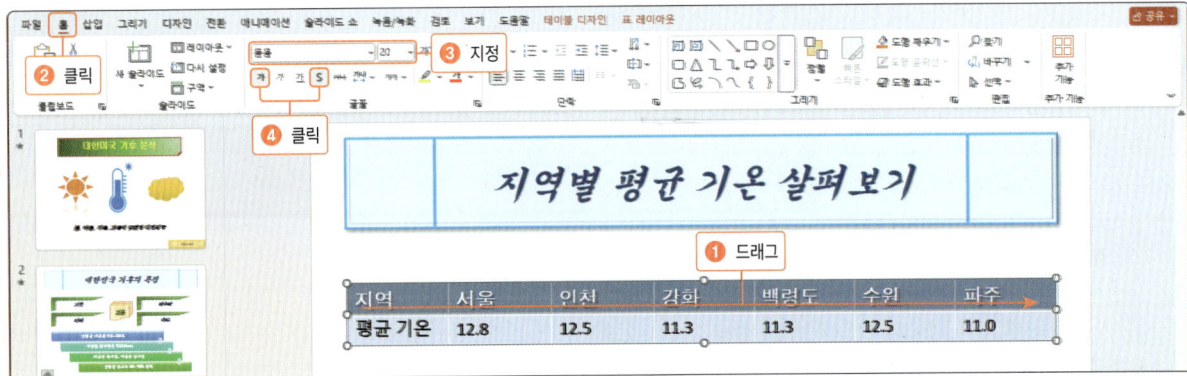

❷ 나머지 행을 드래그하여 블록으로 지정한 후 [홈] 탭의 [글꼴] 그룹에서 '글꼴(돋움), 글꼴 크기(18pt), 굵게(가), 기울임꼴(가)'을 지정합니다.

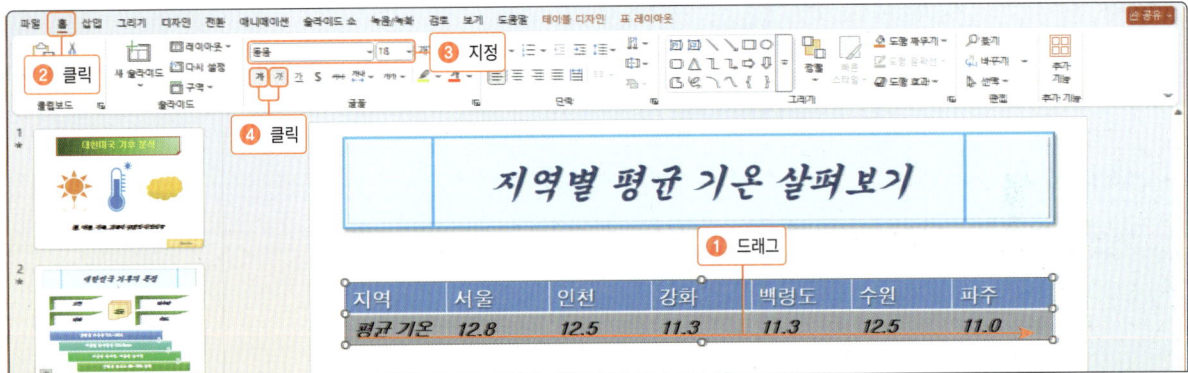

❸ 표 안의 글꼴이 변경되었으면 내용 전체를 드래그합니다. 이어서, [홈] 탭의 [단락] 그룹에서 '가운데 맞춤(≡)'을 클릭한 후 [텍스트 맞춤(⊡)]-'중간'을 선택합니다.

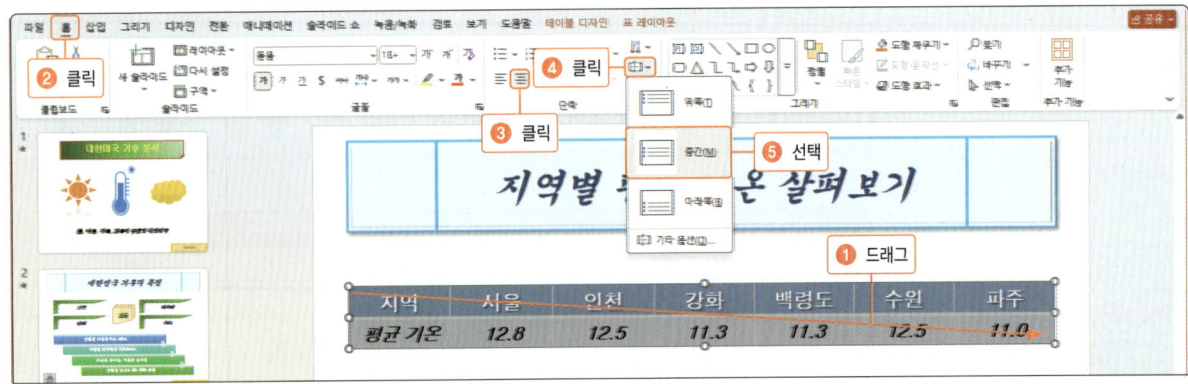

❹ [파일]-[저장](Ctrl+S) 또는 [빠른 실행 도구 모음]에서 '저장(💾)'을 클릭합니다.

※ 실제 시험을 볼 때 작업 도중에 수시로(10분에 한 번 정도) 저장을 하는 것이 좋습니다.

출제유형 완전정복 [슬라이드3] 표

완전정복-01

아래의 작성조건 및 출력형태에 알맞게 작업하시오.

- 소스 : 정복09_문제01.pptx
- 정답 : 정복09_정답01.pptx

작성 시간 / 권장 시간
분 / 4분

《출력형태》

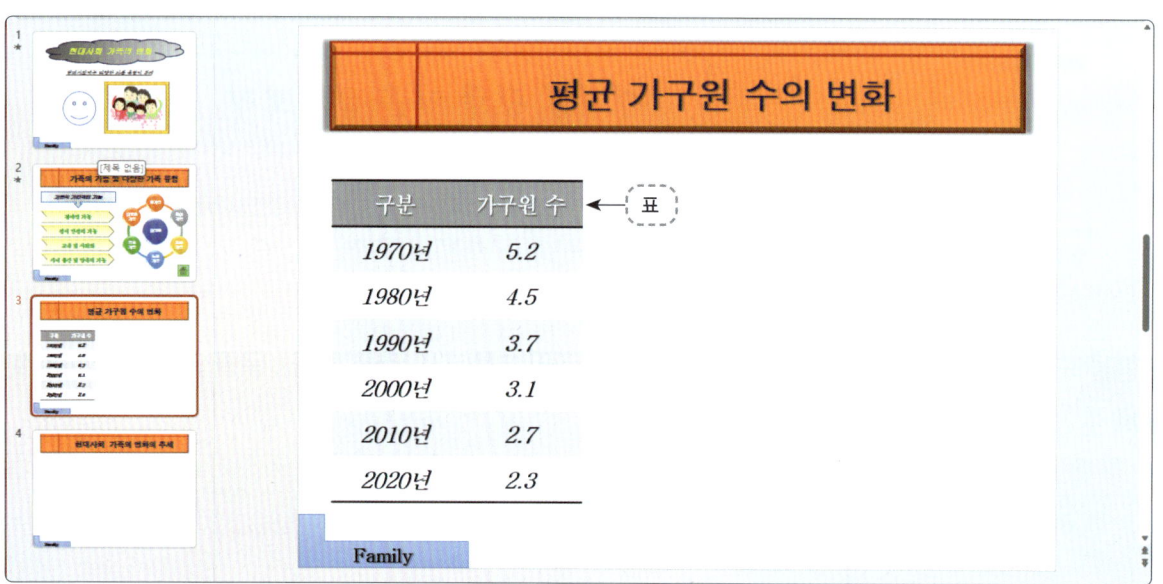

《작성조건》

▶ 표 ⇒ 표 스타일(중간 – '보통 스타일 3 – 강조 3'),
　가장 위의 행 : 글꼴(바탕, 22pt, 굵게, 텍스트 그림자, 가운데 맞춤),
　나머지 행 : 글꼴(바탕, 22pt, 굵게, 기울임꼴, 가운데 맞춤)

완전정복-02

아래의 작성조건 및 출력형태에 알맞게 작업하시오.

- 소스 : 정복09_문제02.pptx
- 정답 : 정복09_정답02.pptx

작성 시간 / 권장 시간
분 / 4분

《출력형태》

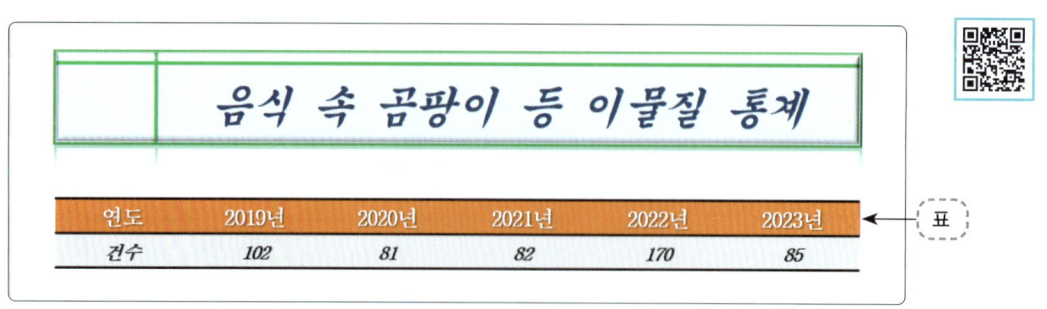

《작성조건》

▶ 표 ⇒ 표 스타일(중간 – '보통 스타일 3 – 강조 2'),
　가장 위의 행 : 글꼴(바탕체, 18pt, 굵게, 텍스트 그림자, 가운데 맞춤),
　나머지 행 : 글꼴(바탕체, 16pt, 굵게, 기울임꼴, 가운데 맞춤)

완전정복 - 03

아래의 작성조건 및 출력형태에 알맞게 작업하시오.

- 소스 : 정복09_문제03.pptx
- 정답 : 정복09_정답03.pptx

《작성조건》
▶ 표 ⇒ 표 스타일(중간 – '보통 스타일 2 – 강조 6'),
  가장 위의 행 : 글꼴(굴림, 20pt, 굵게, 텍스트 그림자, 가운데 맞춤),
  나머지 행 : 글꼴(굴림, 18pt, 굵게, 기울임꼴, 가운데 맞춤)

《출력형태》

위반행위	1차 위반
반려견 등록	200,000
등록 후 변경 신고	100,000
외출 시 인식표 부착	50,000
배설물 수거	50,000

완전정복 - 04

아래의 작성조건 및 출력형태에 알맞게 작업하시오.

- 소스 : 정복09_문제04.pptx
- 정답 : 정복09_정답04.pptx

《작성조건》
▶ 표 ⇒ 표 스타일(중간 – '보통 스타일 3 – 강조 3'),
  가장 위의 행 : 글꼴(바탕, 24pt, 굵게, 텍스트 그림자, 가운데 맞춤),
  나머지 행 : 글꼴(바탕, 20pt, 굵게, 기울임꼴, 가운데 맞춤)

《출력형태》

연도	학교 수
2020년	106
2021년	354
2022년	732
2023년	1,457

완전정복 - 05

아래의 작성조건 및 출력형태에 알맞게 작업하시오.

- 소스 : 정복09_문제05.pptx
- 정답 : 정복09_정답05.pptx

《출력형태》

최근 수도권 황사 일수

연도	2019년	2020년	2021년	2022년	2023년
일수	3	6	14	5	19

《작성조건》
▶ 표 ⇒ 표 스타일(중간 – '보통 스타일 3 – 강조 3'),
  가장 위의 행 : 글꼴(돋움체, 20pt, 굵게, 텍스트 그림자, 가운데 맞춤),
  나머지 행 : 글꼴(돋움체, 18pt, 굵게, 기울임꼴, 가운데 맞춤)

PART 02 출제유형 완전정복

[슬라이드3] 차트

☑ 차트를 삽입하고 차트 스타일 지정하기
☑ 차트의 구성요소 서식 지정하기

 **미리보기**

• **소스** : 유형10_문제.pptx   • **정답** : 유형10_정답.pptx

【슬라이드3】 아래의 작성조건 및 출력형태에 알맞게 세 번째 슬라이드에 작업하시오.   (60점)

《출력형태》

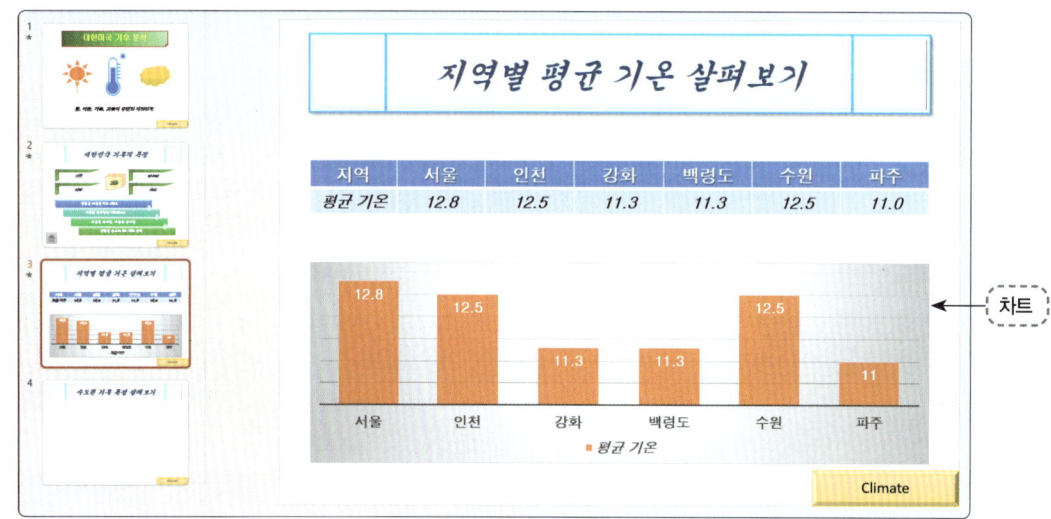

《작성조건》

(1) 제목
  ▶ 도형 1 ⇒ 순서도 – '순서도: 종속 처리', 도형 채우기('파랑, 강조 5, 80% 더 밝게'),
       도형 윤곽선(실선, 색 : 연한 파랑, 너비 : 3pt, 겹선 종류 : 단순형),
       도형 효과(그림자 – 바깥쪽 – '오프셋: 오른쪽 아래', 입체 효과 – '십자형으로'),
       글꼴(궁서, 36pt, 굵게, 기울임꼴, '파랑, 강조 5, 50% 더 어둡게')

(2) 본문 (※ 차트 작성은 반드시 '차트 삽입 → 데이터 입력 → 차트 스타일' 순으로 작성 바랍니다.)
  ▶ 텍스트 상자 1([단위 : 평균 기온(도)]) ⇒ 글꼴(궁서, 20pt, 굵게)
  ▶ 표 ⇒ 표 스타일(중간 – '보통 스타일 2 – 강조 5'),
       가장 위의 행 : 글꼴(돋움, 20pt, 굵게, 텍스트 그림자, 가운데 맞춤),
       나머지 행 : 글꼴(돋움, 18pt, 굵게, 기울임꼴, 가운데 맞춤)
  ▶ 텍스트 상자 2([출처 : 기상청]) ⇒ 글꼴(궁서, 20pt, 굵게)
  ▶ 차트 ⇒ 세로 막대형 – '묶은 세로 막대형', 차트 스타일(색 변경 – 색상형 – '다양한 색상표 3', 스타일 5),
       축 서식/데이터 레이블 서식 : 글꼴(돋움, 16pt, 굵게),
       범례 서식 : 글꼴(돋움, 16pt, 굵게, 기울임꼴), 데이터는 표 참고
  ▶ 배경 ⇒ 배경 서식(채우기 – 그림 또는 질감 채우기)에서 그림 2 삽입(현재 슬라이드만 적용)
  ▶ 애니메이션 지정 ⇒ 차트 : 나타내기 – 밝기 변화
  ▶ 지시사항이 없는 부분은 《출력형태》와 동일하게 작성하시오.

시험분석

Digital Information Ability Test

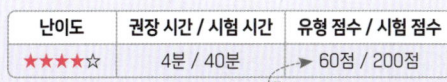

➡ 주의 사항 : 실수가 많은 내용

☑ 출제유형 10에 나오는 차트는 슬라이드3을 클릭한 후 작업합니다.

☑ 차트를 작성할 때 색 변경을 먼저 지정한 후 스타일을 지정해야 합니다.
  ※ 스타일을 먼저 지정하게 되면 차트 색이 다르게 나올 수 있습니다.

☑ 차트 데이터는 표 데이터를 참고하여 똑같이 입력합니다. 단, 똑같이 입력했는데 《출력형태》와 모양이 다르게 나오는 경우 '행/열 전환'을 지정합니다.

☑ 축 눈금을 변경하는 방법을 숙지합니다.
  ※ [축 눈금] 클릭-[마우스 오른쪽 단추] 클릭-[축 서식] 선택

Skill 01 차트 작성하기

▶ 차트 ⇒ 세로 막대형 – '묶은 세로 막대형'

❶ 세 번째 슬라이드를 클릭한 후 [삽입] 탭의 [일러스트레이션] 그룹에서 '차트(📊)'를 클릭합니다.

❷ [차트 삽입] 대화상자가 나오면 [세로 막대형]-'묶은 세로 막대형(📊)'을 선택한 후 〈확인〉 단추를 클릭합니다.

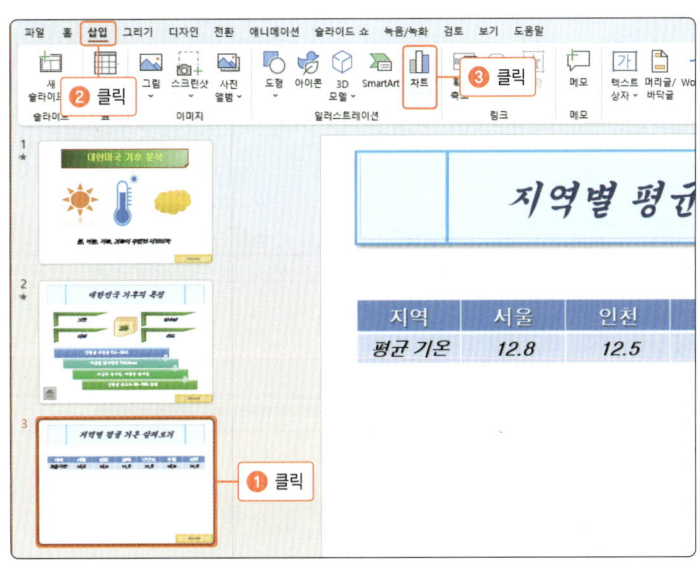
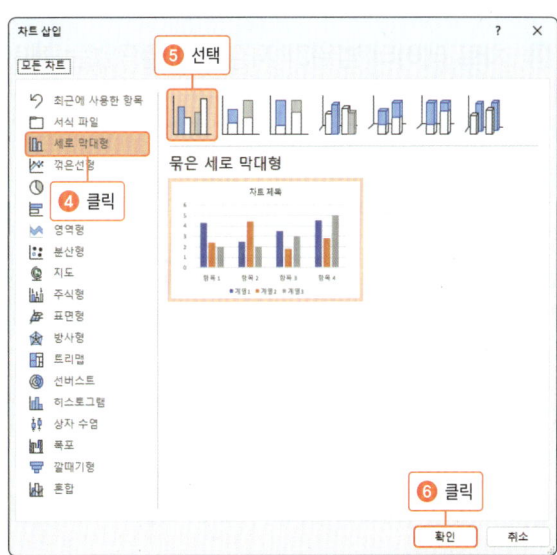

❸ 차트가 삽입되면서 엑셀 2021 프로그램이 실행되면 《출력형태》를 참고하여 그림과 같이 데이터를 입력합니다.

※ 표 안의 내용을 입력한 후 Tab 키 또는 방향키(←, →, ↑, ↓)를 눌러 다음 셀(칸)로 이동합니다.

※ 데이터 입력시 소수점(.) 또는 천 단위 구분 기호(,)를 잘 구분하여 입력합니다.

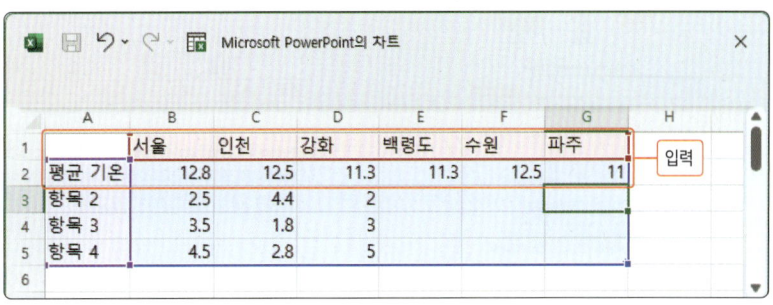

차트 데이터 복사

차트를 만들 때 파워포인트에서 작성한 표 내용을 복사하여 엑셀에 붙여 넣으면 별도로 데이터를 입력하지 않고도 쉽고 빠르게 차트를 만들 수 있습니다. 단, 표 데이터를 복사하여 차트를 만든 후 《출력형태》와 모양이 다를 경우에는 엑셀에 직접 데이터를 입력하여 차트를 만듭니다.

④ 내용 입력이 완료되면 오른쪽 하단의 파란색 조절점( ) 위에 커서를 위치한 후 마우스 포인터가 모양으로 변경되면 그림과 같이 위쪽으로 드래그합니다.

※ 파란색 선 안쪽의 데이터가 차트 데이터 범위로 지정되기 때문에 파란색 조절점( )을 드래그하여 데이터가 입력된 셀까지 범위를 조절해야 합니다.

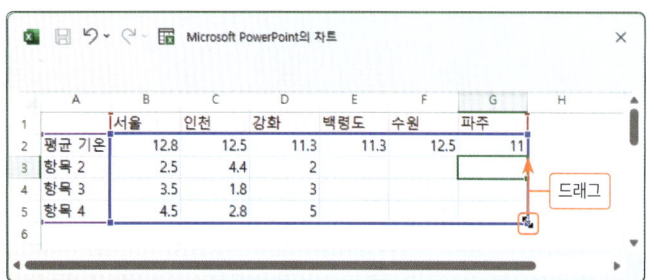
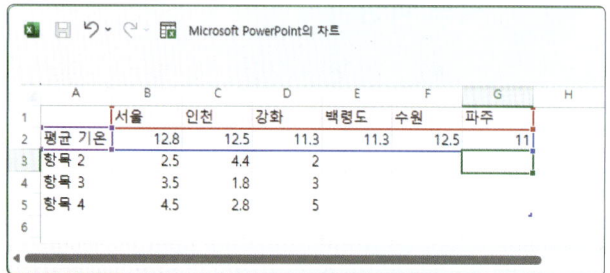

⑤ 차트 데이터 범위가 지정되면 필요없는 데이터를 드래그하여 블록으로 지정한 후 Delete 키를 눌러 삭제합니다.

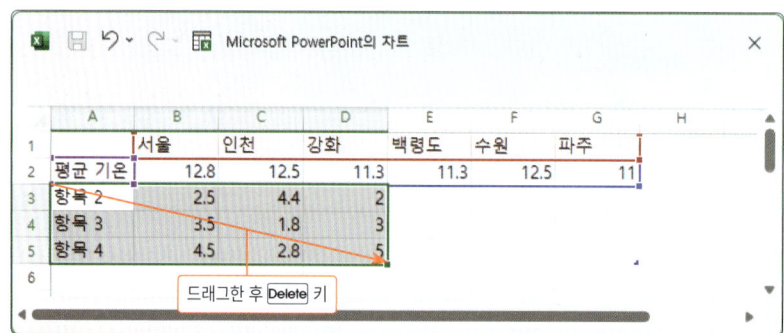

⑥ 차트의 행/열을 전환하기 위해 [차트 디자인] 탭의 [데이터] 그룹에서 '행/열 전환( )'을 클릭합니다.

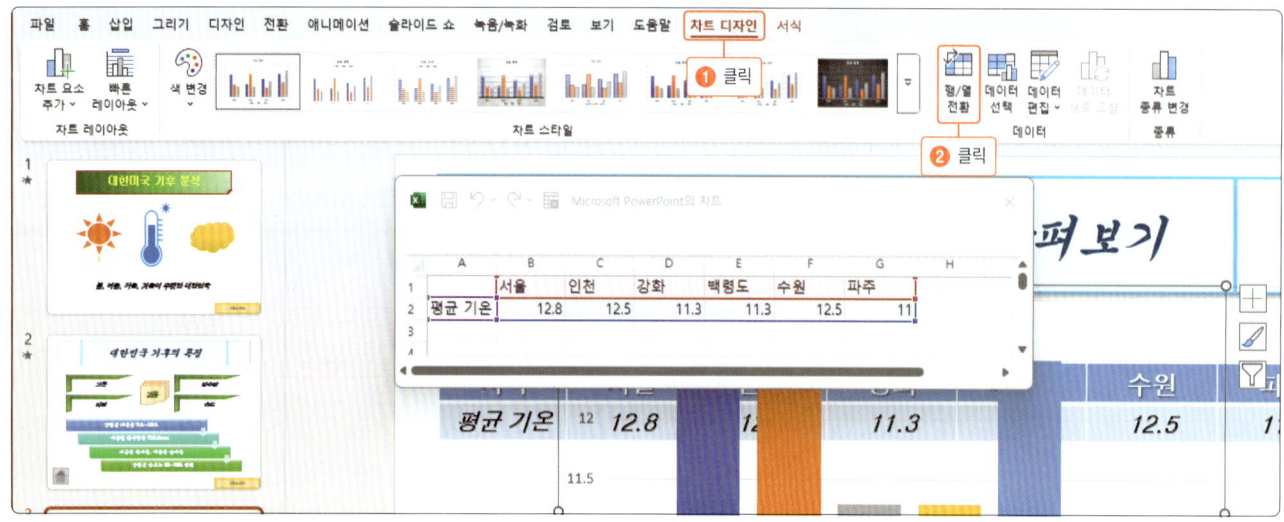

TIP 행/열 전환

차트의 모양은 행/열 두 가지 모양이 있습니다. 만약, 차트에 반영될 데이터를 정확하게 입력했지만 《출력형태》의 차트 모양과 다르게 나올 경우에는 [차트 디자인] 탭의 [데이터] 그룹에서 '행/열 전환( )'을 클릭합니다.
이 때 주의할 점은 반드시 엑셀 프로그램이 함께 실행되어 있어야 합니다. 만약, 엑셀 프로그램이 종료되었을 경우에는 [차트 디자인] 탭의 [데이터] 그룹에서 '데이터 편집( )'을 클릭하여 엑셀 프로그램을 실행합니다.

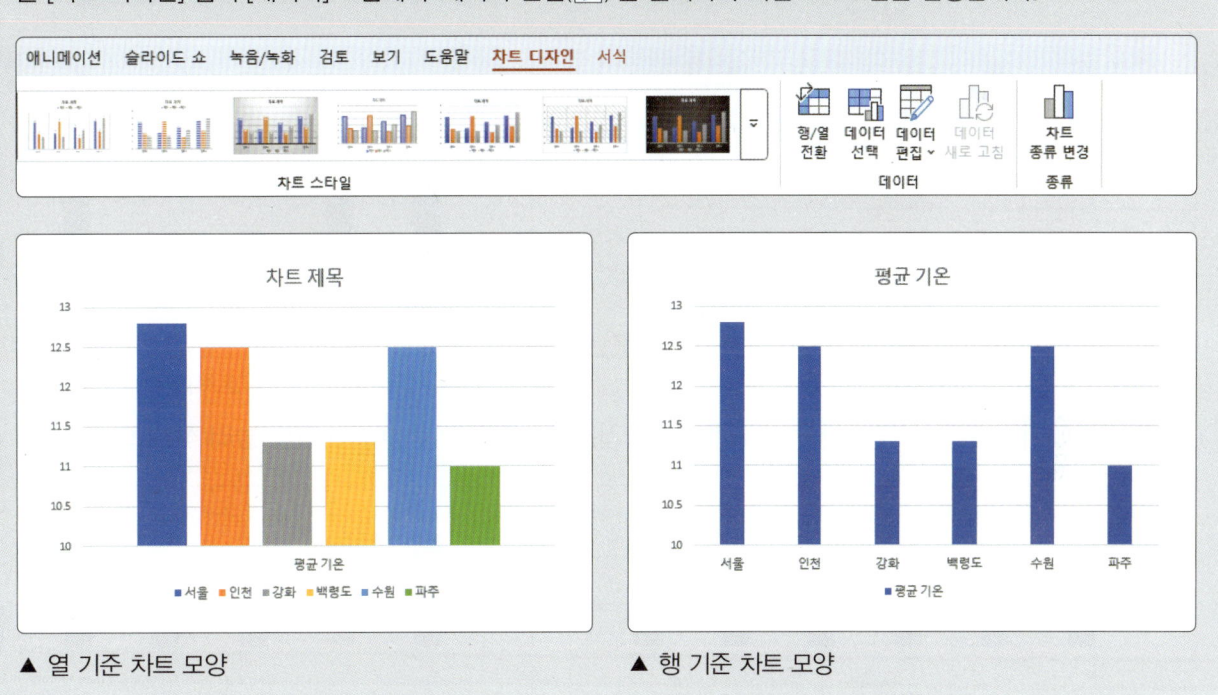

▲ 열 기준 차트 모양 　　　　　　　　▲ 행 기준 차트 모양

❼ 삽입된 차트가 《출력형태》와 같으면 엑셀 프로그램에서 '닫기(×)'를 클릭합니다.

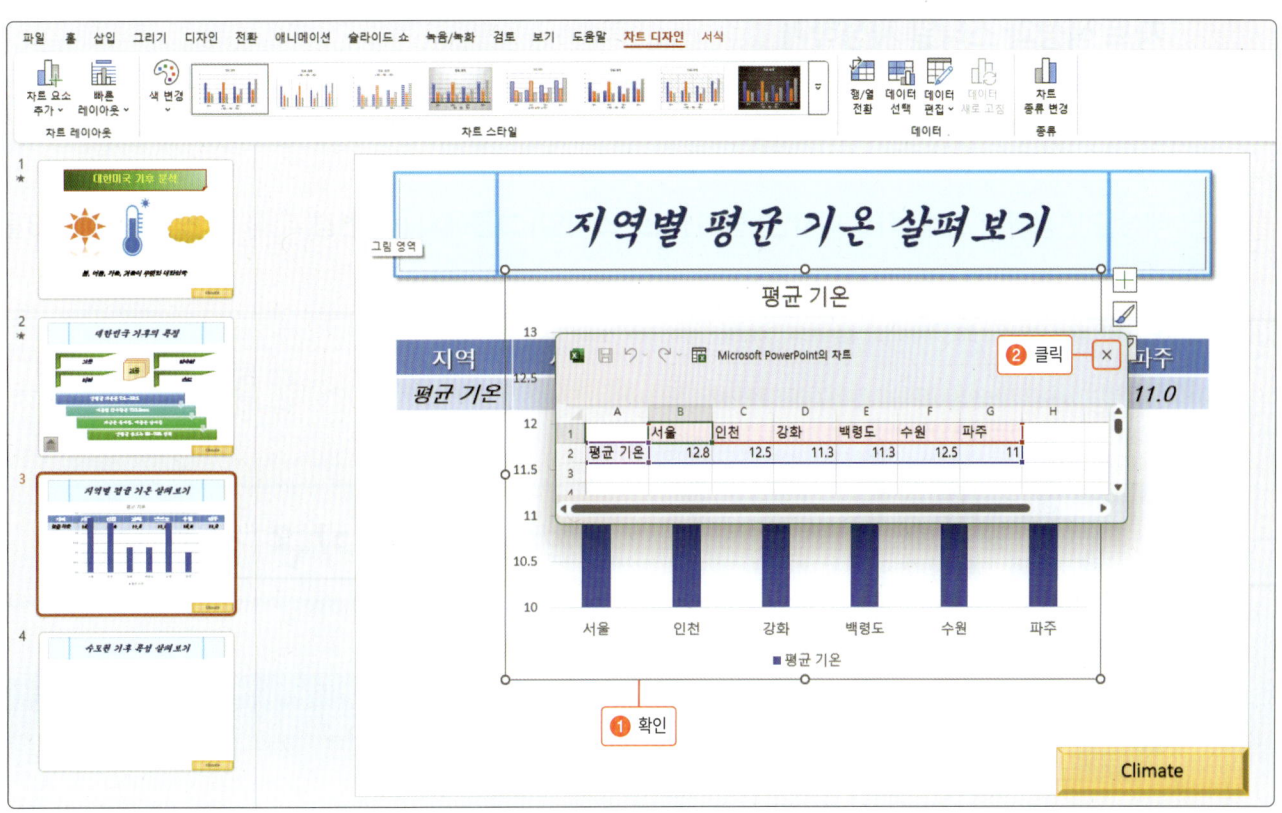

⑧ 차트가 삽입되면 조절점(○)을 드래그하여 적당한 크기로 조절한 후 테두리를 드래그하여 그림과 같이 위치를 변경합니다.

※ 차트의 크기 조절 및 위치 변경은 《출력형태》를 참고하여 작업합니다.

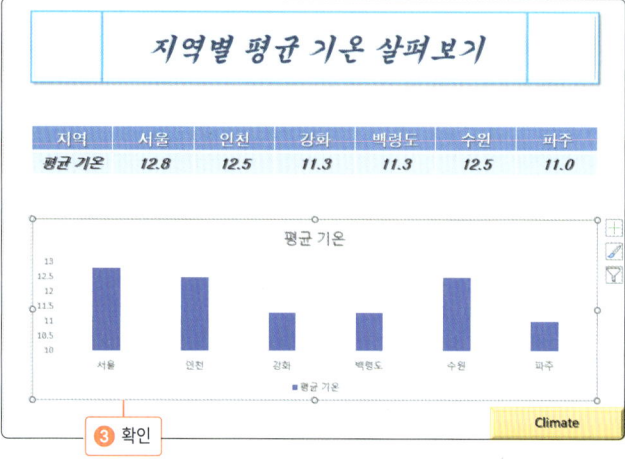

⑨ 차트 테두리가 선택된 상태에서 '차트 제목(평균 기온)'을 클릭한 후 Delete 키를 눌러 삭제합니다.

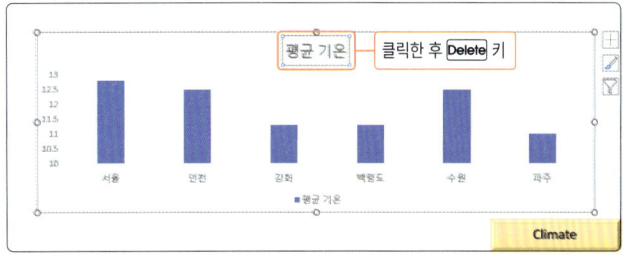
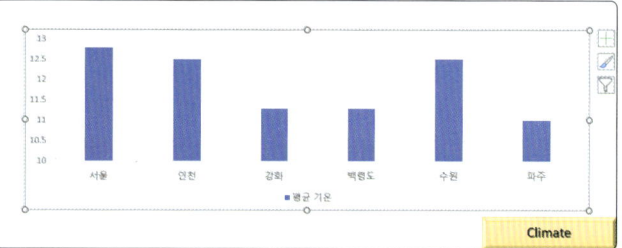

Skill 02 차트 색상과 스타일 지정하기

차트 스타일(색 변경 – 색상형 – '다양한 색상표 3', 스타일 5)

❶ 차트 색상을 변경하기 위해 [차트 디자인] 탭의 [차트 스타일] 그룹에서 [색 변경(🎨)]–'다양한 색상표 3'을 선택합니다.

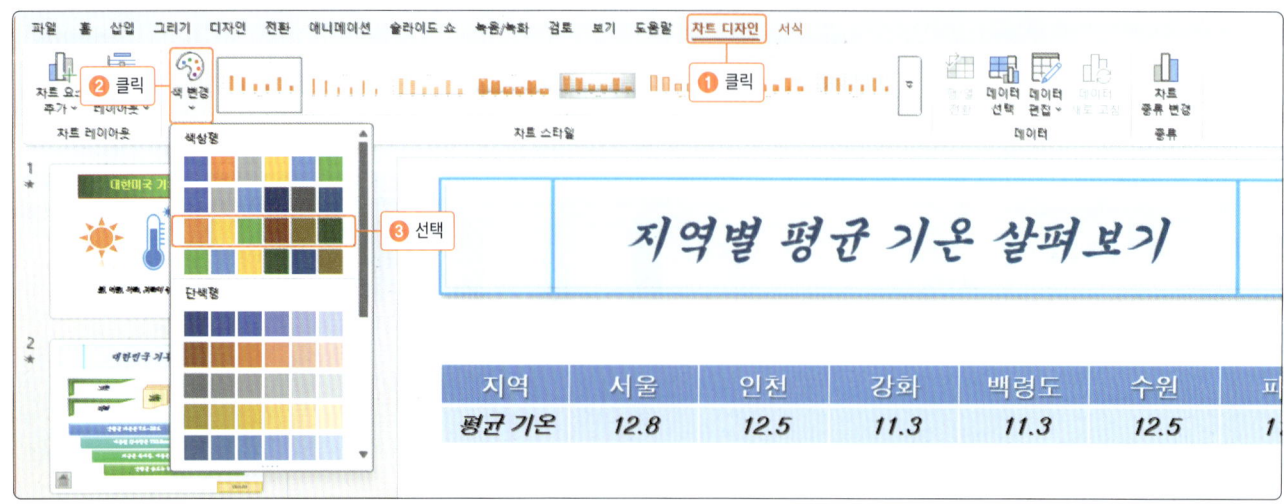

❷ 차트 스타일을 지정하기 위해 [차트 디자인] 탭의 [차트 스타일] 그룹에서 자세히(▽) 단추를 클릭한 후 '스타일 5( )'를 선택합니다.

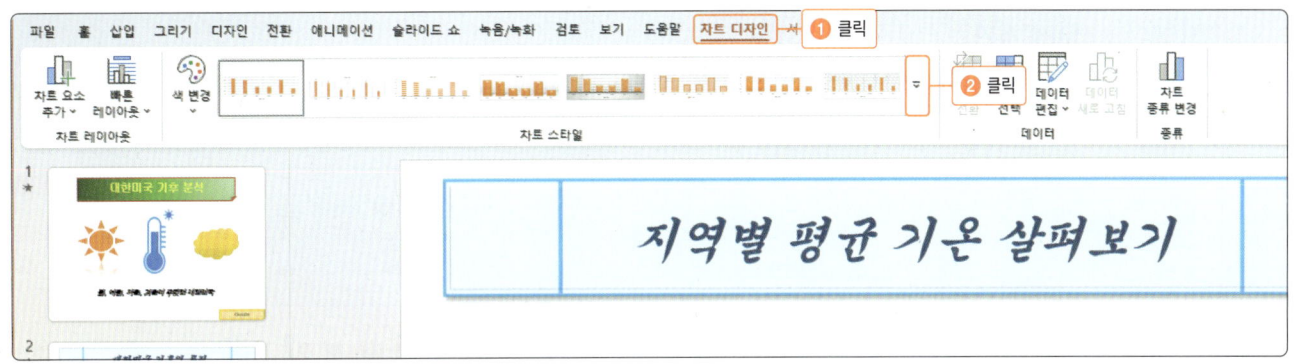

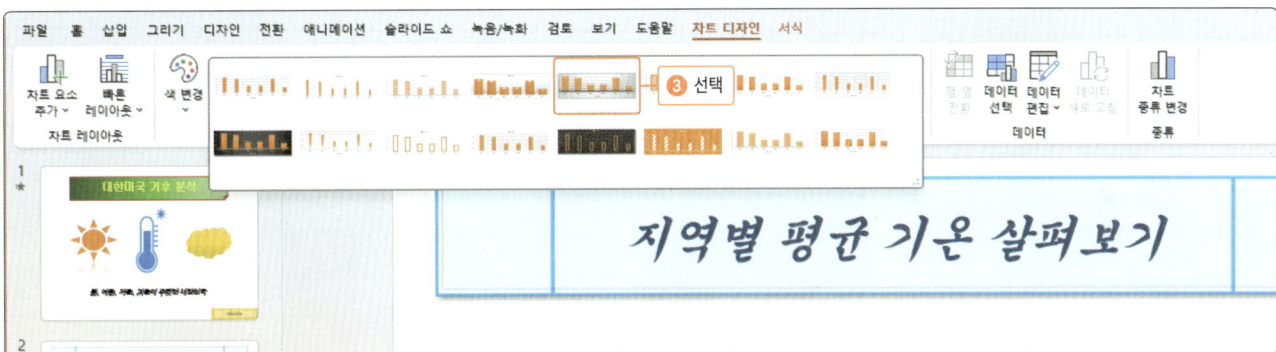

> **TIP 차트 스타일 변경 시 유의할 점**
> 차트 '색 변경'보다 '스타일'을 먼저 변경하면 제시된 출력 형태와 일치하지 않기 때문에 반드시 차트 '색 변경'을 먼저 지정한 후 '스타일'을 변경하는 순서로 작업해야 합니다.

> **TIP 파워포인트 차트의 구성 요소**
>
>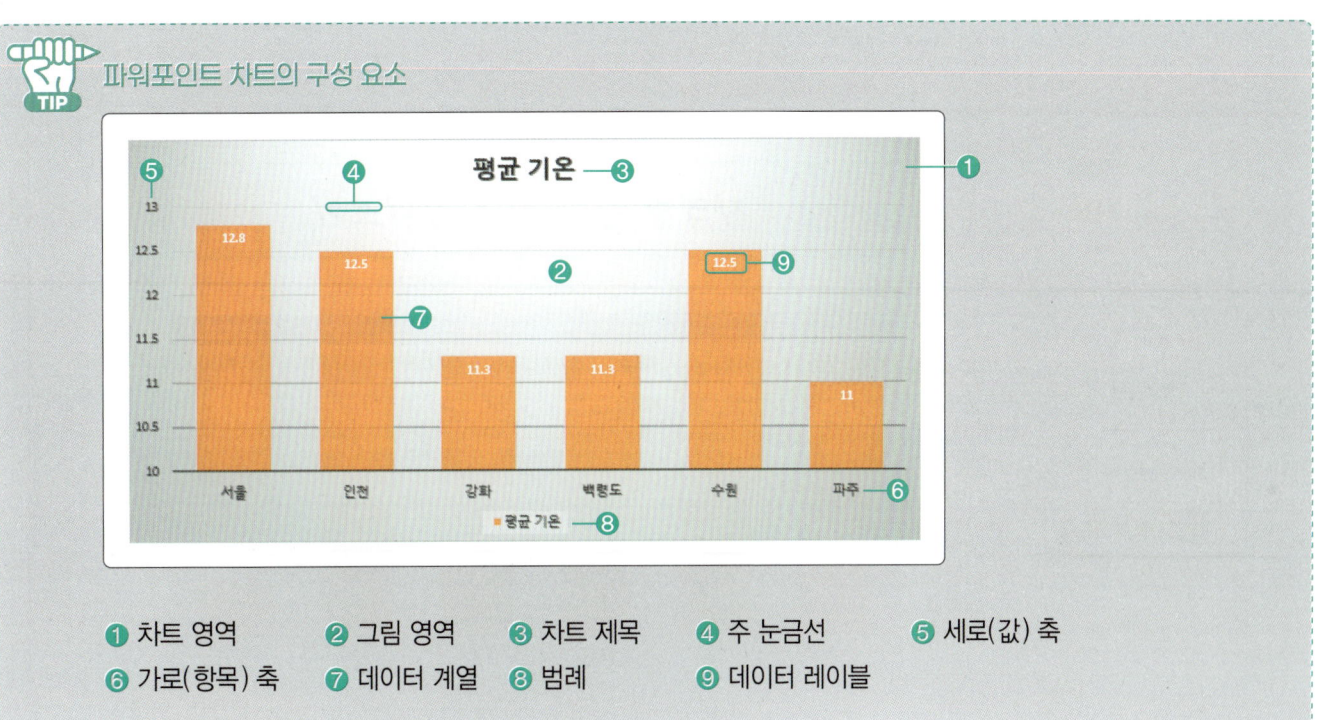
>
> ❶ 차트 영역 ❷ 그림 영역 ❸ 차트 제목 ❹ 주 눈금선 ❺ 세로(값) 축
> ❻ 가로(항목) 축 ❼ 데이터 계열 ❽ 범례 ❾ 데이터 레이블

학습 포인트 차트 요소 추가하기

[작업1] 데이터 레이블 추가

❶ 차트의 테두리를 클릭한 후 [차트 디자인] 탭의 [차트 레이아웃] 그룹에서 [차트 요소 추가]-[데이터 레이블]-'안쪽 끝에' 를 선택합니다.

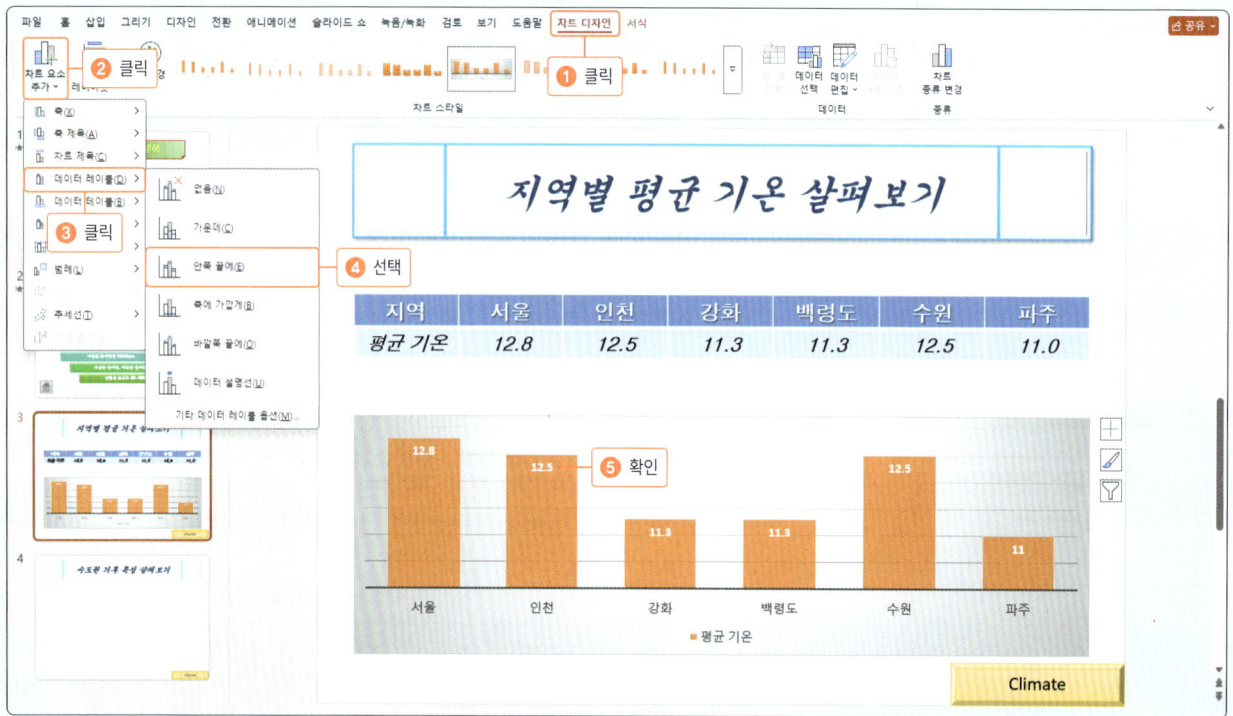

[작업2] 범례 위치 변경

❶ 범례의 위치를 변경하기 위해 [차트 디자인] 탭의 [차트 레이아웃] 그룹에서 [차트 요소 추가]-[범례]-'위쪽'을 선택합니다.

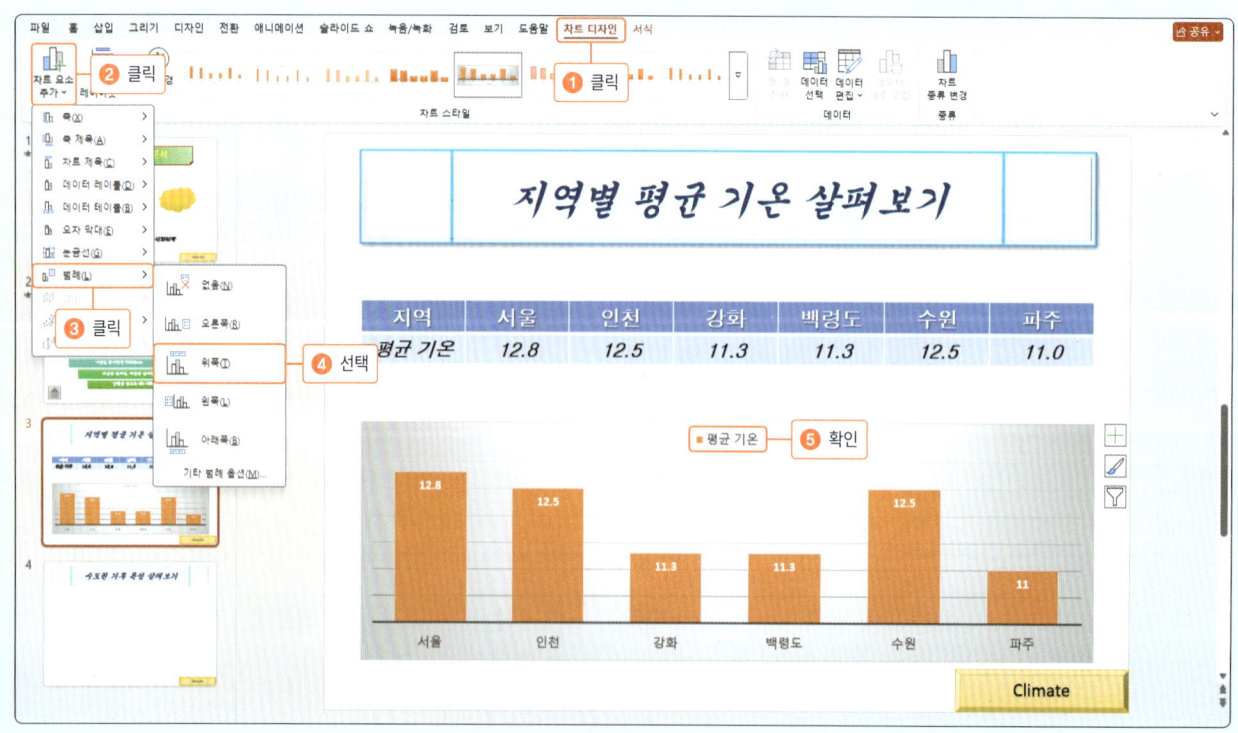

Skill 03 글꼴 서식 변경하기

축 서식/데이터 레이블 서식 : 글꼴(돋움, 16pt, 굵게), 범례 서식 : 글꼴(돋움, 16pt, 굵게, 기울임꼴), 데이터는 표 참고

① 차트의 테두리를 클릭한 후 [홈] 탭의 [글꼴] 그룹에서 '글꼴(돋움), 글꼴 크기(16pt), 굵게(가)'를 지정합니다.

※ 차트 테두리를 클릭한 후 글꼴 서식을 변경하면 차트 안의 모든 글꼴들을 한 번에 변경할 수 있습니다.

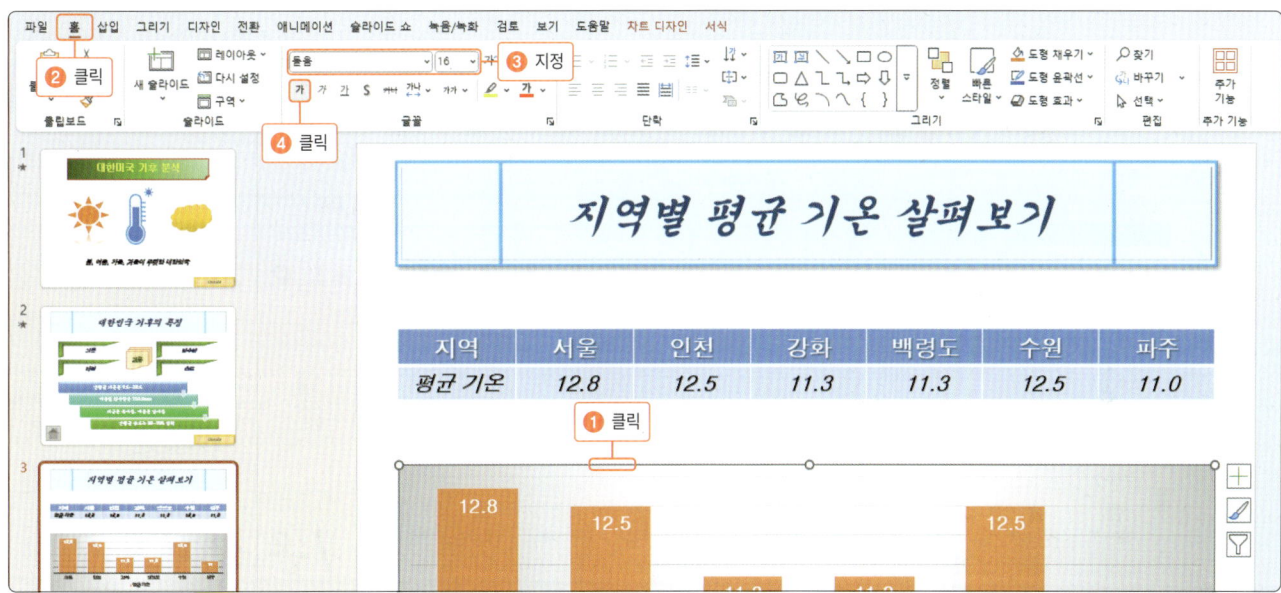

② 범례를 클릭한 후 [홈] 탭의 [글꼴] 그룹에서 '글꼴(돋움), 글꼴 크기(16pt), 굵게(가), 기울임꼴(가)'을 지정합니다.

※ 범례의 '굵게' 지정 작업은 이전 작업에서 모두 완료했기 때문에 확인만 합니다. 만약, 이전 작업에 '굵게'로 지정하는 작업이 포함되지 않았다면 반드시 '굵게'로 지정합니다.

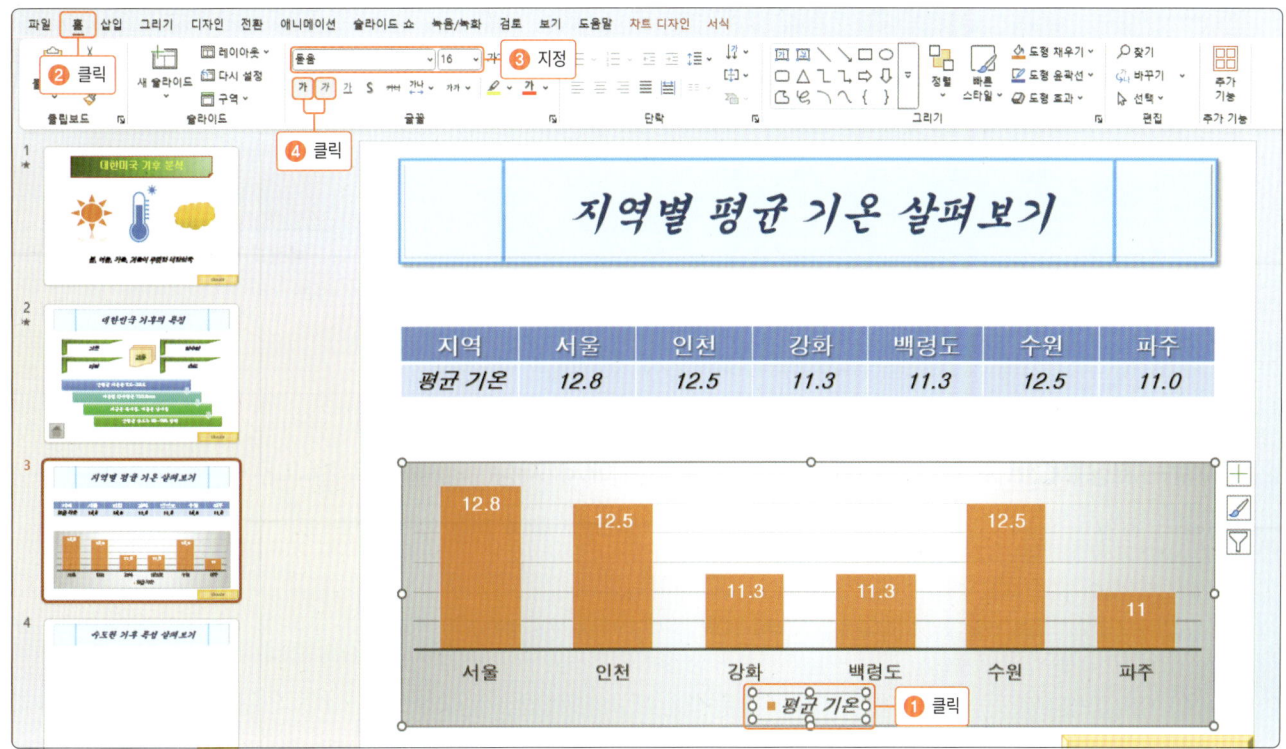

04 애니메이션 지정하기

▶ 애니메이션 지정 ⇒ 차트 : 나타내기 – 밝기 변화

① 차트에 애니메이션을 지정하기 위해 차트 테두리를 클릭합니다. 이어서, [애니메이션] 탭의 [애니메이션] 그룹에서 자세히(▼) 단추를 클릭한 후 [나타내기]-'밝기 변화'를 선택합니다.

※ 반드시 애니메이션을 적용할 대상 개체를 클릭한 후 작업해야 합니다.

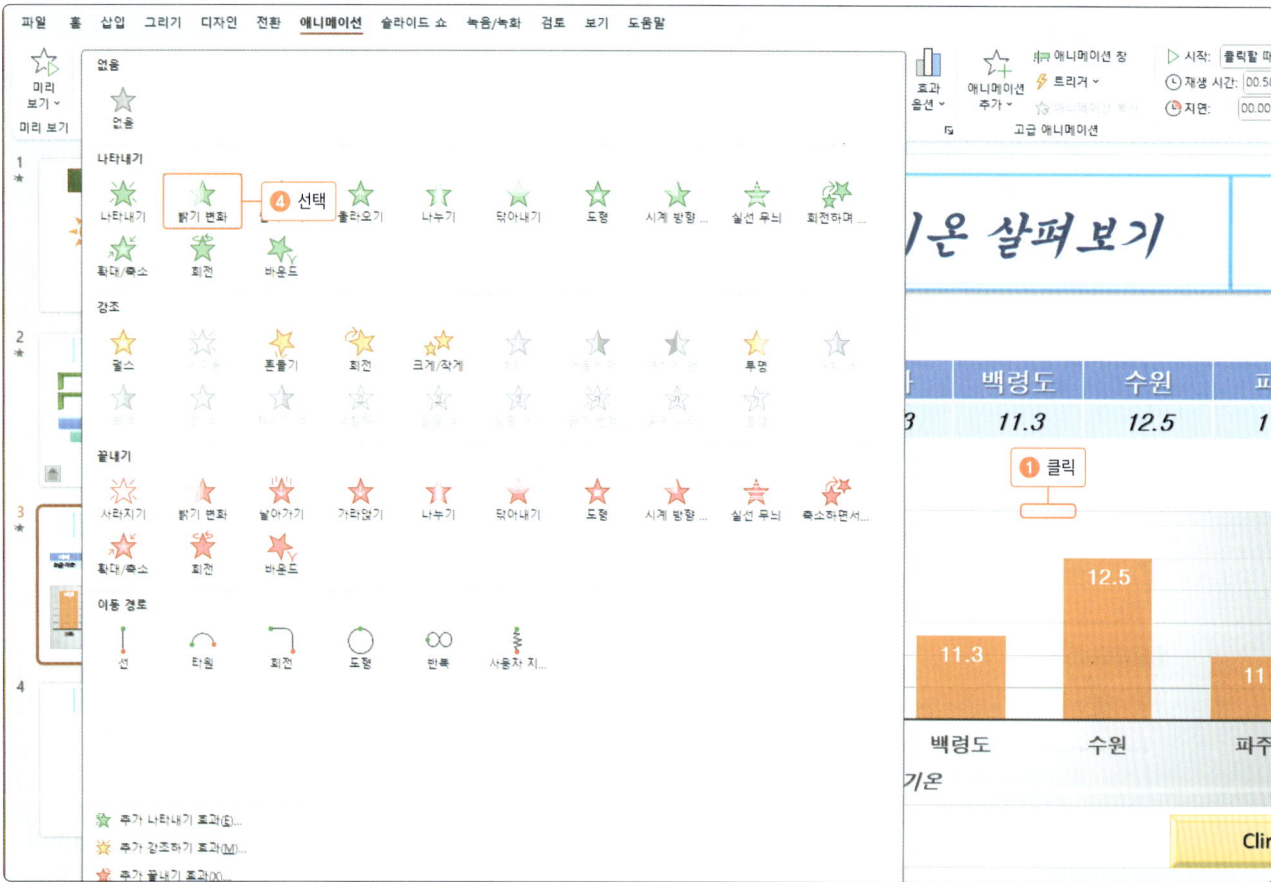

② [파일]-[저장](Ctrl + S) 또는 [빠른 실행 도구 모음]에서 '저장(💾)'을 클릭합니다.

※ 실제 시험을 볼 때 작업 도중에 수시로(10분에 한 번 정도) 저장을 하는 것이 좋습니다.

차트 행/열 전환 및 축의 표시 형식 변경하기

• 소스 : 차트01_문제.pptx　• 정답 : 차트01_정답.pptx

▶ 《출력형태》를 참고하여 '행/열 전환' 및 축의 '표시 형식'을 변경하시오.

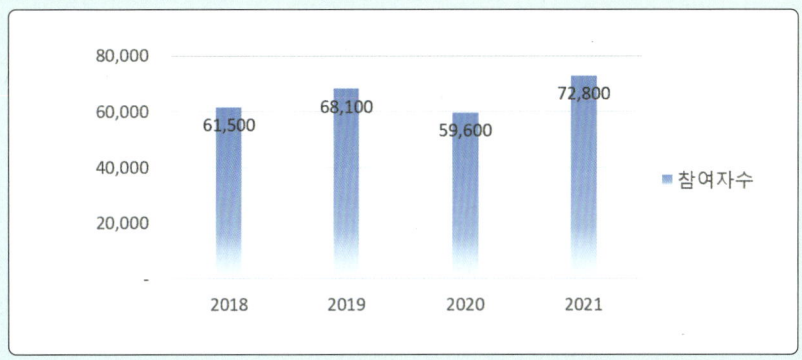

◀ 출력 형태

[작업 1] 행/열 전환

① [슬라이드3]에 삽입된 차트를 클릭 → [차트 디자인] 탭의 [데이터] 그룹에서 데이터 편집(📝) 클릭
② 파워포인트 2021의 [차트 디자인] 탭의 [데이터] 그룹에서 행/열 전환(📊) 클릭 → 엑셀 2021 프로그램 닫기(✕)
③ 차트 제목 클릭 → Delete

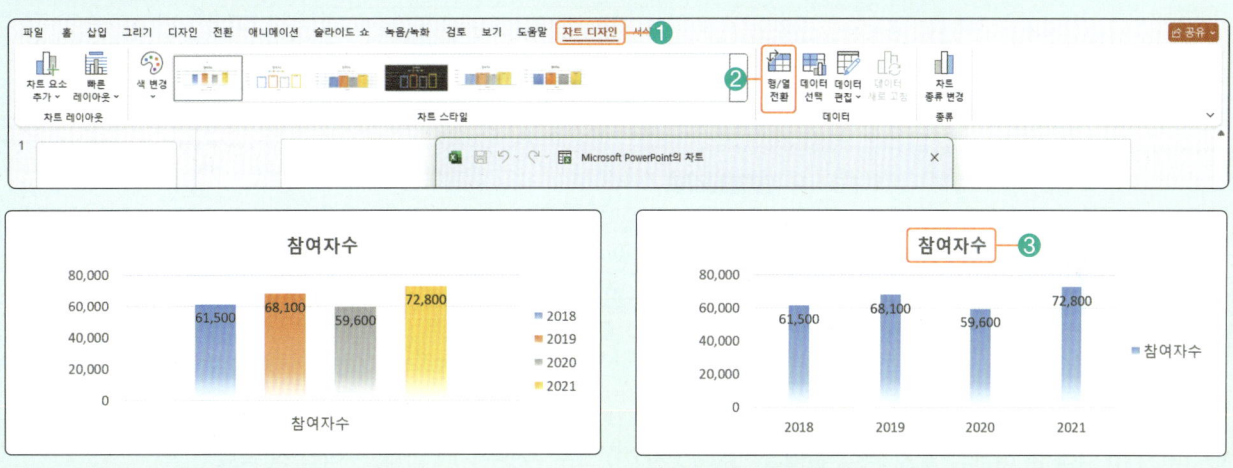

▲ 행 기준 차트 모양　　　　　　　　　　　▲ 열 기준 차트 모양

[작업 2] 축의 표시 형식 변경

① 세로 값 축의 숫자 위에서 마우스 오른쪽 단추 클릭 → [축 서식] → 오른쪽 [축 서식] 작업 창에서 하단의 '표시 형식' 클릭 → 범주(회계) → 기호(없음) → 종료(✕)

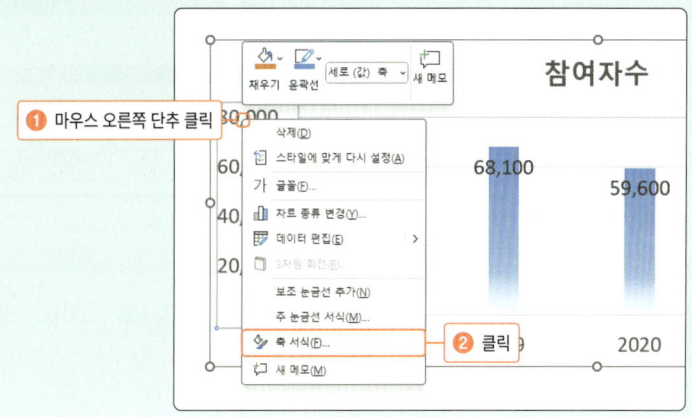
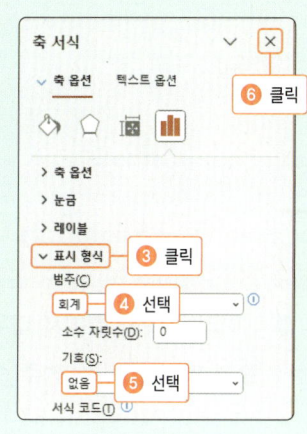

축 서식 및 데이터 레이블의 표시 형식 변경하기

• 소스 : 차트02_문제.pptx   • 정답 : 차트02_정답.pptx

▶ ≪출력 형태≫를 참고하여 '축 서식' 및 '데이터 레이블'의 표시 형식을 변경하시오.

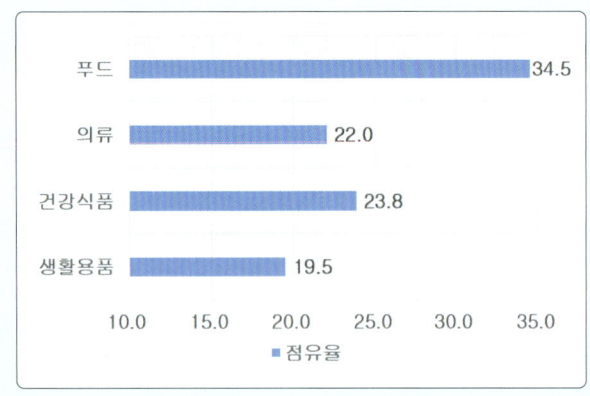

◀ 출력 형태

[작업 1] 축 서식 변경

❶ [슬라이드3]에 삽입된 차트를 클릭 → 가로 값 축의 숫자 위에서 마우스 오른쪽 단추 클릭 → [축 서식] → 오른쪽 [축 서식] 작업 창에서 축 옵션 확인 → 입력 칸에 값(최소값 : 10, 최대값 : 35, 기본 : 5)을 입력

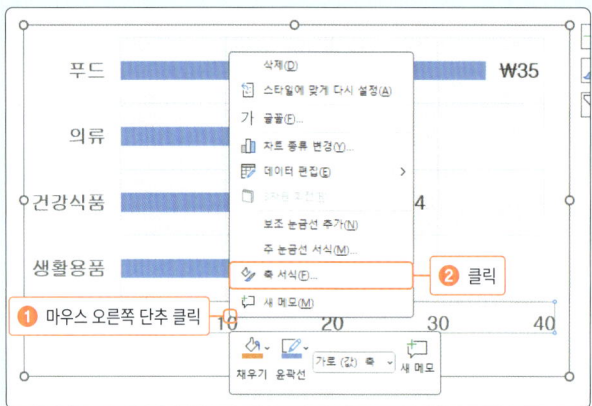
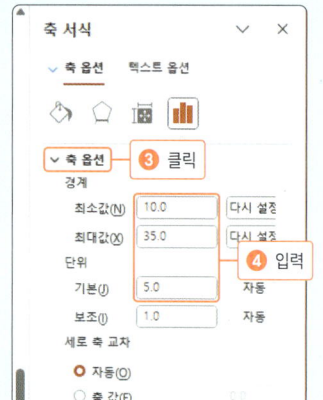

❷ [축 서식] 작업 창 하단의 '표시 형식' 클릭 → 범주(숫자) → 소수 자릿수('1') 입력 → 작업 창 종료

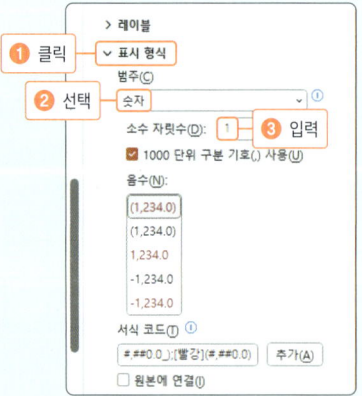
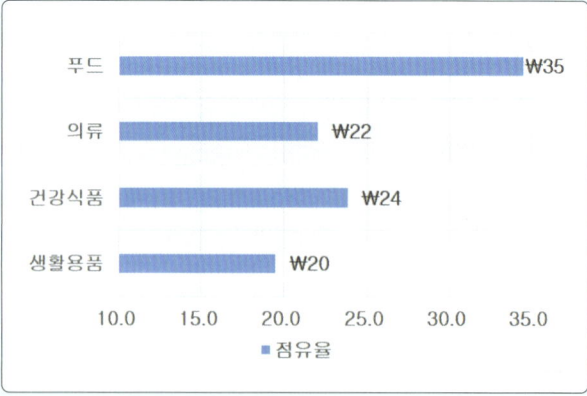

[작업 2] 데이터 레이블의 표시형식 변경

❶ 데이터 레이블 위에서 마우스 오른쪽 단추 클릭 → [데이터 레이블 서식] → 오른쪽 [데이터 레이블 서식] 작업 창에서 '표시 형식' 클릭 → 범주(숫자) → 소수 자릿수('1') 입력 → 작업 창 종료(☒)

출제유형 완전정복 ▶ [슬라이드3] 차트

완전정복-01
아래의 작성조건 및 출력형태에 알맞게 작업하시오.
- 소스 : 정복10_문제01.pptx
- 정답 : 정복10_정답01.pptx

작성 시간 / 권장 시간
분 / 4분

《출력형태》

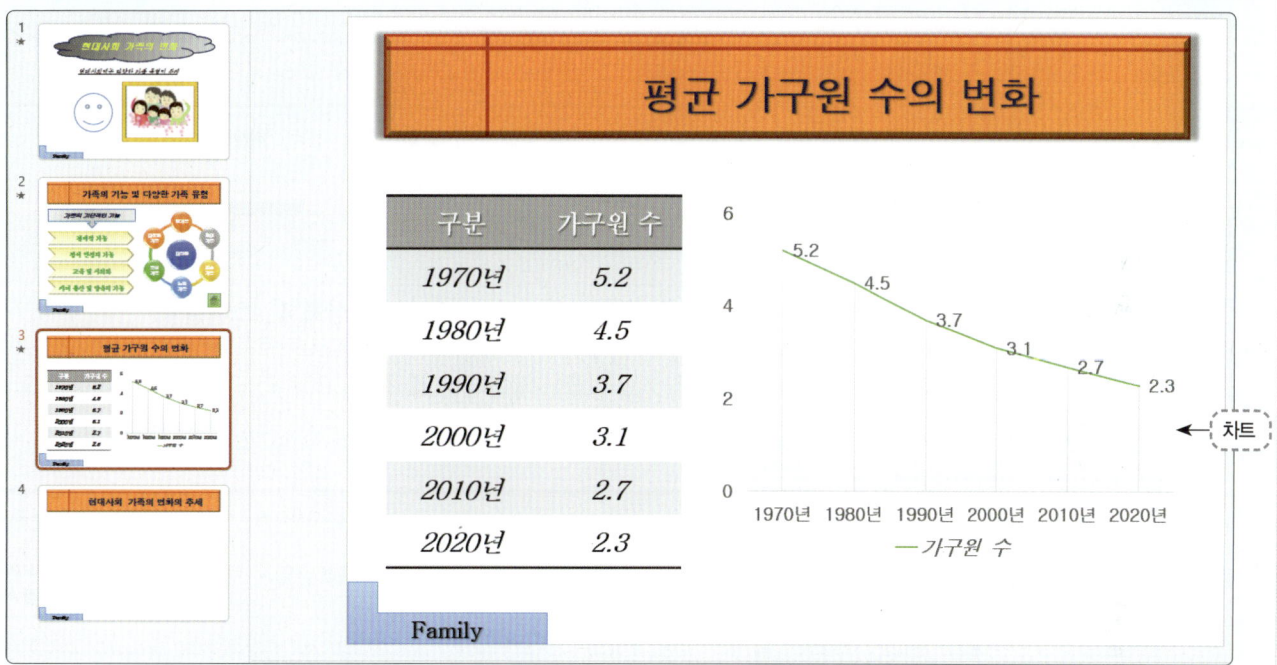

《작성조건》

(2) 본문
- ▶ 차트 ⇒ 꺾은선형 – '꺾은선형', 차트 스타일(색 변경 – 색상형 – '다양한 색상표 4', 스타일 4),
  축 서식/데이터 레이블 서식 : 글꼴(굴림, 16pt, 굵게),
  범례 서식 : 글꼴(돋움체, 18pt, 굵게, 기울임꼴), 데이터는 표 참고
- ▶ 애니메이션 지정 ⇒ 차트 : 나타내기 – 나누기

완전정복-02 아래의 작성조건 및 출력형태에 알맞게 작업하시오.

· 소스 : 정복10_문제02.pptx   · 정답 : 정복10_정답02.pptx

작성 시간 / 권장 시간 : 분 / 4분

《출력형태》

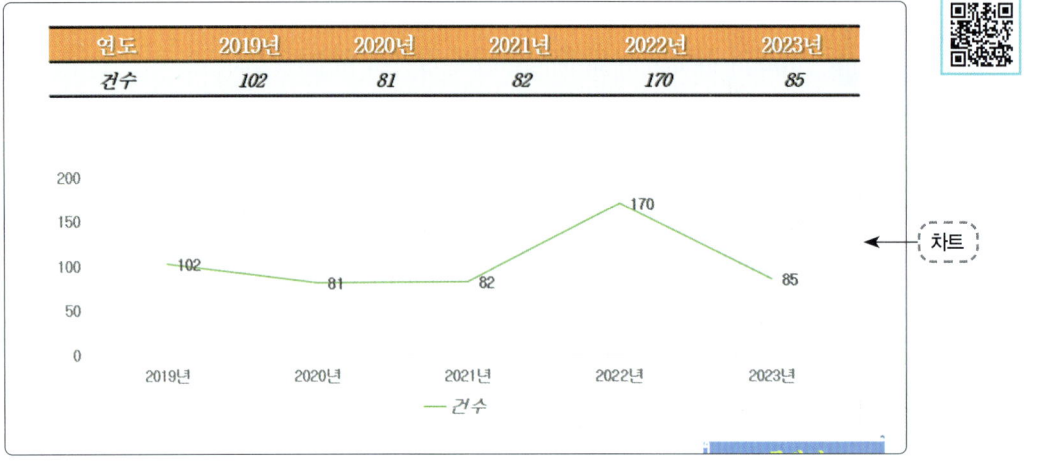

《작성조건》

▶ 차트 ⇒ 꺾은선형 – '꺾은선형', 차트 스타일(색 변경 – 색상형 – '다양한 색상표 4', 스타일 6), 축 서식/데이터 레이블 서식 : 글꼴(굴림체, 14pt, 굵게), 범례 서식 : 글꼴(굴림체, 16pt, 굵게, 기울임꼴), 데이터는 표 참고
▶ 애니메이션 지정 ⇒ 차트 : 나타내기 – 도형

완전정복-03 아래의 작성조건 및 출력형태에 알맞게 작업하시오.

· 소스 : 정복10_문제03.pptx   · 정답 : 정복10_정답03.pptx

작성 시간 / 권장 시간 : 분 / 4분

《출력형태》

《작성조건》

▶ 차트 ⇒ 세로 막대형 – '묶은 세로 막대형', 차트 스타일(색 변경 – 단색형 – '단색 색상표 4', 스타일 8), 축 서식/데이터 레이블 서식 : 글꼴(굴림, 11pt, 굵게), 범례 서식 : 글꼴(굴림, 16pt, 굵게, 기울임꼴), 데이터는 표 참고
▶ 애니메이션 지정 ⇒ 차트 : 나타내기 – 실선 무늬

완전정복-04

아래의 작성조건 및 출력형태에 알맞게 작업하시오.

· 소스 : 정복10_문제04.pptx   · 정답 : 정복10_정답04.pptx

《출력형태》

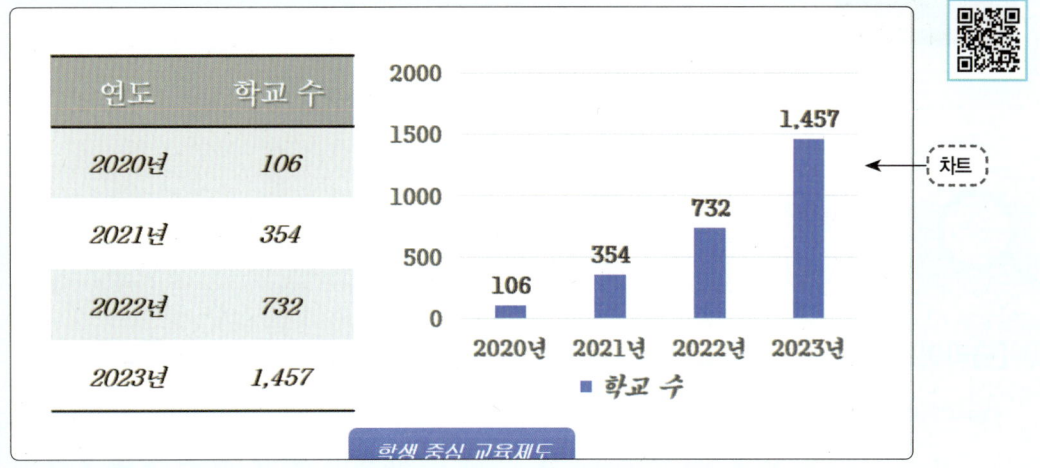

《작성조건》

▶ 차트 ⇒ 세로 막대형 – '묶은 세로 막대형', 차트 스타일(색 변경 – 색상형 – '다양한 색상표 1', 스타일 1), 축 서식/데이터 레이블 서식 : 글꼴(궁서, 20pt, 굵게), 범례 서식 : 글꼴(궁서, 22pt, 굵게, 기울임꼴), 데이터는 표 참고
▶ 애니메이션 지정 ⇒ 차트 : 나타내기 – 올라오기

완전정복-05

아래의 작성조건 및 출력형태에 알맞게 작업하시오.

· 소스 : 정복10_문제05.pptx   · 정답 : 정복10_정답05.pptx

《출력형태》

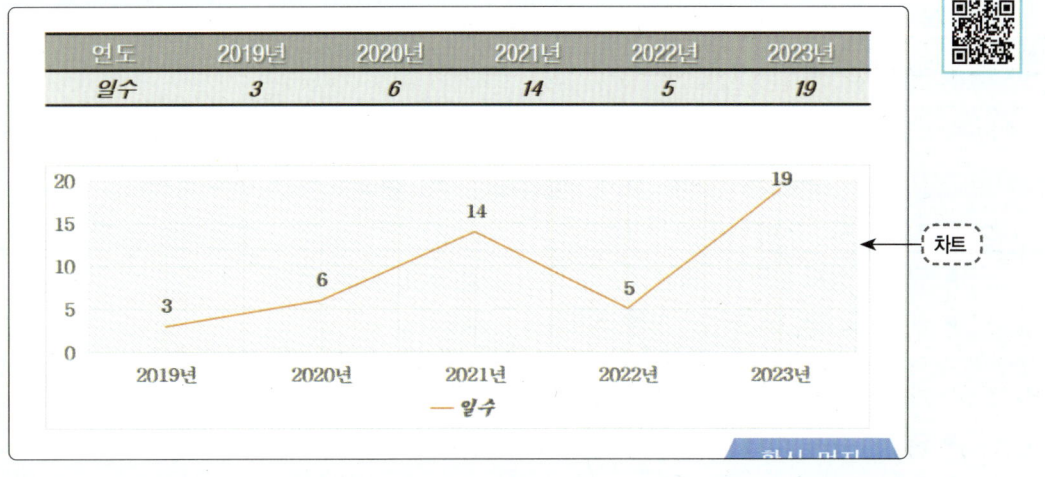

《작성조건》

▶ 차트 ⇒ 꺾은선형 – '꺾은선형', 차트 스타일(색 변경 – 색상형 – '다양한 색상표 3', 스타일 6), 축 서식/데이터 레이블 서식 : 글꼴(바탕, 16pt, 굵게), 범례 서식 : 글꼴(궁서, 16pt, 굵게, 기울임꼴), 데이터는 표 참고
▶ 애니메이션 지정 ⇒ 차트 : 나타내기 – 바운드

 PART 02 출제유형 완전정복

[슬라이드3] 텍스트 상자 및 배경

☑ 텍스트 상자를 삽입하기
☑ 배경에 그림을 삽입하기

 **미리보기**   · 소스 : 유형11_문제.pptx   · 정답 : 유형11_정답.pptx

【슬라이드3】 아래의 작성조건 및 출력형태에 알맞게 세 번째 슬라이드에 작업하시오. (60점)

《출력형태》

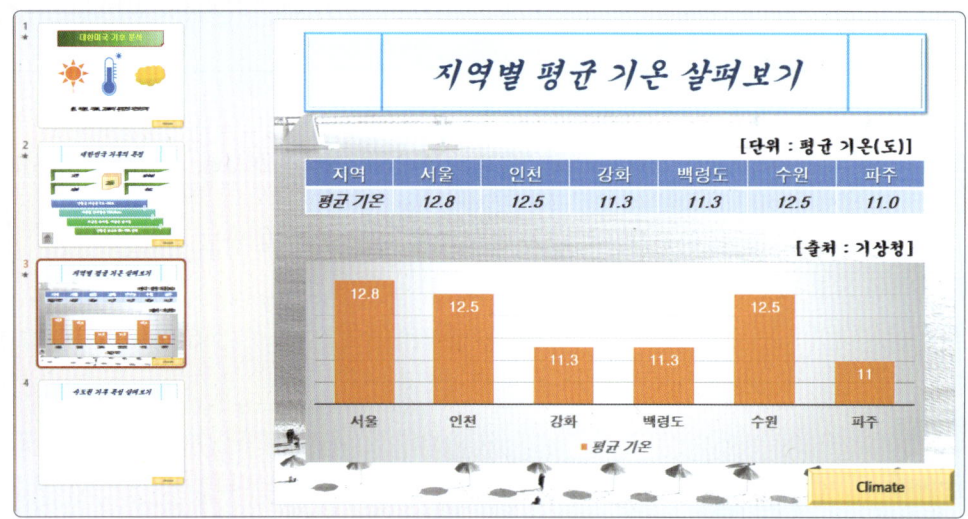

《작성조건》

(1) 제목
▶ 도형 1 ⇒ 순서도 – '순서도: 종속 처리', 도형 채우기('파랑, 강조 5, 80% 더 밝게'),
   도형 윤곽선(실선, 색 : 연한 파랑, 너비 : 3pt, 겹선 종류 : 단순형),
   도형 효과(그림자 – 바깥쪽 – '오프셋: 오른쪽 아래', 입체 효과 – '십자형으로'),
   글꼴(궁서, 36pt, 굵게, 기울임꼴, '파랑, 강조 5, 50% 더 어둡게')

(2) 본문 (※ 차트 작성은 반드시 '차트 삽입 → 데이터 입력 → 차트 스타일' 순으로 작성 바랍니다.)
▶ 텍스트 상자 1([단위 : 평균 기온(도)]) ⇒ 글꼴(궁서, 20pt, 굵게)
▶ 표 ⇒ 표 스타일(중간 – '보통 스타일 2 – 강조 5'),
   가장 위의 행 : 글꼴(돋움, 20pt, 굵게, 텍스트 그림자, 가운데 맞춤),
   나머지 행 : 글꼴(돋움, 18pt, 굵게, 기울임꼴, 가운데 맞춤)
▶ 텍스트 상자 2([출처 : 기상청]) ⇒ 글꼴(궁서, 20pt, 굵게)
▶ 차트 ⇒ 세로 막대형 – '묶은 세로 막대형', 차트 스타일(색 변경 – 색상형 – '다양한 색상표 3', 스타일 5),
   축 서식/데이터 레이블 서식 : 글꼴(돋움, 16pt, 굵게),
   범례 서식 : 글꼴(돋움, 16pt, 굵게, 기울임꼴), 데이터는 표 참고
▶ 배경 ⇒ 배경 서식(채우기 – 그림 또는 질감 채우기)에서 그림 2 삽입(현재 슬라이드만 적용)
▶ 애니메이션 지정 ⇒ 차트 : 나타내기 – 밝기 변화
▶ 지시사항이 없는 부분은 《출력형태》와 동일하게 작성하시오.

시험분석

Digital Information Ability Test

난이도	권장 시간 / 시험 시간	유형 점수 / 시험 점수
★★☆☆☆	2분 / 40분	60점 / 200점

● 출제유형 09 ~ 11까지 합쳐진 점수

➜ 주의 사항 : 실수가 많은 내용

☑ 출제유형 11에 나오는 텍스트 상자와 배경은 슬라이드3을 클릭한 후 작업합니다.

☑ 텍스트 상자 2를 작성할 때는 텍스트 상자 1을 클릭한 후 **Ctrl**+**Shift** 키를 누른 상태에서 드래그한 다음 글자를 변경하면 쉽게 작성할 수 있습니다.

Skill 01 텍스트 상자 1 삽입하기

▶ 텍스트 상자 1([단위 : 평균 기온(도)]) ⇒ 글꼴(궁서, 20pt, 굵게)

❶ 세 번째 슬라이드를 클릭한 후 [삽입] 탭의 [텍스트] 그룹에서 '가로 텍스트 상자 그리기(가)'를 클릭합니다. 이어서, 마우스 포인터가 ↓ 모양으로 변경되면 표 위쪽을 클릭한 후 '[단위 : 평균 기온(도)]'를 입력합니다.

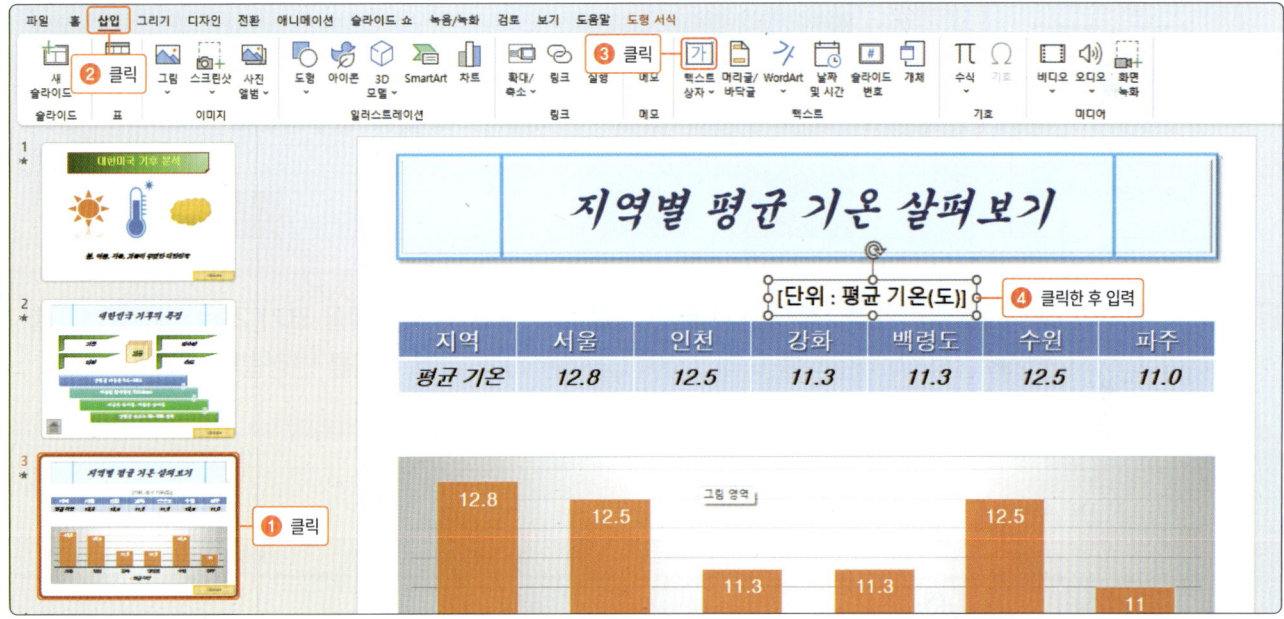

❷ 텍스트 상자의 테두리를 클릭한 후 [홈] 탭의 [글꼴] 그룹에서 '글꼴(궁서), 글꼴 크기(20pt), 굵게(가)'를 지정합니다. 이어서, 텍스트 상자의 테두리를 드래그하여 《출력형태》와 같이 위치를 변경합니다.

※ 텍스트 상자의 테두리를 선택할 때는 위쪽 제목 도형(지역별 평균 기온 살펴보기)이 선택되지 않도록 주의합니다.

※ 내용을 입력한 후 **Esc** 키를 눌러 글꼴 서식(글꼴, 크기 등)을 지정해도 결과는 똑같습니다.

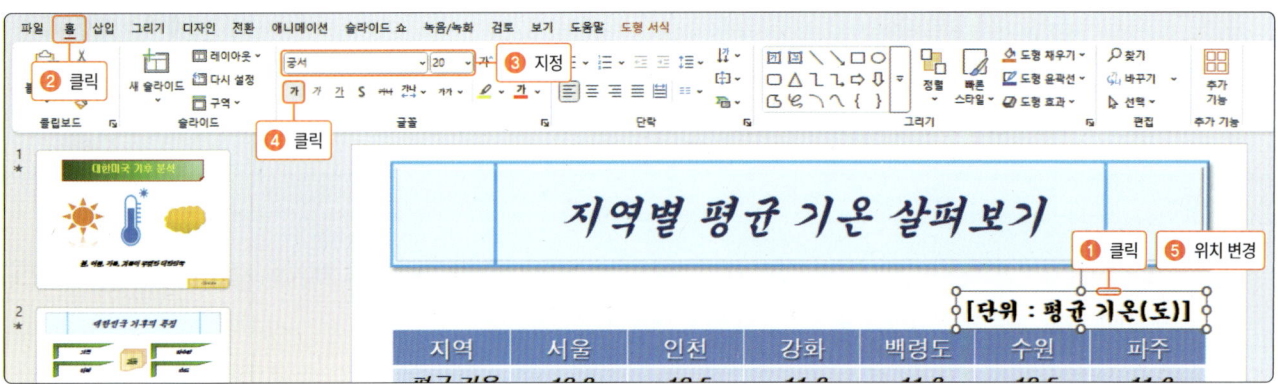

Skill 02 텍스트 상자 2 삽입하기

▶ 텍스트 상자 2([출처 : 기상청]) ⇒ 글꼴(궁서, 20pt, 굵게)

① [삽입] 탭의 [텍스트] 그룹에서 '가로 텍스트 상자 그리기(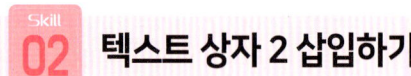)'를 클릭합니다. 이어서, 마우스 포인터가 ↓ 모양으로 변경되면 표 아래쪽을 클릭한 후 '[출처 : 기상청]'을 입력합니다.

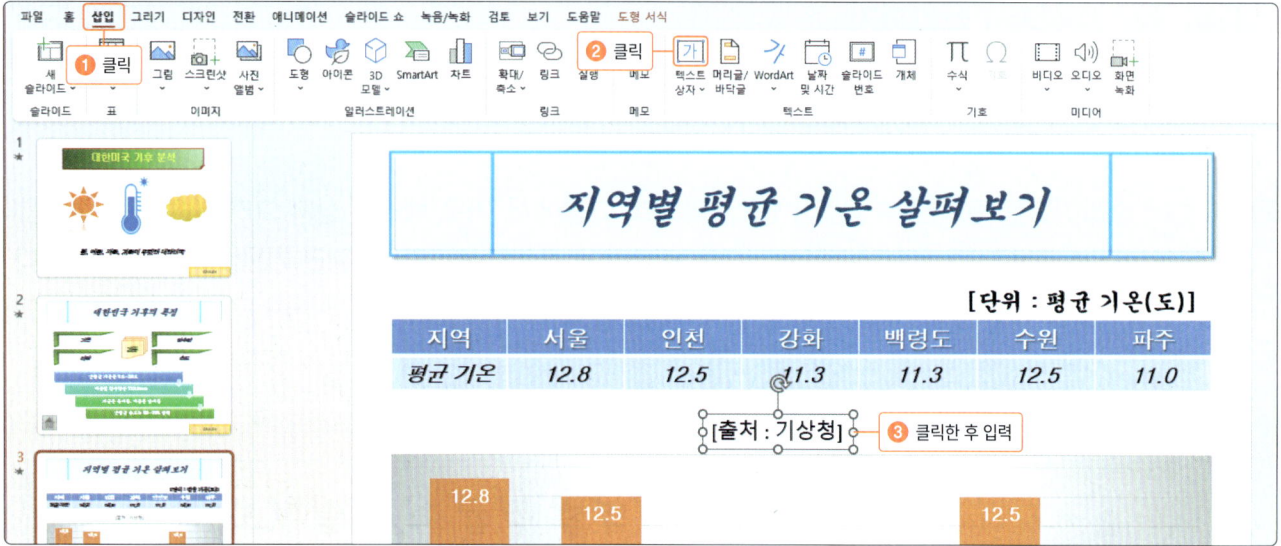

② 텍스트 상자의 테두리를 클릭한 후 [홈] 탭의 [글꼴] 그룹에서 '글꼴(궁서), 글꼴 크기(20pt), 굵게(가)'를 지정합니다. 이어서, 텍스트 상자의 테두리를 드래그하여 《출력형태》와 같이 위치를 변경합니다.

※ 내용을 입력한 후 Esc 키를 눌러 글꼴 서식(글꼴, 크기 등)을 지정해도 결과는 똑같습니다.

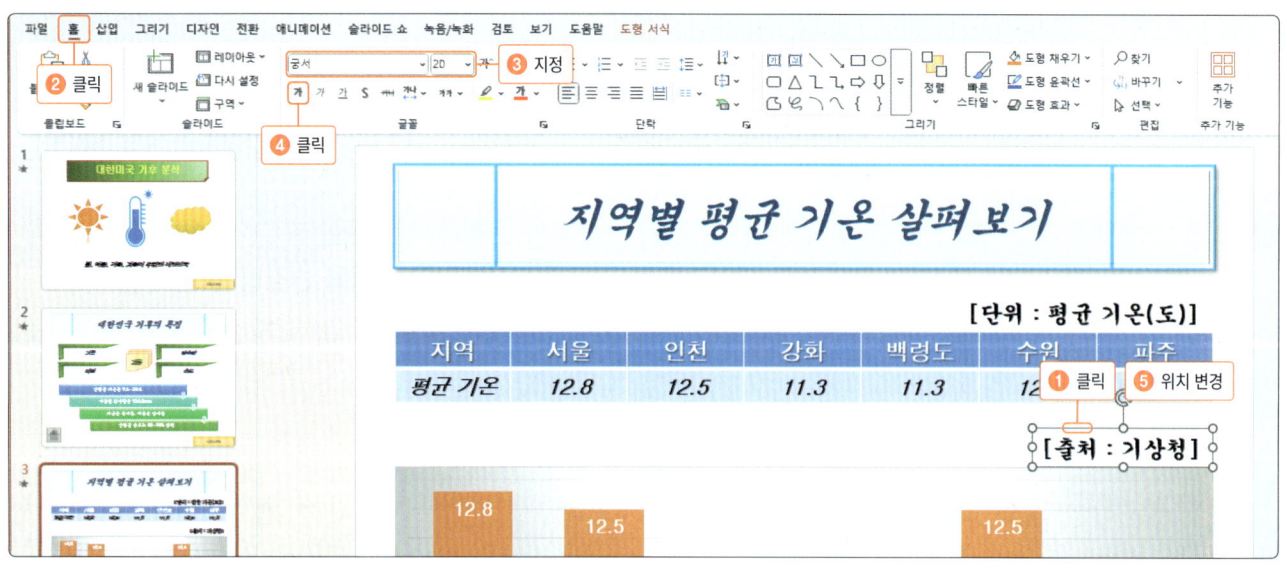

 텍스트 상자 복사하기
'텍스트 상자 1'과 '텍스트 상자 2'의 글꼴 서식(글꼴, 크기 등)이 똑같을 경우에는 '텍스트 상자 1'을 작성한 후 Ctrl + Shift 키를 누른 채 복사하여 텍스트 상자 안의 내용만 변경합니다.

배경에 그림 채우기

▶ 배경 ⇒ 배경 서식(채우기 – 그림 또는 질감 채우기)에서 그림 2 삽입(현재 슬라이드만 적용)

❶ 아무것도 없는 슬라이드의 빈 공간에서 마우스 오른쪽 단추를 눌러 바로 가기 메뉴가 나오면 [배경 서식]을 클릭합니다.

❷ 오른쪽에 [배경 서식] 작업 창이 나오면 [채우기]–'그림 또는 질감 채우기'를 선택한 후 〈삽입〉 단추를 클릭합니다.

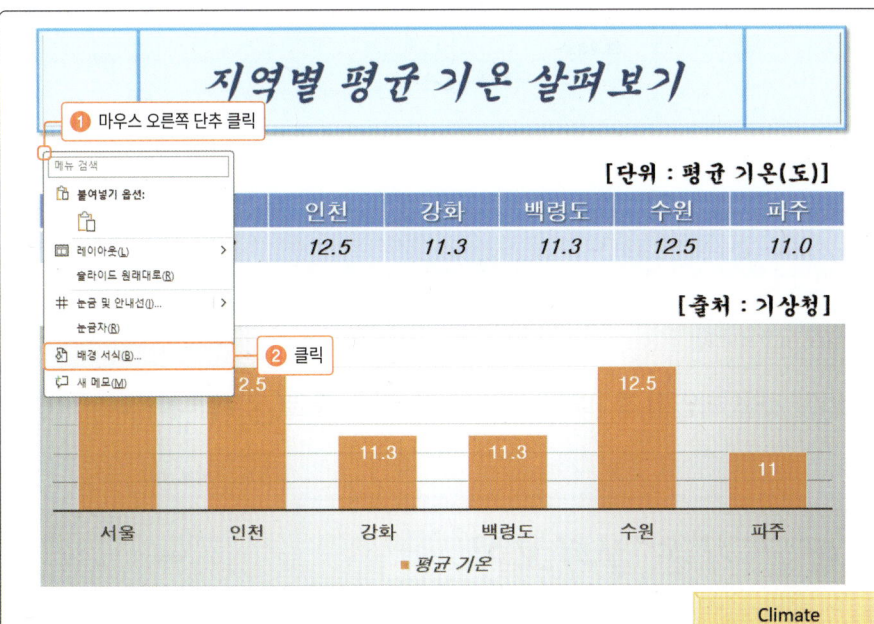
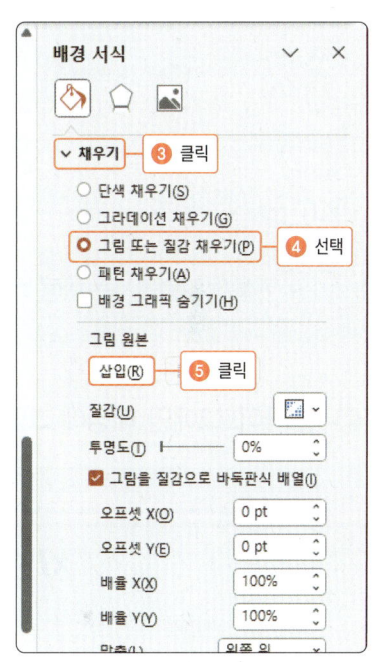

❸ [그림 삽입] 대화상자가 나오면 [파일에서]를 클릭합니다.

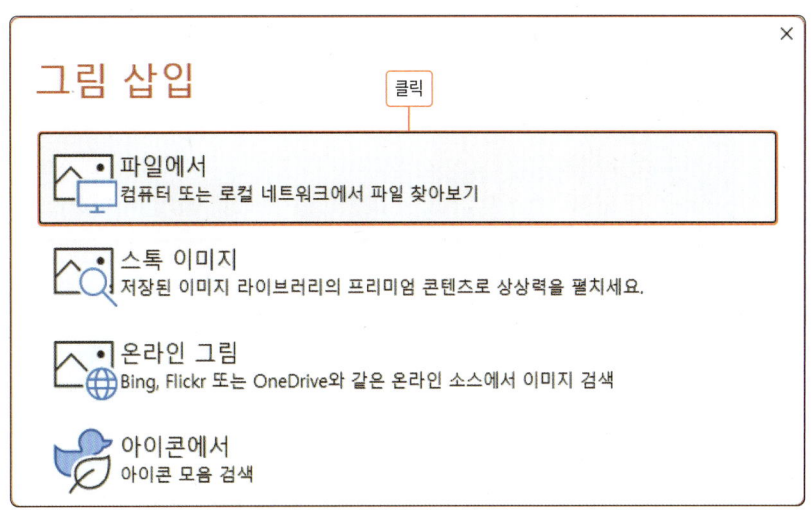

④ [그림 삽입] 대화상자가 나오면 [그림 파일]-[출제유형 완전정복]-[출제유형 11]-'그림 2'를 선택한 후 〈삽입〉 단추를 클릭합니다.

> **시험 유의 사항**
> 실제 시험에서는 바탕 화면의 [KAIT]-[제출파일] 폴더에 있는 그림을 이용해야 합니다.

⑤ 슬라이드3에만 배경에 그림이 삽입된 것을 확인한 후 [배경 서식] 작업 창을 '종료(✕)'합니다.

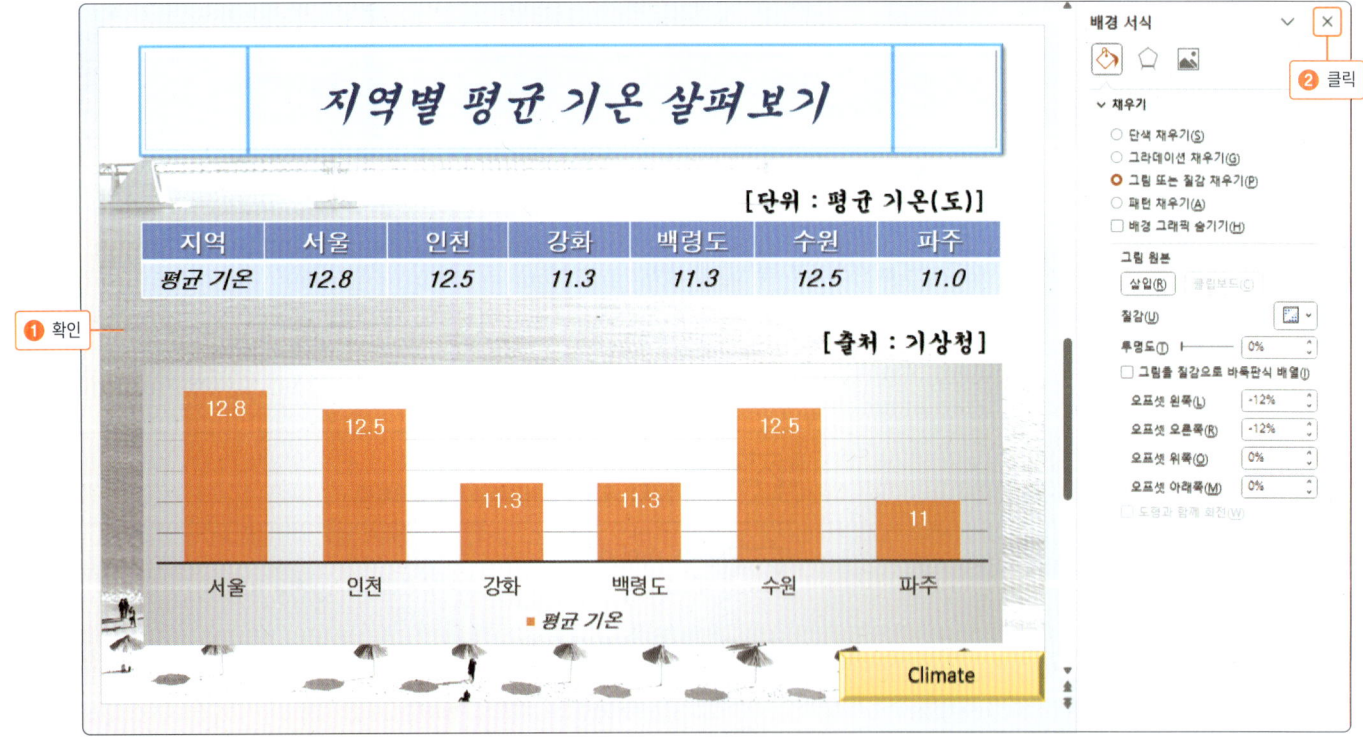

⑥ [파일]-[저장](Ctrl+S) 또는 [빠른 실행 도구 모음]에서 '저장(💾)'을 클릭합니다.
※ 실제 시험을 볼 때 작업 도중에 수시로(10분에 한 번 정도) 저장을 하는 것이 좋습니다.

[슬라이드3] 텍스트 상자 및 배경

완전정복-01 아래의 작성조건 및 출력형태에 알맞게 작업하시오.

- 소스 : 정복11_문제01.pptx
- 정답 : 정복11_정답01.pptx

작성 시간 / 권장 시간
분 / 2분

《출력형태》

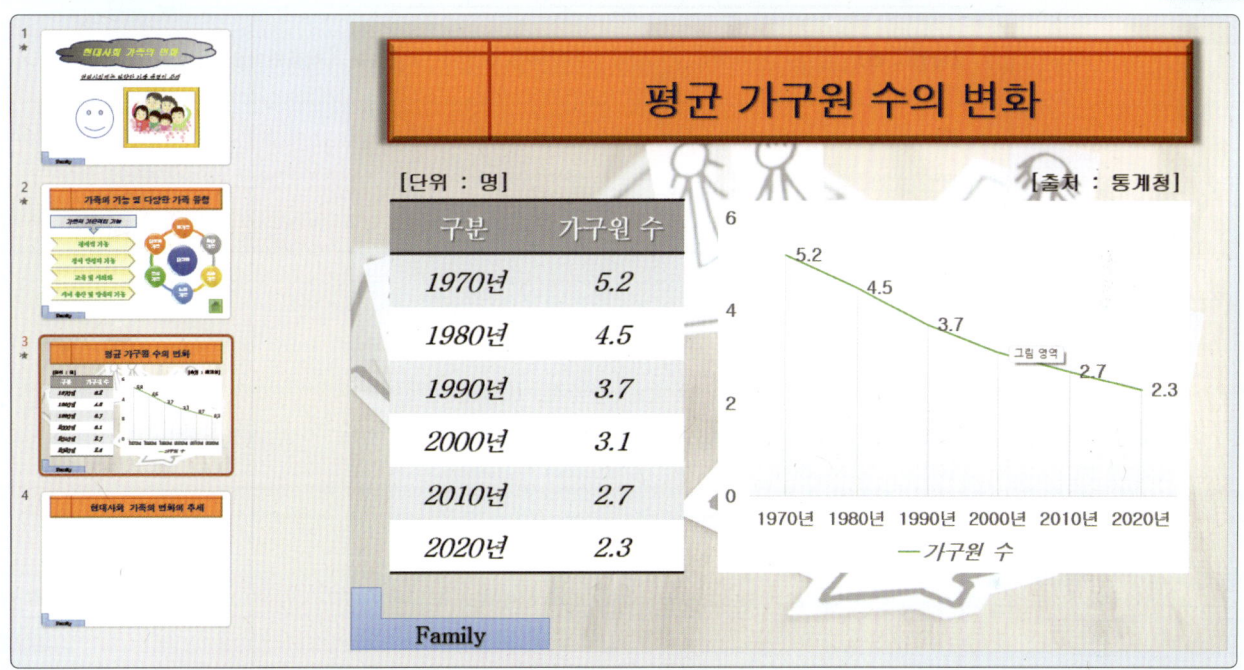

《작성조건》

▶ 텍스트 상자 1([단위 : 명]) ⇒ 글꼴(굴림체, 18pt, 굵게)

▶ 텍스트 상자 2([출처 : 통계청]) ⇒ 글꼴(굴림체, 18pt, 굵게)

▶ 배경 ⇒ 배경 서식(채우기 – 그림 또는 질감 채우기)에서 그림 2 삽입(현재 슬라이드만 적용)

완전정복-02

아래의 작성조건 및 출력형태에 알맞게 작업하시오.

· 소스 : 정복11_문제02.pptx · 정답 : 정복11_정답02.pptx

《출력형태》

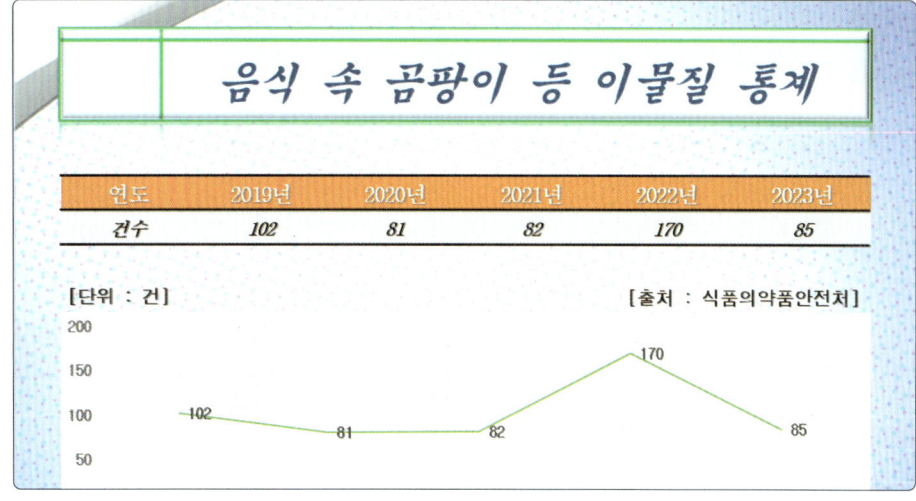

《작성조건》

▶ 텍스트 상자 1([단위 : 건]) ⇒ 글꼴(돋움체, 16pt, 굵게)
▶ 텍스트 상자 2([출처 : 식품의약품안전처]) ⇒ 글꼴(돋움체, 16pt, 굵게)
▶ 배경 ⇒ 배경 서식(채우기 - 그림 또는 질감 채우기)에서 그림 2 삽입(현재 슬라이드만 적용)

완전정복-03

아래의 작성조건 및 출력형태에 알맞게 작업하시오.

· 소스 : 정복11_문제03.pptx · 정답 : 정복11_정답03.pptx

《출력형태》

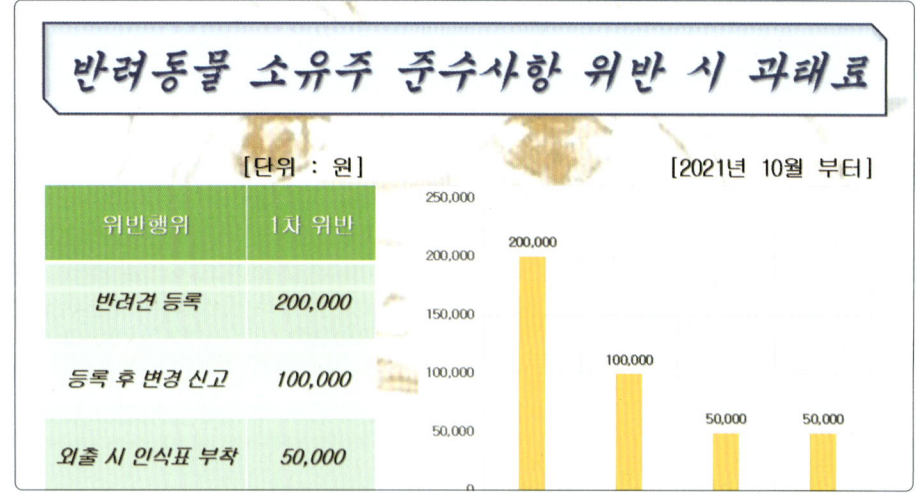

《작성조건》

▶ 텍스트 상자 1([단위 : 원]) ⇒ 글꼴(굴림체, 20pt, 굵게)
▶ 텍스트 상자 2([2021년 10월 부터]) ⇒ 글꼴(굴림체, 20pt, 굵게)
▶ 배경 ⇒ 배경 서식(채우기 - 그림 또는 질감 채우기)에서 그림 2 삽입(현재 슬라이드만 적용)

완전정복 - 04

아래의 작성조건 및 출력형태에 알맞게 작업하시오.

· 소스 : 정복11_문제04.pptx   · 정답 : 정복11_정답04.pptx

《출력형태》

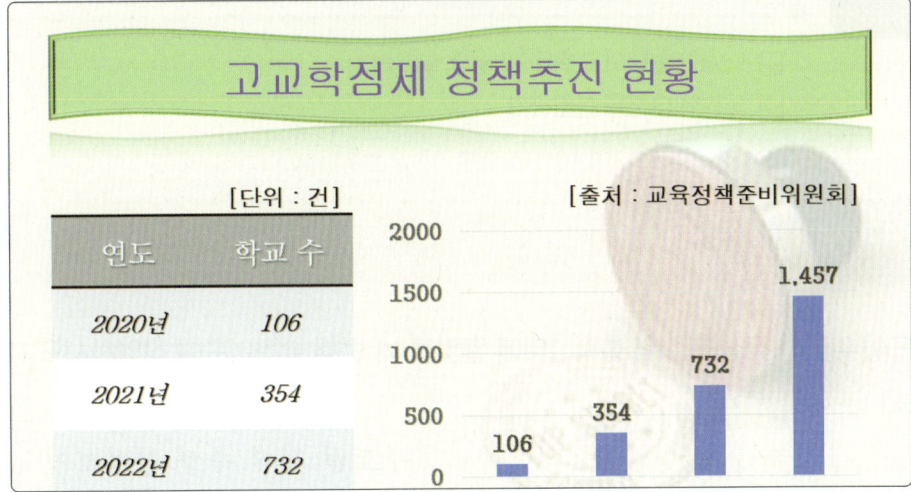

《작성조건》

▶ 텍스트 상자 1([단위 : 건]) ⇒ 글꼴(돋움, 20pt, 굵게)
▶ 텍스트 상자 2([출처 : 교육정책준비위원회]) ⇒ 글꼴(돋움, 20pt, 굵게)
▶ 배경 ⇒ 배경 서식(채우기 – 그림 또는 질감 채우기)에서 그림 2 삽입(현재 슬라이드만 적용)

완전정복 - 05

아래의 작성조건 및 출력형태에 알맞게 작업하시오.

· 소스 : 정복11_문제05.pptx   · 정답 : 정복11_정답05.pptx

《출력형태》

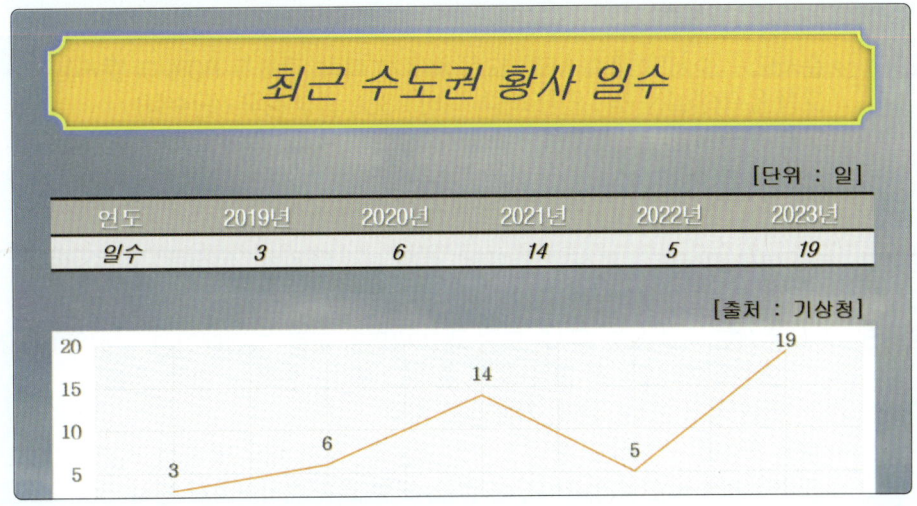

《작성조건》

▶ 텍스트 상자 1([단위 : 일]) ⇒ 글꼴(굴림체, 18pt, 굵게)
▶ 텍스트 상자 2([출처 : 기상청]) ⇒ 글꼴(굴림체, 18pt, 굵게)
▶ 배경 ⇒ 배경 서식(채우기 – 그림 또는 질감 채우기)에서 그림 2 삽입(현재 슬라이드만 적용)

PART 02 출제유형 완전정복

[슬라이드4] 본문 도형

☑ 다양한 형태의 도형을 만든 후 복사하기
☑ 도형에 그림을 삽입하기

 미리보기

· 소스 : 유형12_문제.pptx   · 정답 : 유형12_정답.pptx

【슬라이드4】 아래의 작성조건 및 출력형태에 알맞게 네 번째 슬라이드에 작업하시오.   (60점)

《출력형태》

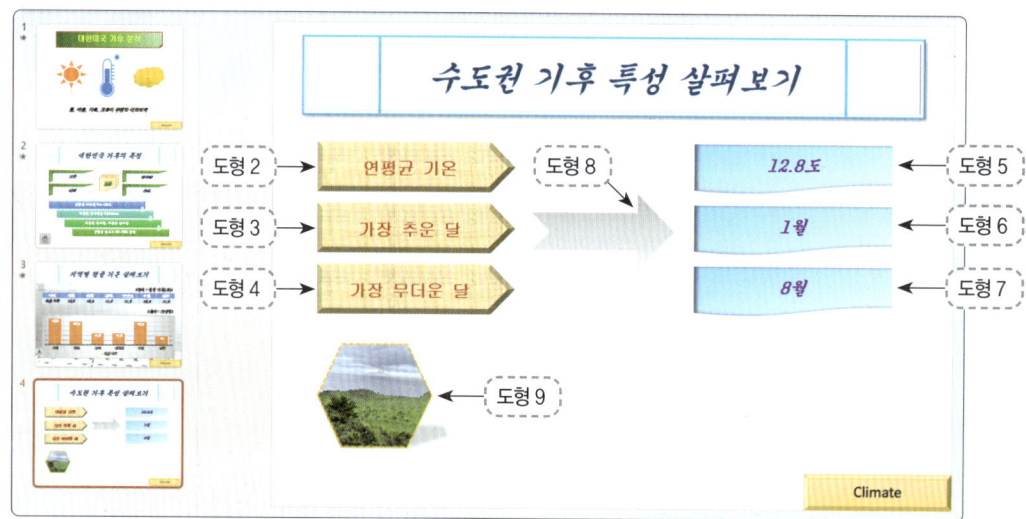

《작성조건》

(1) 제목
   ▶ 도형 1 ⇒ 순서도 – '순서도: 종속 처리', 도형 채우기('파랑, 강조 5, 80% 더 밝게'),
      도형 윤곽선(실선, 색 : 연한 파랑, 너비 : 3pt, 겹선 종류 : 단순형),
      도형 효과(그림자 – 바깥쪽 – '오프셋: 오른쪽 아래', 입체 효과 – '십자형으로'),
      글꼴(궁서, 36pt, 굵게, 기울임꼴, '파랑, 강조 5, 50% 더 어둡게')

(2) 본문
   ▶ 도형 2~4 ⇒ 블록 화살표 – '화살표: 오각형', 도형 채우기(질감 : 파피루스), 선 없음,
      도형 효과(입체 효과 – '각지게'), 글꼴(굴림체, 20pt, 굵게, 진한 빨강)
   ▶ 도형 5~7 ⇒ 순서도 – '순서도: 문서', 도형 채우기(연한 파랑, 그라데이션 – '선형 대각선 – 왼쪽 위에서
      오른쪽 아래로'), 선 없음, 도형 효과(그림자 – 안쪽 – '안쪽: 왼쪽'),
      글꼴(궁서, 20pt, 굵게, 기울임꼴, 자주)
   ▶ 도형 8 ⇒ 블록 화살표 – '화살표: 톱니 모양의 오른쪽', 도형 채우기('흰색, 배경 1, 50% 더 어둡게',
      그라데이션 – '선형 아래쪽'), 선 없음, 도형 효과(반사 – '1/2 반사: 8pt 오프셋')
   ▶ 도형 9 ⇒ 기본 도형 – '육각형', 도형 채우기(그림 또는 질감 채우기) 기능을 사용하여
      그림 3 삽입, 도형 윤곽선(실선, 색 : 주황, 너비 : 2pt, 겹선 종류 : 단순형,
      대시 종류 : 사각 점선), 도형 효과(그림자 – 원근감 – '원근감: 오른쪽 위')
   ▶ WordArt 삽입(연교차는 28도로 매우 크다.)
      ⇒ WordArt 스타일('채우기: 파랑, 강조색 1, 그림자'), 글꼴(궁서, 28pt, 굵게, 텍스트 그림자)
   ▶ 지시사항이 없는 부분은 《출력형태》와 동일하게 작성하시오.

Digital Information Ability Test

난이도	권장 시간 / 시험 시간	유형 점수 / 시험 점수
★★★☆☆	5분 / 40분	60점 / 200점

*출제유형 12 ~ 13까지 합쳐진 점수

시험분석

➜ **주의 사항 : 실수가 많은 내용**

☑ 출제유형 12에 나오는 도형은 슬라이드4를 클릭한 후 작업합니다.

☑ 같은 도형을 작성할 때는 맨 처음 도형의 조건을 모두 작성한 후 Ctrl + Shift 키를 누른 상태에서 드래그한 다음 글자를 변경하면 쉽게 작성할 수 있습니다.

☑ 도형9의 채우기는 그림을 삽입해서 입력합니다.

Skill 01 도형 2~4 작성하기

▶ 도형 2~4 ⇒ 블록 화살표 - '화살표: 오각형', 도형 채우기(질감 : 파피루스), 선 없음,
도형 효과(입체 효과 - '각지게'), 글꼴(굴림체, 20pt, 굵게, 진한 빨강)

① 네 번째 슬라이드를 클릭한 후 [삽입] 탭의 [일러스트레이션] 그룹에서 [도형(▼)]-[블록 화살표]-'화살표: 오각형(▷)'을 선택합니다.

② 마우스 포인터가 ➕ 모양으로 변경되면 드래그하여 도형을 삽입합니다. 이어서, 조절점(○)을 드래그하여 《출력형태》와 같이 크기를 조절한 후 위치를 변경합니다.

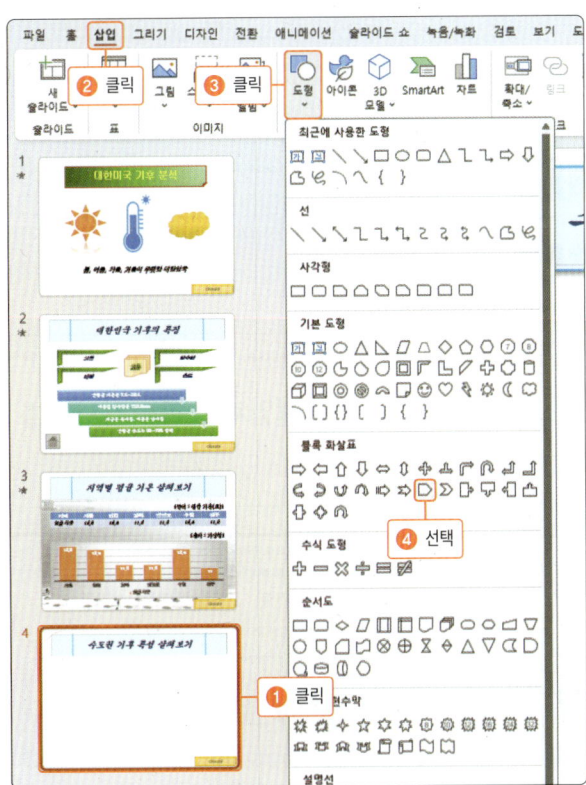

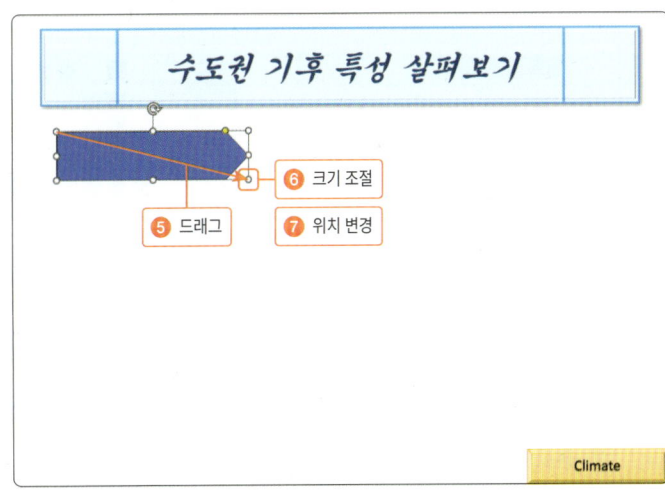

③ 도형이 선택된 상태에서 '**연평균 기온**'을 입력한 후 Esc 키를 누릅니다.

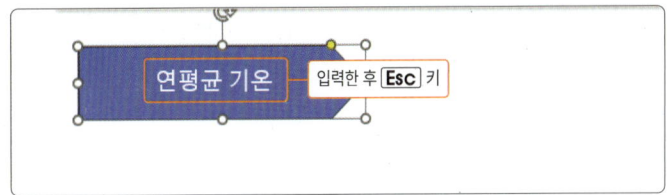

❹ 도형에 질감을 적용하기 위해 **[도형 서식]** 탭의 **[도형 스타일]** 그룹에서 **[도형 채우기]**-**[질감]**-'파피루스'를 선택합니다.

❺ 윤곽선을 지정하기 위해 **[도형 서식]** 탭의 **[도형 스타일]** 그룹에서 **[도형 윤곽선]**-'윤곽선 없음'을 선택합니다.

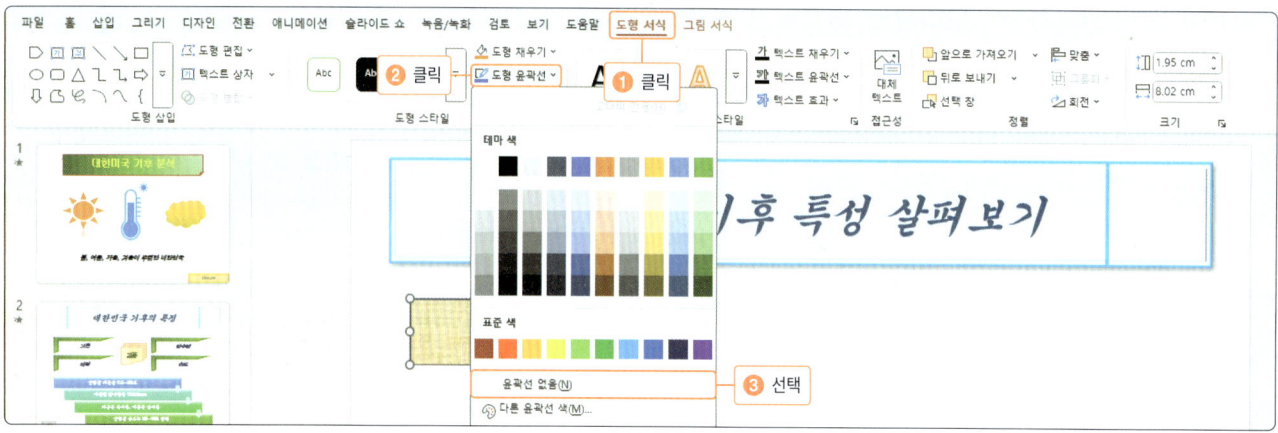

❻ 입체 효과를 적용하기 위해 **[도형 서식]** 탭의 **[도형 스타일]** 그룹에서 **[도형 효과]**-**[입체 효과]**-'각지게'를 선택합니다.

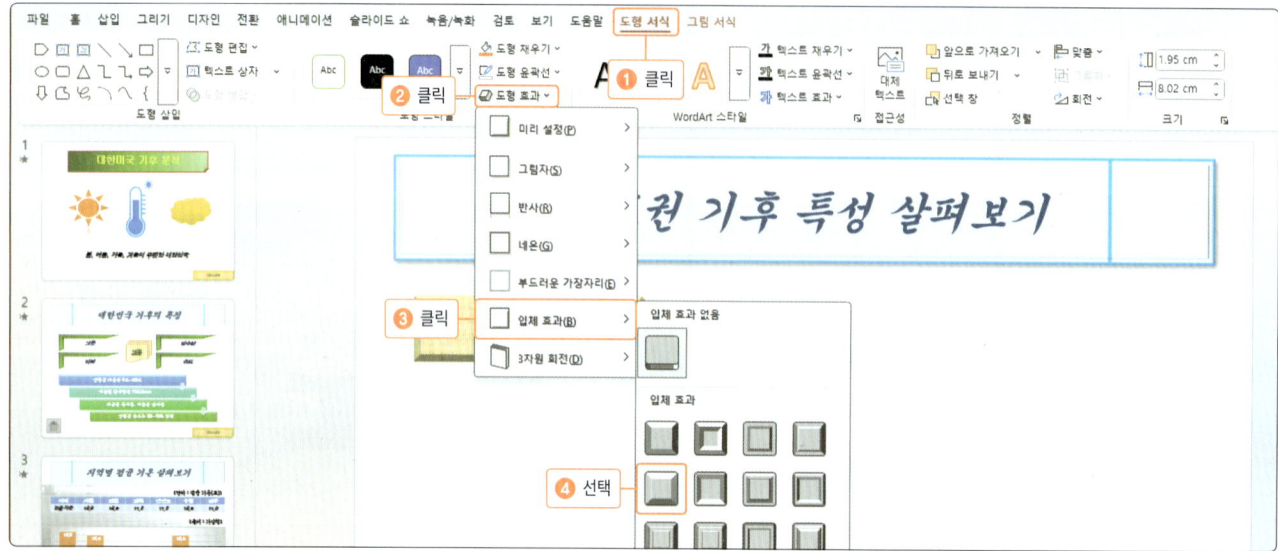

❼ 글꼴 서식을 변경하기 위해 [홈] 탭의 [글꼴] 그룹에서 '글꼴(굴림체), 글꼴 크기(20pt), 굵게(가), 글꼴 색(진한 빨강)'을 지정합니다.

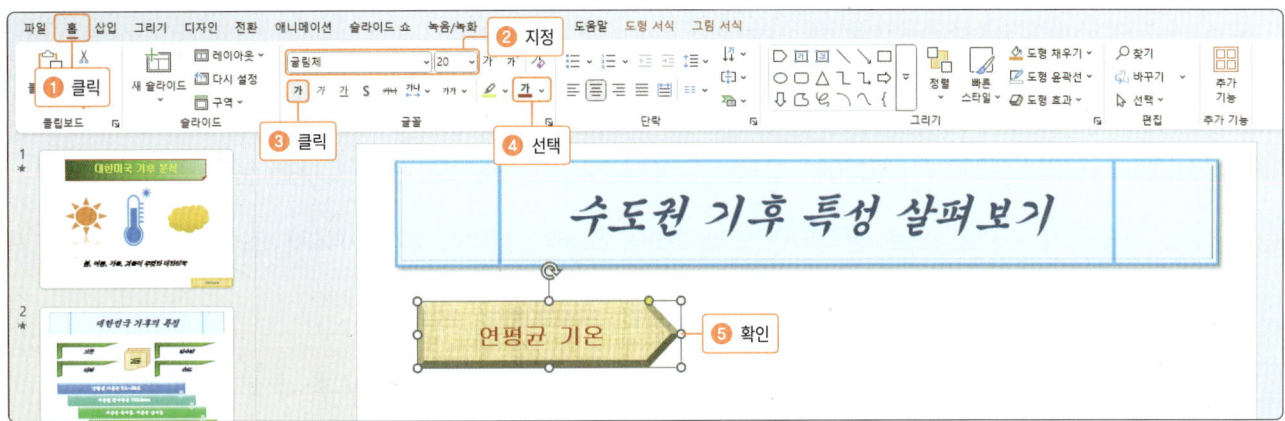

❽ 도형이 완성되면 Ctrl + Shift 키를 누른 채 도형의 테두리를 아래쪽으로 드래그하여 그림과 같이 복사합니다.

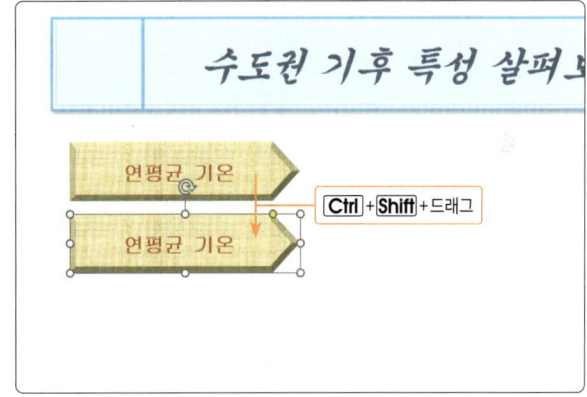

TIP 개체 복사하기
- Ctrl + 드래그 : 개체를 자유롭게 복사할 수 있습니다.
- Ctrl + Shift + 드래그 : 개체를 수평 또는 수직으로 반듯하게 복사할 수 있습니다.

❾ 한 개의 도형이 복사되면 Ctrl + Shift 키를 누른 채 도형의 테두리를 아래쪽으로 드래그하여 그림과 같이 복사합니다.

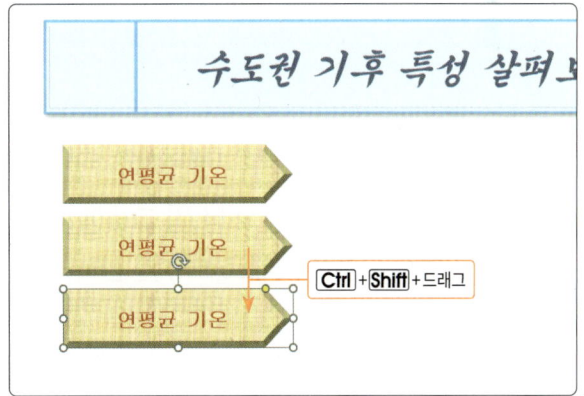

❿ 2개의 도형이 복사되면 도형 안쪽의 텍스트를 드래그하여 블록으로 지정한 후 그림과 같이 내용을 입력합니다.

※ 텍스트가 두 줄로 나올 경우 도형의 오른쪽 가운데 조절점(ㅇ)을 드래그하여 너비를 조절합니다.

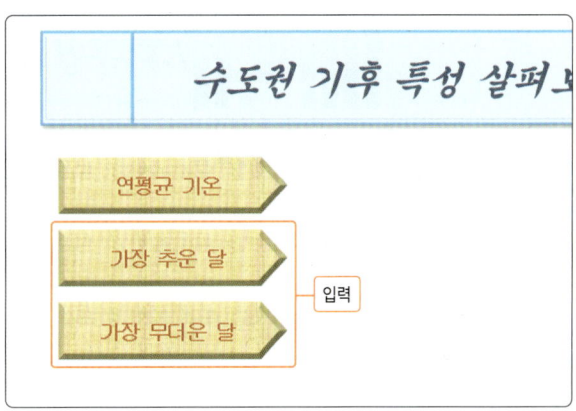

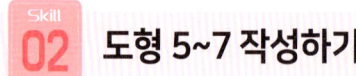
도형 5~7 작성하기

▶ 도형 5~7 ⇒ 순서도 – '순서도: 문서', 도형 채우기(연한 파랑, 그라데이션 – '선형 대각선 – 왼쪽 위에서 오른쪽 아래로'), 선 없음, 도형 효과(그림자 – 안쪽 – '안쪽: 왼쪽'), 글꼴(궁서, 20pt, 굵게, 기울임꼴, 자주)

❶ [삽입] 탭의 [일러스트레이션] 그룹에서 [도형(⬚)]–[순서도]–'순서도: 문서(⬚)'를 선택합니다.

❷ 마우스 포인터가 ＋ 모양으로 변경되면 드래그하여 도형을 삽입합니다. 이어서, 조절점(○)을 드래그하여 《출력형태》와 같이 크기를 조절한 후 위치를 변경합니다.

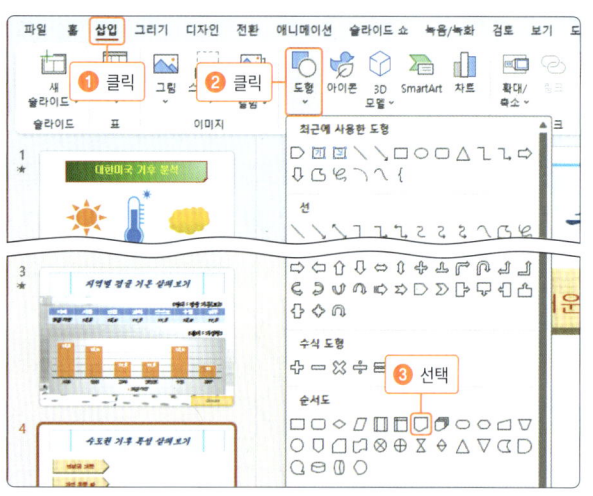
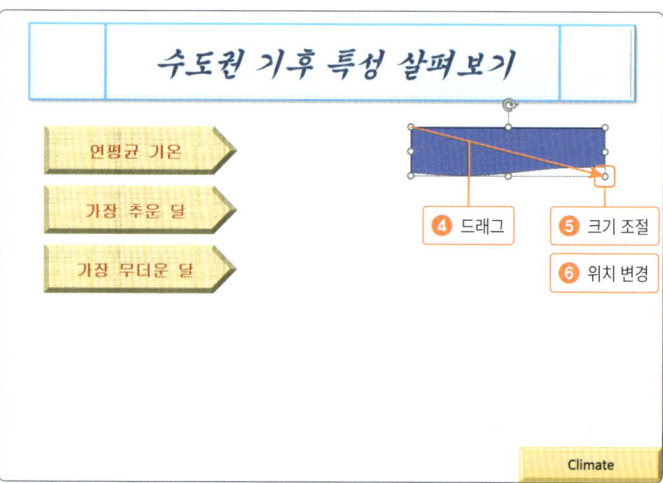

❸ 도형이 선택된 상태에서 '12.8도'를 입력한 후 Esc 키를 누릅니다.

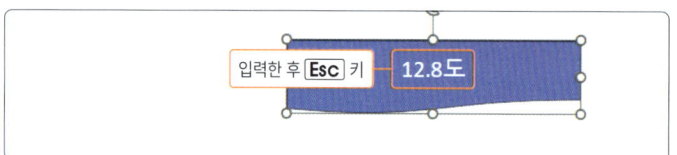

❹ [도형 서식] 탭의 [도형 스타일] 그룹에서 [도형 채우기]–'연한 파랑'을 선택합니다.

❺ [도형 서식] 탭의 [도형 스타일] 그룹에서 [도형 채우기]–[그라데이션]–[밝은 그라데이션]–'선형 대각선 – 왼쪽 위에서 오른쪽 아래로(⬚)'를 선택합니다.

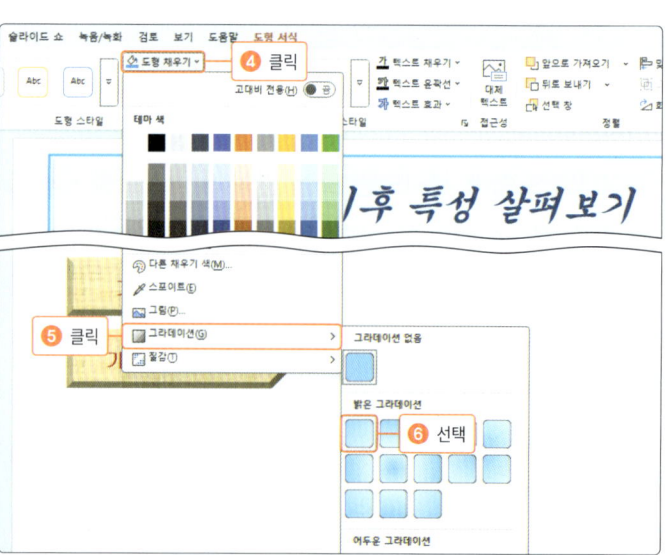

❻ [도형 서식] 탭의 [도형 스타일] 그룹에서 [도형 윤곽선]-'윤곽선 없음'을 선택합니다.

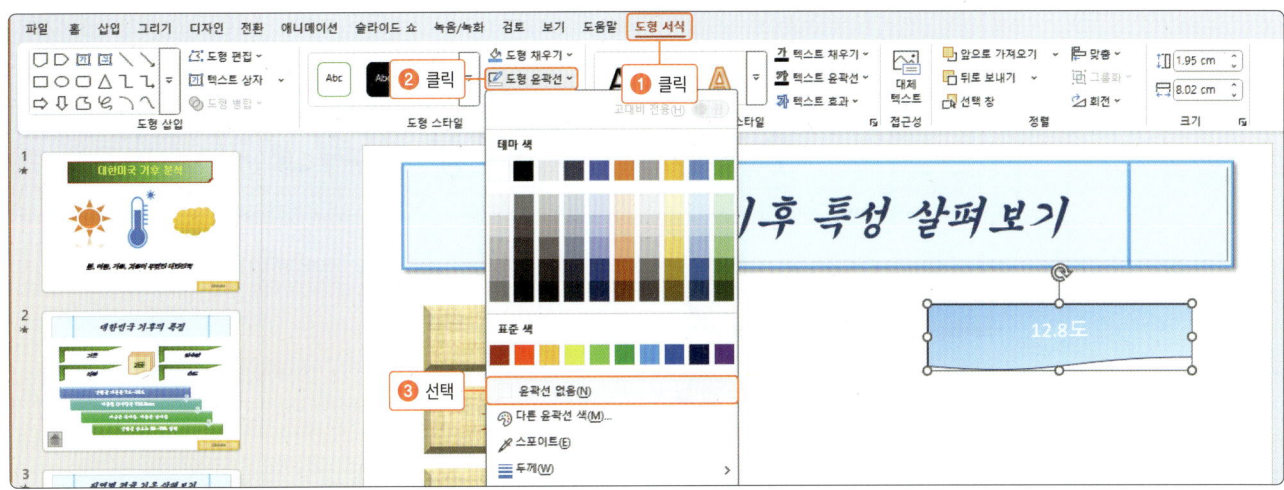

❼ [도형 서식] 탭의 [도형 스타일] 그룹에서 [그림자]-[안쪽]-'안쪽: 왼쪽( )'을 선택합니다.

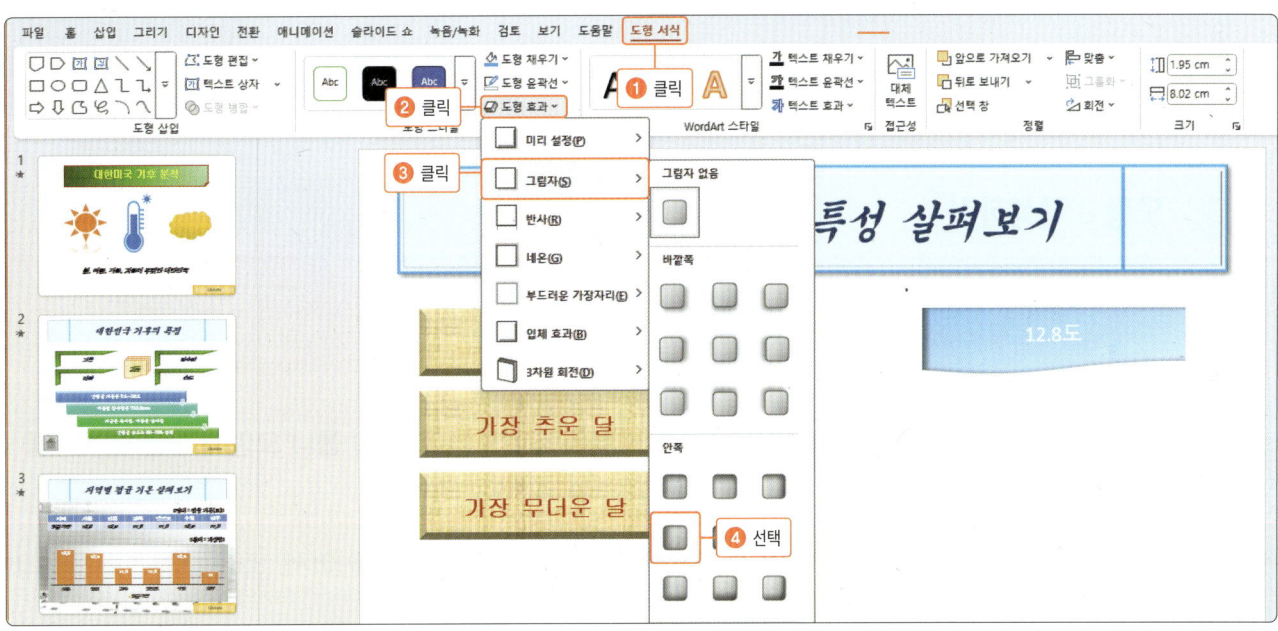

❽ 글꼴 서식을 변경하기 위해 [홈] 탭의 [글꼴] 그룹에서 '글꼴(궁서), 글꼴 크기(20pt), 굵게( ), 기울임꼴( ), 글꼴 색(자주)'을 지정합니다.

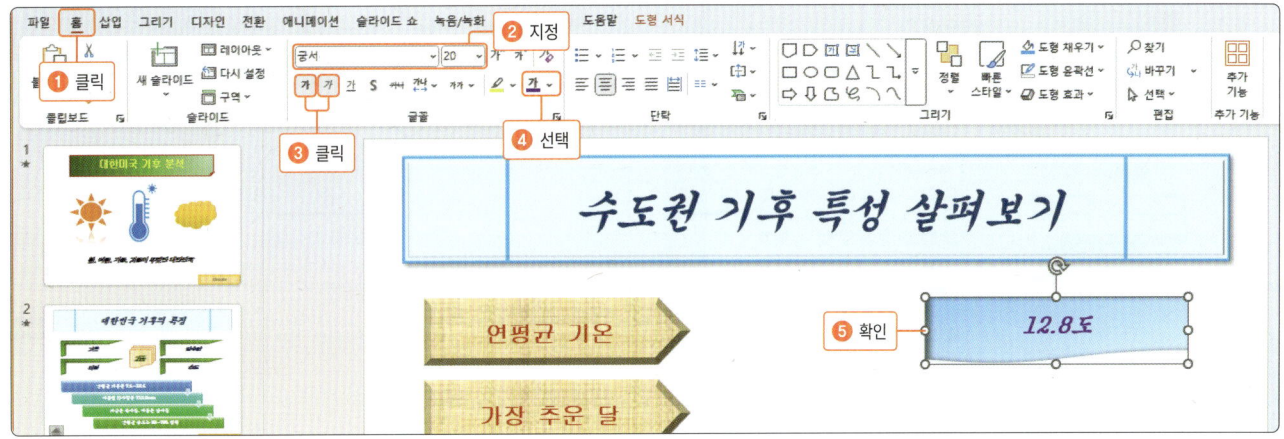

❾ 《출력형태》를 참고하여 도형을 복사한 후 그림과 같이 내용을 입력합니다.

※ Ctrl + 드래그 : 자유 방향 복사 / Ctrl + Shift 드래그 : 수평 또는 수직 복사

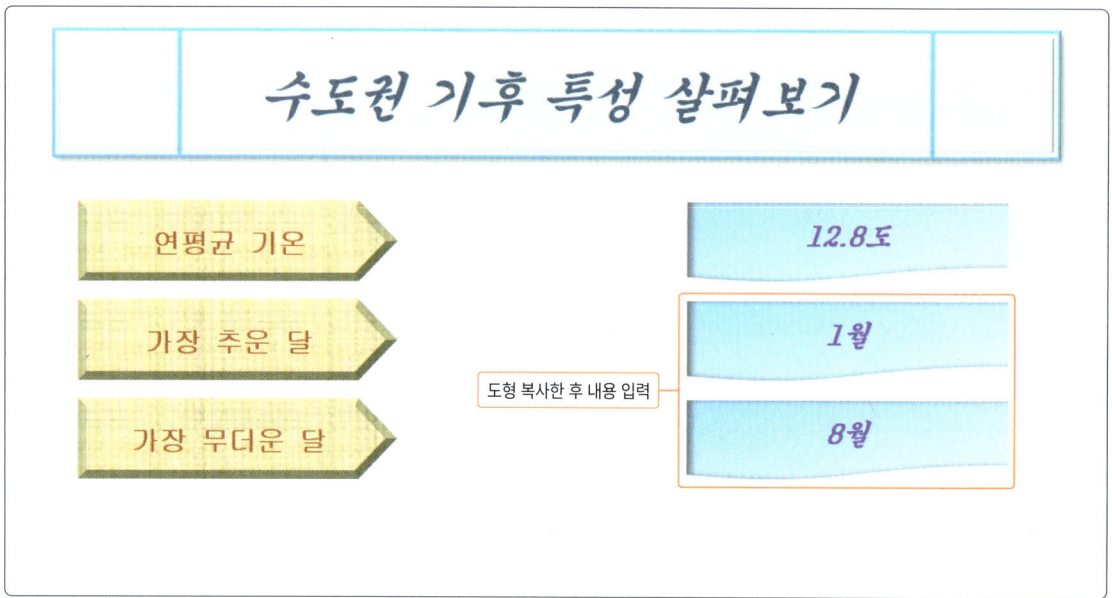

Skill 03 도형 8 작성하기

▶ 도형 8 ⇒ 블록 화살표 – '화살표: 톱니 모양의 오른쪽', 도형 채우기('흰색, 배경 1, 50% 더 어둡게', 그라데이션 – '선형 아래쪽'), 선 없음, 도형 효과(반사 – '1/2 반사: 8pt 오프셋')

❶ [삽입] 탭의 [일러스트레이션] 그룹에서 [도형]-[블록 화살표]-'화살표: 톱니 모양의 오른쪽'를 선택합니다.

❷ 마우스 포인터가 + 모양으로 변경되면 드래그하여 도형을 삽입합니다. 이어서, 조절점(O)을 드래그하여 《출력형태》와 같이 크기를 조절한 후 위치를 변경합니다.

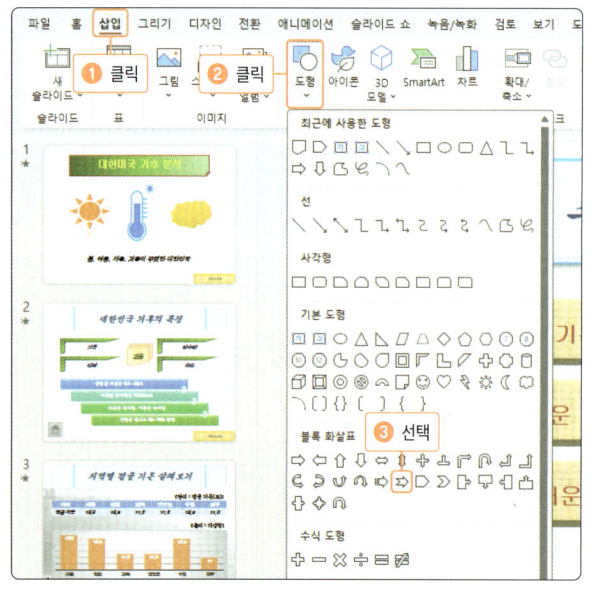
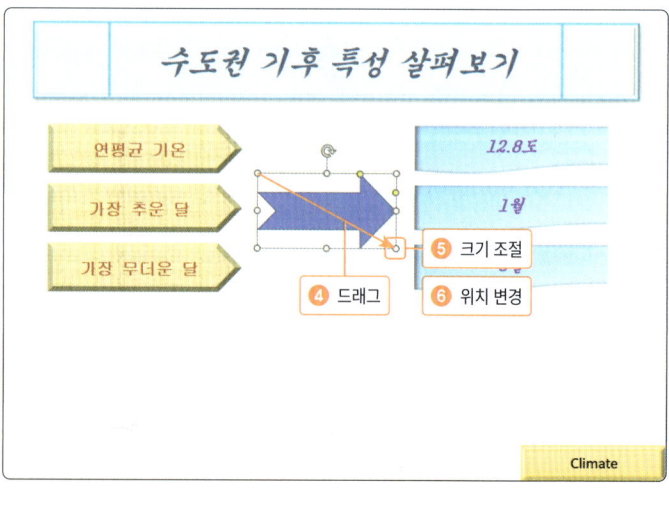

❸ [도형 서식] 탭의 [도형 스타일] 그룹에서 [도형 채우기]-'흰색, 배경 1, 50% 더 어둡게'를 선택합니다.

❹ [도형 서식] 탭의 [도형 스타일] 그룹에서 [도형 채우기]-[그라데이션]-[밝은 그라데이션]-'선형 아래쪽( )'을 선택합니다.

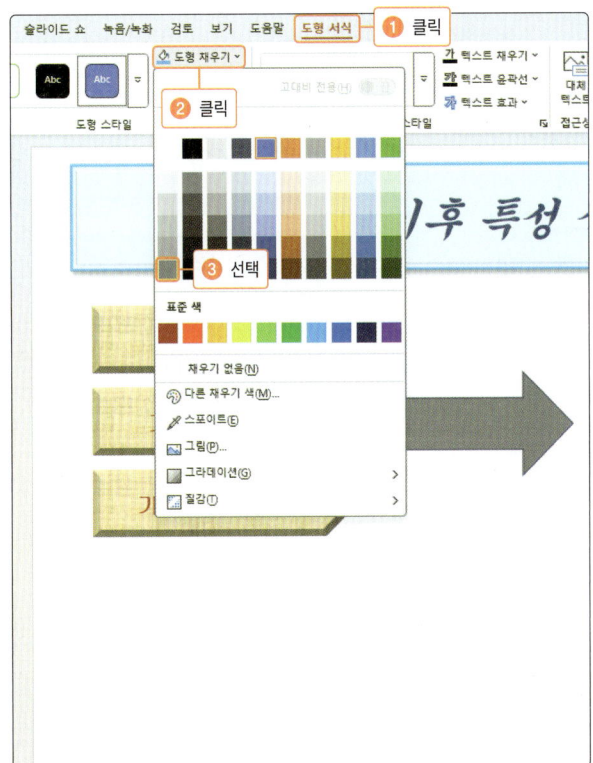
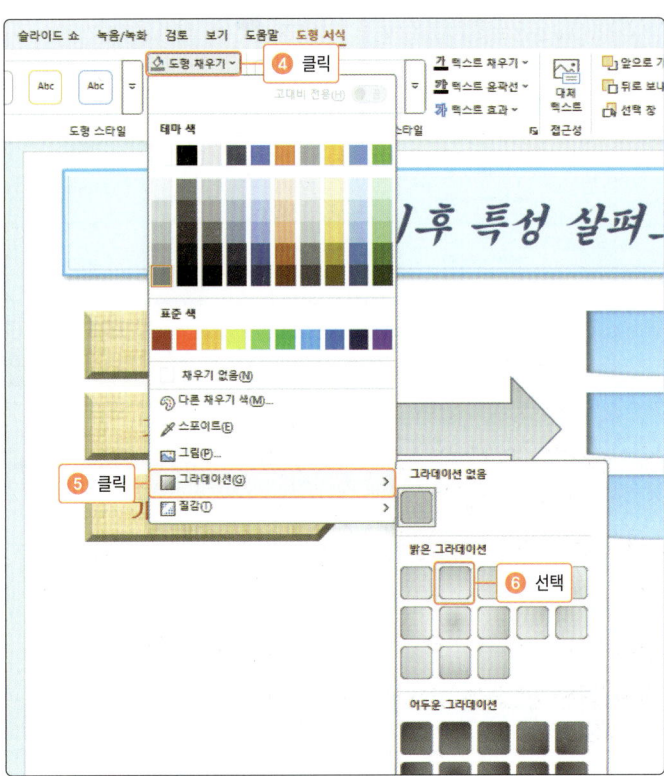

❺ [도형 서식] 탭의 [도형 스타일] 그룹에서 [도형 윤곽선]-'윤곽선 없음'을 선택합니다.

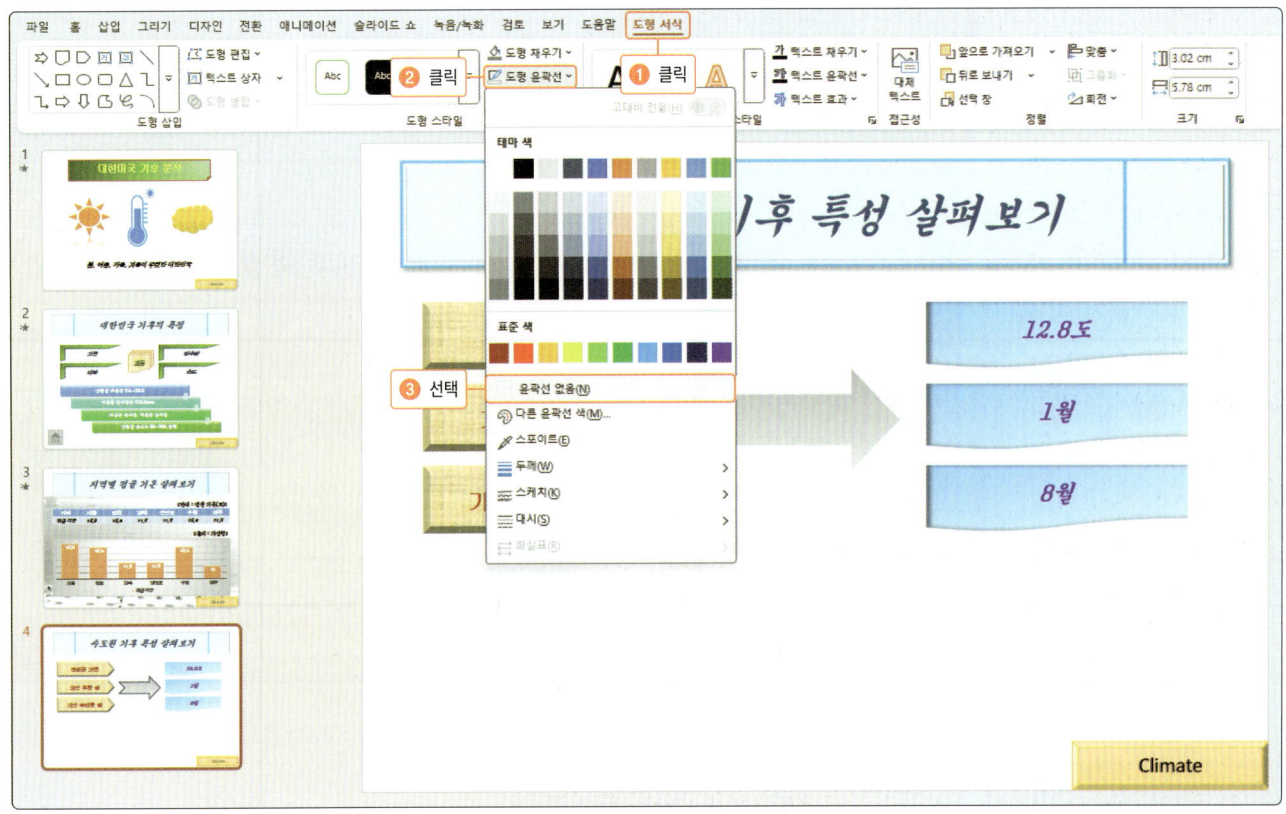

❻ [도형 서식] 탭의 [도형 스타일] 그룹에서 [도형 효과]-[반사]-[반사 변형]-'1/2 반사: 8pt 오프셋(▢)'을 선택합니다.

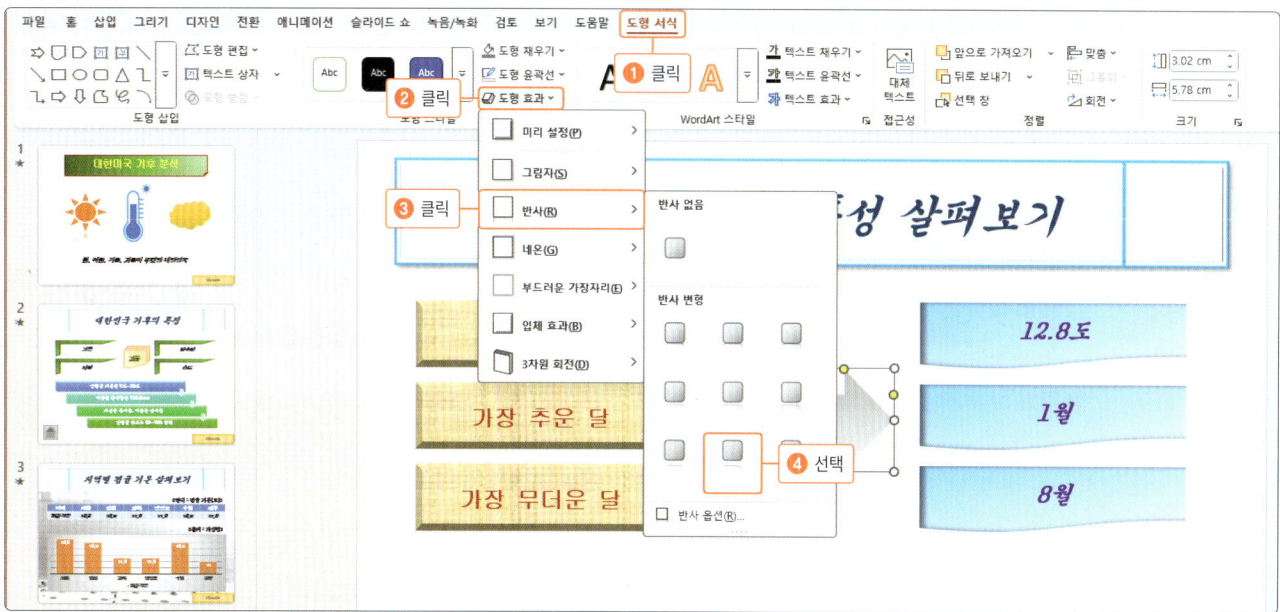

Skill 04 도형 9 작성한 후 그림 채우기

▶ 도형 9 ⇒ 기본 도형 – '육각형', 도형 채우기(그림 또는 질감 채우기) 기능을 사용하여 그림 3 삽입, 도형 윤곽선(실선, 색 : 주황, 너비 : 2pt, 겹선 종류 : 단순형, 대시 종류 : 사각 점선), 도형 효과(그림자 – 원근감 – '원근감: 오른쪽 위')

❶ [삽입] 탭의 [일러스트레이션] 그룹에서 [도형(▢)]-[기본 도형]-'육각형(⬡)'을 선택합니다.

❷ 마우스 포인터가 ＋ 모양으로 변경되면 드래그하여 도형을 삽입합니다. 이어서, 조절점(○)을 드래그하여 《출력형태》와 같이 크기를 조절한 후 위치를 변경합니다.

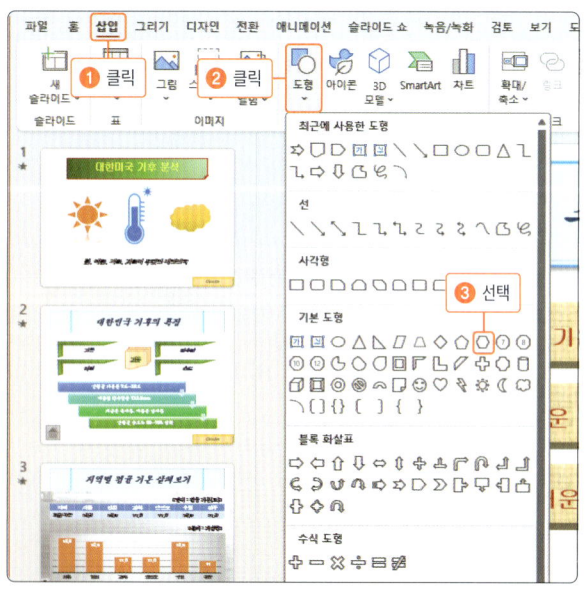 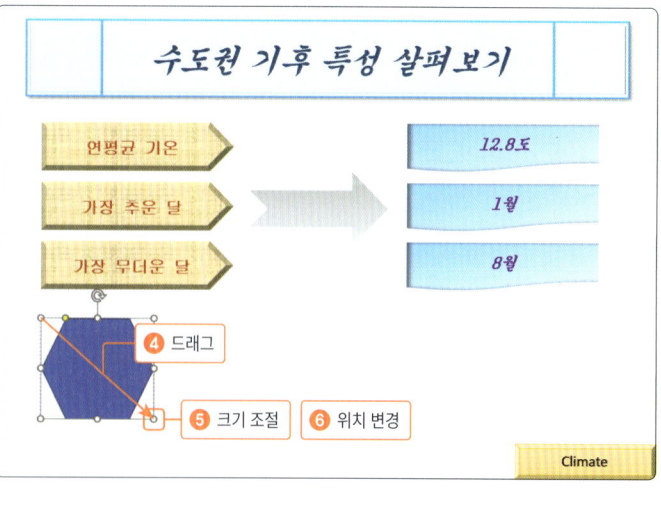

❸ 도형에 그림을 채우기 위해 [도형 서식] 탭의 [도형 스타일] 그룹에서 [도형 채우기]-'그림'을 선택합니다. 이어서, [그림 삽입] 대화상자가 나오면 [파일에서]를 클릭합니다.

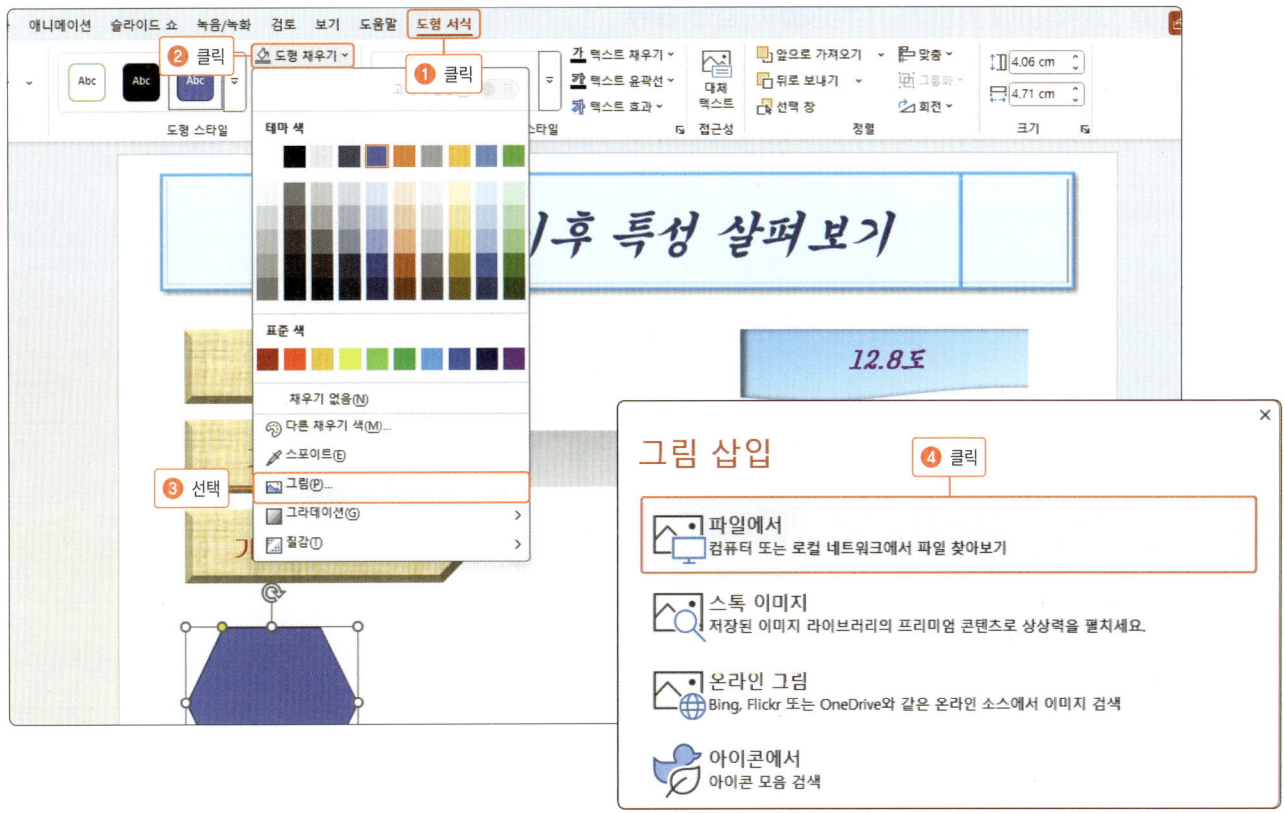

❹ [그림 삽입] 대화상자가 나오면 [그림 파일]-[출제유형 완전정복]-[출제유형 12]-'그림 3'을 선택한 후 〈삽입〉 단추를 클릭합니다.

※ 실제 시험에서는 바탕 화면의 [KAIT]-[제출파일] 폴더에 있는 그림을 이용해야 합니다.

❺ 도형 위에서 마우스 오른쪽 단추를 눌러 바로 가기 메뉴가 나오면 [그림 서식]을 클릭합니다.

⑥ 오른쪽에 [그림 서식] 창이 나오면 [채우기 및 선(　)]을 클릭한 후 [선]을 클릭하여 [실선]을 확인한 다음 '색(주황)'을 선택합니다. 이어서, '너비(2pt), 겹선 종류(단순형), 대시 종류(사각 점선(　))'을 각각 지정한 후 작업 창을 '종료(×)'합니다.

※ 《작성조건》에서 겹선 종류를 '단순형(　)'으로 지정하라는 문제가 나오면 겹선 종류의 기본 값이 '단순형'이기 때문에 별도의 변경 없이 다음 작업을 진행해도 됩니다.

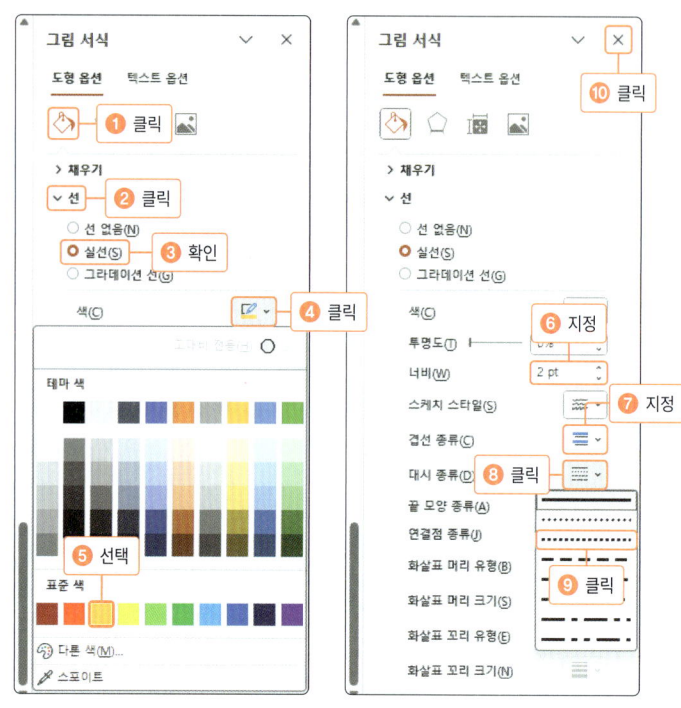

⑦ [도형 서식] 탭의 [도형 스타일] 그룹에서 [도형 효과]-[그림자]-[원근감]-'원근감: 오른쪽 위(　)'를 선택합니다.

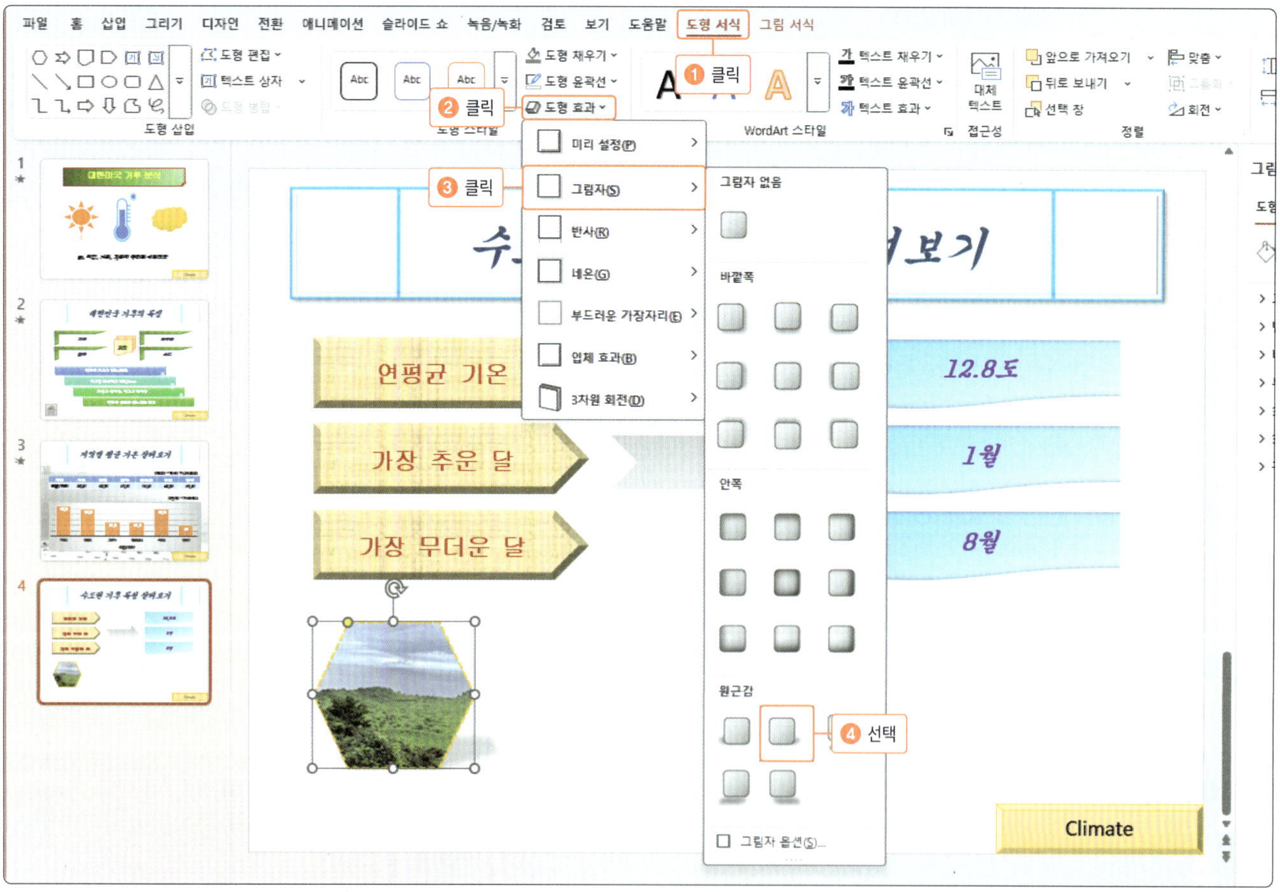

⑧ [파일]-[저장](Ctrl+S) 또는 [빠른 실행 도구 모음]에서 '저장(　)'을 클릭합니다.

※ 실제 시험을 볼 때 작업 도중에 수시로(10분에 한 번 정도) 저장을 하는 것이 좋습니다.

[슬라이드4] 본문 도형

완전정복-01
아래의 작성조건 및 출력형태에 알맞게 작업하시오.

· 소스 : 정복12_문제01.pptx   · 정답 : 정복12_정답01.pptx

작성 시간 / 권장 시간
분 / 5분

《출력형태》

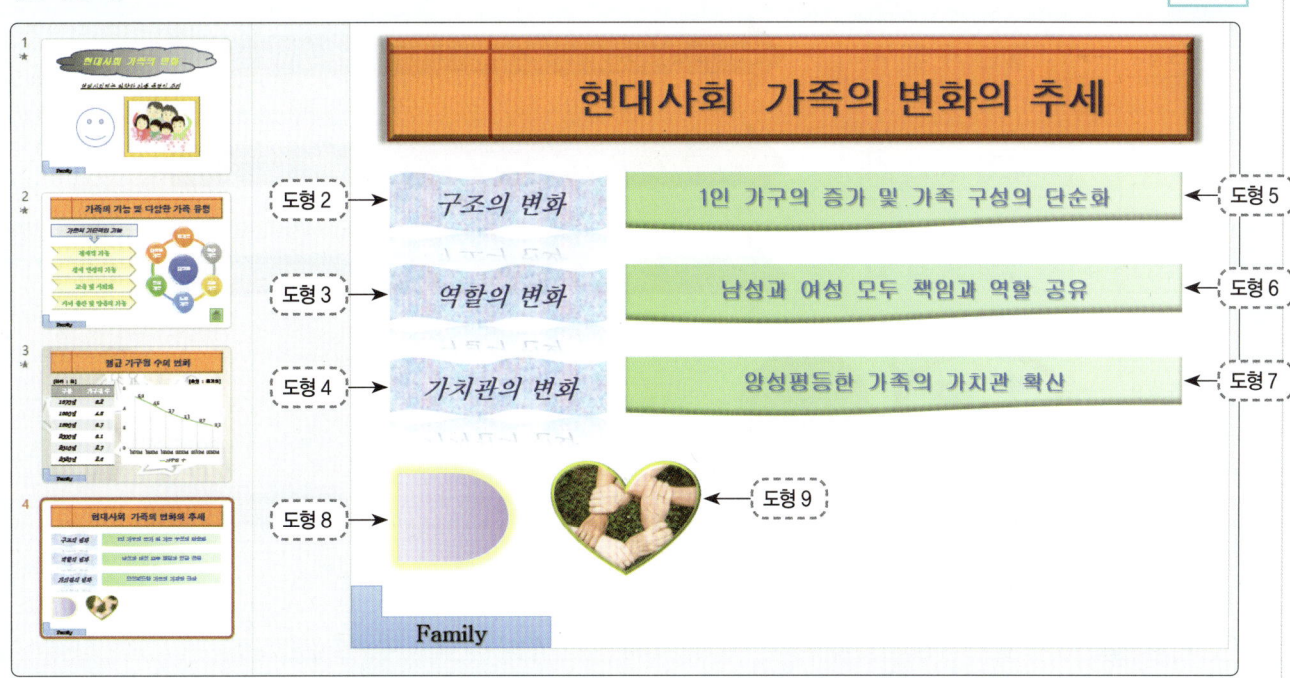

《작성조건》

▶ 도형 2~4 ⇒ 별 및 현수막 – '이중 물결', 도형 채우기(질감 : 꽃다발), 선 없음,
　　　　　도형 효과(반사 – '1/2 반사: 터치'), 글꼴(바탕, 22pt, 굵게, 기울임꼴, 진한 파랑)

▶ 도형 5~7 ⇒ 순서도 – '순서도: 문서', 도형 채우기(연한 녹색, 그라데이션 – '선형 오른쪽'),
　　　　　선 없음, 도형 효과(그림자 – 안쪽 – '안쪽: 아래쪽'),
　　　　　글꼴(굴림체, 20pt, 굵게, 텍스트 그림자, 파랑)

▶ 도형 8 ⇒ 순서도 – '순서도: 지연', 도형 채우기(자주, 그라데이션 – '선형 왼쪽'),
　　　　　선 없음, 도형 효과(네온 – '네온: 11pt, 황금색, 강조색 4')

▶ 도형 9 ⇒ 기본 도형 – '하트', 도형 채우기(그림 또는 질감 채우기) 기능을 사용하여 그림 3 삽입,
　　　　　도형 윤곽선(실선, 색 : 노랑, 너비 : 3pt, 겹선 종류 : 단순형, 대시 종류 : 긴 파선),
　　　　　도형 효과(입체 효과 – '둥글게')

완전정복-02 아래의 작성조건 및 출력형태에 알맞게 작업하시오.

· 소스 : 정복12_문제02.pptx   · 정답 : 정복12_정답02.pptx

《출력형태》

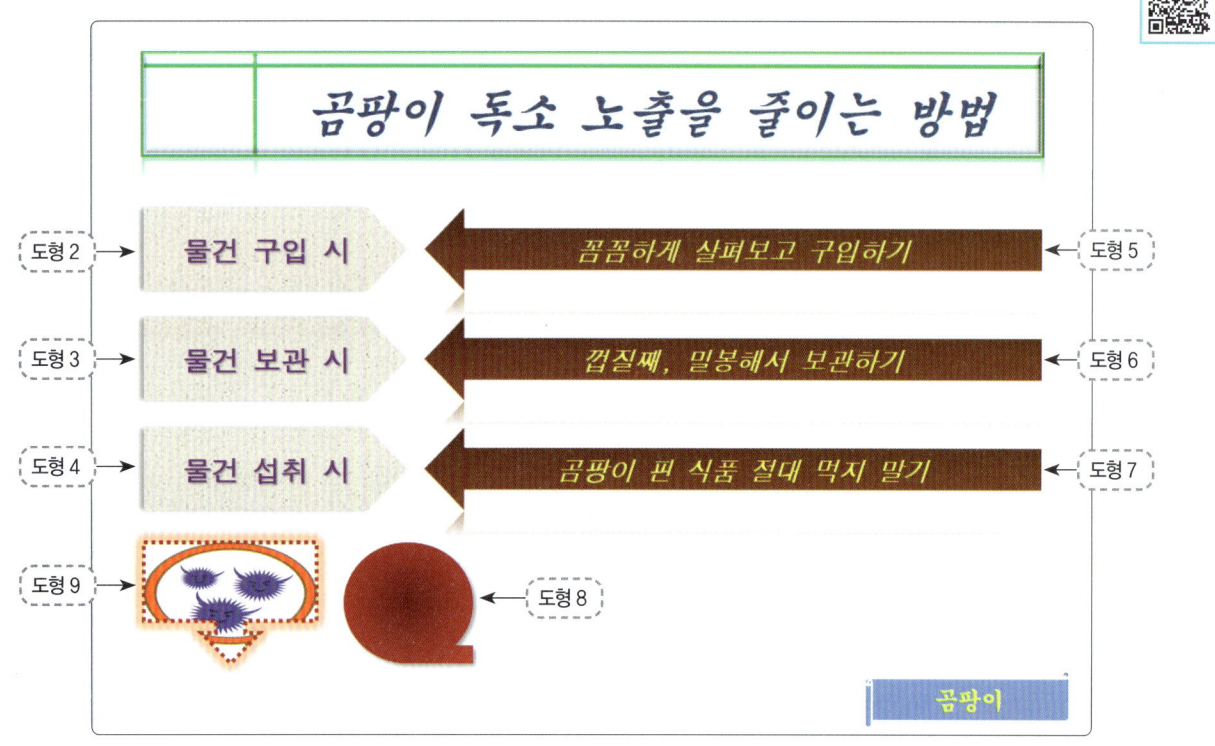

《작성조건》

▶ 도형 2~4 ⇒ 블록 화살표 – '화살표: 오각형', 도형 채우기(질감 : 재생지), 선 없음,
　　　　　　　도형 효과(그림자 – 바깥쪽 – '오프셋: 왼쪽'),
　　　　　　　글꼴(돋움체, 22pt, 굵게, 텍스트 그림자, 자주)

▶ 도형 5~7 ⇒ 블록 화살표 – '화살표: 왼쪽', 도형 채우기('주황, 강조 2, 50% 더 어둡게',
　　　　　　　그라데이션 – '선형 아래쪽'), 선 없음, 도형 효과(반사 – '근접 반사: 터치'),
　　　　　　　글꼴(돋움체, 20pt, 굵게, 기울임꼴, 노랑)

▶ 도형 8 ⇒ 순서도 – '순서도: 순차적 액세스 저장소', 도형 채우기(진한 빨강, 그라데이션 – '가운데에서'),
　　　　　　선 없음, 도형 효과(그림자 – 바깥쪽 – '오프셋: 오른쪽 아래')

▶ 도형 9 ⇒ 블록 화살표 – '설명선: 아래쪽 화살표', 도형 채우기(그림 또는 질감 채우기) 기능을 사용하여
　　　　　　그림 3 삽입, 도형 윤곽선(실선, 색 : 진한 빨강, 너비 : 3pt, 겹선 종류 : 단순형,
　　　　　　대시 종류 : 둥근 점선), 도형 효과(네온 – '네온: 11pt, 주황, 강조색 2')

완전정복-03

아래의 작성조건 및 출력형태에 알맞게 작업하시오.

· 소스 : 정복12_문제03.pptx   · 정답 : 정복12_정답03.pptx

《출력형태》

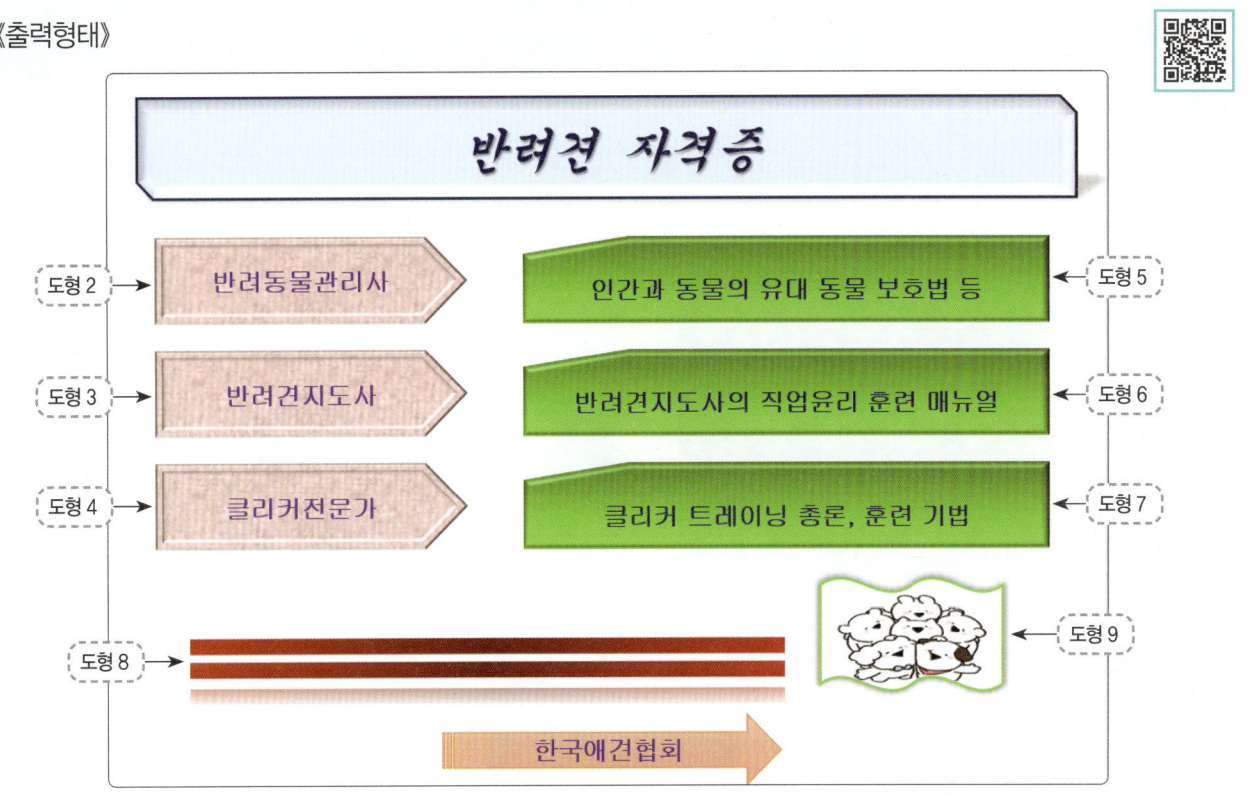

《작성조건》

▶ 도형 2~4 ⇒ 블록 화살표 – '화살표: 오각형', 도형 채우기(질감 : 분홍 박엽지), 선 없음,
도형 효과(입체 효과 – '딱딱한 가장자리'), 글꼴(굴림, 20pt, 굵게, 자주)

▶ 도형 5~7 ⇒ 순서도 – '순서도: 카드', 도형 채우기(연한 녹색, 그라데이션 – '선형 아래쪽'),
선 없음, 도형 효과(입체 효과 – '둥글게'), 글꼴(굴림, 20pt, 굵게, 진한 파랑)

▶ 도형 8 ⇒ 수식 도형 – '같음 기호', 도형 채우기(진한 빨강, 그라데이션 – '가운데에서'),
선 없음, 도형 효과(반사 – '1/2 반사: 8pt 오프셋')

▶ 도형 9 ⇒ 별 및 현수막 – '이중 물결', 도형 채우기(그림 또는 질감 채우기) 기능을 사용하여 그림 3 삽입,
도형 윤곽선(실선, 색 : 연한 녹색, 너비 : 2pt, 겹선 종류 : 단순형),
도형 효과(그림자 – 바깥쪽 – '오프셋: 가운데')

완전정복-04

아래의 작성조건 및 출력형태에 알맞게 작업하시오.

· 소스 : 정복12_문제04.pptx   · 정답 : 정복12_정답04.pptx

《출력형태》

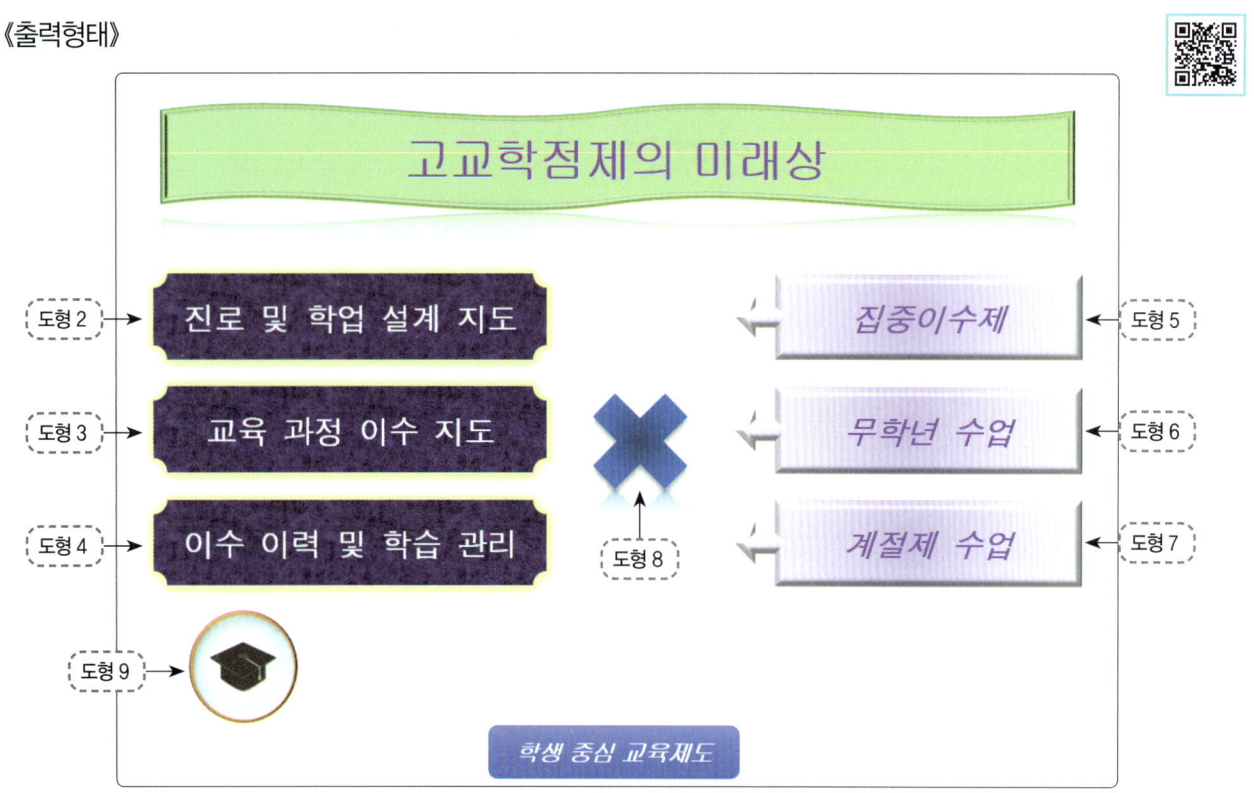

《작성조건》

▶ 도형 2~4 ⇒ 기본 도형 – '배지', 도형 채우기(질감 : 자주 편물), 선 없음,
  도형 효과(네온 – '네온: 8pt, 황금색, 강조색 4'), 글꼴(돋움체, 24pt, 굵게)

▶ 도형 5~7 ⇒ 블록 화살표 – '설명선: 왼쪽 화살표', 도형 채우기(자주, 그라데이션 – '가운데에서'),
  선 없음, 도형 효과(입체 효과 – '기울기'), 글꼴(돋움체, 24pt, 굵게, 기울임꼴, 자주)

▶ 도형 8 ⇒ 수식 도형 – '곱하기 기호', 도형 채우기(파랑, 그라데이션 – '가운데에서'), 선 없음,
  도형 효과(그림자 – 바깥쪽 – '오프셋: 아래쪽', 반사 – '근접 반사: 터치')

▶ 도형 9 ⇒ 기본 도형 – '타원', 도형 채우기(그림 또는 질감 채우기) 기능을 사용하여 그림 3 삽입,
  도형 윤곽선(실선, 색 : '주황, 강조 2', 너비 : 3pt, 겹선 종류 : 단순형, 대시 종류 : 사각 점선),
  도형 효과(입체 효과 – '부드럽게 둥글리기')

완전정복-05

아래의 작성조건 및 출력형태에 알맞게 작업하시오.

소스 : 정복12_문제05.pptx   정답 : 정복12_정답05.pptx

작성 시간 / 권장 시간 : 분 / 5분

《출력형태》

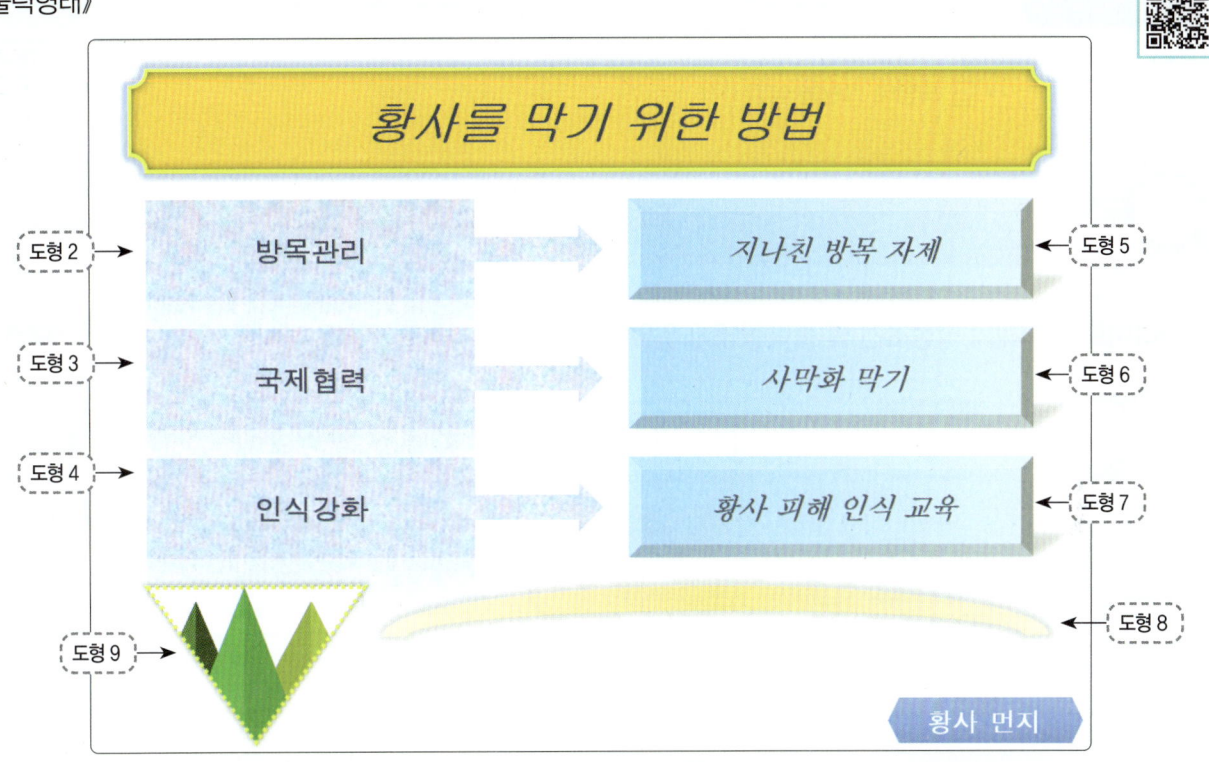

《작성조건》

▶ 도형 2~4 ⇒ 블록 화살표 – '설명선: 오른쪽 화살표', 도형 채우기(질감 : 꽃다발), 선 없음,
　　도형 효과(반사 – '1/2 반사: 터치'), 글꼴(돋움체, 22pt, 굵게, 진한 파랑)

▶ 도형 5~7 ⇒ 기본 도형 – '사각형: 빗면', 도형 채우기(연한 파랑, 그라데이션 – '선형 오른쪽'), 선 없음,
　　도형 효과(그림자 – 원근감 – '원근감: 오른쪽 위'),
　　글꼴(바탕, 22pt, 굵게, 기울임꼴, '파랑, 강조 1, 50% 더 어둡게')

▶ 도형 8 ⇒ 기본 도형 – '막힌 원호', 도형 채우기('황금색, 강조 4', 그라데이션 – '가운데에서'), 선 없음,
　　도형 효과(네온 – '네온: 8pt, 회색, 강조색 3')

▶ 도형 9 ⇒ 순서도 – '순서도: 병합', 도형 채우기(그림 또는 질감 채우기) 기능을 사용하여 그림 3 삽입,
　　도형 윤곽선(실선, 색 : 노랑, 너비 : 3pt, 겹선 종류 : 단순형, 대시 종류 : 둥근 점선),
　　도형 효과(그림자 – 바깥쪽 – '오프셋: 가운데')

PART 02 출제유형 완전정복

[슬라이드4] WordArt

☑ 다양한 형태의 도형을 만든 후 복사하기
☑ 도형에 그림을 삽입하기

• 소스 : 유형13_문제.pptx   • 정답 : 유형13_정답.pptx

【슬라이드4】 아래의 작성조건 및 출력형태에 알맞게 네 번째 슬라이드에 작업하시오. (60점)

《출력형태》

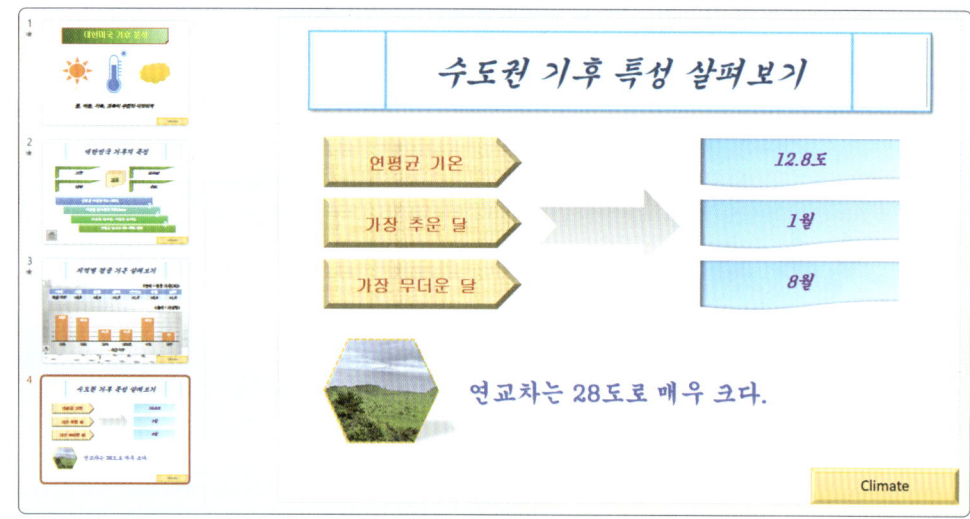

《작성조건》

(1) 제목
　▶ 도형 1 ⇒ 순서도 – '순서도: 종속 처리', 도형 채우기('파랑, 강조 5, 80% 더 밝게'),
　　　도형 윤곽선(실선, 색 : 연한 파랑, 너비 : 3pt, 겹선 종류 : 단순형),
　　　도형 효과(그림자 – 바깥쪽 – '오프셋: 오른쪽 아래', 입체 효과 – '십자형으로'),
　　　글꼴(궁서, 36pt, 굵게, 기울임꼴, '파랑, 강조 5, 50% 더 어둡게')

(2) 본문
　▶ 도형 2~4 ⇒ 블록 화살표 – '화살표: 오각형', 도형 채우기(질감 : 파피루스), 선 없음,
　　　도형 효과(입체 효과 – '각지게'), 글꼴(굴림체, 20pt, 굵게, 진한 빨강)
　▶ 도형 5~7 ⇒ 순서도 – '순서도: 문서', 도형 채우기(연한 파랑, 그라데이션 – '선형 대각선 – 왼쪽 위에서
　　　오른쪽 아래로'), 선 없음, 도형 효과(그림자 – 안쪽 – '안쪽: 왼쪽'),
　　　글꼴(궁서, 20pt, 굵게, 기울임꼴, 자주)
　▶ 도형 8 ⇒ 블록 화살표 – '화살표: 톱니 모양의 오른쪽', 도형 채우기('흰색, 배경 1, 50% 더 어둡게',
　　　그라데이션 – '선형 아래쪽'), 선 없음, 도형 효과(반사 – '1/2 반사: 8pt 오프셋')
　▶ 도형 9 ⇒ 기본 도형 – '육각형', 도형 채우기(그림 또는 질감 채우기) 기능을 사용하여
　　　그림 3 삽입, 도형 윤곽선(실선, 색 : 주황, 너비 : 2pt, 겹선 종류 : 단순형,
　　　대시 종류 : 사각 점선), 도형 효과(그림자 – 원근감 – '원근감: 오른쪽 위')
　▶ WordArt 삽입(연교차는 28도로 매우 크다.)
　　　⇒ WordArt 스타일('채우기: 파랑, 강조색 1, 그림자'), 글꼴(궁서, 28pt, 굵게, 텍스트 그림자)
　▶ 지시사항이 없는 부분은 《출력형태》와 동일하게 작성하시오.

시험분석

Digital Information Ability Test

난이도	권장 시간 / 시험 시간	유형 점수 / 시험 점수
★★☆☆	2분 / 40분	60점 / 200점

※ 출제유형 12 ~ 13까지 합쳐진 점수

➜ 주의 사항 : 실수가 많은 내용

☑ 출제유형 13에 나오는 워드아트는 슬라이드4를 클릭한 후 작업합니다.

☑ 워드아트 위치를 이동할 때 다른 도형이 선택되지 않게 워드아트만 선택해서 위치를 이동합니다.

☑ 모든 작업이 끝났으므로 전체적으로 확인한 후 이상이 없으면 Ctrl+S 키를 눌러 최종적으로 저장합니다.

☑ 모의고사를 풀기 전에 부족한 출제유형을 다시 풀어보고 숙지가 된 상태에서 모의고사를 풀어봅니다.

Skill 01 WordArt 작성하기

▶ WordArt 삽입(연교차는 28도로 매우 크다.)
 ⇒ WordArt 스타일('채우기: 파랑, 강조색 1, 그림자'), 글꼴(궁서, 28pt, 굵게, 텍스트 그림자)

❶ 네 번째 슬라이드를 클릭한 후 [삽입] 탭의 [텍스트] 그룹에서 [WordArt 삽입( )]-'채우기: 파랑, 강조색 1, 그림자(A)'를 선택합니다.

❷ '필요한 내용을 적으십시오.'라는 문구가 블록으로 지정된 상태로 나오면 '**연교차는 28도로 매우 크다.**'를 입력한 후 Esc 키를 누릅니다.

※ WordArt를 삽입한 후 바로 내용을 입력하면 기본 내용('필요한 내용을 적으십시오')이 삭제되면서 새롭게 입력됩니다. 만약 블록 지정이 해제되었을 경우 WordArt 안쪽의 내용을 드래그하여 블록으로 지정한 후 새롭게 내용을 입력합니다.

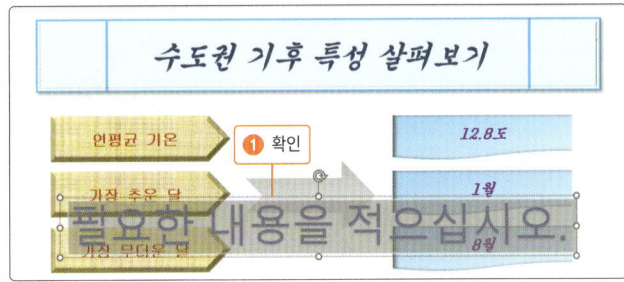 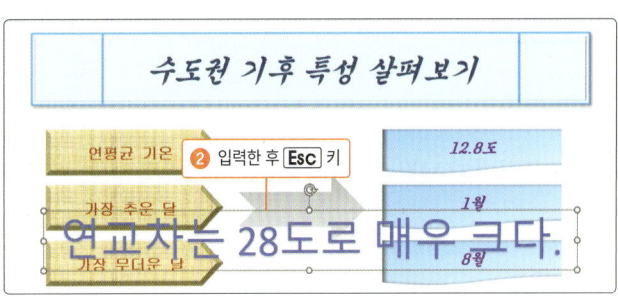

❸ WordArt의 테두리를 드래그하여 《출력형태》와 같이 위치를 변경합니다.
  ※ 도형과 겹쳐서 작업이 불편할 수 있기 때문에 미리 위치를 변경한 후 작업합니다.

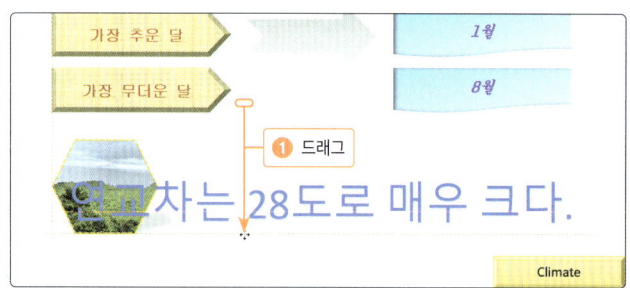
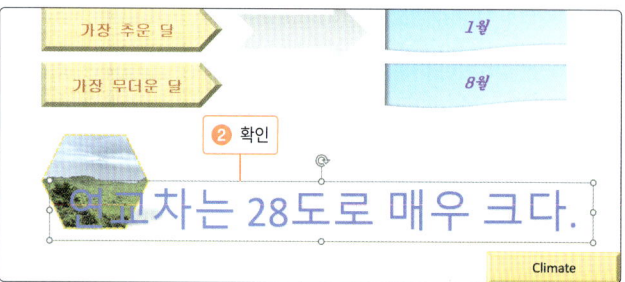

❹ 글꼴 서식을 변경하기 위해 [홈] 탭의 [글꼴] 그룹에서 '글꼴(궁서), 글꼴 크기(28pt), 굵게(가), 텍스트 그림자 (S)'를 지정합니다.

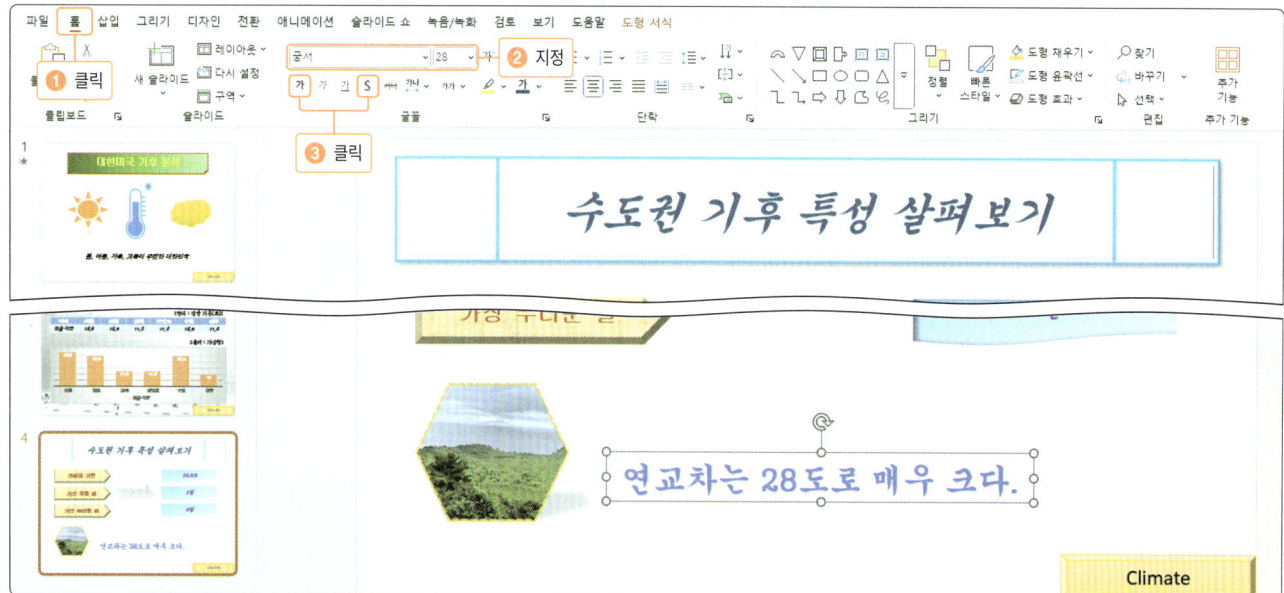

❺ 글꼴 서식이 변경되었으면 WordArt의 테두리를 드래그하여 《출력형태》와 같이 위치를 변경합니다.
  ※ WordArt의 위치는 《출력형태》를 참고하여 변경합니다.

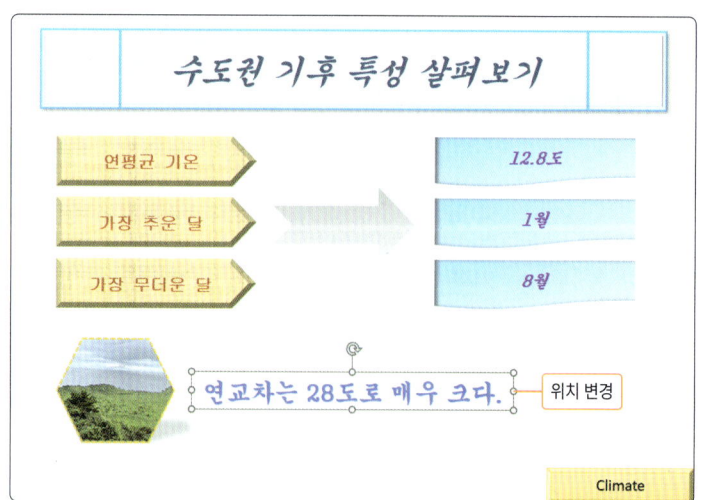

❻ [파일]-[저장](Ctrl + S) 또는 [빠른 실행 도구 모음]에서 '저장(💾)'을 클릭합니다.
  ※ 실제 시험을 볼 때 작업 도중에 수시로(10분에 한 번 정도) 저장을 하는 것이 좋습니다.

출제유형 완전정복 — [슬라이드4] WordArt

완전정복-01
아래의 작성조건 및 출력형태에 알맞게 작업하시오.
- 소스 : 정복13_문제01.pptx
- 정답 : 정복13_정답01.pptx
- 작성 시간 / 권장 시간 : 분 / 2분

《출력형태》

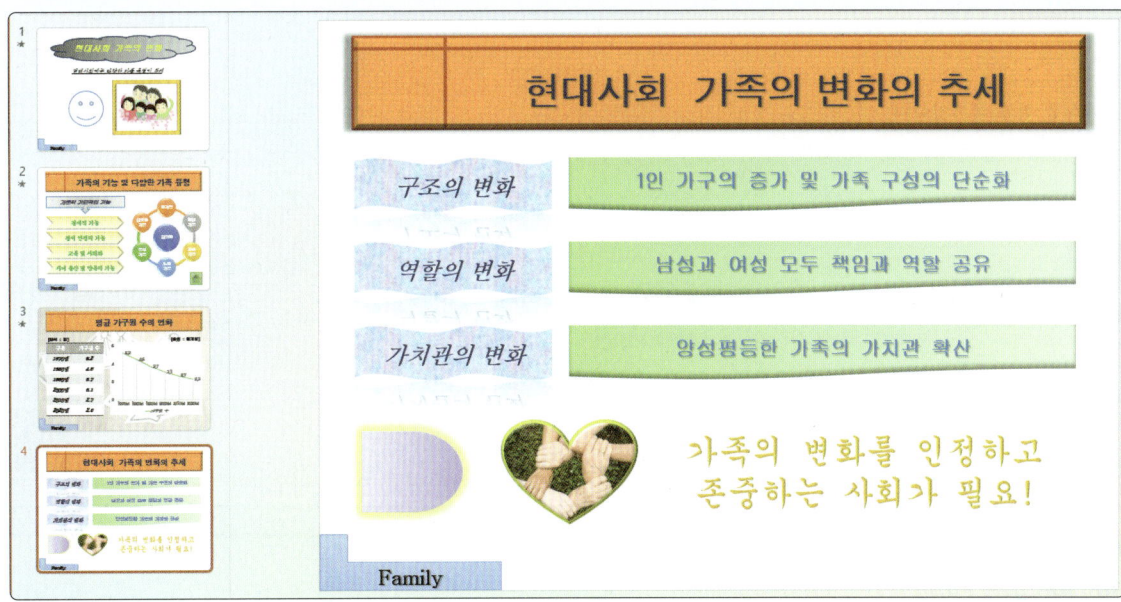

《작성조건》
▶ WordArt 삽입(가족의 변화를 인정하고 존중하는 사회가 필요!)
  ⇒ WordArt 스타일('채우기: 황금색, 강조색 4, 부드러운 입체'), 글꼴(궁서체, 32pt, 굵게)

완전정복-02
아래의 작성조건 및 출력형태에 알맞게 작업하시오.
- 소스 : 정복13_문제02.pptx
- 정답 : 정복13_정답02.pptx
- 작성 시간 / 권장 시간 : 분 / 2분

《출력형태》

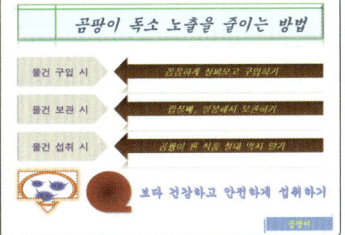

《작성조건》
▶ WordArt 삽입(보다 건강하고 안전하게 섭취하기)
  ⇒ WordArt 스타일('무늬 채우기: 파랑, 강조색 1, 50%, 진한 그림자: 파랑, 강조색 1'), 글꼴(궁서체, 28pt, 굵게, 텍스트 그림자)

완전정복 - 03

아래의 작성조건 및 출력형태에 알맞게 작업하시오.

· 소스 : 정복13_문제03.pptx · 정답 : 정복13_정답03.pptx

작성 시간 / 권장 시간
분 / 2분

《출력형태》

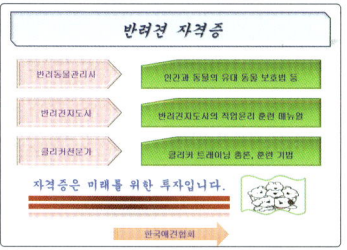

《작성조건》

▶ WordArt 삽입(자격증은 미래를 위한 투자입니다.)
  ⇒ WordArt 스타일('채우기: 파랑, 강조색 1, 그림자'),
    글꼴(궁서체, 28pt, 굵게, 텍스트 그림자)

완전정복 - 04

아래의 작성조건 및 출력형태에 알맞게 작업하시오.

· 소스 : 정복13_문제04.pptx · 정답 : 정복13_정답04.pptx

작성 시간 / 권장 시간
분 / 2분

《출력형태》

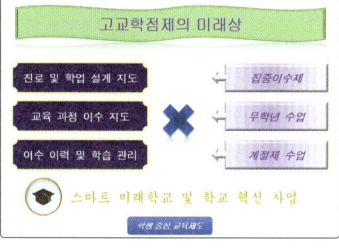

《작성조건》

▶ WordArt 삽입(스마트 미래학교 및 학교 혁신 사업)
  ⇒ WordArt 스타일('채우기: 황금색, 강조색 4, 부드러운 입체'),
    글꼴(궁서체, 32pt, 굵게)

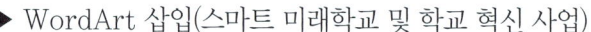

완전정복 - 05

아래의 작성조건 및 출력형태에 알맞게 작업하시오.

· 소스 : 정복13_문제05.pptx · 정답 : 정복13_정답05.pptx

작성 시간 / 권장 시간
분 / 2분

《출력형태》

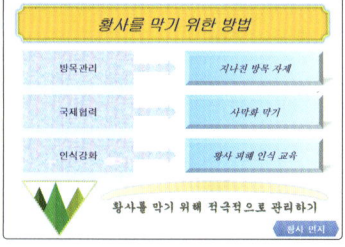

《작성조건》

▶ WordArt 삽입(황사를 막기 위해 적극적으로 관리하기)
  ⇒ WordArt 스타일('무늬 채우기: 흰색, 어두운 상향 대각선 줄무늬, 그림자'),
    글꼴(궁서, 28pt, 굵게, 텍스트 그림자)

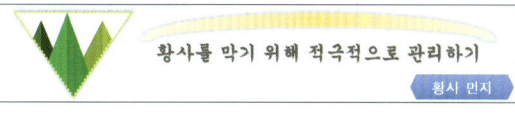

PART 03
출제예상 모의고사

- ☑ 제 01 회 출제예상 모의고사
- ☑ 제 02 회 출제예상 모의고사
- ☑ 제 03 회 출제예상 모의고사
- ☑ 제 04 회 출제예상 모의고사
- ☑ 제 05 회 출제예상 모의고사
- ☑ 제 06 회 출제예상 모의고사
- ☑ 제 07 회 출제예상 모의고사
- ☑ 제 08 회 출제예상 모의고사
- ☑ 제 09 회 출제예상 모의고사
- ☑ 제 10 회 출제예상 모의고사
- ☑ 제 11 회 출제예상 모의고사
- ☑ 제 12 회 출제예상 모의고사
- ☑ 제 13 회 출제예상 모의고사
- ☑ 제 14 회 출제예상 모의고사
- ☑ 제 15 회 출제예상 모의고사

제 01 회 디지털정보활용능력 출제예상 모의고사

작성 시간 / 시험 시간	채점 결과
분 / 40분	점 / 200점

• **작성 시간** : 수험자가 문제를 해결하는데 걸린 시간을 기록

☑ 시험과목 : 프리젠테이션(파워포인트)
☑ 시험일자 : 20XX. XX. XX. (X)
☑ 응시자 기재사항 및 감독 위원 확인

MS Office 2021 버전용

수검번호	DIP - XXXX -	감독위원 확인
성　　명		

• 응시자 유의사항 •

1. 응시자는 신분증을 지참하여야 시험에 응시할 수 있으며, 시험이 종료될 때까지 신분증을 제시하지 못 할 경우 해당 시험은 0점 처리됩니다.
2. 시스템(PC 작동 여부, 네트워크 상태 등)의 이상 여부를 반드시 확인하여야 하며, 시스템 이상이 있을 시 감독 위원에게 조치를 받으셔야 합니다.
3. 시험 중 부주의 또는 고의로 시스템을 파손한 경우는 응시자 부담으로 합니다.
4. 답안 전송 프로그램을 통해 다운로드 받은 파일을 이용하여 답안 파일을 작성하시기 바랍니다.
5. 작성한 답안 파일은 답안 전송 프로그램을 통하여 전송됩니다. 감독 위원의 지시에 따라 주시기 바랍니다.
6. 다음 사항의 경우 실격(0점) 혹은 부정행위 처리됩니다.
    1) 답안 파일을 저장하지 않았거나, 저장한 파일이 손상되었을 경우
    2) 답안 파일을 지정된 폴더(바탕화면 – "KAIT" 폴더)에 저장하지 않았을 경우
        ※ 답안 전송 프로그램 로그인 시 바탕화면에 자동 생성됨
    3) 답안 파일을 다른 보조기억장치(USB) 혹은 네트워크(메신저, 게시판 등)로 전송할 경우
    4) 휴대용 전화기 등 통신기기를 사용할 경우
7. 슬라이드는 반드시 순서대로 작성해야 하며, 순서가 다를 경우 "0"점 처리됩니다.
8. 시험지에 제시된 글꼴이 응시 프로그램에 없는 경우, 반드시 감독 위원에게 해당 내용을 통보한 뒤 조치를 받아야 합니다.
9. 슬라이드 작성 시 도형의 그룹 설정을 사용하는 경우, 채점에서 감점 처리됩니다.
10. 시험의 완료는 작성이 완료된 답안을 저장하고, 답안 전송이 완료된 상태를 확인한 것으로 합니다. 답안 전송 확인 후 문제지는 감독 위원에게 제출한 후 퇴실하여야 합니다.
11. 답안 전송을 완료한 경우는 수정 또는 정정이 불가합니다.
12. 시험 시행 후 합격자 발표는 홈페이지(www.ihd.or.kr)에서 확인하시기 바랍니다.
    1) 문제 및 정답 공개 : 20XX. XX. XX.(X)
    2) 합격자 발표 : 20XX. XX. XX.(X)

유의사항

- 《작성조건》을 준수하여 반드시 프리젠테이션 슬라이드로 작업합니다.
- 글꼴 및 기타 사항에 대해 별도의 지시사항이 없는 경우, 슬라이드 크기와 전체적인 균형을 고려하여 임의로 작성하되, 도형은 그룹으로 설정하지 않습니다.
- 모든 슬라이드 크기(A4), 방향(가로), 디자인 테마(Office 테마)로 지정합니다.
  ▶ 슬라이드 크기, 방향 조정 시 '맞춤 확인'으로 지정하여야 합니다.
- 공통적용사항(슬라이드 마스터)
  ▶ 도형 ⇒ 기본 도형 – '육각형', 도형 스타일('미세 효과 – 황금색, 강조 4'), 글꼴(굴림체, 20pt, 굵게)
- 그림 삽입 시 다운로드 한 그림 파일을 반드시 사용하여야 합니다.
- ⬚⬚⬚⬚ → 은 지시사항이므로 작성하지 않습니다.
- 슬라이드에 제시된 글자 및 숫자 오탈자는 별도 감점 처리됩니다.
- "도형 서식"과 "셰이프 형식"은 동일한 기능이며, 버전에 따라 표현이 다릅니다.

슬라이드1 아래의 작성조건 및 출력형태에 알맞게 첫 번째 슬라이드에 작업하시오. 〔30점〕

《출력형태》

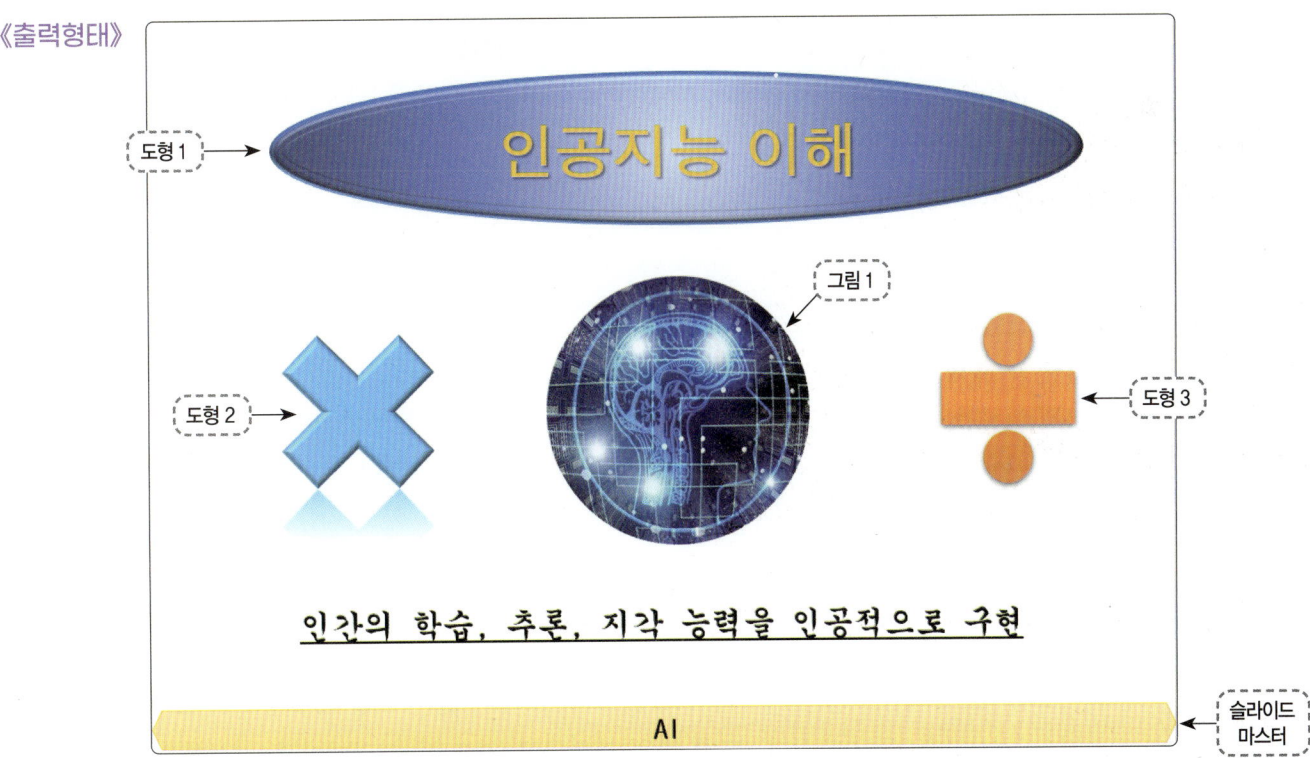

《작성조건》

▶ 도형 1 ⇒ 기본 도형 – '타원', 도형 채우기(그라데이션 : 미리 설정 – '아래쪽 스포트라이트 – 강조 1',
    종류 – 방사형, 방향 – '가운데에서'), 도형 윤곽선(실선, 색 : 파랑, 너비 : 3pt, 겹선 종류 : 단순형),
    도형 효과(입체 효과 – '디벗'), 글꼴(돋움, 44pt, 굵게, 텍스트 그림자, 주황)
▶ 도형 2 ⇒ 수식 도형 – '곱하기 기호', 도형 채우기('연한 파랑'), 선 없음,
    도형 효과(반사 – '근접 반사: 터치', 입체 효과 – '둥글게')
▶ 도형 3 ⇒ 수식 도형 – '나누기 기호', 도형 스타일('강한 효과 – 주황, 강조 2')
▶ 그림 삽입 ⇒ 그림 1 삽입, 크기(높이 : 7cm, 너비 : 7cm)
▶ 텍스트 상자(인간의 학습, 추론, 지각 능력을 인공적으로 구현) ⇒ 글꼴(궁서체, 24pt, 밑줄)
▶ 애니메이션 지정 ⇒ 도형 1 : 나타내기 – 도형
▶ 지시사항이 없는 부분은 《출력형태》와 동일하게 작성하시오.

슬라이드2 — 아래의 작성조건 및 출력형태에 알맞게 두 번째 슬라이드에 작업하시오. (50점)

《출력형태》

《작성조건》

(1) **제목**
- 도형 1 ⇒ 기본 도형 – '배지', 도형 채우기(자주, 그라데이션 – '선형 위쪽'),
  도형 윤곽선(실선, 색 : '청회색, 텍스트 2', 너비 : 2.5pt, 겹선 종류 : 단순형),
  도형 효과(그림자 – 바깥쪽 – '오프셋: 아래쪽', 입체 효과 – '둥글게'),
  글꼴(궁서체, 36pt, 굵게, 진한 파랑)

(2) **본문**
- 도형 2 ⇒ 블록 화살표 – '화살표: 오각형', 도형 채우기(연한 녹색, 그라데이션 – '선형 위쪽'),
  도형 윤곽선(실선, 색 : 자주, 너비 : 3pt, 겹선 종류 : 이중), 글꼴(굴림체, 24pt, 굵게, 노랑)
- 도형 3~6 ⇒ 사각형 – '사각형: 둥근 모서리', 도형 채우기('황금색, 강조 4', 그라데이션 – '선형 아래쪽'),
  선 없음, 도형 효과(입체 효과 – '볼록하게'), 글꼴(굴림체, 20pt, 굵게, 기울임꼴, 자주)
- 실행 단추 ⇒ 실행 단추 – '실행 단추: 뒤로 또는 앞으로 이동', 하이퍼링크 : 이전 슬라이드,
  도형 스타일('미세 효과 – 황금색, 강조 4')
- SmartArt 삽입 ⇒ 목록형 – '세로 상자 목록형', 글꼴(돋움체, 20pt, 텍스트 그림자, 가운데 맞춤),
  SmartArt 스타일(색 변경 – 강조 3 – '색 윤곽선 – 강조 3', 3차원 – '경사'),
  (반드시 SmartArt 기능을 이용하여 작성할 것)
- 애니메이션 지정 ⇒ SmartArt : 나타내기 – 시계 방향 회전
- 지시사항이 없는 부분은 《출력형태》와 동일하게 작성하시오.

슬라이드3 아래의 작성조건 및 출력형태에 알맞게 세 번째 슬라이드에 작업하시오. (60점)

《출력형태》

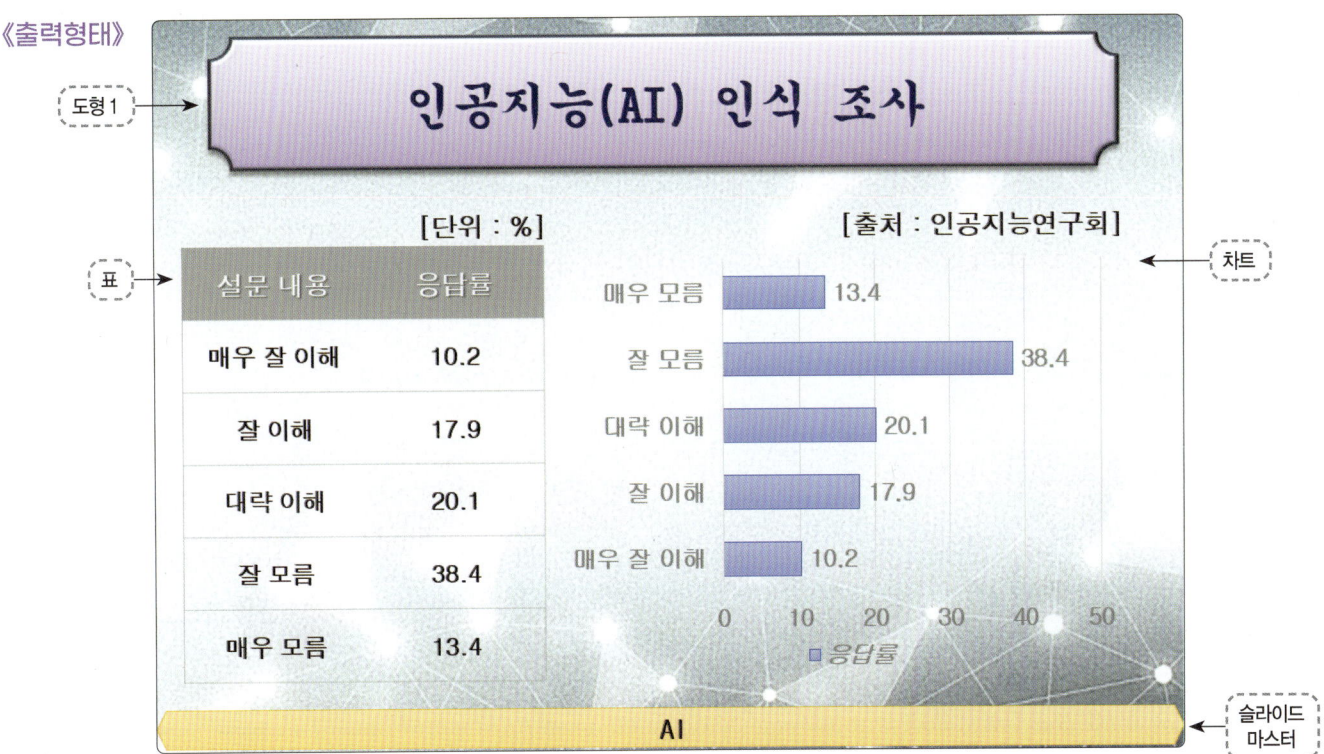

《작성조건》

(1) 제목
- 도형 1 ⇒ 기본 도형 – '배지', 도형 채우기(자주, 그라데이션 – '선형 위쪽'),
  도형 윤곽선(실선, 색 : '청회색, 텍스트 2', 너비 : 2.5pt, 겹선 종류 : 단순형),
  도형 효과(그림자 – 바깥쪽 – '오프셋: 아래쪽', 입체 효과 – '둥글게'),
  글꼴(궁서체, 36pt, 굵게, 진한 파랑)

(2) 본문 (※ 차트 작성은 반드시 '차트 삽입 → 데이터 입력 → 차트 스타일' 순으로 작성 바랍니다.)
- 텍스트 상자 1([단위 : %]) ⇒ 글꼴(돋움, 20pt, 굵게)
- 표 ⇒ 표 스타일(밝게 – '밝은 스타일 2 – 강조 3'),
  가장 위의 행 : 글꼴(돋움, 20pt, 굵게, 텍스트 그림자, 가운데 맞춤),
  나머지 행 : 글꼴(돋움, 18pt, 굵게, 가운데 맞춤)
- 텍스트 상자 2([출처 : 인공지능연구회]) ⇒ 글꼴(돋움, 20pt, 굵게)
- 차트 ⇒ 가로 막대형 – '묶은 가로 막대형', 차트 스타일(색 변경 – 색상형 – '다양한 색상표 2', 스타일 4),
  축 서식/데이터 레이블 서식 : 글꼴(굴림, 18pt, 굵게),
  범례 서식 : 글꼴(굴림, 18pt, 굵게, 기울임꼴), 데이터는 표 참고
- 배경 ⇒ 배경 서식(채우기 – 그림 또는 질감 채우기)에서 그림 2 삽입(현재 슬라이드만 적용)
- 애니메이션 지정 ⇒ 차트 : 나타내기 – 올라오기
- 지시사항이 없는 부분은 《출력형태》와 동일하게 작성하시오.

슬라이드4 아래의 작성조건 및 출력형태에 알맞게 네 번째 슬라이드에 작업하시오. 〔60점〕

《출력형태》

- 도형 1 → 인공지능(AI)의 역사
- 도형 2 → 공공 서비스
- 도형 3 → 안전 서비스
- 도형 4 → 의료 분야 서비스
- 도형 5 → 독거노인 스마트 일상생활 지원 서비스
- 도형 6 → AI 보행자 알리미 서비스
- 도형 7 → AI 기반 항암 신약 개발
- 도형 9 → (별 모양 그림)
- 도형 8 → (하트)
- 인간을 이롭게 하는 인공지능
- 슬라이드 마스터 → AI

《작성조건》

(1) 제목

▶ 도형 1 ⇒ 기본 도형 – '배지', 도형 채우기(자주, 그라데이션 – '선형 위쪽'),
　　　　 도형 윤곽선(실선, 색 : '청회색, 텍스트 2', 너비 : 2.5pt, 겹선 종류 : 단순형),
　　　　 도형 효과(그림자 – 바깥쪽 – '오프셋: 아래쪽', 입체 효과 – '둥글게'),
　　　　 글꼴(궁서체, 36pt, 굵게, 진한 파랑)

(2) 본문

▶ 도형 2~4 ⇒ 블록 화살표 – '화살표: 갈매기형 수장', 도형 채우기(질감 : 편지지), 선 없음,
　　　　　 도형 효과(그림자 – 바깥쪽 – '오프셋: 왼쪽'), 글꼴(바탕, 22pt, 굵게, 빨강)

▶ 도형 5~7 ⇒ 사각형 – '사각형: 잘린 대각선 방향 모서리', 도형 채우기('주황, 강조 2',
　　　　　 그라데이션 – '가운데에서'), 선 없음, 도형 효과(네온 – '네온: 8pt, 주황, 강조색 2'),
　　　　　 글꼴(바탕, 20pt, 굵게, 기울임꼴, '검정, 텍스트 1')

▶ 도형 8 ⇒ 기본 도형 – '하트', 도형 채우기(빨강, 그라데이션 – '선형 왼쪽'), 선 없음,
　　　　 도형 효과(반사 – '1/2 반사: 4pt 오프셋')

▶ 도형 9 ⇒ 별 및 현수막 – '별: 꼭짓점 8개', 도형 채우기(그림 또는 질감 채우기) 기능을 사용하여 그림 3 삽입,
　　　　 도형 윤곽선(실선, 색 : 빨강, 너비 : 3pt, 겹선 종류 : 단순형, 대시 종류 : 둥근 점선),
　　　　 도형 효과(그림자 – 원근감 – '원근감: 왼쪽 위')

▶ WordArt 삽입(인간을 이롭게 하는 인공지능)
　⇒ WordArt 스타일('채우기: 흰색, 윤곽선: 주황, 강조색 2, 진한 그림자: 주황, 강조색 2'),
　　 글꼴(궁서, 30pt, 굵게, 텍스트 그림자)

▶ 지시사항이 없는 부분은《출력형태》와 동일하게 작성하시오.

제 02 회 디지털정보활용능력 출제예상 모의고사

작성 시간 / 시험 시간	채점 결과
분 / 40분	점 / 200점

- ☑ 시험과목 : 프리젠테이션(파워포인트)
- ☑ 시험일자 : 20XX. XX. XX. (X)
- ☑ 응시자 기재사항 및 감독 위원 확인

MS Office 2021 버전용

Ⓑ

수 검 번 호	DIP – XXXX –	감독위원 확인
성 명		

·응시자 유의사항·

1. 응시자는 신분증을 지참하여야 시험에 응시할 수 있으며, 시험이 종료될 때까지 신분증을 제시하지 못 할 경우 해당 시험은 0점 처리됩니다.
2. 시스템(PC 작동 여부, 네트워크 상태 등)의 이상 여부를 반드시 확인하여야 하며, 시스템 이상이 있을 시 감독 위원에게 조치를 받으셔야 합니다.
3. 시험 중 부주의 또는 고의로 시스템을 파손한 경우는 응시자 부담으로 합니다.
4. 답안 전송 프로그램을 통해 다운로드 받은 파일을 이용하여 답안 파일을 작성하시기 바랍니다.
5. 작성한 답안 파일은 답안 전송 프로그램을 통하여 전송됩니다. 감독 위원의 지시에 따라 주시기 바랍니다.
6. 다음 사항의 경우 실격(0점) 혹은 부정행위 처리됩니다.
    1) 답안 파일을 저장하지 않았거나, 저장한 파일이 손상되었을 경우
    2) 답안 파일을 지정된 폴더(바탕화면 – "KAIT" 폴더)에 저장하지 않았을 경우
        ※ 답안 전송 프로그램 로그인 시 바탕화면에 자동 생성됨
    3) 답안 파일을 다른 보조기억장치(USB) 혹은 네트워크(메신저, 게시판 등)로 전송할 경우
    4) 휴대용 전화기 등 통신기기를 사용할 경우
7. 슬라이드는 반드시 순서대로 작성해야 하며, 순서가 다를 경우 "0"점 처리됩니다.
8. 시험지에 제시된 글꼴이 응시 프로그램에 없는 경우, 반드시 감독 위원에게 해당 내용을 통보한 뒤 조치를 받아야 합니다.
9. 슬라이드 작성 시 도형의 그룹 설정을 사용하는 경우, 채점에서 감점 처리됩니다.
10. 시험의 완료는 작성이 완료된 답안을 저장하고, 답안 전송이 완료된 상태를 확인한 것으로 합니다. 답안 전송 확인 후 문제지는 감독 위원에게 제출한 후 퇴실하여야 합니다.
11. 답안 전송을 완료한 경우는 수정 또는 정정이 불가합니다.
12. 시험 시행 후 합격자 발표는 홈페이지(www.ihd.or.kr)에서 확인하시기 바랍니다.
    1) 문제 및 정답 공개 : 20XX. XX. XX.(X)
    2) 합격자 발표 : 20XX. XX. XX.(X)

유의사항

- 《작성조건》을 준수하여 반드시 프리젠테이션 슬라이드로 작업합니다.
- 글꼴 및 기타 사항에 대해 별도의 지시사항이 없는 경우, 슬라이드 크기와 전체적인 균형을 고려하여 임의로 작성하되, 도형은 그룹으로 설정하지 않습니다.
- 모든 슬라이드 크기(A4), 방향(가로), 디자인 테마(Office 테마)로 지정합니다.
  ▶ 슬라이드 크기, 방향 조정 시 '맞춤 확인'으로 지정하여야 합니다.
- 공통적용사항(슬라이드 마스터)
  ▶ 도형 ⇒ 기본 도형 – '타원', 도형 스타일('미세 효과 – 황금색, 강조 4'), 글꼴(돋움, 18pt, 굵게)
- 그림 삽입 시 다운로드 한 그림 파일을 반드시 사용하여야 합니다.
- ⬚⟶ 은 지시사항이므로 작성하지 않습니다.
- 슬라이드에 제시된 글자 및 숫자 오탈자는 별도 감점 처리됩니다.
- "도형 서식"과 "셰이프 형식"은 동일한 기능이며, 버전에 따라 표현이 다릅니다.

슬라이드1 아래의 작성조건 및 출력형태에 알맞게 첫 번째 슬라이드에 작업하시오. (30점)

《출력형태》

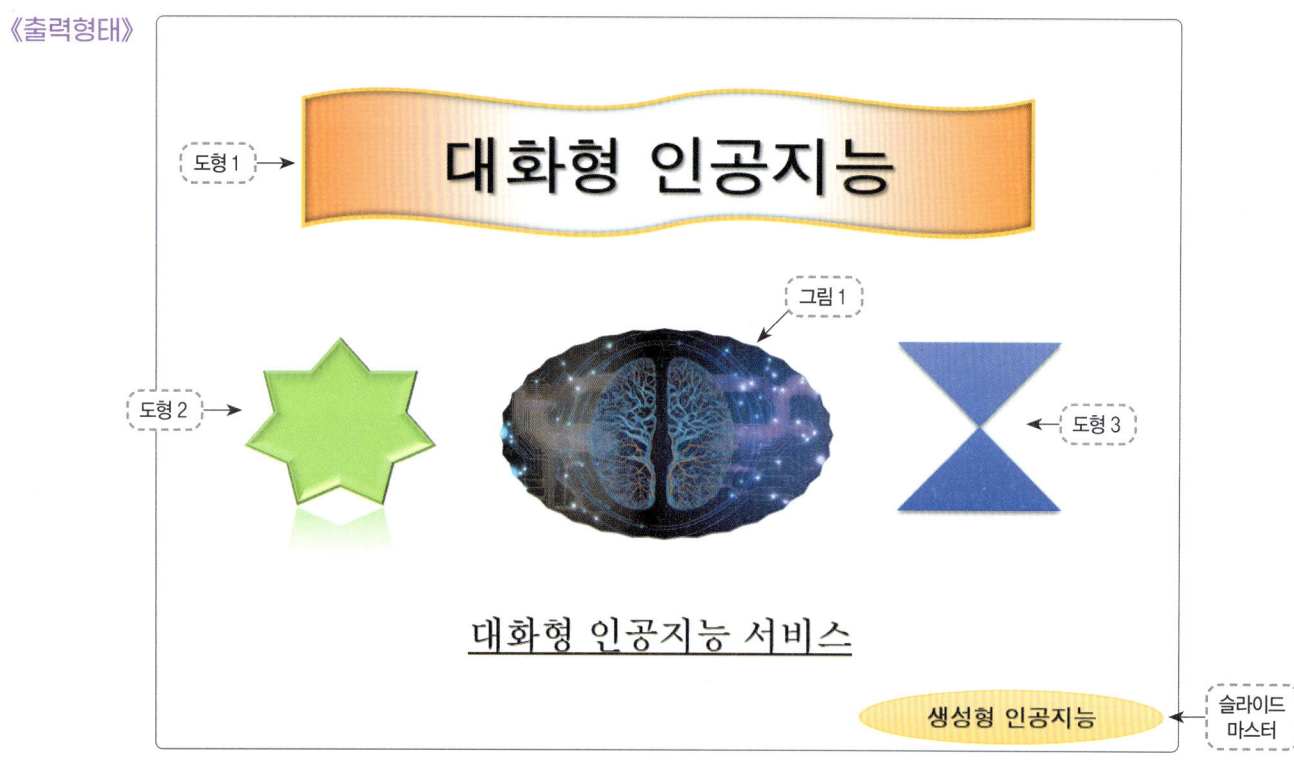

《작성조건》

▶ 도형 1 ⇒ 별 및 현수막 – '이중 물결', 도형 채우기(그라데이션 : 미리 설정 – '위쪽 스포트라이트 강조 2', 종류 – 방사형, 방향 – '가운데에서'), 도형 윤곽선(실선, 색 : 주황, 너비 : 3pt, 겹선 종류 : 단순형), 도형 효과(그림자 – 안쪽 – '안쪽: 가운데'), 글꼴(돋움, 48pt, 굵게, 텍스트 그림자, '검정, 텍스트 1')

▶ 도형 2 ⇒ 별 및 현수막 – '별: 꼭짓점 7개', 도형 채우기(연한 녹색), 선 없음, 도형 효과(반사 – '근접 반사: 터치', 입체 효과 – '부드럽게 둥글리기')

▶ 도형 3 ⇒ 순서도 – '순서도: 대조', 도형 스타일('강한 효과 – 파랑, 강조 1')

▶ 그림 삽입 ⇒ 그림 1 삽입, 크기(높이 : 5.5cm, 너비 : 9cm)

▶ 텍스트 상자(대화형 인공지능 서비스) ⇒ 글꼴(바탕, 28pt, 굵게, 밑줄)

▶ 애니메이션 지정 ⇒ 도형 1 : 나타내기 – 닦아내기

▶ 지시사항이 없는 부분은 《출력형태》와 동일하게 작성하시오.

슬라이드2 — 아래의 작성조건 및 출력형태에 알맞게 두 번째 슬라이드에 작업하시오. (50점)

《출력형태》

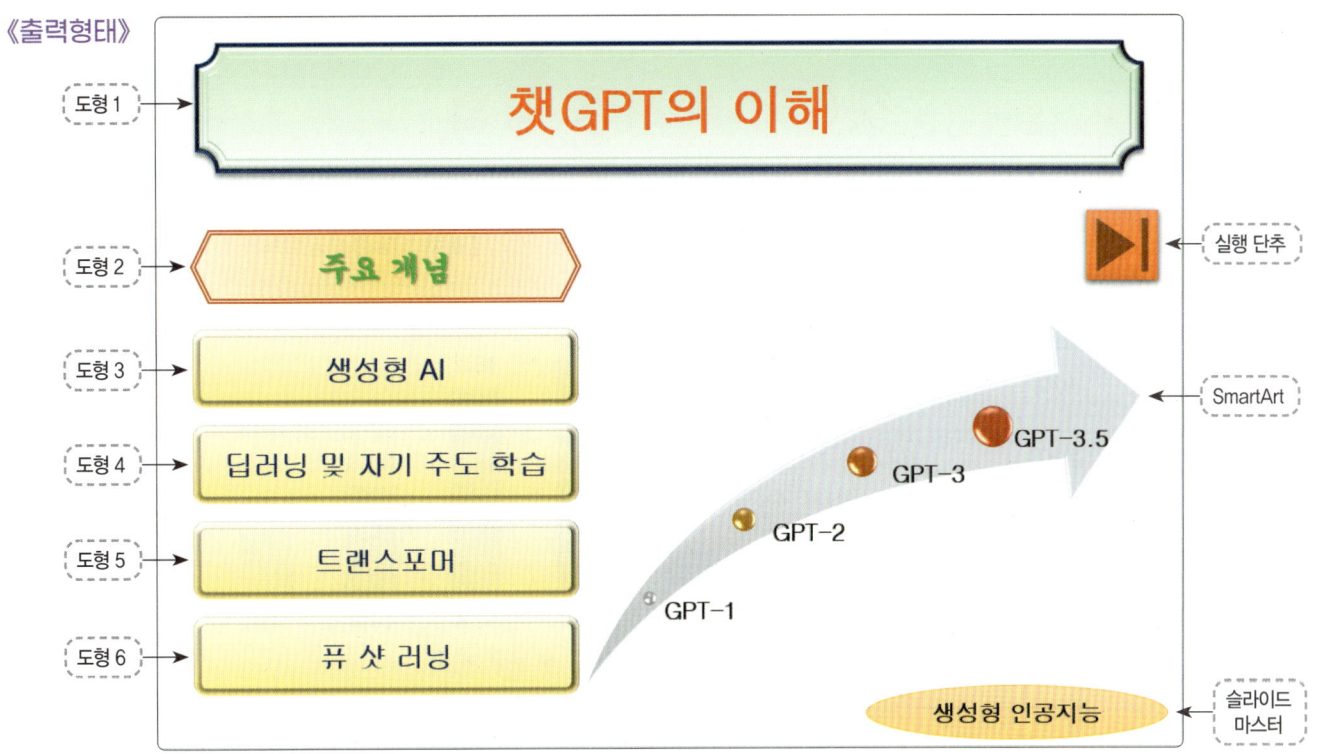

《작성조건》

(1) **제목**
- 도형 1 ⇒ 기본 도형 – '배지', 도형 채우기('녹색, 강조 6', 그라데이션 – '선형 아래쪽'),
  도형 윤곽선(실선, 색 : 진한 파랑, 너비 : 3pt, 겹선 종류 : 단순형),
  도형 효과(그림자 – 바깥쪽 – '오프셋: 아래쪽', 입체 효과 – '디벗'), 글꼴(돋움, 40pt, 굵게, 빨강)

(2) **본문**
- 도형 2 ⇒ 기본 도형 – '육각형', 도형 채우기(주황, 그라데이션 – '가운데에서'),
  도형 윤곽선(실선, 색 : 진한 빨강, 너비 : 4pt, 겹선 종류 : 이중),
  글꼴(궁서, 24pt, 굵게, 텍스트 그림자, 녹색)
- 도형 3~6 ⇒ 사각형 – '사각형: 둥근 모서리', 도형 채우기('황금색, 강조 4', 그라데이션 – '선형 위쪽'),
  선 없음, 도형 효과(입체 효과 – '볼록하게'), 글꼴(굴림, 22pt, 굵게, 진한 파랑)
- 실행 단추 ⇒ 실행 단추 – '실행 단추: 끝으로 이동', 하이퍼링크 : 마지막 슬라이드,
  도형 스타일('강한 효과 – 주황, 강조 2')
- SmartArt 삽입 ⇒ 프로세스형 – '상향 화살표형', 글꼴(돋움, 18pt, 굵게, 가운데 맞춤),
  SmartArt 스타일(색 변경 – 색상형 – '색상형 범위 – 강조색 3 또는 4', 3차원 – '광택 처리'),
  (반드시 SmartArt 기능을 이용하여 작성할 것)
- 애니메이션 지정 ⇒ SmartArt : 나타내기 – 확대/축소
- 지시사항이 없는 부분은 《출력형태》와 동일하게 작성하시오.

슬라이드3 — 아래의 작성조건 및 출력형태에 알맞게 세 번째 슬라이드에 작업하시오. [60점]

《출력형태》

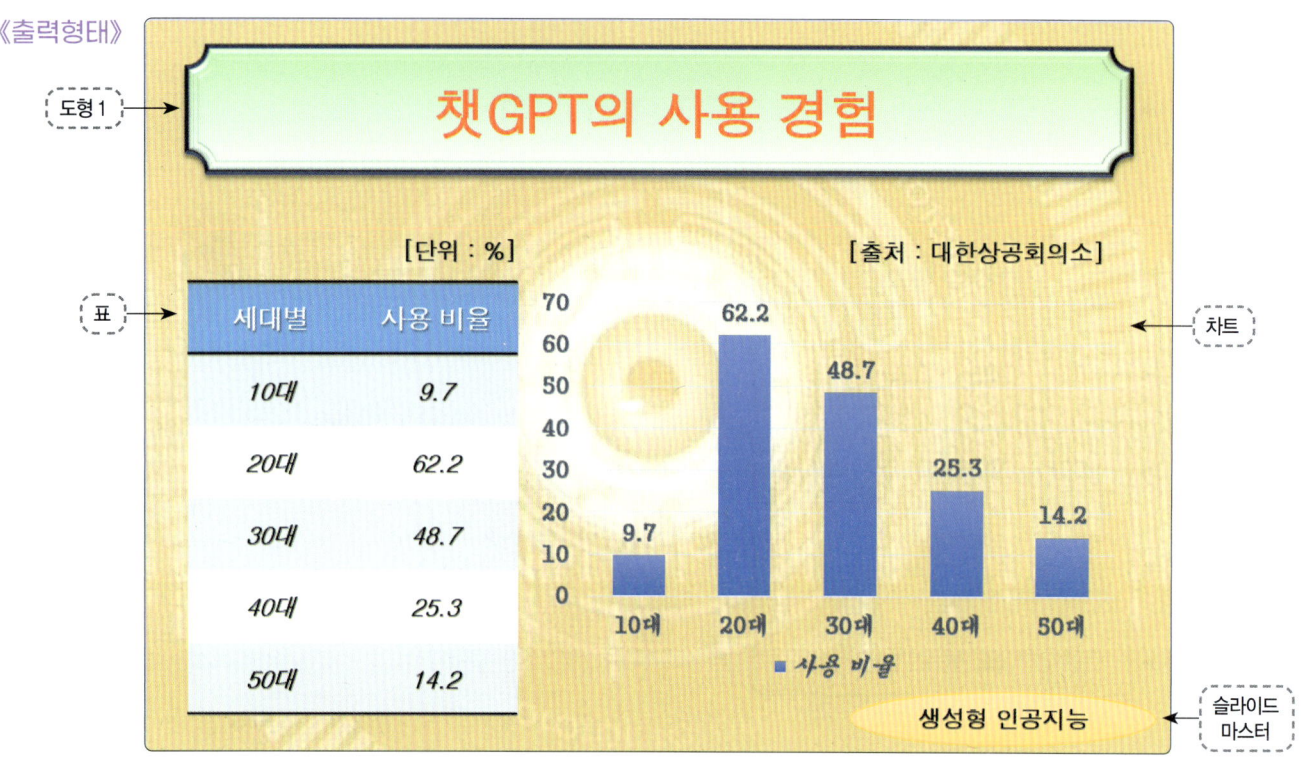

《작성조건》

(1) **제목**
- ▶ 도형 1 ⇒ 기본 도형 – '배지', 도형 채우기('녹색, 강조 6', 그라데이션 – '선형 아래쪽'),
  도형 윤곽선(실선, 색 : 진한 파랑, 너비 : 3pt, 겹선 종류 : 단순형),
  도형 효과(그림자 – 바깥쪽 – '오프셋: 아래쪽', 입체 효과 – '디벗'), 글꼴(돋움, 40pt, 굵게, 빨강)

(2) **본문** (※ 차트 작성은 반드시 '차트 삽입 → 데이터 입력 → 차트 스타일' 순으로 작성 바랍니다.)
- ▶ 텍스트 상자 1([단위 : %]) ⇒ 글꼴(돋움, 18pt, 굵게)
- ▶ 표 ⇒ 표 스타일(중간 – '보통 스타일 3 – 강조 5'),
  가장 위의 행 : 글꼴(돋움, 20pt, 굵게, 텍스트 그림자, 가운데 맞춤),
  나머지 행 : 글꼴(돋움, 18pt, 굵게, 기울임꼴, 가운데 맞춤)
- ▶ 텍스트 상자 2([출처 : 대한상공회의소]) ⇒ 글꼴(돋움, 18pt, 굵게)
- ▶ 차트 ⇒ 세로 막대형 – '묶은 세로 막대형', 차트 스타일(색 변경 – 색상형 – '다양한 색상표 2', 스타일 7),
  축 서식/데이터 레이블 서식 : 글꼴(궁서, 18pt, 굵게),
  범례 서식 : 글꼴(궁서, 18pt, 굵게, 기울임꼴), 데이터는 표 참고
- ▶ 배경 ⇒ 배경 서식(채우기 – 그림 또는 질감 채우기)에서 그림 2 삽입(현재 슬라이드만 적용)
- ▶ 애니메이션 지정 ⇒ 차트 : 나타내기 – 시계 방향 회전
- ▶ 지시사항이 없는 부분은 《출력형태》와 동일하게 작성하시오.

슬라이드4 │ 아래의 작성조건 및 출력형태에 알맞게 네 번째 슬라이드에 작업하시오. (60점)

《출력형태》

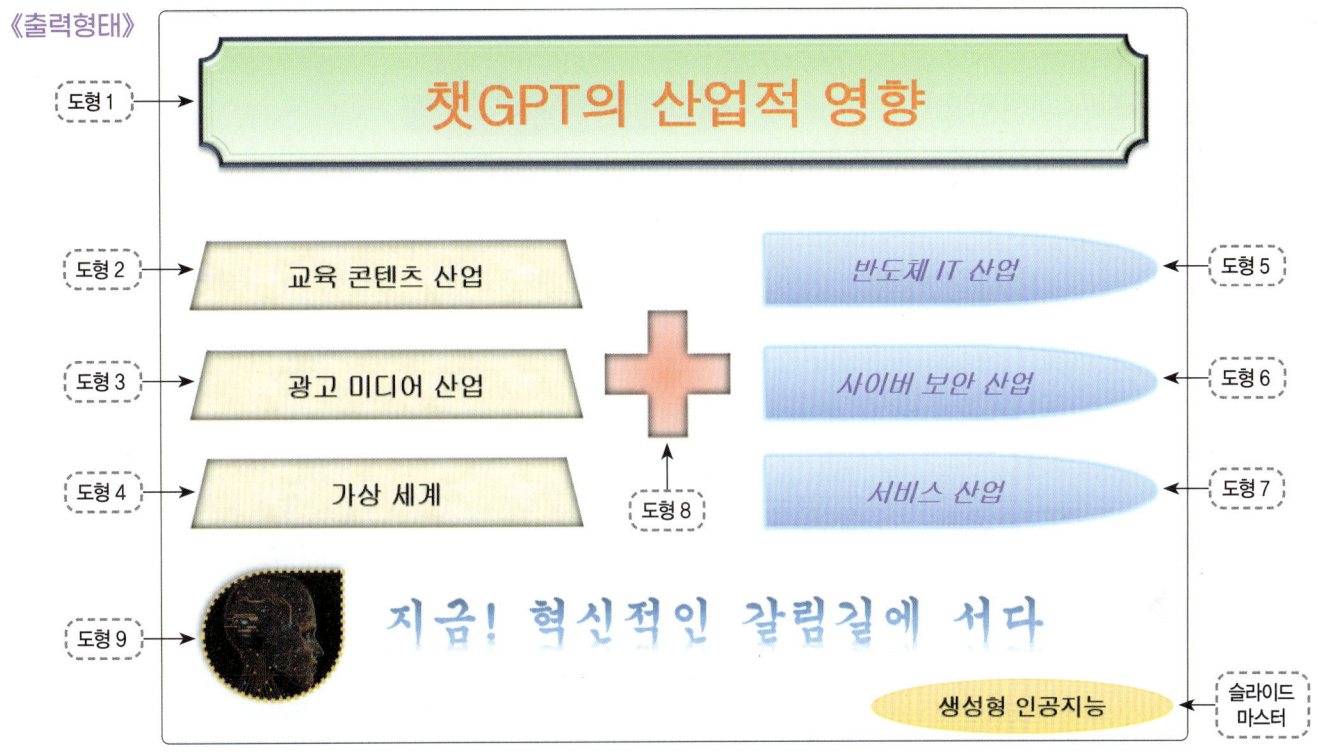

《작성조건》

(1) **제목**
- 도형 1 ⇒ 기본 도형 – '배지', 도형 채우기('녹색, 강조 6', 그라데이션 – '선형 아래쪽'),
  도형 윤곽선(실선, 색 : 진한 파랑, 너비 : 3pt, 겹선 종류 : 단순형),
  도형 효과(그림자 – 바깥쪽 – '오프셋: 아래쪽', 입체 효과 – '디벗'), 글꼴(돋움, 40pt, 굵게, 빨강)

(2) **본문**
- 도형 2~4 ⇒ 기본 도형 – '사다리꼴', 도형 채우기(질감 : 양피지), 선 없음,
  도형 효과(그림자 – 안쪽 – '안쪽: 가운데'), 글꼴(굴림, 20pt, 굵게, '검정, 텍스트 1')
- 도형 5~7 ⇒ 순서도 – '순서도: 지연', 도형 채우기(파랑, 그라데이션 – '선형 위쪽'), 선 없음,
  도형 효과(네온 – '네온: 5pt, 파랑, 강조색 5'), 글꼴(굴림, 20pt, 굵게, 기울임꼴, 자주)
- 도형 8 ⇒ 수식 도형 – '더하기 기호', 도형 채우기(빨강, 그라데이션 – '가운데에서'), 선 없음,
  도형 효과(그림자 – 안쪽 – '안쪽: 가운데')
- 도형 9 ⇒ 기본 도형 – '눈물 방울', 도형 채우기(그림 또는 질감 채우기) 기능을 사용하여 그림 3 삽입,
  도형 윤곽선(실선, 색 : 주황, 너비 : 3pt, 겹선 종류 : 단순형, 대시 종류 : 둥근 점선),
  도형 효과(그림자 – 바깥쪽 – '오프셋: 왼쪽 위')
- WordArt 삽입(지금! 혁신적인 갈림길에 서다)
  ⇒ WordArt 스타일('그라데이션 채우기: 파랑, 강조색 5, 반사'), 글꼴(궁서체, 36pt, 굵게)
- 지시사항이 없는 부분은 《출력형태》와 동일하게 작성하시오.

제 03 회 디지털정보활용능력 출제예상 모의고사

작성 시간 / 시험 시간	채점 결과
분 / 40분	점 / 200점

- ☑ 시험과목 : 프리젠테이션(파워포인트)
- ☑ 시험일자 : 20XX. XX. XX. (X)
- ☑ 응시자 기재사항 및 감독 위원 확인

MS Office 2021 버전용

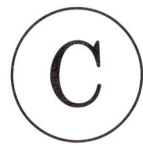

수검번호	DIP – XXXX –	감독위원 확인
성 명		

· 응시자 유의사항 ·

1. 응시자는 신분증을 지참하여야 시험에 응시할 수 있으며, 시험이 종료될 때까지 신분증을 제시하지 못 할 경우 해당 시험은 0점 처리됩니다.
2. 시스템(PC 작동 여부, 네트워크 상태 등)의 이상 여부를 반드시 확인하여야 하며, 시스템 이상이 있을 시 감독 위원에게 조치를 받으셔야 합니다.
3. 시험 중 부주의 또는 고의로 시스템을 파손한 경우는 응시자 부담으로 합니다.
4. 답안 전송 프로그램을 통해 다운로드 받은 파일을 이용하여 답안 파일을 작성하시기 바랍니다.
5. 작성한 답안 파일은 답안 전송 프로그램을 통하여 전송됩니다. 감독 위원의 지시에 따라 주시기 바랍니다.
6. 다음 사항의 경우 실격(0점) 혹은 부정행위 처리됩니다.
    1) 답안 파일을 저장하지 않았거나, 저장한 파일이 손상되었을 경우
    2) 답안 파일을 지정된 폴더(바탕화면 – "KAIT" 폴더)에 저장하지 않았을 경우
        ※ 답안 전송 프로그램 로그인 시 바탕화면에 자동 생성됨
    3) 답안 파일을 다른 보조기억장치(USB) 혹은 네트워크(메신저, 게시판 등)로 전송할 경우
    4) 휴대용 전화기 등 통신기기를 사용할 경우
7. 슬라이드는 반드시 순서대로 작성해야 하며, 순서가 다를 경우 "0"점 처리됩니다.
8. 시험지에 제시된 글꼴이 응시 프로그램에 없는 경우, 반드시 감독 위원에게 해당 내용을 통보한 뒤 조치를 받아야 합니다.
9. 슬라이드 작성 시 도형의 그룹 설정을 사용하는 경우, 채점에서 감점 처리됩니다.
10. 시험의 완료는 작성이 완료된 답안을 저장하고, 답안 전송이 완료된 상태를 확인한 것으로 합니다. 답안 전송 확인 후 문제지는 감독 위원에게 제출한 후 퇴실하여야 합니다.
11. 답안 전송을 완료한 경우는 수정 또는 정정이 불가합니다.
12. 시험 시행 후 합격자 발표는 홈페이지(www.ihd.or.kr)에서 확인하시기 바랍니다.
    1) 문제 및 정답 공개 : 20XX. XX. XX.(X)
    2) 합격자 발표 : 20XX. XX. XX.(X)

유의사항

- 《작성조건》을 준수하여 반드시 프리젠테이션 슬라이드로 작업합니다.
- 글꼴 및 기타 사항에 대해 별도의 지시사항이 없는 경우, 슬라이드 크기와 전체적인 균형을 고려하여 임의로 작성하되, 도형은 그룹으로 설정하지 않습니다.
- **모든 슬라이드 크기(A4), 방향(가로), 디자인 테마(Office 테마)로 지정합니다.**
  - ▶ 슬라이드 크기, 방향 조정 시 '맞춤 확인'으로 지정하여야 합니다.
- 공통적용사항(슬라이드 마스터)
  - ▶ 도형 ⇒ 기본 도형 – '십자형', 도형 스타일('보통 효과 – 황금색, 강조 4'), 글꼴(굴림, 20pt, 굵게)
- 그림 삽입 시 다운로드 한 그림 파일을 반드시 사용하여야 합니다.
- ⬚⟶ 은 지시사항이므로 작성하지 않습니다.
- 슬라이드에 제시된 글자 및 숫자 오탈자는 별도 감점 처리됩니다.
- "도형 서식" 과 "셰이프 형식"은 동일한 기능이며, 버전에 따라 표현이 다릅니다.

슬라이드1 〉 아래의 작성조건 및 출력형태에 알맞게 첫 번째 슬라이드에 작업하시오. 〔30점〕

《출력형태》

《작성조건》
- ▶ 도형 1 ⇒ 기본 도형 – '사각형: 빗면', 도형 채우기(그라데이션 : 미리 설정 – '위쪽 스포트라이트 강조 6', 종류 – 선형, 방향 – '선형 위쪽'), 도형 윤곽선(실선, 색 : '회색, 강조 3', 너비 : 3pt, 겹선 종류 : 단순형), 도형 효과(그림자 – 안쪽 – '안쪽: 가운데'), 글꼴(궁서체, 44pt, 굵게, 텍스트 그림자, 진한 파랑)
- ▶ 도형 2 ⇒ 순서도 – '순서도: 대조', 도형 채우기('주황, 강조 2'), 선 없음, 도형 효과(그림자 – 안쪽 – '안쪽: 아래쪽', 반사 – '근접 반사: 터치')
- ▶ 도형 3 ⇒ 기본 도형 – '구름', 도형 스타일('색 윤곽선 – 파랑, 강조 5')
- ▶ 그림 삽입 ⇒ 그림 1 삽입, 크기(높이 : 10cm, 너비 : 10cm)
- ▶ 텍스트 상자(식품에 첨가하는 물질) ⇒ 글꼴(돋움, 28pt, 굵게, 기울임꼴)
- ▶ 애니메이션 지정 ⇒ 도형 1 : 나타내기 – 밝기 변화
- ▶ 지시사항이 없는 부분은《출력형태》와 동일하게 작성하시오.

슬라이드2 — 아래의 작성조건 및 출력형태에 알맞게 두 번째 슬라이드에 작업하시오. (50점)

《출력형태》

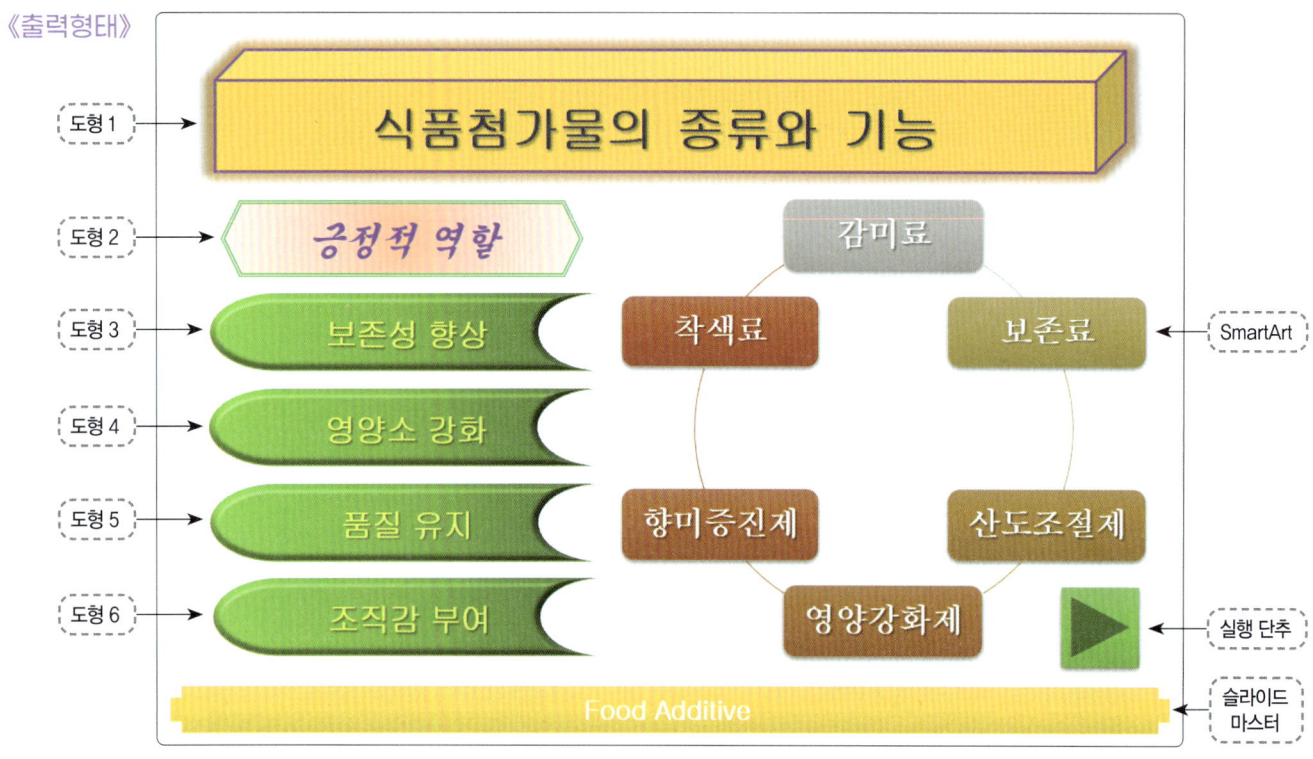

《작성조건》

(1) 제목
- 도형 1 ⇒ 기본 도형 – '정육면체', 도형 채우기(주황),
  도형 윤곽선(실선, 색 : 자주, 너비 : 2pt, 겹선 종류 : 단순형),
  도형 효과(그림자 – 바깥쪽 – '오프셋: 가운데', 네온 – '네온: 11pt, 주황, 강조색 2'),
  글꼴(굴림체, 36pt, 굵게, 텍스트 그림자, 진한 파랑)

(2) 본문
- 도형 2 ⇒ 기본 도형 – '육각형', 도형 채우기('주황, 강조 2', 그라데이션 – '가운데에서'),
  도형 윤곽선(실선, 색 : 녹색, 너비 : 3pt, 겹선 종류 : 이중), 글꼴(궁서, 28pt, 굵게, 기울임꼴, 자주)
- 도형 3~6 ⇒ 순서도 – '순서도: 저장 데이터', 도형 채우기('녹색, 강조 6', 그라데이션 – '선형 왼쪽'), 선 없음,
  도형 효과(입체 효과 – '기울기'), 글꼴(굴림, 24pt, 굵게, 텍스트 그림자, 노랑)
- 실행 단추 ⇒ 실행 단추 – '실행 단추: 앞으로 또는 다음으로 이동', 하이퍼링크 : 다음 슬라이드,
  도형 스타일('강한 효과 – 녹색, 강조 6')
- SmartArt 삽입 ⇒ 주기형 – '무지향 주기형', 글꼴(바탕체, 24pt, 굵게, 텍스트 그림자, 가운데 맞춤),
  SmartArt 스타일(색 변경 – 색상형 – '색상형 범위 – 강조색 3 또는 4', 강한 효과),
  (반드시 SmartArt 기능을 이용하여 작성할 것)
- 애니메이션 지정 ⇒ SmartArt : 나타내기 – 날아오기
- 지시사항이 없는 부분은 《출력형태》와 동일하게 작성하시오.

슬라이드3 — 아래의 작성조건 및 출력형태에 알맞게 세 번째 슬라이드에 작업하시오. (60점)

《출력형태》

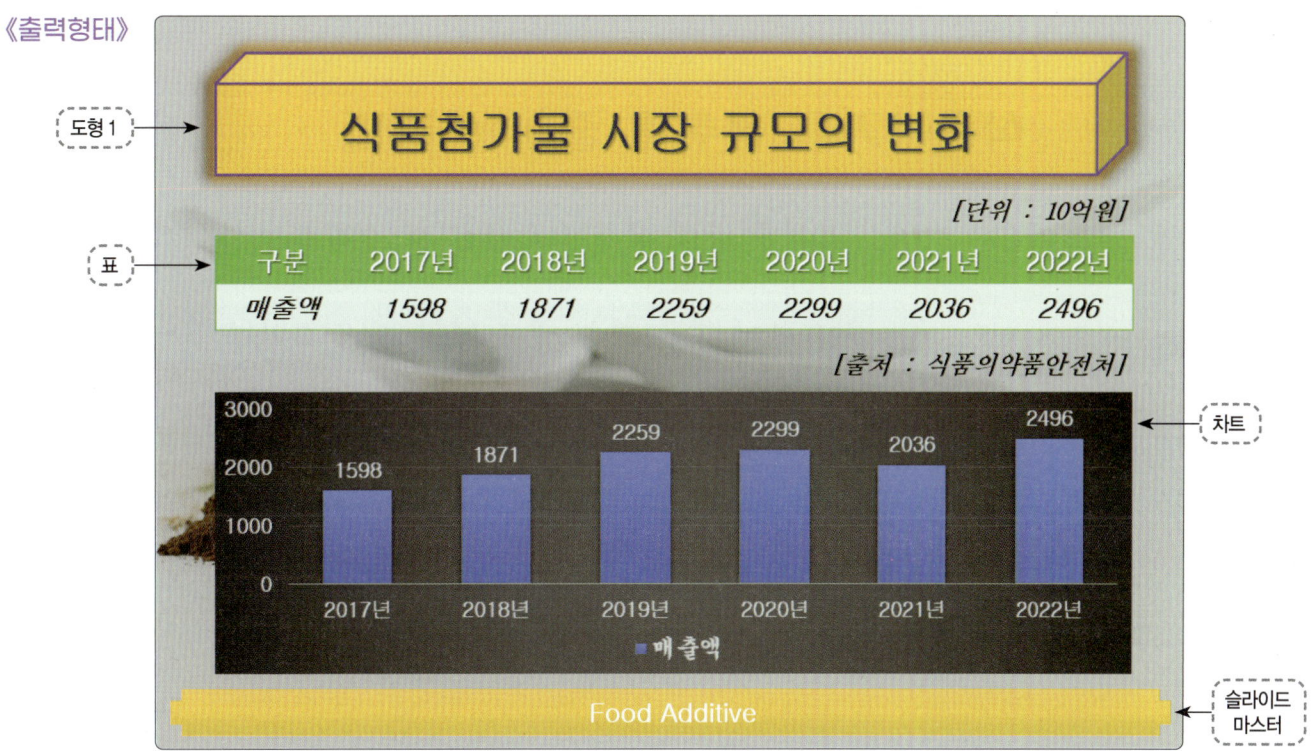

《작성조건》

(1) **제목**
- 도형 1 ⇒ 기본 도형 – '정육면체', 도형 채우기(주황),
  도형 윤곽선(실선, 색 : 자주, 너비 : 2pt, 겹선 종류 : 단순형),
  도형 효과(그림자 – 바깥쪽 – '오프셋: 가운데', 네온 – '네온: 11pt, 주황, 강조색 2'),
  글꼴(굴림체, 36pt, 굵게, 텍스트 그림자, 진한 파랑)

(2) **본문** (※ 차트 작성은 반드시 '차트 삽입 → 데이터 입력 → 차트 스타일' 순으로 작성 바랍니다.)
- 텍스트 상자 1([단위 : 10억원]) ⇒ 글꼴(바탕체, 18pt, 굵게, 기울임꼴)
- 표 ⇒ 표 스타일(중간 – '보통 스타일 1 – 강조 6'),
  가장 위의 행 : 글꼴(돋움, 20pt, 굵게, 텍스트 그림자, 가운데 맞춤),
  나머지 행 : 글꼴(돋움, 20pt, 굵게, 기울임꼴, 가운데 맞춤)
- 텍스트 상자 2([출처 : 식품의약품안전처]) ⇒ 글꼴(바탕체, 18pt, 굵게, 기울임꼴)
- 차트 ⇒ 세로 막대형 – '묶은 세로 막대형', 차트 스타일(색 변경 – 색상형 – '다양한 색상표 2', 스타일 9),
  축 서식/데이터 레이블 서식 : 글꼴(굴림, 16pt, 굵게),
  범례 서식 : 글꼴(궁서체, 18pt, 굵게), 데이터는 표 참고
- 배경 ⇒ 배경 서식(채우기 – 그림 또는 질감 채우기)에서 그림 2 삽입(현재 슬라이드만 적용)
- 애니메이션 지정 ⇒ 차트 : 나타내기 – 실선 무늬
- 지시사항이 없는 부분은 《출력형태》와 동일하게 작성하시오.

슬라이드4 | 아래의 작성조건 및 출력형태에 알맞게 네 번째 슬라이드에 작업하시오. (60점)

《출력형태》

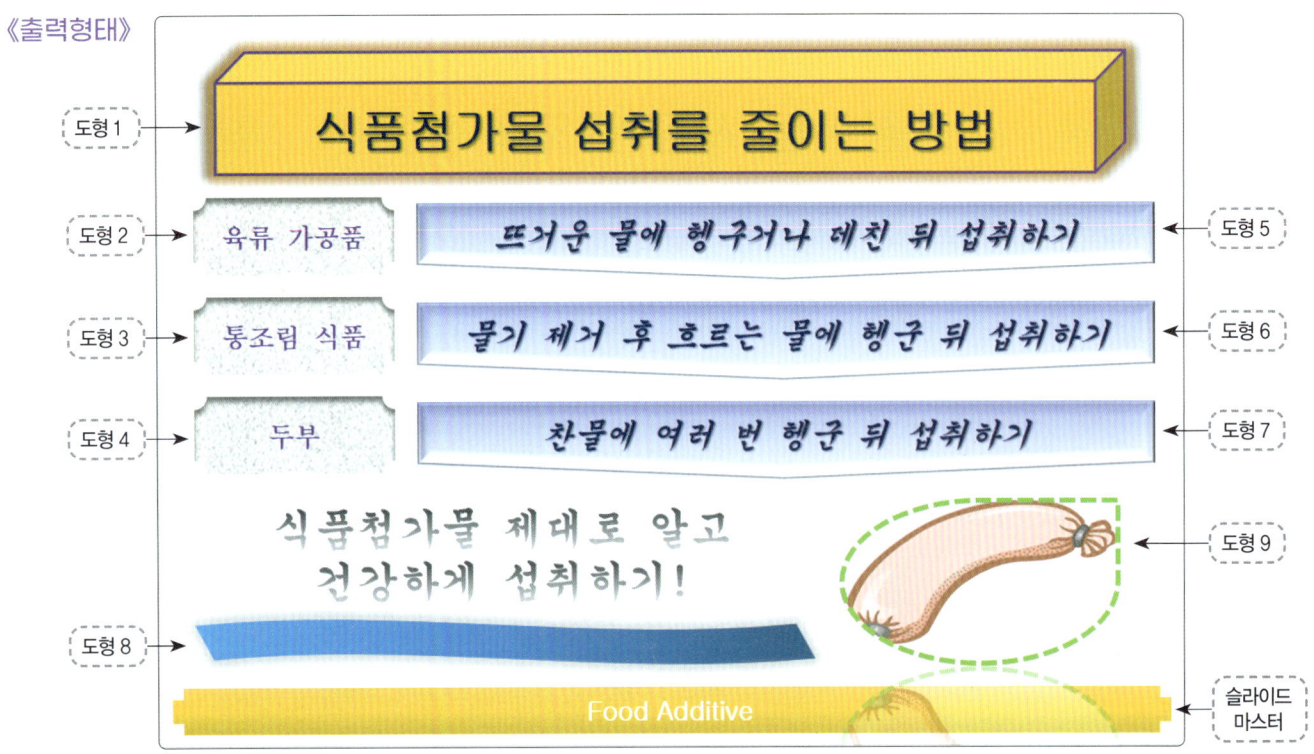

《작성조건》

(1) **제목**
- 도형 1 ⇒ 기본 도형 – '정육면체', 도형 채우기(주황),
  도형 윤곽선(실선, 색 : 자주, 너비 : 2pt, 겹선 종류 : 단순형),
  도형 효과(그림자 – 바깥쪽 – '오프셋: 가운데', 네온 – '네온: 11pt, 주황, 강조색 2'),
  글꼴(굴림체, 36pt, 굵게, 텍스트 그림자, 진한 파랑)

(2) **본문**
- 도형 2~4 ⇒ 기본 도형 – '배지', 도형 채우기(질감 : 신문 용지), 선 없음,
  도형 효과(그림자 – 안쪽 – '안쪽: 위쪽'), 글꼴(바탕체, 20pt, 굵게, 자주)
- 도형 5~7 ⇒ 순서도 – '순서도: 다른 페이지 연결선', 도형 채우기('파랑, 강조 1', 그라데이션 – '선형 아래쪽'),
  선 없음, 도형 효과(입체 효과 – '부드럽게 둥글리기'),
  글꼴(궁서체, 24pt, 기울임꼴, 텍스트 그림자, 진한 파랑)
- 도형 8 ⇒ 별 및 현수막 – '물결', 도형 채우기(연한 파랑, 그라데이션 – '오른쪽 위 모서리에서'), 선 없음,
  도형 효과(네온 – '네온: 11pt, 회색, 강조색 3')
- 도형 9 ⇒ 기본 도형 – '눈물 방울', 도형 채우기(그림 또는 질감 채우기) 기능을 사용하여 그림 3 삽입,
  도형 윤곽선(실선, 색 : 연한 녹색, 너비 : 4pt, 겹선 종류 : 단순형, 대시 종류 : 사각 점선),
  도형 효과(반사 – '전체 반사: 터치')
- WordArt 삽입(식품첨가물 제대로 알고 건강하게 섭취하기!)
  ⇒ WordArt 스타일('그라데이션 채우기, 회색'), 글꼴(궁서체, 32pt, 굵게)
- 지시사항이 없는 부분은《출력형태》와 동일하게 작성하시오.

제 04 회 디지털정보활용능력 출제예상 모의고사

작성 시간 / 시험 시간	채점 결과
분 / 40분	점 / 200점

☑ 시험과목 : 프리젠테이션(파워포인트)
☑ 시험일자 : 20XX. XX. XX. (X)
☑ 응시자 기재사항 및 감독 위원 확인

MS Office 2021 버전용

수검번호	DIP – XXXX –	감독위원 확인
성 명		

· 응시자 유의사항 ·

1. 응시자는 신분증을 지참하여야 시험에 응시할 수 있으며, 시험이 종료될 때까지 신분증을 제시하지 못 할 경우 해당 시험은 0점 처리됩니다.
2. 시스템(PC 작동 여부, 네트워크 상태 등)의 이상 여부를 반드시 확인하여야 하며, 시스템 이상이 있을 시 감독 위원에게 조치를 받으셔야 합니다.
3. 시험 중 부주의 또는 고의로 시스템을 파손한 경우는 응시자 부담으로 합니다.
4. 답안 전송 프로그램을 통해 다운로드 받은 파일을 이용하여 답안 파일을 작성하시기 바랍니다.
5. 작성한 답안 파일은 답안 전송 프로그램을 통하여 전송됩니다. 감독 위원의 지시에 따라 주시기 바랍니다.
6. 다음 사항의 경우 실격(0점) 혹은 부정행위 처리됩니다.
    1) 답안 파일을 저장하지 않았거나, 저장한 파일이 손상되었을 경우
    2) 답안 파일을 지정된 폴더(바탕화면 – "KAIT" 폴더)에 저장하지 않았을 경우
       ※ 답안 전송 프로그램 로그인 시 바탕화면에 자동 생성됨
    3) 답안 파일을 다른 보조기억장치(USB) 혹은 네트워크(메신저, 게시판 등)로 전송할 경우
    4) 휴대용 전화기 등 통신기기를 사용할 경우
7. 슬라이드는 반드시 순서대로 작성해야 하며, 순서가 다를 경우 "0"점 처리됩니다.
8. 시험지에 제시된 글꼴이 응시 프로그램에 없는 경우, 반드시 감독 위원에게 해당 내용을 통보한 뒤 조치를 받아야 합니다.
9. 슬라이드 작성 시 도형의 그룹 설정을 사용하는 경우, 채점에서 감점 처리됩니다.
10. 시험의 완료는 작성이 완료된 답안을 저장하고, 답안 전송이 완료된 상태를 확인한 것으로 합니다. 답안 전송 확인 후 문제지는 감독 위원에게 제출한 후 퇴실하여야 합니다.
11. 답안 전송을 완료한 경우는 수정 또는 정정이 불가합니다.
12. 시험 시행 후 합격자 발표는 홈페이지(www.ihd.or.kr)에서 확인하시기 바랍니다.
    1) 문제 및 정답 공개 : 20XX. XX. XX.(X)
    2) 합격자 발표 : 20XX. XX. XX.(X)

유의사항

- 《작성조건》을 준수하여 반드시 프리젠테이션 슬라이드로 작업합니다.
- 글꼴 및 기타 사항에 대해 별도의 지시사항이 없는 경우, 슬라이드 크기와 전체적인 균형을 고려하여 임의로 작성하되, 도형은 그룹으로 설정하지 않습니다.
- 모든 슬라이드 크기(A4), 방향(가로), 디자인 테마(Office 테마)로 지정합니다.
  ▶ 슬라이드 크기, 방향 조정 시 '맞춤 확인'으로 지정하여야 합니다.
- 공통적용사항(슬라이드 마스터)
  ▶ 도형 ⇒ 기본 도형 – '사다리꼴', 도형 스타일('미세 효과 – 황금색, 강조 4'), 글꼴(돋움, 18pt, 굵게)
- 그림 삽입 시 다운로드 한 그림 파일을 반드시 사용하여야 합니다.
- ⎯⎯▶ 은 지시사항이므로 작성하지 않습니다.
- 슬라이드에 제시된 글자 및 숫자 오탈자는 별도 감점 처리됩니다.
- "도형 서식"과 "셰이프 형식"은 동일한 기능이며, 버전에 따라 표현이 다릅니다.

슬라이드1 — 아래의 작성조건 및 출력형태에 알맞게 첫 번째 슬라이드에 작업하시오. 〔30점〕

《작성조건》

▶ 도형 1 ⇒ 기본 도형 – '팔각형', 도형 채우기(그라데이션 : 미리 설정 – '가운데 그라데이션 – 강조 2', 종류 – 선형, 방향 – '선형 아래쪽'), 도형 윤곽선(실선, 색 : 주황, 너비 : 3pt, 겹선 종류 : 단순형), 도형 효과(그림자 – 바깥쪽 – '오프셋: 오른쪽 위'), 글꼴(궁서체, 44pt, 기울임꼴, 텍스트 그림자, 노랑)

▶ 도형 2 ⇒ 기본 도형 – '원형: 비어 있음', 도형 채우기(파랑, 강조 1), 선 없음, 도형 효과(그림자 – 안쪽 – '안쪽: 가운데', 반사 – '근접 반사: 터치')

▶ 도형 3 ⇒ 기본 도형 – '하트', 도형 스타일('보통 효과 – 녹색, 강조 6')

▶ 그림 삽입 ⇒ 그림 1 삽입, 크기(높이 : 7cm, 너비 : 10cm)

▶ 텍스트 상자(고양이 전문 수의사가 만든 백과사전) ⇒ 글꼴(돋움체, 24pt, 굵게, 밑줄)

▶ 애니메이션 지정 ⇒ 도형 1 : 나타내기 – 밝기 변화

▶ 지시사항이 없는 부분은 《출력형태》와 동일하게 작성하시오.

슬라이드2
아래의 작성조건 및 출력형태에 알맞게 두 번째 슬라이드에 작업하시오. (50점)

《출력형태》

《작성조건》

(1) 제목
- 도형 1 ⇒ 기본 도형 – '평행 사변형', 도형 채우기('파랑, 강조 1, 80% 더 밝게'),
  도형 윤곽선(실선, 색 : 진한 파랑, 너비 : 2.25pt, 겹선 종류 : 단순형),
  도형 효과(그림자 – 안쪽 – '안쪽: 가운데', 네온 – '네온: 11pt, 파랑, 강조색 1'),
  글꼴(궁서체, 36pt, 굵게, 텍스트 그림자, 진한 파랑)

(2) 본문
- 도형 2 ⇒ 기본 도형 – '사각형: 빗면', 도형 채우기(주황, 그라데이션 – '오른쪽 위 모서리에서'),
  도형 윤곽선(실선, 색 : '주황, 강조 2', 너비 : 3pt, 겹선 종류 : 이중),
  글꼴(돋움체, 22pt, 굵게, 텍스트 그림자, '녹색, 강조 6')
- 도형 3~6 ⇒ 기본 도형 – '배지', 도형 채우기(자주, 그라데이션 – '선형 아래쪽'), 선 없음,
  도형 효과(입체 효과 – '각지게'), 글꼴(돋움, 20pt, 굵게, 진한 파랑)
- 실행 단추 ⇒ 실행 단추 – '실행 단추: 앞으로 또는 다음으로 이동', 하이퍼링크 : 다음 슬라이드,
  도형 스타일('강한 효과 – 황금색, 강조 4')
- SmartArt 삽입 ⇒ 목록형 – '교대 육각형', 글꼴(돋움체, 24pt, 굵게, 기울임꼴, 가운데 맞춤),
  SmartArt 스타일(색 변경 – 색상형 – '색상형 – 강조색', 3차원 – '광택 처리'),
  (반드시 SmartArt 기능을 이용하여 작성할 것)
- 애니메이션 지정 ⇒ SmartArt : 나타내기 – 닦아내기
- 지시사항이 없는 부분은《출력형태》와 동일하게 작성하시오.

슬라이드3 아래의 작성조건 및 출력형태에 알맞게 세 번째 슬라이드에 작업하시오. (60점)

《출력형태》

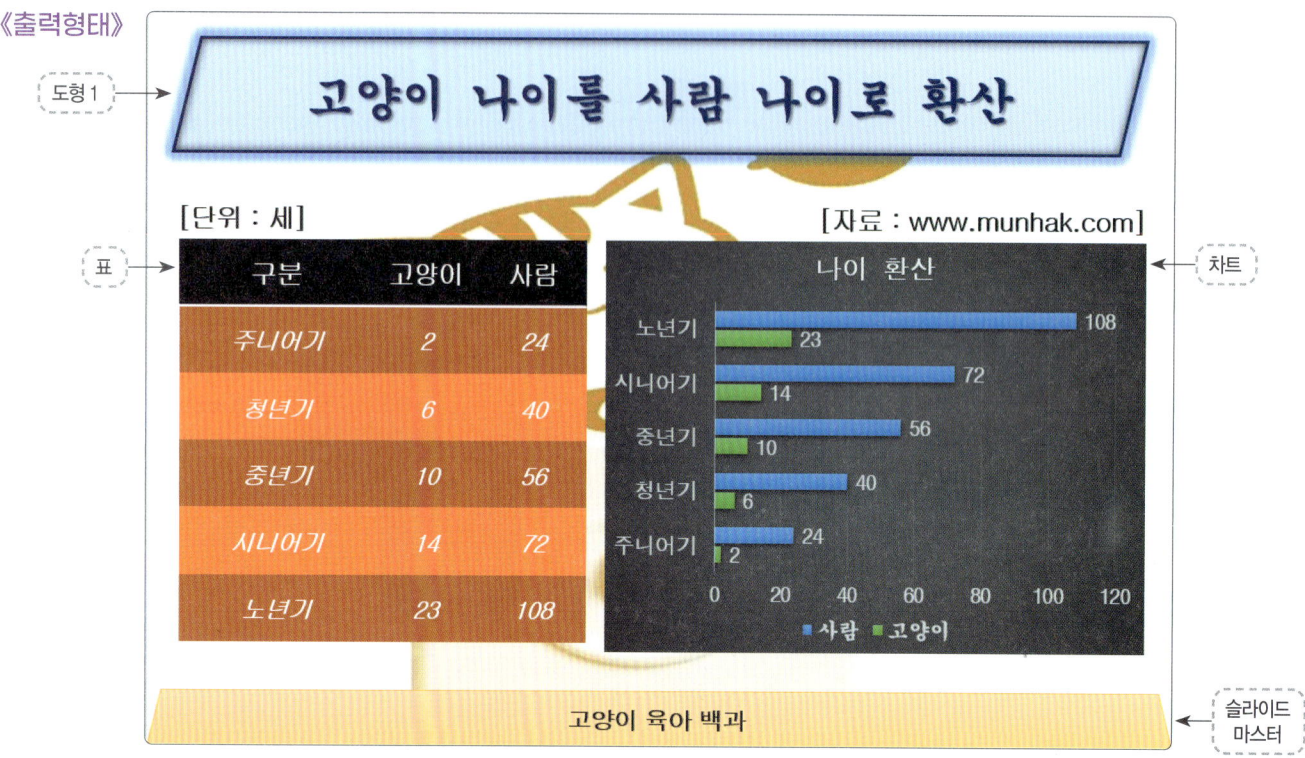

《작성조건》

(1) **제목**
- 도형 1 ⇒ 기본 도형 – '평행 사변형', 도형 채우기('파랑, 강조 1, 80% 더 밝게'),
  도형 윤곽선(실선, 색 : 진한 파랑, 너비 : 2.25pt, 겹선 종류 : 단순형),
  도형 효과(그림자 – 안쪽 – '안쪽: 가운데', 네온 – '네온: 11pt, 파랑, 강조색 1'),
  글꼴(궁서체, 36pt, 굵게, 텍스트 그림자, 진한 파랑)

(2) **본문** (※ 차트 작성은 반드시 '차트 삽입 → 데이터 입력 → 차트 스타일' 순으로 작성 바랍니다.)
- 텍스트 상자 1([단위 : 세]) ⇒ 글꼴(굴림, 20pt, 굵게)
- 표 ⇒ 표 스타일(어둡게 – '어두운 스타일 1 – 강조 2'),
  가장 위의 행 : 글꼴(굴림, 20pt, 굵게, 텍스트 그림자, 가운데 맞춤),
  나머지 행 : 글꼴(굴림, 18pt, 굵게, 기울임꼴, 가운데 맞춤)
- 텍스트 상자 2([자료 : www.munhak.com]) ⇒ 글꼴(굴림, 20pt, 굵게)
- 차트 ⇒ 가로 막대형 – '묶은 가로 막대형', 차트 스타일(색 변경 – 색상형 – '다양한 색상표 4', 스타일 7),
  축 서식/데이터 레이블 서식 : 글꼴(돋움체, 16pt, 굵게),
  범례 서식 : 글꼴(궁서체, 16pt, 굵게), 데이터는 표 참고
- 배경 ⇒ 배경 서식(채우기 – 그림 또는 질감 채우기)에서 그림 2 삽입(현재 슬라이드만 적용)
- 애니메이션 지정 ⇒ 차트 : 나타내기 – 도형
- 지시사항이 없는 부분은 《출력형태》와 동일하게 작성하시오.

슬라이드4 아래의 작성조건 및 출력형태에 알맞게 네 번째 슬라이드에 작업하시오. (60점)

《출력형태》

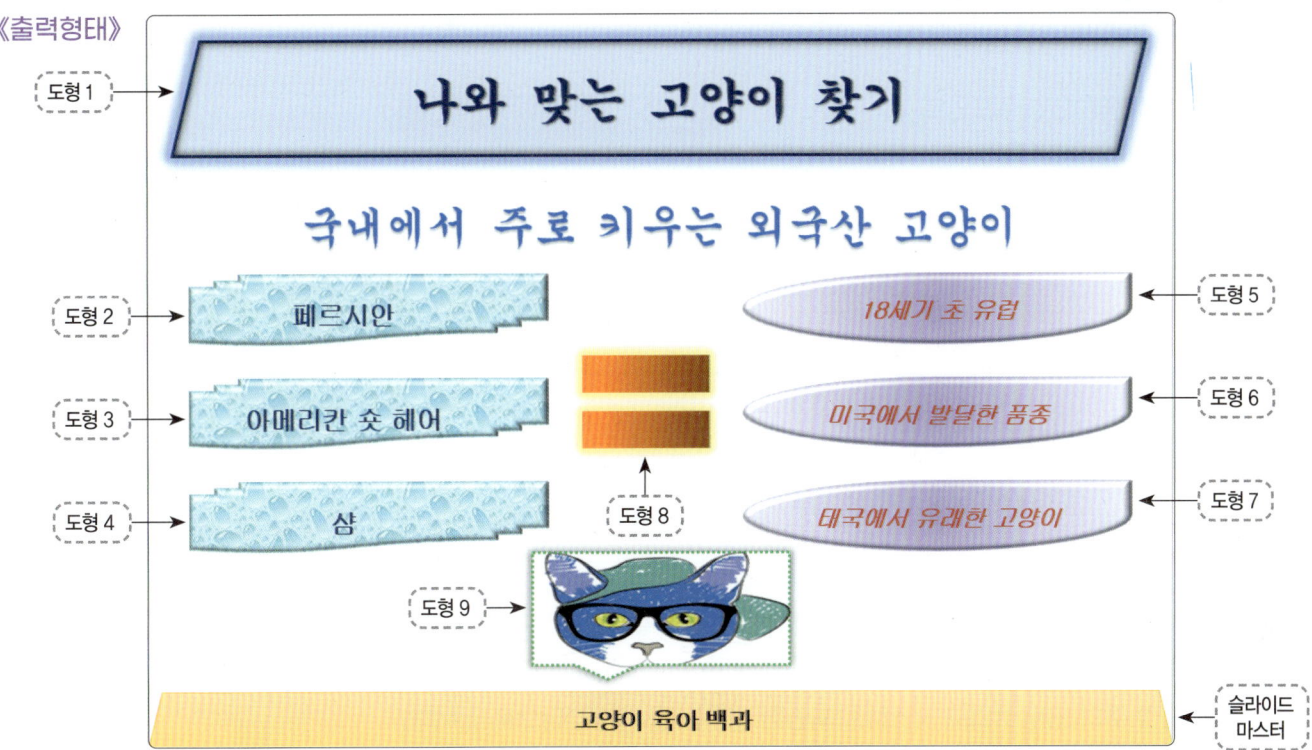

《작성조건》

(1) **제목**
- 도형 1 ⇒ 기본 도형 – '평행 사변형', 도형 채우기('파랑, 강조 1, 80% 더 밝게'),
  도형 윤곽선(실선, 색 : 진한 파랑, 너비 : 2.25pt, 겹선 종류 : 단순형),
  도형 효과(그림자 – 안쪽 – '안쪽: 가운데', 네온 – '네온: 11pt, 파랑, 강조색 1'),
  글꼴(궁서체, 36pt, 굵게, 텍스트 그림자, 진한 파랑)

(2) **본문**
- 도형 2~4 ⇒ 순서도 – '순서도: 다중 문서', 도형 채우기(질감 : 작은 물방울), 선 없음,
  도형 효과(입체 효과 – '둥글게'), 글꼴(굴림, 20pt, 굵게, 진한 파랑)
- 도형 5~7 ⇒ 기본 도형 – '눈물 방울', 도형 채우기(자주, 그라데이션 – '가운데에서'), 선 없음,
  도형 효과(입체 효과 – '둥글게'), 글꼴(굴림, 18pt, 굵게, 기울임꼴, 진한 빨강)
- 도형 8 ⇒ 수식 도형 – '같음 기호', 도형 채우기('주황, 강조 2', 그라데이션 – '선형 왼쪽'), 선 없음,
  도형 효과(네온 – '네온: 8pt, 황금색, 강조색 4')
- 도형 9 ⇒ 설명선 – '말풍선: 사각형', 도형 채우기(그림 또는 질감 채우기) 기능을 사용하여 그림 3 삽입,
  도형 윤곽선(실선, 색 : 녹색, 너비 : 2pt, 겹선 종류 : 단순형, 대시 종류 : 둥근 점선),
  도형 효과(그림자 – 바깥쪽 – '오프셋: 가운데')
- WordArt 삽입(국내에서 주로 키우는 외국산 고양이)
  ⇒ WordArt 스타일('채우기: 파랑, 강조색 1, 그림자'), 글꼴(궁서체, 32pt, 텍스트 그림자)
- 지시사항이 없는 부분은《출력형태》와 동일하게 작성하시오.

제 05 회 디지털정보활용능력 출제예상 모의고사

작성 시간 / 시험 시간	채점 결과
분 / 40분	점 / 200점

- ☑ 시험과목 : 프리젠테이션(파워포인트)
- ☑ 시험일자 : 20XX. XX. XX. (X)
- ☑ 응시자 기재사항 및 감독 위원 확인

MS Office 2021 버전용

Ⓐ

수검번호	DIP - XXXX -	감독위원 확인
성 명		

· 응시자 유의사항 ·

1. 응시자는 신분증을 지참하여야 시험에 응시할 수 있으며, 시험이 종료될 때까지 신분증을 제시하지 못 할 경우 해당 시험은 0점 처리됩니다.
2. 시스템(PC 작동 여부, 네트워크 상태 등)의 이상 여부를 반드시 확인하여야 하며, 시스템 이상이 있을 시 감독위원에게 조치를 받으셔야 합니다.
3. 시험 중 부주의 또는 고의로 시스템을 파손한 경우는 응시자 부담으로 합니다.
4. 답안 전송 프로그램을 통해 다운로드 받은 파일을 이용하여 답안 파일을 작성하시기 바랍니다.
5. 작성한 답안 파일은 답안 전송 프로그램을 통하여 전송됩니다. 감독 위원의 지시에 따라 주시기 바랍니다.
6. 다음 사항의 경우 실격(0점) 혹은 부정행위 처리됩니다.
    1) 답안 파일을 저장하지 않았거나, 저장한 파일이 손상되었을 경우
    2) 답안 파일을 지정된 폴더(바탕화면 - "KAIT" 폴더)에 저장하지 않았을 경우
        ※ 답안 전송 프로그램 로그인 시 바탕화면에 자동 생성됨
    3) 답안 파일을 다른 보조기억장치(USB) 혹은 네트워크(메신저, 게시판 등)로 전송할 경우
    4) 휴대용 전화기 등 통신기기를 사용할 경우
7. 슬라이드는 반드시 순서대로 작성해야 하며, 순서가 다를 경우 "0"점 처리됩니다.
8. 시험지에 제시된 글꼴이 응시 프로그램에 없는 경우, 반드시 감독 위원에게 해당 내용을 통보한 뒤 조치를 받아야 합니다.
9. 슬라이드 작성 시 도형의 그룹 설정을 사용하는 경우, 채점에서 감점 처리됩니다.
10. 시험의 완료는 작성이 완료된 답안을 저장하고, 답안 전송이 완료된 상태를 확인한 것으로 합니다. 답안 전송 확인 후 문제지는 감독 위원에게 제출한 후 퇴실하여야 합니다.
11. 답안 전송을 완료한 경우는 수정 또는 정정이 불가합니다.
12. 시험 시행 후 합격자 발표는 홈페이지(www.ihd.or.kr)에서 확인하시기 바랍니다.
    1) 문제 및 정답 공개 : 20XX. XX. XX.(X)
    2) 합격자 발표 : 20XX. XX. XX.(X)

유의사항

- 《작성조건》을 준수하여 반드시 프리젠테이션 슬라이드로 작업합니다.
- 글꼴 및 기타 사항에 대해 별도의 지시사항이 없는 경우, 슬라이드 크기와 전체적인 균형을 고려하여 임의로 작성하되, 도형은 그룹으로 설정하지 않습니다.
- 모든 슬라이드 크기(A4), 방향(가로), 디자인 테마(Office 테마)로 지정합니다.
  ▶ 슬라이드 크기, 방향 조정 시 '맞춤 확인'으로 지정하여야 합니다.
- 공통적용사항(슬라이드 마스터)
  ▶ 도형 ⇒ 기본 도형 - '타원', 도형 스타일('보통 효과 - 주황, 강조 2'), 글꼴(궁서, 18pt, 텍스트 그림자)
- 그림 삽입 시 다운로드 한 그림 파일을 반드시 사용하여야 합니다.
- ⬜ ➝ 은 지시사항이므로 작성하지 않습니다.
- 슬라이드에 제시된 글자 및 숫자 오탈자는 별도 감점 처리됩니다.
- "도형 서식" 과 "셰이프 형식"은 동일한 기능이며, 버전에 따라 표현이 다릅니다.

슬라이드1 ▶ 아래의 작성조건 및 출력형태에 알맞게 첫 번째 슬라이드에 작업하시오. 〔30점〕

《출력형태》

《작성조건》

▶ 도형 1 ⇒ 별 및 현수막 - '물결', 도형 채우기(그라데이션 : 미리 설정 - '가운데 그라데이션 - 강조 5', 종류 - 선형, 방향 - '선형 오른쪽'), 도형 윤곽선(실선, 색 : 주황, 너비 : 3pt, 겹선 종류 : 단순형), 도형 효과(그림자 - 안쪽 - '안쪽: 아래쪽'), 글꼴(굴림, 40pt, 굵게, 기울임꼴, '밝은 회색, 배경 2')
▶ 도형 2 ⇒ 기본 도형 - 'L 도형', 도형 채우기('황금색, 강조 4'), 선 없음, 도형 효과(그림자 - 바깥쪽 - '오프셋: 아래쪽', 입체 효과 - '둥글게')
▶ 도형 3 ⇒ 순서도 - '순서도: 가산 접합', 도형 스타일('밝은 색 1 윤곽선, 색 채우기 - 녹색, 강조 6')
▶ 그림 삽입 ⇒ 그림 1 삽입, 크기(높이 : 7cm, 너비 : 7cm)
▶ 텍스트 상자(과도한 스마트폰 이용은 문제적 결과를 초래함) ⇒ 글꼴(궁서체, 22pt, 굵게, 밑줄)
▶ 애니메이션 지정 ⇒ 도형 1 : 나타내기 - 닦아내기
▶ 지시사항이 없는 부분은 《출력형태》와 동일하게 작성하시오.

슬라이드2 아래의 작성조건 및 출력형태에 알맞게 두 번째 슬라이드에 작업하시오. (50점)

《출력형태》

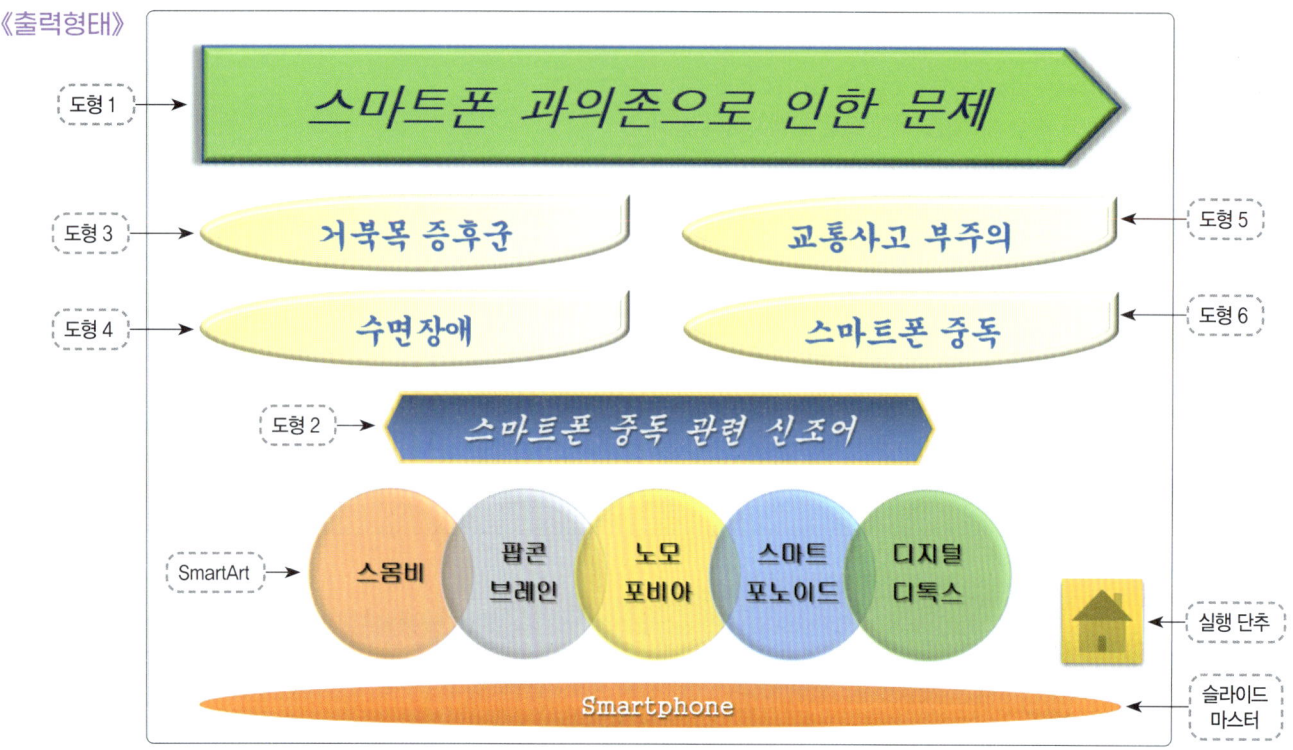

《작성조건》

(1) 제목

▶ 도형 1 ⇒ 블록 화살표 – '화살표: 오각형', 도형 채우기(연한 녹색),
　　　　　도형 윤곽선(실선, 색 : 파랑, 너비 : 2pt, 겹선 종류 : 단순형),
　　　　　도형 효과(그림자 – 바깥쪽 – '오프셋: 가운데', 입체 효과 – '기울기'),
　　　　　글꼴(돋움체, 36pt, 굵게, 기울임꼴, 진한 파랑)

(2) 본문

▶ 도형 2 ⇒ 기본 도형 – '육각형', 도형 채우기('파랑, 강조 5', 그라데이션 – '선형 아래쪽'),
　　　　　도형 윤곽선(실선, 색 : '황금색, 강조 4', 너비 : 3pt, 겹선 종류 : 얇고 굵음),
　　　　　글꼴(궁서체, 24pt, 기울임꼴, 텍스트 그림자, '밝은 회색, 배경 2')

▶ 도형 3~6 ⇒ 기본 도형 – '눈물 방울', 도형 채우기(주황, 그라데이션 – '왼쪽 위 모서리에서'), 선 없음,
　　　　　도형 효과(입체 효과 – '리블렛'), 글꼴(궁서, 24pt, 굵게, 파랑)

▶ 실행 단추 ⇒ 실행 단추 – '실행 단추: 홈으로 이동', 하이퍼링크 : 첫째 슬라이드,
　　　　　도형 스타일('강한 효과 – 황금색, 강조 4')

▶ SmartArt 삽입 ⇒ 관계형 – '선형 벤형', 글꼴(굴림체, 18pt, 굵게, 텍스트 그림자, 가운데 맞춤),
　　　　　SmartArt 스타일(색 변경 – 색상형 – '색상형 – 강조색', 3차원 – '파우더'),
　　　　　(반드시 SmartArt 기능을 이용하여 작성할 것)

▶ 애니메이션 지정 ⇒ SmartArt : 나타내기 – 밝기 변화

▶ 지시사항이 없는 부분은《출력형태》와 동일하게 작성하시오.

슬라이드3 아래의 작성조건 및 출력형태에 알맞게 세 번째 슬라이드에 작업하시오. (60점)

《출력형태》

《작성조건》

(1) **제목**
- 도형 1 ⇒ 블록 화살표 – '화살표: 오각형', 도형 채우기(연한 녹색), 도형 윤곽선(실선, 색 : 파랑, 너비 : 2pt, 겹선 종류 : 단순형), 도형 효과(그림자 – 바깥쪽 – '오프셋: 가운데', 입체 효과 – '기울기'), 글꼴(돋움체, 36pt, 굵게, 기울임꼴, 진한 파랑)

(2) **본문** (※ 차트 작성은 반드시 '차트 삽입 → 데이터 입력 → 차트 스타일' 순으로 작성 바랍니다.)
- 텍스트 상자 1([단위 : %]) ⇒ 글꼴(굴림체, 18pt, 굵게)
- 표 ⇒ 표 스타일(중간 – '보통 스타일 3 – 강조 5'), 가장 위의 행 : 글꼴(굴림, 22pt, 굵게, 텍스트 그림자, 가운데 맞춤), 나머지 행 : 글꼴(굴림, 24pt, 굵게, 기울임꼴, 가운데 맞춤)
- 텍스트 상자 2([출처 : 과학기술정보통신부]) ⇒ 글꼴(굴림체, 18pt, 굵게)
- 차트 ⇒ 꺾은선형 – '꺾은선형', 차트 스타일(색 변경 – 색상형 – '다양한 색상표 2', 스타일 10), 축 서식/데이터 레이블 서식 : 글꼴(궁서, 18pt, 굵게), 범례 서식 : 글꼴(굴림체, 20pt, 굵게, 기울임꼴), 데이터는 표 참고
- 배경 ⇒ 배경 서식(채우기 – 그림 또는 질감 채우기)에서 그림 2 삽입(현재 슬라이드만 적용)
- 애니메이션 지정 ⇒ 차트 : 나타내기 – 밝기 변화
- 지시사항이 없는 부분은 《출력형태》와 동일하게 작성하시오.

슬라이드4 아래의 작성조건 및 출력형태에 알맞게 네 번째 슬라이드에 작업하시오. (60점)

《출력형태》

- 도형1 → 스마트폰 과의존 해소를 위한 노력
- 도형2 → 보행 시 스마트폰 보지 않기
- 도형3 → 가까운 사람들과는 직접 대화
- 도형4 → 스스로 스마트폰 사용 점검하기
- 도형5 → 업무시간에는 진동모드 사용하기
- 도형6 → 산책, 음악감상 등 취미 생활하기
- 도형7 → 공공장소에서 스마트폰 예절 지키기
- 도형8 → 스마트폰 디지털 디톡스 실천!
- 도형9 → (하트 이미지)
- 슬라이드 마스터 → Smartphone

《작성조건》

(1) 제목
- ▶ 도형 1 ⇒ 블록 화살표 – '화살표: 오각형', 도형 채우기(연한 녹색),
  도형 윤곽선(실선, 색 : 파랑, 너비 : 2pt, 겹선 종류 : 단순형),
  도형 효과(그림자 – 바깥쪽 – '오프셋: 가운데', 입체 효과 – '기울기'),
  글꼴(돋움체, 36pt, 굵게, 기울임꼴, 진한 파랑)

(2) 본문
- ▶ 도형 2~4 ⇒ 순서도 – '순서도: 다른 페이지 연결선', 도형 채우기(질감 : 편지지), 선 없음,
  도형 효과(반사 – '1/2 반사: 터치'), 글꼴(바탕체, 22pt, 굵게, 기울임꼴, 진한 파랑)
- ▶ 도형 5~7 ⇒ 기본 도형 – '사다리꼴', 도형 채우기('황금색, 강조 4', 그라데이션 – '선형 왼쪽'), 선 없음,
  도형 효과(입체 효과 – '볼록하게'), 글꼴(굴림, 20pt, 굵게, 텍스트 그림자, 자주)
- ▶ 도형 8 ⇒ 기본 도형 – '구름', 도형 채우기('청회색, 텍스트 2', 그라데이션 – '가운데에서'), 선 없음,
  도형 효과(네온 – '네온: 11pt, 주황, 강조색 2')
- ▶ 도형 9 ⇒ 기본 도형 – '하트', 도형 채우기(그림 또는 질감 채우기) 기능을 사용하여 그림 3 삽입,
  도형 윤곽선(실선, 색 : 진한 빨강, 너비 : 3pt, 겹선 종류 : 단순형, 대시 종류 : 파선),
  도형 효과(그림자 – 안쪽 – '안쪽: 위쪽')
- ▶ WordArt 삽입(스마트폰 디지털 디톡스 실천!)
  ⇒ WordArt 스타일('그라데이션 채우기 – 회색'), 글꼴(궁서체, 32pt)
- ▶ 지시사항이 없는 부분은 《출력형태》와 동일하게 작성하시오.

제 **06** 회	**디지털정보활용능력 출제예상 모의고사**	작성 시간 / 시험 시간	채점 결과
		분 / 40분	점 / 200점

☑ 시험과목 : 프리젠테이션(파워포인트)
☑ 시험일자 : 20XX. XX. XX. (X)
☑ 응시자 기재사항 및 감독 위원 확인

MS Office 2021 버전용

수검번호	DIP – XXXX –	감독위원 확인
성 명		

· 응시자 유의사항 ·

1. 응시자는 신분증을 지참하여야 시험에 응시할 수 있으며, 시험이 종료될 때까지 신분증을 제시하지 못 할 경우 해당 시험은 0점 처리됩니다.
2. 시스템(PC 작동 여부, 네트워크 상태 등)의 이상 여부를 반드시 확인하여야 하며, 시스템 이상이 있을 시 감독 위원에게 조치를 받으셔야 합니다.
3. 시험 중 부주의 또는 고의로 시스템을 파손한 경우는 응시자 부담으로 합니다.
4. 답안 전송 프로그램을 통해 다운로드 받은 파일을 이용하여 답안 파일을 작성하시기 바랍니다.
5. 작성한 답안 파일은 답안 전송 프로그램을 통하여 전송됩니다. 감독 위원의 지시에 따라 주시기 바랍니다.
6. 다음 사항의 경우 실격(0점) 혹은 부정행위 처리됩니다.
    1) 답안 파일을 저장하지 않았거나, 저장한 파일이 손상되었을 경우
    2) 답안 파일을 지정된 폴더(바탕화면 – "KAIT" 폴더)에 저장하지 않았을 경우
        ※ 답안 전송 프로그램 로그인 시 바탕화면에 자동 생성됨
    3) 답안 파일을 다른 보조기억장치(USB) 혹은 네트워크(메신저, 게시판 등)로 전송할 경우
    4) 휴대용 전화기 등 통신기기를 사용할 경우
7. 슬라이드는 반드시 순서대로 작성해야 하며, 순서가 다를 경우 "0"점 처리됩니다.
8. 시험지에 제시된 글꼴이 응시 프로그램에 없는 경우, 반드시 감독 위원에게 해당 내용을 통보한 뒤 조치를 받아야 합니다.
9. 슬라이드 작성 시 도형의 그룹 설정을 사용하는 경우, 채점에서 감점 처리됩니다.
10. 시험의 완료는 작성이 완료된 답안을 저장하고, 답안 전송이 완료된 상태를 확인한 것으로 합니다. 답안 전송 확인 후 문제지는 감독 위원에게 제출한 후 퇴실하여야 합니다.
11. 답안 전송을 완료한 경우는 수정 또는 정정이 불가합니다.
12. 시험 시행 후 합격자 발표는 홈페이지(www.ihd.or.kr)에서 확인하시기 바랍니다.
    1) 문제 및 정답 공개 : 20XX. XX. XX.(X)
    2) 합격자 발표 : 20XX. XX. XX.(X)

유의사항

- 《작성조건》을 준수하여 반드시 프리젠테이션 슬라이드로 작업합니다.
- 글꼴 및 기타 사항에 대해 별도의 지시사항이 없는 경우, 슬라이드 크기와 전체적인 균형을 고려하여 임의로 작성하되, 도형은 그룹으로 설정하지 않습니다.
- 모든 슬라이드 크기(A4), 방향(가로), 디자인 테마(Office 테마)로 지정합니다.
  ▶ 슬라이드 크기, 방향 조정 시 '맞춤 확인'으로 지정하여야 합니다.
- 공통적용사항(슬라이드 마스터)
  ▶ 도형 ⇒ 기본 도형 – '직각 삼각형', 도형 스타일('보통 효과 – 파랑, 강조 1'), 글꼴(돋움, 18pt, 굵게)
- 그림 삽입 시 다운로드 한 그림 파일을 반드시 사용하여야 합니다.
- ⌐⎯⎯⌐→ 은 지시사항이므로 작성하지 않습니다.
- 슬라이드에 제시된 글자 및 숫자 오탈자는 별도 감점 처리됩니다.
- "도형 서식" 과 "셰이프 형식"은 동일한 기능이며, 버전에 따라 표현이 다릅니다.

슬라이드1 아래의 작성조건 및 출력형태에 알맞게 첫 번째 슬라이드에 작업하시오. 〔30점〕

《출력형태》

《작성조건》

▶ 도형 1 ⇒ 순서도 – '순서도: 문서', 도형 채우기(그라데이션 : 미리 설정 – '가운데 그라데이션 – 강조 3', 종류 – 선형, 방향 – '선형 아래쪽'), 도형 윤곽선(실선, 색 : 진한 파랑, 너비 : 3pt, 겹선 종류 : 단순형), 도형 효과(그림자 – 바깥쪽 – '오프셋: 가운데'), 글꼴(굴림, 44pt, 굵게, 텍스트 그림자, 주황)

▶ 도형 2 ⇒ 기본 도형 – '막힌 원호', 도형 채우기('주황, 강조 2'), 선 없음, 도형 효과(입체 효과 – '딱딱한 가장자리', 반사 – '근접 반사: 8pt 오프셋')

▶ 도형 3 ⇒ 기본 도형 – '해', 도형 스타일('색 채우기 – 황금색, 강조 4')

▶ 그림 삽입 ⇒ 그림 1 삽입, 크기(높이 : 8cm, 너비 : 8cm)

▶ 텍스트 상자(도시와 농업의 지속 가능한 발전) ⇒ 글꼴(궁서체, 28pt, 기울임꼴, 밑줄)

▶ 애니메이션 지정 ⇒ 도형 1 : 나타내기 – 밝기 변화

▶ 지시사항이 없는 부분은 《출력형태》와 동일하게 작성하시오.

슬라이드2 — 아래의 작성조건 및 출력형태에 알맞게 두 번째 슬라이드에 작업하시오. (50점)

《출력형태》

《작성조건》

(1) **제목**
- 도형 1 ⇒ 기본 도형 – '사다리꼴', 도형 채우기('녹색, 강조 6'), 도형 윤곽선(실선, 색 : 주황, 너비 : 4pt, 겹선 종류 : 단순형), 도형 효과(그림자 – 안쪽 – '안쪽: 가운데', 네온 – '네온: 5pt, 회색, 강조색 3'), 글꼴(궁서체, 40pt, 기울임꼴, 텍스트 그림자, 진한 파랑)

(2) **본문**
- 도형 2 ⇒ 기본 도형 – '구름', 도형 채우기(주황, 그라데이션 – '선형 왼쪽'), 도형 윤곽선(실선, 색 : '주황, 강조 2', 너비 : 2pt, 겹선 종류 : 이중), 글꼴(바탕체, 24pt, 굵게, 기울임꼴, '파랑, 강조 1')
- 도형 3~6 ⇒ 별 및 현수막 – '물결', 도형 채우기(자주, 그라데이션 – '선형 위쪽'), 선 없음, 도형 효과(입체 효과 – '각지게'), 글꼴(궁서, 22pt, 굵게, 텍스트 그림자, '밝은 회색, 배경 2')
- 실행 단추 ⇒ 실행 단추 – '실행 단추: 끝으로 이동', 하이퍼링크 : 마지막 슬라이드, 도형 스타일('미세 효과 – 주황, 강조 2')
- SmartArt 삽입 ⇒ 관계형 – '기본 방사형', 글꼴(굴림체, 24pt, 굵게, 텍스트 그림자, 가운데 맞춤), SmartArt 스타일(색 변경 – 색상형 – '색상형 – 강조색', 3차원 – '벽돌'), (반드시 SmartArt 기능을 이용하여 작성할 것)
- 애니메이션 지정 ⇒ SmartArt : 나타내기 – 회전
- 지시사항이 없는 부분은 《출력형태》와 동일하게 작성하시오.

슬라이드3 아래의 작성조건 및 출력형태에 알맞게 세 번째 슬라이드에 작업하시오. (60점)

《출력형태》

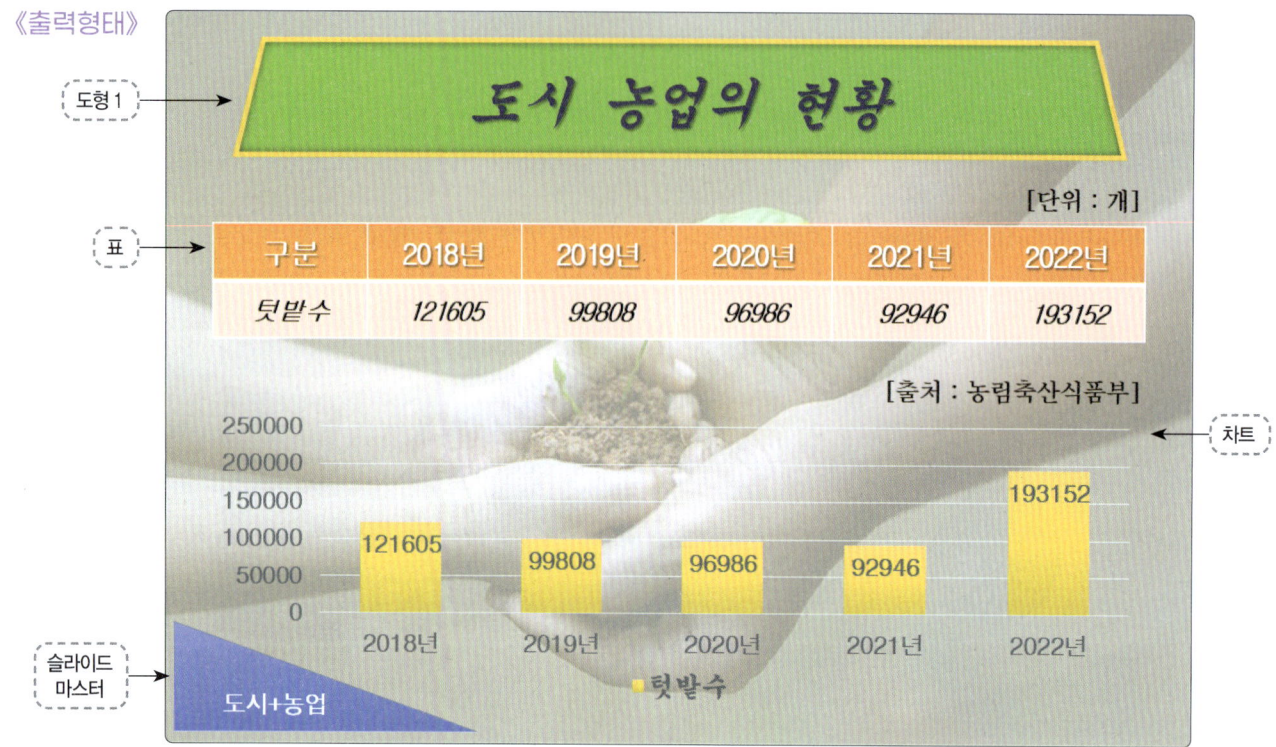

《작성조건》

(1) **제목**
- 도형 1 ⇒ 기본 도형 – '사다리꼴', 도형 채우기('녹색, 강조 6'), 도형 윤곽선(실선, 색 : 주황, 너비 : 4pt, 겹선 종류 : 단순형), 도형 효과(그림자 – 안쪽 – '안쪽: 가운데', 네온 – '네온: 5pt, 회색, 강조색 3'), 글꼴(궁서체, 40pt, 기울임꼴, 텍스트 그림자, 진한 파랑)

(2) **본문** (※ 차트 작성은 반드시 '차트 삽입 → 데이터 입력 → 차트 스타일' 순으로 작성 바랍니다.)
- 텍스트 상자 1([단위 : 개]) ⇒ 글꼴(바탕, 18pt, 굵게)
- 표 ⇒ 표 스타일(중간 – '보통 스타일 2 – 강조 2'), 가장 위의 행 : 글꼴(굴림체, 22pt, 굵게, 텍스트 그림자, 가운데 맞춤), 나머지 행 : 글꼴(굴림체, 20pt, 굵게, 기울임꼴, 가운데 맞춤)
- 텍스트 상자 2([출처 : 농림축산식품부]) ⇒ 글꼴(바탕, 18pt, 굵게)
- 차트 ⇒ 세로 막대형 – '묶은 세로 막대형', 차트 스타일(색 변경 – 단색형 – '단색 색상표 4', 스타일 7), 축 서식/데이터 레이블 서식 : 글꼴(돋움, 18pt, 굵게), 범례 서식 : 글꼴(궁서, 20pt, 굵게), 데이터는 표 참고
- 배경 ⇒ 배경 서식(채우기 – 그림 또는 질감 채우기)에서 그림 2 삽입(현재 슬라이드만 적용)
- 애니메이션 지정 ⇒ 차트 : 나타내기 – 도형
- 지시사항이 없는 부분은《출력형태》와 동일하게 작성하시오.

슬라이드4 — 아래의 작성조건 및 출력형태에 알맞게 네 번째 슬라이드에 작업하시오. (60점)

《출력형태》

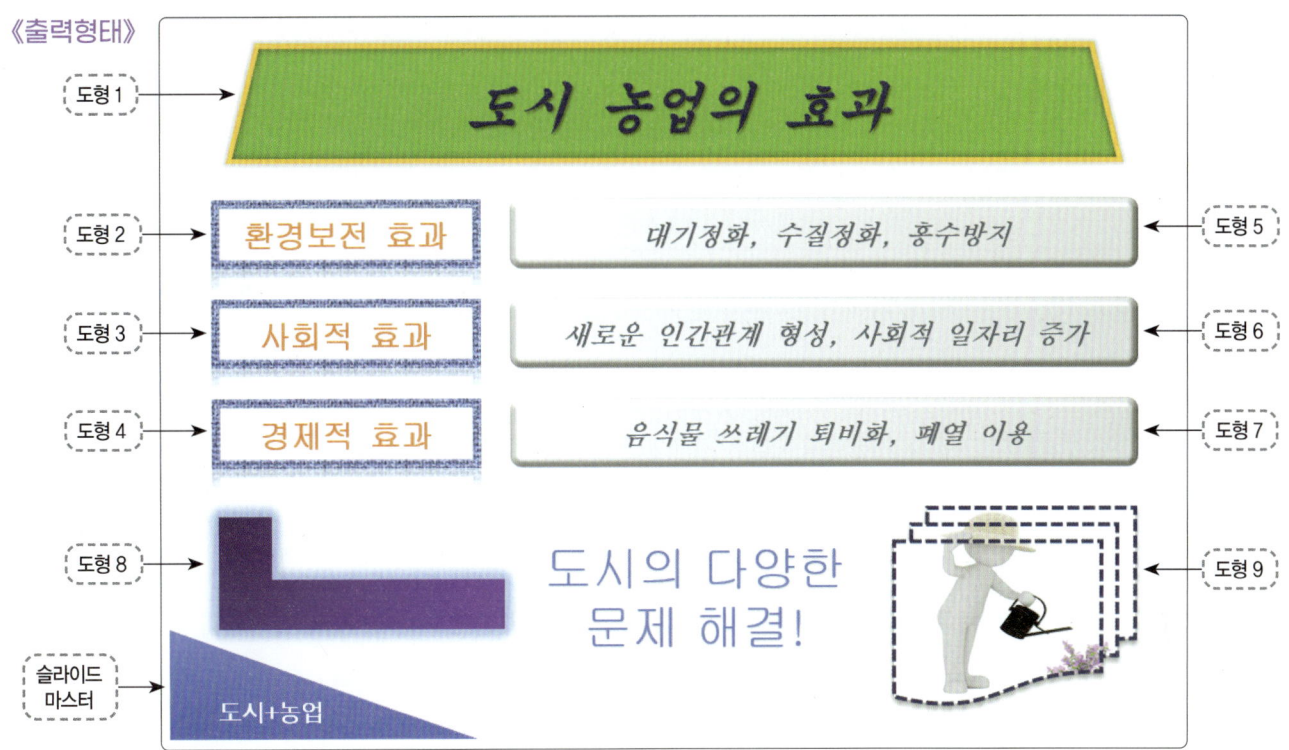

《작성조건》

(1) 제목
- 도형 1 ⇒ 기본 도형 – '사다리꼴', 도형 채우기('녹색, 강조 6'), 도형 윤곽선(실선, 색 : 주황, 너비 : 4pt, 겹선 종류 : 단순형), 도형 효과(그림자 – 안쪽 – '안쪽: 가운데', 네온 – '네온: 5pt, 회색, 강조색 3'), 글꼴(궁서체, 40pt, 기울임꼴, 텍스트 그림자, 진한 파랑)

(2) 본문
- 도형 2~4 ⇒ 기본 도형 – '액자', 도형 채우기(질감 : 데님), 선 없음, 도형 효과(반사 – '근접 반사: 터치'), 글꼴(굴림체, 24pt, 굵게, '주황, 강조 2')
- 도형 5~7 ⇒ 순서도 – '순서도: 대체 처리', 도형 채우기('회색, 강조 3', 그라데이션 – '오른쪽 위 모서리에서'), 선 없음, 도형 효과(입체 효과 – '기울기'), 글꼴(바탕체, 20pt, 굵게, 기울임꼴, '청회색, 텍스트 2')
- 도형 8 ⇒ 기본 도형 – 'L 도형', 도형 채우기(자주, 그라데이션 – '왼쪽 위 모서리에서'), 선 없음, 도형 효과(네온 – '네온: 11pt, 파랑, 강조색 1')
- 도형 9 ⇒ 순서도 – '순서도: 다중 문서', 도형 채우기(그림 또는 질감 채우기) 기능을 사용하여 그림 3 삽입, 도형 윤곽선(실선, 색 : 진한 파랑, 너비 : 3pt, 겹선 종류 : 단순형, 대시 종류 : 사각 점선), 도형 효과(그림자 – 바깥쪽 – '오프셋: 아래쪽')
- WordArt 삽입('도시의 다양한 문제 해결!')
 ⇒ WordArt 스타일('채우기: 파랑, 강조색 1, 그림자'), 글꼴(굴림, 36pt, 텍스트 그림자)
- 지시사항이 없는 부분은 《출력형태》와 동일하게 작성하시오.

제 07 회 디지털정보활용능력 출제예상 모의고사

작성 시간 / 시험 시간	채점 결과
분 / 40분	점 / 200점

- ☑ 시험과목 : 프리젠테이션(파워포인트)
- ☑ 시험일자 : 20XX. XX. XX. (X)
- ☑ 응시자 기재사항 및 감독 위원 확인

MS Office 2021 버전용

수검번호	DIP – XXXX –	감독위원 확인
성　　명		

· 응시자 유의사항 ·

1. 응시자는 신분증을 지참하여야 시험에 응시할 수 있으며, 시험이 종료될 때까지 신분증을 제시하지 못 할 경우 해당 시험은 0점 처리됩니다.
2. 시스템(PC 작동 여부, 네트워크 상태 등)의 이상 여부를 반드시 확인하여야 하며, 시스템 이상이 있을 시 감독 위원에게 조치를 받으셔야 합니다.
3. 시험 중 부주의 또는 고의로 시스템을 파손한 경우는 응시자 부담으로 합니다.
4. 답안 전송 프로그램을 통해 다운로드 받은 파일을 이용하여 답안 파일을 작성하시기 바랍니다.
5. 작성한 답안 파일은 답안 전송 프로그램을 통하여 전송됩니다. 감독 위원의 지시에 따라 주시기 바랍니다.
6. 다음 사항의 경우 실격(0점) 혹은 부정행위 처리됩니다.
    1) 답안 파일을 저장하지 않았거나, 저장한 파일이 손상되었을 경우
    2) 답안 파일을 지정된 폴더(바탕화면 – "KAIT" 폴더)에 저장하지 않았을 경우
        ※ 답안 전송 프로그램 로그인 시 바탕화면에 자동 생성됨
    3) 답안 파일을 다른 보조기억장치(USB) 혹은 네트워크(메신저, 게시판 등)로 전송할 경우
    4) 휴대용 전화기 등 통신기기를 사용할 경우
7. 슬라이드는 반드시 순서대로 작성해야 하며, 순서가 다를 경우 "0"점 처리됩니다.
8. 시험지에 제시된 글꼴이 응시 프로그램에 없는 경우, 반드시 감독 위원에게 해당 내용을 통보한 뒤 조치를 받아야 합니다.
9. 슬라이드 작성 시 도형의 그룹 설정을 사용하는 경우, 채점에서 감점 처리됩니다.
10. 시험의 완료는 작성이 완료된 답안을 저장하고, 답안 전송이 완료된 상태를 확인한 것으로 합니다. 답안 전송 확인 후 문제지는 감독 위원에게 제출한 후 퇴실하여야 합니다.
11. 답안 전송을 완료한 경우는 수정 또는 정정이 불가합니다.
12. 시험 시행 후 합격자 발표는 홈페이지(www.ihd.or.kr)에서 확인하시기 바랍니다.
    1) 문제 및 정답 공개 : 20XX. XX. XX.(X)
    2) 합격자 발표 : 20XX. XX. XX.(X)

유의사항

- 《작성조건》을 준수하여 반드시 프리젠테이션 슬라이드로 작업합니다.
- 글꼴 및 기타 사항에 대해 별도의 지시사항이 없는 경우, 슬라이드 크기와 전체적인 균형을 고려하여 임의로 작성하되, 도형은 그룹으로 설정하지 않습니다.
- 모든 슬라이드 크기(A4), 방향(가로), 디자인 테마(Office 테마)로 지정합니다.
  ▶ 슬라이드 크기, 방향 조정 시 '맞춤 확인'으로 지정하여야 합니다.
- 공통적용사항(슬라이드 마스터)
  ▶ 도형 ⇒ 별 및 현수막 – '물결', 도형 스타일('강한 효과 – 녹색, 강조 6'), 글꼴(궁서체, 18pt, 굵게, 진한 빨강)
- 그림 삽입 시 다운로드 한 그림 파일을 반드시 사용하여야 합니다.
- ⬚⬚⬚ ➔ 은 지시사항이므로 작성하지 않습니다.
- 슬라이드에 제시된 글자 및 숫자 오탈자는 별도 감점 처리됩니다.
- "도형 서식"과 "셰이프 형식"은 동일한 기능이며, 버전에 따라 표현이 다릅니다.

슬라이드1 — 아래의 작성조건 및 출력형태에 알맞게 첫 번째 슬라이드에 작업하시오. 〔30점〕

《출력형태》

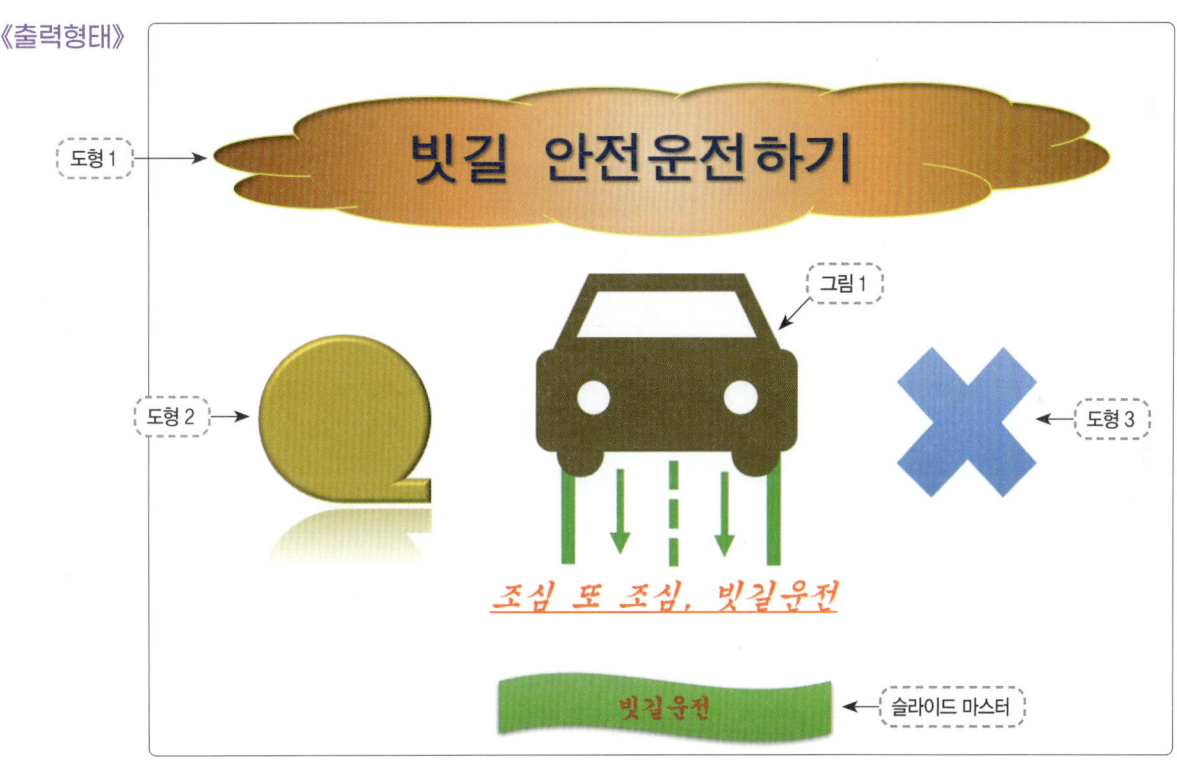

《작성조건》

▶ 도형 1 ⇒ 기본 도형 – '구름', 도형 채우기(그라데이션 : 미리 설정 – '아래쪽 스포트라이트 – 강조 2', 종류 – 방사형, 방향 – '가운데에서'), 도형 윤곽선(실선, 색 : 노랑, 너비 : 1pt, 겹선 종류 : 단순형), 도형 효과(그림자 – 안쪽 – '안쪽: 왼쪽 위'), 글꼴(돋움체, 40pt, 굵게, 텍스트 그림자, 진한 파랑)
▶ 도형 2 ⇒ 순서도 – '순서도: 순차적 액세스 저장소', 도형 채우기('황금색, 강조 4, 25% 더 어둡게'), 선 없음, 도형 효과(반사 – '근접 반사: 4pt 오프셋', 입체 효과 – '둥글게')
▶ 도형 3 ⇒ 수식 도형 – '곱하기 기호', 도형 스타일('보통 효과 – 파랑, 강조 5')
▶ 그림 삽입 ⇒ 그림 1 삽입, 크기(높이 : 8cm, 너비 : 7cm)
▶ 텍스트 상자(조심 또 조심, 빗길운전) ⇒ 글꼴(궁서체, 24pt, 기울임꼴, 밑줄, 빨강)
▶ 애니메이션 지정 ⇒ 도형 1 : 나타내기 – 바운드
▶ 지시사항이 없는 부분은 《출력형태》와 동일하게 작성하시오.

슬라이드2 아래의 작성조건 및 출력형태에 알맞게 두 번째 슬라이드에 작업하시오. (50점)

《출력형태》

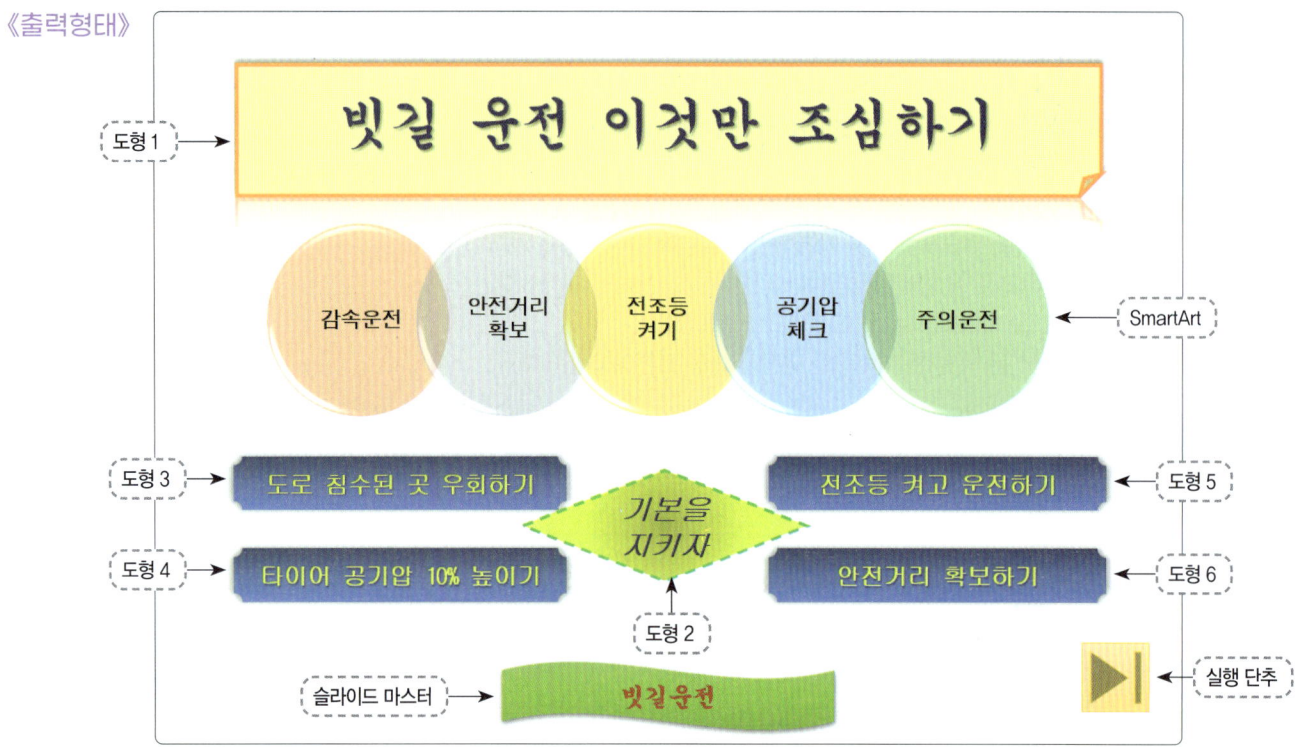

《작성조건》

(1) **제목**
- 도형 1 ⇒ 기본 도형 – '사각형: 모서리가 접힌 도형', 도형 채우기('황금색, 강조 4, 60% 더 밝게'),
  도형 윤곽선(실선, 색 : '주황, 강조 2', 너비 : 3pt, 겹선 종류 : 단순형),
  도형 효과(그림자 – 바깥쪽 – '오프셋: 위쪽', 반사 – '근접 반사: 터치'),
  글꼴(궁서체, 40pt, 텍스트 그림자, 진한 파랑)

(2) **본문**
- 도형 2 ⇒ 기본 도형 – '다이아몬드', 도형 채우기(노랑, 그라데이션 – '가운데에서'),
  도형 윤곽선(실선, 색 : 녹색, 너비 : 2pt, 겹선 종류 : 단순형, 대시 종류 : 파선),
  글꼴(굴림체, 22pt, 굵게, 기울임꼴, 진한 파랑)
- 도형 3~6 ⇒ 기본 도형 – '배지', 도형 채우기('파랑, 강조 5, 25% 더 어둡게', 그라데이션 – '선형 아래쪽'),
  선 없음, 도형 효과(그림자 – 바깥쪽 – '오프셋: 가운데'),
  글꼴(굴림체, 18pt, 굵게, 텍스트 그림자, 노랑)
- 실행 단추 ⇒ 실행 단추 – '실행 단추: 끝으로 이동', 하이퍼링크 : 마지막 슬라이드,
  도형 스타일('미세 효과 – 황금색, 강조 4')
- SmartArt 삽입 ⇒ 관계형 – '선형 벤형', 글꼴(돋움, 16pt, 굵게, 가운데 맞춤),
  SmartArt 스타일(색 변경 – 색상형 – '색상형 – 강조색', 3차원 – '광택 처리'),
  (반드시 SmartArt 기능을 이용하여 작성할 것)
- 애니메이션 지정 ⇒ SmartArt : 나타내기 – 시계 방향 회전
- 지시사항이 없는 부분은《출력형태》와 동일하게 작성하시오.

슬라이드3 아래의 작성조건 및 출력형태에 알맞게 세 번째 슬라이드에 작업하시오. (60점)

《출력형태》

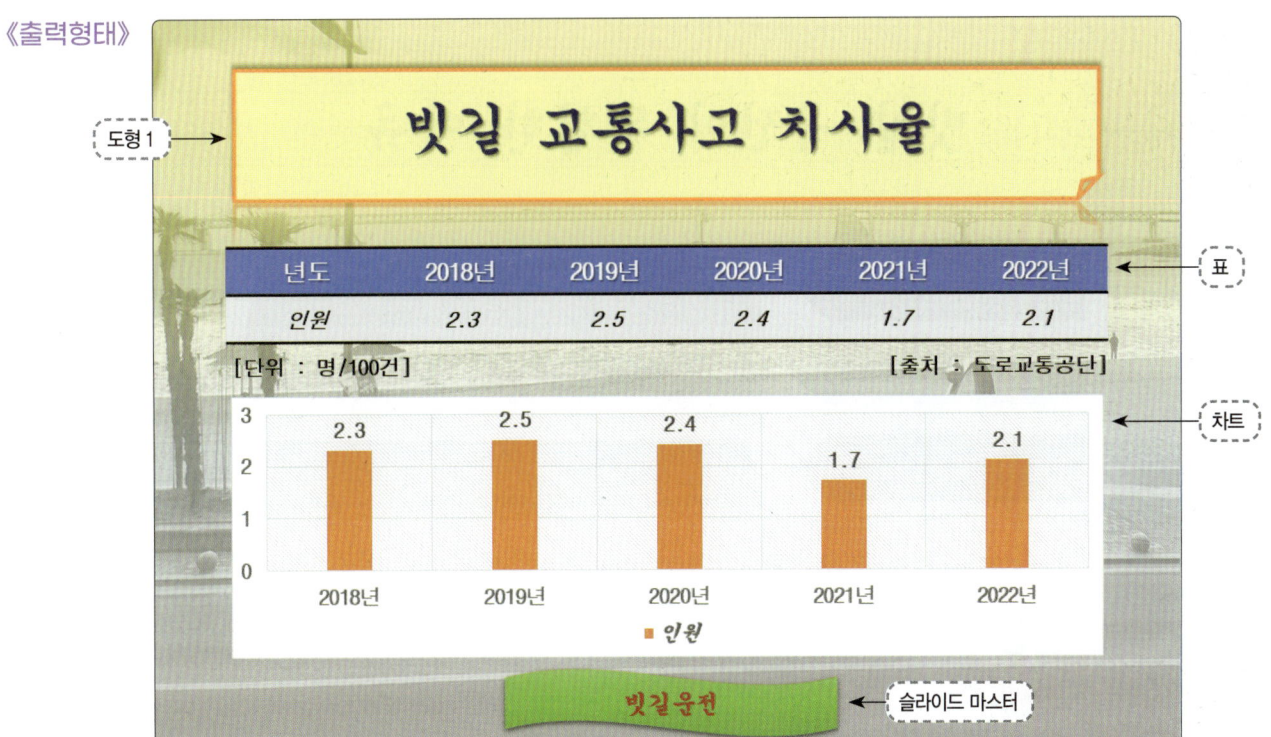

《작성조건》

(1) 제목
- 도형 1 ⇒ 기본 도형 – '사각형: 모서리가 접힌 도형', 도형 채우기('황금색, 강조 4, 60% 더 밝게'),
  도형 윤곽선(실선, 색 : '주황, 강조 2', 너비 : 3pt, 겹선 종류 : 단순형),
  도형 효과(그림자 – 바깥쪽 – '오프셋: 위쪽', 반사 – '근접 반사: 터치'),
  글꼴(궁서체, 40pt, 텍스트 그림자, 진한 파랑)

(2) 본문 (※ 차트 작성은 반드시 '차트 삽입 → 데이터 입력 → 차트 스타일' 순으로 작성 바랍니다.)
- 텍스트 상자 1([단위 : 명/100건]) ⇒ 글꼴(돋움체, 16pt, 굵게)
- 표 ⇒ 표 스타일(중간 – '보통 스타일 3 – 강조 1'),
  가장 위의 행 : 글꼴(돋움체, 18pt, 굵게, 텍스트 그림자, 가운데 맞춤),
  나머지 행 : 글꼴(돋움체, 16pt, 굵게, 기울임꼴, 가운데 맞춤)
- 텍스트 상자 2([출처 : 도로교통공단]) ⇒ 글꼴(돋움체, 16pt, 굵게)
- 차트 ⇒ 세로 막대형 – '묶은 세로 막대형', 차트 스타일(색 변경 – 색상형 – '다양한 색상표 3', 스타일 8),
  축 서식/데이터 레이블 서식 : 글꼴(돋움체, 16pt, 굵게),
  범례 서식 : 글꼴(궁서체, 16pt, 굵게, 기울임꼴), 데이터는 표 참고
- 배경 ⇒ 배경 서식(채우기 – 그림 또는 질감 채우기)에서 그림 2 삽입(현재 슬라이드만 적용)
- 애니메이션 지정 ⇒ 차트 : 나타내기 – 날아오기
- 지시사항이 없는 부분은《출력형태》와 동일하게 작성하시오.

슬라이드4
아래의 작성조건 및 출력형태에 알맞게 네 번째 슬라이드에 작업하시오. (60점)

《출력형태》

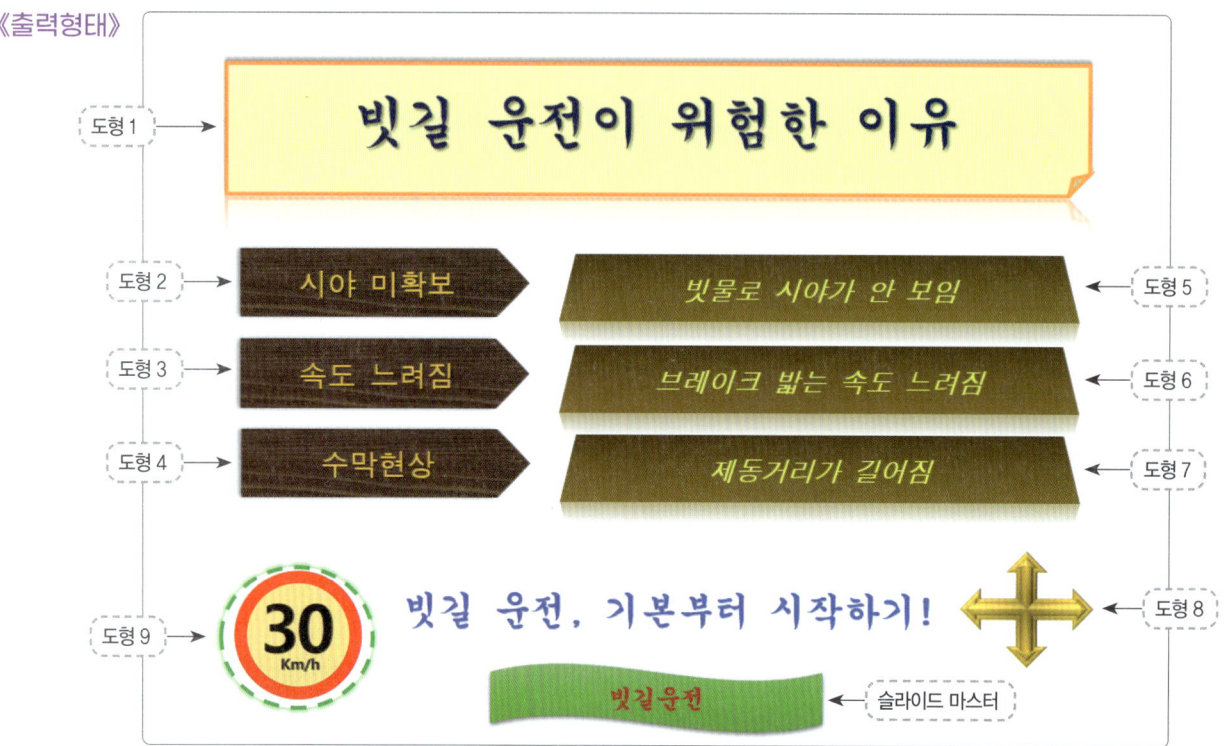

《작성조건》

(1) **제목**
- 도형 1 ⇒ 기본 도형 – '사각형: 모서리가 접힌 도형', 도형 채우기('황금색, 강조 4, 60% 더 밝게'),
  도형 윤곽선(실선, 색 : '주황, 강조 2', 너비 : 3pt, 겹선 종류 : 단순형),
  도형 효과(그림자 – 바깥쪽 – '오프셋: 위쪽', 반사 – '근접 반사: 터치'),
  글꼴(궁서체, 40pt, 텍스트 그림자, 진한 파랑)

(2) **본문**
- 도형 2~4 ⇒ 블록 화살표 – '화살표: 오각형', 도형 채우기(질감 : 월넛), 선 없음,
  도형 효과(그림자 – 바깥쪽 – '오프셋: 왼쪽'), 글꼴(돋움체, 22pt, 굵게, 텍스트 그림자, 주황)
- 도형 5~7 ⇒ 기본 도형 – '사다리꼴', 도형 채우기('황금색, 강조 4, 50% 더 어둡게', 그라데이션 – '선형 아래쪽'),
  선 없음, 도형 효과(반사 – '근접 반사: 터치'), 글꼴(돋움체, 20pt, 굵게, 기울임꼴, 노랑)
- 도형 8 ⇒ 블록 화살표 – '설명선: 왼쪽/오른쪽/위쪽/아래쪽', 도형 채우기(주황, 그라데이션 – '가운데에서'),
  선 없음, 도형 효과(입체 효과 – '둥글게 볼록')
- 도형 9 ⇒ 순서도 – '순서도: 연결자', 도형 채우기(그림 또는 질감 채우기) 기능을 사용하여 그림 3 삽입,
  도형 윤곽선(실선, 색 : 녹색, 너비 : 3pt, 겹선 종류 : 단순형, 대시 종류 : 파선),
  도형 효과(네온 – '네온: 5pt, 녹색, 강조색 6')
- WordArt 삽입(빗길 운전, 기본부터 시작하기!)
  ⇒ WordArt 스타일('채우기: 파랑, 강조색 1, 그림자'), 글꼴(궁서체, 28pt, 굵게, 텍스트 그림자)
- 지시사항이 없는 부분은 《출력형태》와 동일하게 작성하시오.

제 08 회 디지털정보활용능력 출제예상 모의고사

작성 시간 / 시험 시간: 분 / 40분
채점 결과: 점 / 200점

- ☑ 시험과목 : 프리젠테이션(파워포인트)
- ☑ 시험일자 : 20XX. XX. XX. (X)
- ☑ 응시자 기재사항 및 감독 위원 확인

MS Office 2021 버전용

수검번호	DIP - XXXX -	감독위원 확인
성 명		

· 응시자 유의사항 ·

1. 응시자는 신분증을 지참하여야 시험에 응시할 수 있으며, 시험이 종료될 때까지 신분증을 제시하지 못 할 경우 해당 시험은 0점 처리됩니다.
2. 시스템(PC 작동 여부, 네트워크 상태 등)의 이상 여부를 반드시 확인하여야 하며, 시스템 이상이 있을 시 감독 위원에게 조치를 받으셔야 합니다.
3. 시험 중 부주의 또는 고의로 시스템을 파손한 경우는 응시자 부담으로 합니다.
4. 답안 전송 프로그램을 통해 다운로드 받은 파일을 이용하여 답안 파일을 작성하시기 바랍니다.
5. 작성한 답안 파일은 답안 전송 프로그램을 통하여 전송됩니다. 감독 위원의 지시에 따라 주시기 바랍니다.
6. 다음 사항의 경우 실격(0점) 혹은 부정행위 처리됩니다.
    1) 답안 파일을 저장하지 않았거나, 저장한 파일이 손상되었을 경우
    2) 답안 파일을 지정된 폴더(바탕화면 – "KAIT" 폴더)에 저장하지 않았을 경우
        ※ 답안 전송 프로그램 로그인 시 바탕화면에 자동 생성됨
    3) 답안 파일을 다른 보조기억장치(USB) 혹은 네트워크(메신저, 게시판 등)로 전송할 경우
    4) 휴대용 전화기 등 통신기기를 사용할 경우
7. 슬라이드는 반드시 순서대로 작성해야 하며, 순서가 다를 경우 "0"점 처리됩니다.
8. 시험지에 제시된 글꼴이 응시 프로그램에 없는 경우, 반드시 감독 위원에게 해당 내용을 통보한 뒤 조치를 받아야 합니다.
9. 슬라이드 작성 시 도형의 그룹 설정을 사용하는 경우, 채점에서 감점 처리됩니다.
10. 시험의 완료는 작성이 완료된 답안을 저장하고, 답안 전송이 완료된 상태를 확인한 것으로 합니다. 답안 전송 확인 후 문제지는 감독 위원에게 제출한 후 퇴실하여야 합니다.
11. 답안 전송을 완료한 경우는 수정 또는 정정이 불가합니다.
12. 시험 시행 후 합격자 발표는 홈페이지(www.ihd.or.kr)에서 확인하시기 바랍니다.
    1) 문제 및 정답 공개 : 20XX. XX. XX.(X)
    2) 합격자 발표 : 20XX. XX. XX.(X)

유의사항

- 《작성조건》을 준수하여 반드시 프리젠테이션 슬라이드로 작업합니다.
- 글꼴 및 기타 사항에 대해 별도의 지시사항이 없는 경우, 슬라이드 크기와 전체적인 균형을 고려하여 임의로 작성하되, 도형은 그룹으로 설정하지 않습니다.
- 모든 슬라이드 크기(A4), 방향(가로), 디자인 테마(Office 테마)로 지정합니다.
  ▶ 슬라이드 크기, 방향 조정 시 '맞춤 확인'으로 지정하여야 합니다.
- 공통적용사항(슬라이드 마스터)
  ▶ 도형 ⇒ 설명선 – '생각 풍선: 구름 모양', 도형 스타일('색 채우기 – 녹색, 강조 6'), 글꼴(궁서체, 18pt, 굵게, 노랑)
- 그림 삽입 시 다운로드 한 그림 파일을 반드시 사용하여야 합니다.
- ⬚⟶ 은 지시사항이므로 작성하지 않습니다.
- 슬라이드에 제시된 글자 및 숫자 오탈자는 별도 감점 처리됩니다.
- "도형 서식"과 "셰이프 형식"은 동일한 기능이며, 버전에 따라 표현이 다릅니다.

슬라이드1 — 아래의 작성조건 및 출력형태에 알맞게 첫 번째 슬라이드에 작업하시오. [30점]

《출력형태》

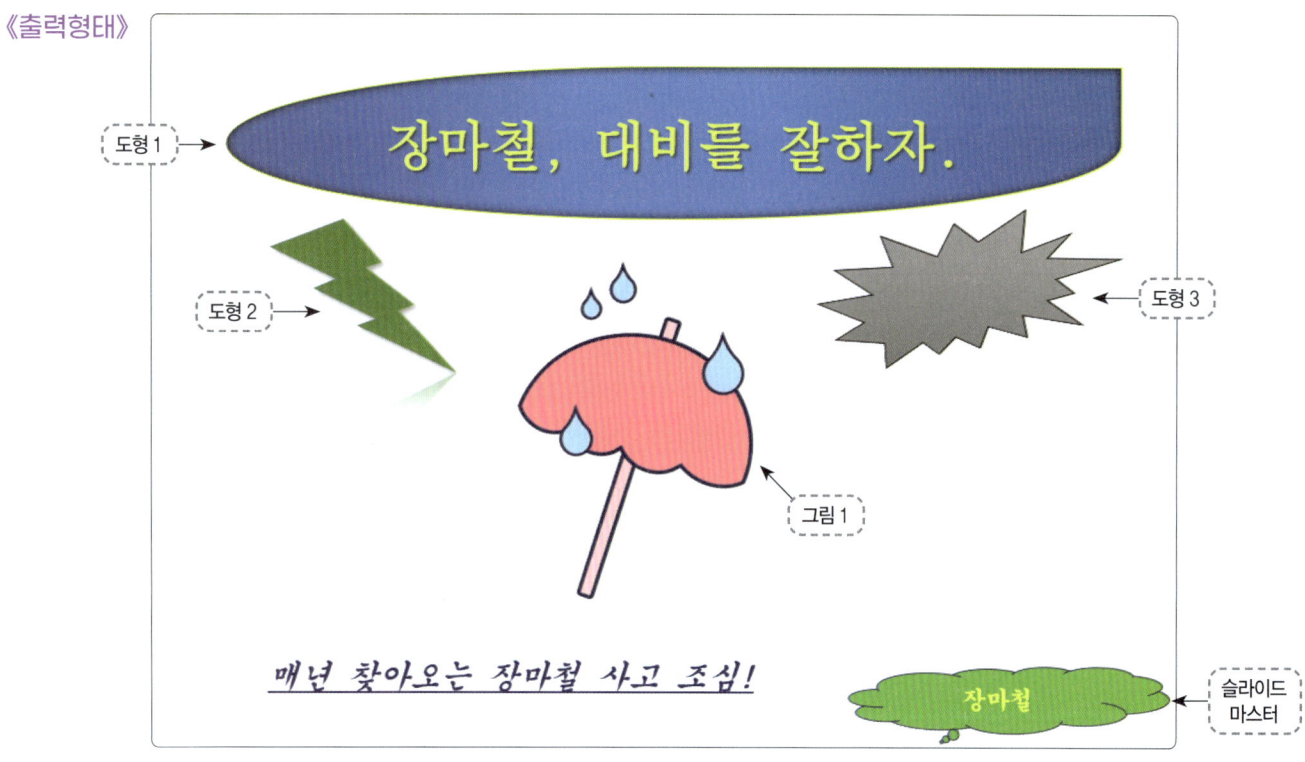

《작성조건》

▶ 도형 1 ⇒ 기본 도형 – '눈물 방울', 도형 채우기(그라데이션 : 미리 설정 – '방사형 그라데이션 – 강조 5', 종류 – 방사형, 방향 – '가운데에서'), 도형 윤곽선(실선, 색 : 노랑, 너비 : 1pt, 겹선 종류 : 단순형), 도형 효과(그림자 – 안쪽 – '안쪽: 가운데'), 글꼴(바탕체, 40pt, 굵게, 텍스트 그림자, 노랑)

▶ 도형 2 ⇒ 기본 도형 – '번개', 도형 채우기('녹색, 강조 6, 25% 더 어둡게'), 선 없음, 도형 효과(그림자 – 바깥쪽 – '오프셋: 오른쪽 아래', 반사 – '근접 반사: 터치')

▶ 도형 3 ⇒ 별 및 현수막 – '폭발: 14pt', 도형 스타일('미세 효과 – 검정, 어둡게 1')

▶ 그림 삽입 ⇒ 그림 1 삽입, 크기(높이 : 9cm, 너비 : 9cm)

▶ 텍스트 상자(매년 찾아오는 장마철 사고 조심!) ⇒ 글꼴(궁서체, 24pt, 기울임꼴, 밑줄, 진한 파랑)

▶ 애니메이션 지정 ⇒ 도형 1 : 나타내기 – 실선 무늬

▶ 지시사항이 없는 부분은 《출력형태》와 동일하게 작성하시오.

슬라이드2 — 아래의 작성조건 및 출력형태에 알맞게 두 번째 슬라이드에 작업하시오. (50점)

《출력형태》

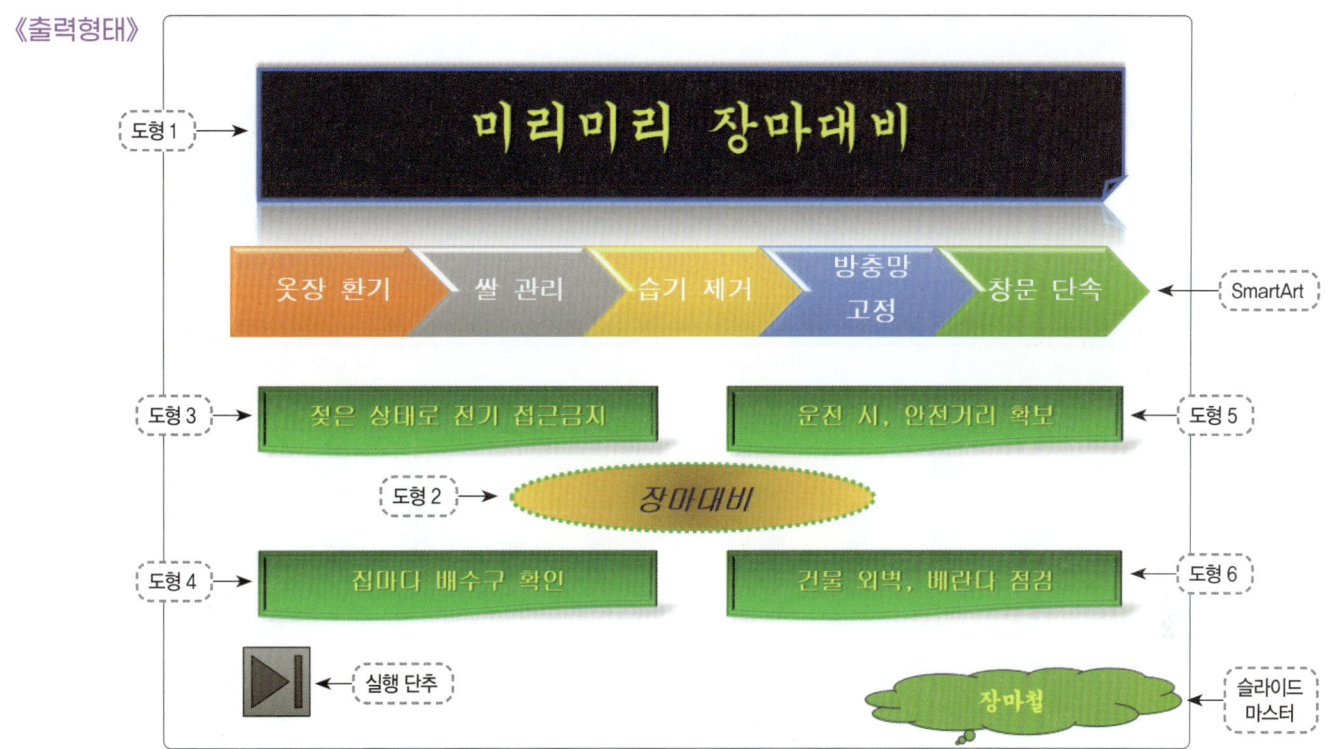

《작성조건》

(1) 제목
- 도형 1 ⇒ 기본 도형 – '사각형: 모서리가 접힌 도형', 도형 채우기('청회색, 텍스트 2, 50% 더 어둡게'),
  도형 윤곽선(실선, 색 : 파랑, 너비 : 3pt, 겹선 종류 : 단순형),
  도형 효과(반사 – '근접 반사: 터치', 그림자 – 바깥쪽 – '오프셋: 위쪽'),
  글꼴(궁서체, 40pt, 텍스트 그림자, 노랑)

(2) 본문
- 도형 2 ⇒ 기본 도형 – '타원', 도형 채우기(주황, 그라데이션 – '가운데에서'),
  도형 윤곽선(실선, 색 : 녹색, 너비 : 3pt, 겹선 종류 : 단순형, 대시 종류 : 둥근 점선),
  글꼴(굴림체, 22pt, 굵게, 기울임꼴, 진한 파랑)
- 도형 3~6 ⇒ 순서도 – '순서도: 문서', 도형 채우기(녹색, 그라데이션 – '선형 아래쪽'), 선 없음,
  도형 효과(그림자 – 원근감 – '원근감: 오른쪽 위', 입체 효과 – '절단'),
  글꼴(굴림체, 18pt, 굵게, 텍스트 그림자, 노랑)
- 실행 단추 ⇒ 실행 단추 – '실행 단추: 끝으로 이동', 하이퍼링크 : 마지막 슬라이드,
  도형 스타일('미세 효과 – 검정, 어둡게 1')
- SmartArt 삽입 ⇒ 프로세스형 – '닫힌 갈매기형 수장 프로세스형', 글꼴(돋움체, 20pt, 굵게, 가운데 맞춤),
  SmartArt 스타일(색 변경 – 색상형 – '색상형 – 강조색', 3차원 – '광택 처리'),
  (반드시 SmartArt 기능을 이용하여 작성할 것)
- 애니메이션 지정 ⇒ SmartArt : 나타내기 – 회전
- 지시사항이 없는 부분은 《출력형태》와 동일하게 작성하시오.

슬라이드3 아래의 작성조건 및 출력형태에 알맞게 세 번째 슬라이드에 작업하시오. (60점)

《출력형태》

《작성조건》

(1) **제목**
- 도형 1 ⇒ 기본 도형 – '사각형: 모서리가 접힌 도형', 도형 채우기('청회색, 텍스트 2, 50% 더 어둡게'),
  도형 윤곽선(실선, 색 : 파랑, 너비 : 3pt, 겹선 종류 : 단순형),
  도형 효과(반사 – '근접 반사: 터치', 그림자 – 바깥쪽 – '오프셋: 위쪽'),
  글꼴(궁서체, 40pt, 텍스트 그림자, 노랑)

(2) **본문** (※ 차트 작성은 반드시 '차트 삽입 → 데이터 입력 → 차트 스타일' 순으로 작성 바랍니다.)
- 텍스트 상자 1([단위 : 일]) ⇒ 글꼴(돋움체, 16pt, 굵게)
- 표 ⇒ 표 스타일(중간 – '보통 스타일 3 – 강조 5'),
  가장 위의 행 : 글꼴(돋움체, 16pt, 굵게, 텍스트 그림자, 가운데 맞춤),
  나머지 행 : 글꼴(돋움체, 18pt, 굵게, 기울임꼴, 가운데 맞춤)
- 텍스트 상자 2([출처 : 기상청]) ⇒ 글꼴(돋움체, 16pt, 굵게)
- 차트 ⇒ 세로 막대형 – '묶은 세로 막대형', 차트 스타일(색 변경 – 단색형 – '단색 색상표 5', 스타일 8),
  축 서식/데이터 레이블 서식 : 글꼴(돋움체, 14pt, 굵게),
  범례 서식 : 글꼴(돋움체, 12pt, 굵게, 기울임꼴), 데이터는 표 참고
- 배경 ⇒ 배경 서식(채우기 – 그림 또는 질감 채우기)에서 그림 2 삽입(현재 슬라이드만 적용)
- 애니메이션 지정 ⇒ 차트 : 나타내기 – 도형
- 지시사항이 없는 부분은 《출력형태》와 동일하게 작성하시오.

슬라이드4 | 아래의 작성조건 및 출력형태에 알맞게 네 번째 슬라이드에 작업하시오. [60점]

《출력형태》

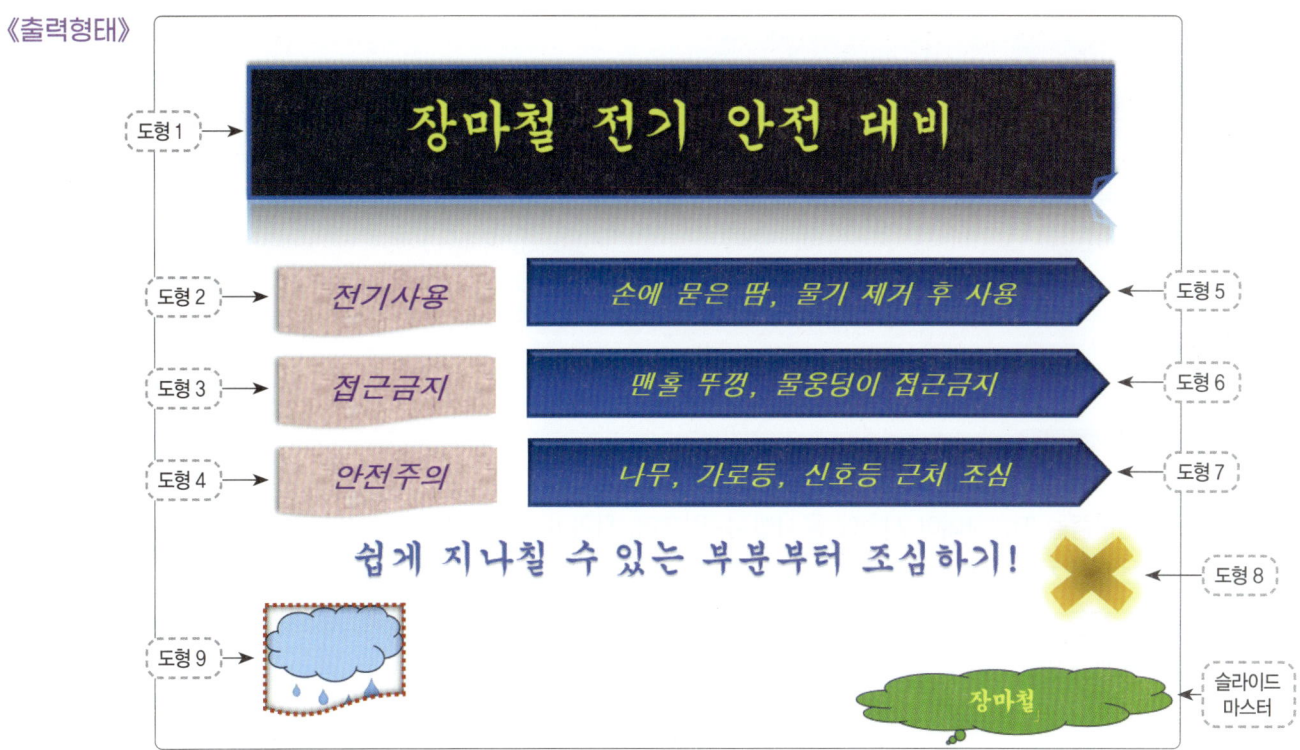

《작성조건》

(1) 제목
- 도형 1 ⇒ 기본 도형 – '사각형: 모서리가 접힌 도형', 도형 채우기('청회색, 텍스트 2, 50% 더 어둡게'),
  도형 윤곽선(실선, 색 : 파랑, 너비 : 3pt, 겹선 종류 : 단순형),
  도형 효과(반사 – '근접 반사: 터치', 그림자 – 바깥쪽 – '오프셋: 위쪽'),
  글꼴(궁서체, 40pt, 텍스트 그림자, 노랑)

(2) 본문
- 도형 2~4 ⇒ 순서도 – '순서도: 문서', 도형 채우기(질감 : 분홍 박엽지), 선 없음,
  도형 효과(그림자 – 바깥쪽 – '오프셋: 왼쪽'), 글꼴(돋움체, 22pt, 굵게, 기울임꼴, 자주)
- 도형 5~7 ⇒ 블록 화살표 – '화살표: 오각형', 도형 채우기(파랑, 그라데이션 – '선형 아래쪽'), 선 없음,
  도형 효과(입체 효과 – '둥글게'), 글꼴(돋움체, 20pt, 굵게, 기울임꼴, 노랑)
- 도형 8 ⇒ 수식 도형 – '곱하기 기호', 도형 채우기(주황, 그라데이션 – '가운데에서'), 선 없음,
  도형 효과(네온 – '네온: 11pt, 황금색, 강조색 4')
- 도형 9 ⇒ 순서도 – '순서도: 문서', 도형 채우기(그림 또는 질감 채우기) 기능을 사용하여 그림 3 삽입,
  도형 윤곽선(실선, 색 : 진한 빨강, 너비 : 3pt, 겹선 종류 : 단순형, 대시 종류 : 둥근 점선),
  도형 효과(그림자 – 안쪽 – '안쪽: 가운데')
- WordArt 삽입(쉽게 지나칠 수 있는 부분부터 조심하기!)
  ⇒ WordArt 스타일('채우기: 파랑, 강조색 1, 그림자'), 글꼴(궁서, 28pt, 텍스트 그림자)
- 지시사항이 없는 부분은《출력형태》와 동일하게 작성하시오.

제 09 회 디지털정보활용능력 출제예상 모의고사

작성 시간 / 시험 시간	채점 결과
분 / 40분	점 / 200점

- ☑ 시험과목 : 프리젠테이션(파워포인트)
- ☑ 시험일자 : 20XX. XX. XX. (X)
- ☑ 응시자 기재사항 및 감독 위원 확인

MS Office 2021 버전용

수검번호	DIP – XXXX –	감독위원 확인
성 명		

· 응시자 유의사항 ·

1. 응시자는 신분증을 지참하여야 시험에 응시할 수 있으며, 시험이 종료될 때까지 신분증을 제시하지 못 할 경우 해당 시험은 0점 처리됩니다.
2. 시스템(PC 작동 여부, 네트워크 상태 등)의 이상 여부를 반드시 확인하여야 하며, 시스템 이상이 있을 시 감독 위원에게 조치를 받으셔야 합니다.
3. 시험 중 부주의 또는 고의로 시스템을 파손한 경우는 응시자 부담으로 합니다.
4. 답안 전송 프로그램을 통해 다운로드 받은 파일을 이용하여 답안 파일을 작성하시기 바랍니다.
5. 작성한 답안 파일은 답안 전송 프로그램을 통하여 전송됩니다. 감독 위원의 지시에 따라 주시기 바랍니다.
6. 다음 사항의 경우 실격(0점) 혹은 부정행위 처리됩니다.
    1) 답안 파일을 저장하지 않았거나, 저장한 파일이 손상되었을 경우
    2) 답안 파일을 지정된 폴더(바탕화면 – "KAIT" 폴더)에 저장하지 않았을 경우
        ※ 답안 전송 프로그램 로그인 시 바탕화면에 자동 생성됨
    3) 답안 파일을 다른 보조기억장치(USB) 혹은 네트워크(메신저, 게시판 등)로 전송할 경우
    4) 휴대용 전화기 등 통신기기를 사용할 경우
7. 슬라이드는 반드시 순서대로 작성해야 하며, 순서가 다를 경우 "0"점 처리됩니다.
8. 시험지에 제시된 글꼴이 응시 프로그램에 없는 경우, 반드시 감독 위원에게 해당 내용을 통보한 뒤 조치를 받아야 합니다.
9. 슬라이드 작성 시 도형의 그룹 설정을 사용하는 경우, 채점에서 감점 처리됩니다.
10. 시험의 완료는 작성이 완료된 답안을 저장하고, 답안 전송이 완료된 상태를 확인한 것으로 합니다. 답안 전송 확인 후 문제지는 감독 위원에게 제출한 후 퇴실하여야 합니다.
11. 답안 전송을 완료한 경우는 수정 또는 정정이 불가합니다.
12. 시험 시행 후 합격자 발표는 홈페이지(www.ihd.or.kr)에서 확인하시기 바랍니다.
    1) 문제 및 정답 공개 : 20XX. XX. XX.(X)
    2) 합격자 발표 : 20XX. XX. XX.(X)

유의사항

- 《작성조건》을 준수하여 반드시 프리젠테이션 슬라이드로 작업합니다.
- 글꼴 및 기타 사항에 대해 별도의 지시사항이 없는 경우, 슬라이드 크기와 전체적인 균형을 고려하여 임의로 작성하되, 도형은 그룹으로 설정하지 않습니다.
- 모든 슬라이드 크기(A4), 방향(가로), 디자인 테마(Office 테마)로 지정합니다.
  ▶ 슬라이드 크기, 방향 조정 시 '맞춤 확인'으로 지정하여야 합니다.
- 공통적용사항(슬라이드 마스터)
  ▶ 도형 ⇒ 기본 도형 - '타원', 도형 스타일('보통 효과 - 황금색, 강조 4'), 글꼴(돋움, 18pt, 굵게, '검정, 텍스트 1')
- 그림 삽입 시 다운로드 한 그림 파일을 반드시 사용하여야 합니다.
- ⌐⌐⌐⌐→ 은 지시사항이므로 작성하지 않습니다.
- 슬라이드에 제시된 글자 및 숫자 오탈자는 별도 감점 처리됩니다.
- "도형 서식"과 "셰이프 형식"은 동일한 기능이며, 버전에 따라 표현이 다릅니다.

슬라이드1 ▶ 아래의 작성조건 및 출력형태에 알맞게 첫 번째 슬라이드에 작업하시오. [30점]

《출력형태》

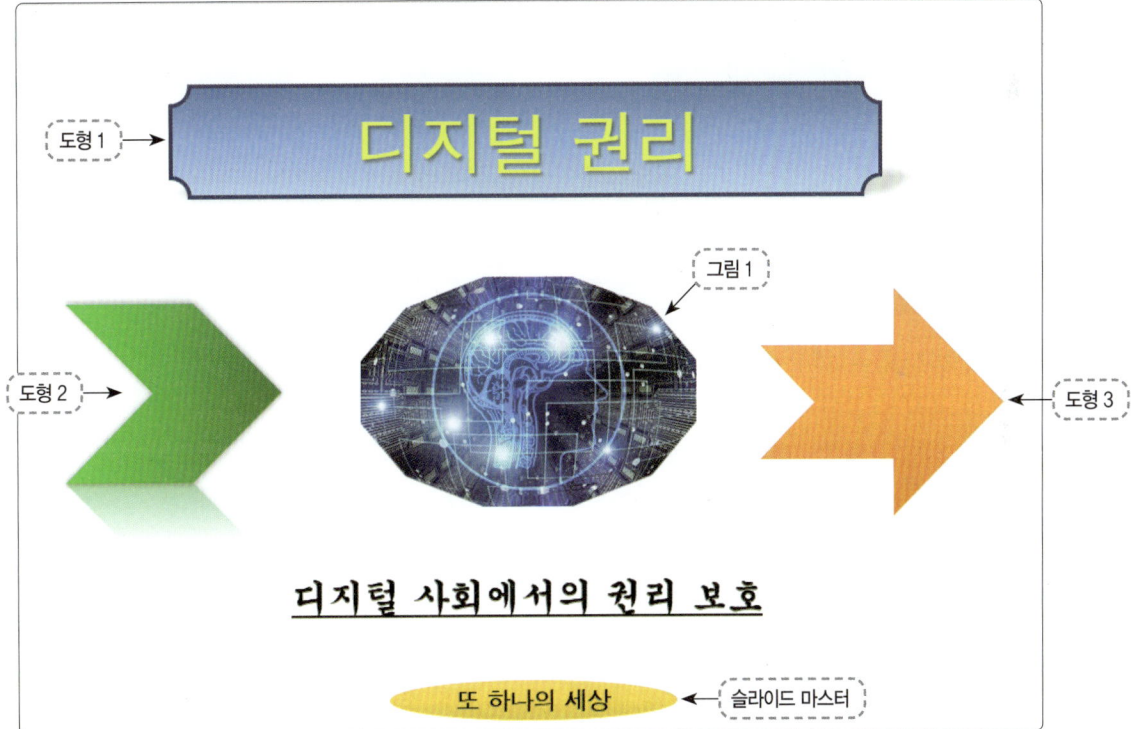

《작성조건》

▶ 도형 1 ⇒ 기본 도형 - '배지', 도형 채우기(그라데이션 : 미리 설정 - '가운데 그라데이션 - 강조 5', 종류 - 선형, 방향 - '선형 아래쪽'), 도형 윤곽선(실선, 색 : 진한 파랑, 너비 : 3pt, 겹선 종류 : 단순형), 도형 효과(그림자 - 원근감 - '원근감: 오른쪽 위'), 글꼴(돋움, 50pt, 굵게, 텍스트 그림자, 노랑)

▶ 도형 2 ⇒ 블록 화살표 - '화살표: 갈매기형 수장', 도형 채우기(녹색, 그라데이션 - '선형 왼쪽'), 선 없음, 도형 효과(그림자 - 바깥쪽 - '오프셋: 가운데', 반사 - '근접 반사: 터치')

▶ 도형 3 ⇒ 블록 화살표 - '화살표: 톱니 모양의 오른쪽', 도형 스타일('보통 효과 - 주황, 강조 2')

▶ 그림 삽입 ⇒ 그림 1 삽입, 크기(높이 : 6cm, 너비 : 9cm)

▶ 텍스트 상자(디지털 사회에서의 권리 보호) ⇒ 글꼴(궁서, 28pt, 굵게, 밑줄)

▶ 애니메이션 지정 ⇒ 도형 1 : 나타내기 - 실선 무늬

▶ 지시사항이 없는 부분은 《출력형태》와 동일하게 작성하시오.

슬라이드2 — 아래의 작성조건 및 출력형태에 알맞게 두 번째 슬라이드에 작업하시오. (50점)

《출력형태》

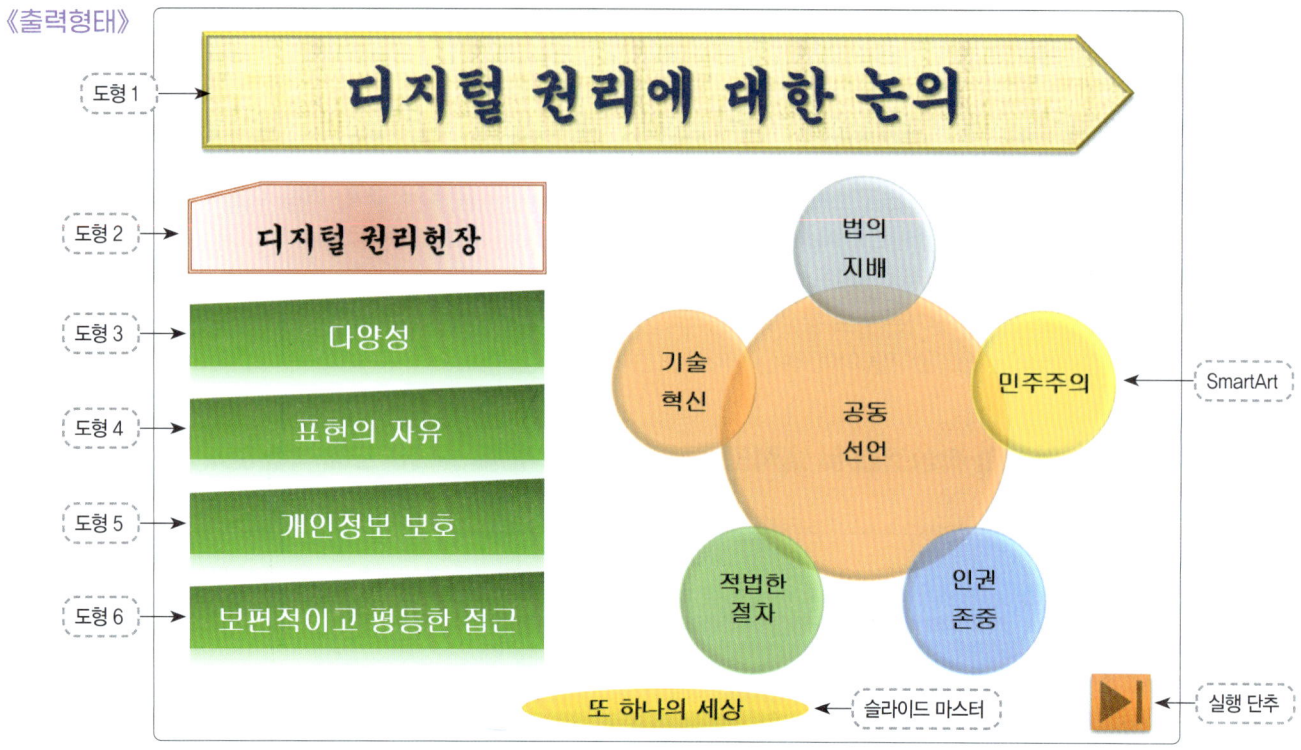

《작성조건》

(1) 제목
- 도형 1 ⇒ 블록 화살표 – '화살표: 오각형', 도형 채우기(질감 : 파피루스),
  도형 윤곽선(실선, 색 : 주황, 너비 : 3pt, 겹선 종류 : 단순형),
  도형 효과(그림자 – 바깥쪽 – '오프셋: 아래쪽', 입체 효과 – '낮은 수준의 경사'),
  글꼴(궁서, 44pt, 굵게, 텍스트 그림자, 진한 파랑)

(2) 본문
- 도형 2 ⇒ 순서도 – '순서도: 카드', 도형 채우기(진한 빨강, 그라데이션 – '가운데에서'),
  도형 윤곽선(실선, 색 : 진한 빨강, 너비 : 3pt, 겹선 종류 : 이중),
  글꼴(궁서, 24pt, 굵게, '검정, 텍스트 1')
- 도형 3~6 ⇒ 순서도 – '순서도: 수동 입력', 도형 채우기('녹색, 강조 6', 그라데이션 – '선형 아래쪽'), 선 없음,
  도형 효과(반사 – '근접 반사: 터치'), 글꼴(굴림, 22pt, 굵게)
- 실행 단추 ⇒ 실행 단추 – '실행 단추: 끝으로 이동', 하이퍼링크 : 마지막 슬라이드,
  도형 스타일('강한 효과 – 주황, 강조 2')
- SmartArt 삽입 ⇒ 주기형 – '방사형 벤형', 글꼴(굴림, 18pt, 굵게, 가운데 맞춤),
  SmartArt 스타일(색 변경 – 색상형 – '색상형 – 강조색', 3차원 – '파우더'),
  (반드시 SmartArt 기능을 이용하여 작성할 것)
- 애니메이션 지정 ⇒ SmartArt : 나타내기 – 올라오기
- 지시사항이 없는 부분은《출력형태》와 동일하게 작성하시오.

슬라이드3 — 아래의 작성조건 및 출력형태에 알맞게 세 번째 슬라이드에 작업하시오. (60점)

《출력형태》

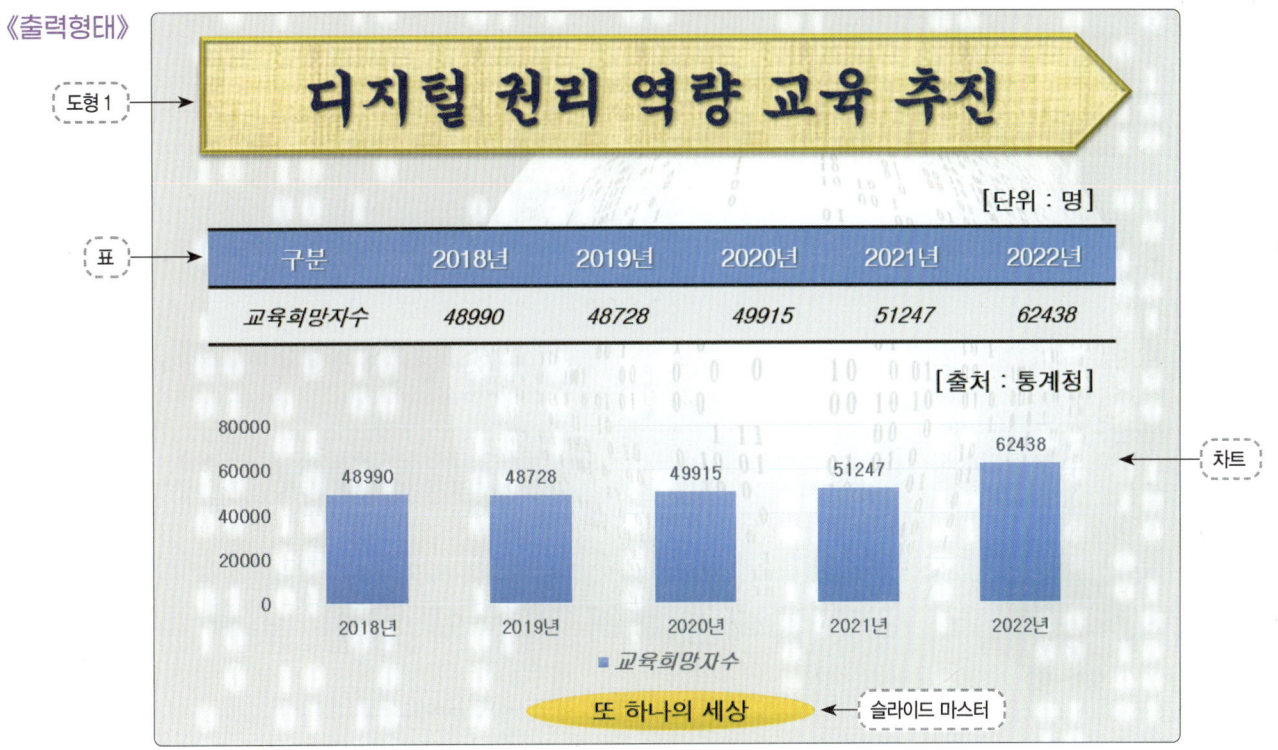

《작성조건》

(1) **제목**

- 도형 1 ⇒ 블록 화살표 - '화살표: 오각형', 도형 채우기(질감 : 파피루스),
  도형 윤곽선(실선, 색 : 주황, 너비 : 3pt, 겹선 종류 : 단순형),
  도형 효과(그림자 - 바깥쪽 - '오프셋: 아래쪽', 입체 효과 - '낮은 수준의 경사'),
  글꼴(궁서, 44pt, 굵게, 텍스트 그림자, 진한 파랑)

(2) **본문** (※ 차트 작성은 반드시 '차트 삽입 → 데이터 입력 → 차트 스타일' 순으로 작성 바랍니다.)

- 텍스트 상자 1([단위 : 명]) ⇒ 글꼴(돋움, 18pt, 굵게)
- 표 ⇒ 표 스타일(중간 - '보통 스타일 3 - 강조 5'),
  가장 위의 행 : 글꼴(돋움, 18pt, 굵게, 텍스트 그림자, 가운데 맞춤),
  나머지 행 : 글꼴(돋움, 16pt, 굵게, 기울임꼴, 가운데 맞춤)
- 텍스트 상자 2([출처 : 통계청]) ⇒ 글꼴(돋움, 18pt, 굵게)
- 차트 ⇒ 세로 막대형 - '묶은 세로 막대형', 차트 스타일(색 변경 - 단색형 - '단색 색상표 5', 스타일 7),
  축 서식/데이터 레이블 서식 : 글꼴(굴림, 14pt, 굵게),
  범례 서식 : 글꼴(굴림, 16pt, 굵게, 기울임꼴), 데이터는 표 참고
- 배경 ⇒ 배경 서식(채우기 - 그림 또는 질감 채우기)에서 그림 2 삽입(현재 슬라이드만 적용)
- 애니메이션 지정 ⇒ 차트 : 나타내기 - 나누기
- 지시사항이 없는 부분은 《출력형태》와 동일하게 작성하시오.

슬라이드4 아래의 작성조건 및 출력형태에 알맞게 네 번째 슬라이드에 작업하시오. (60점)

《출력형태》

《작성조건》

(1) 제목
- 도형 1 ⇒ 블록 화살표 – '화살표: 오각형', 도형 채우기(질감 : 파피루스),
  도형 윤곽선(실선, 색 : 주황, 너비 : 3pt, 겹선 종류 : 단순형),
  도형 효과(그림자 – 바깥쪽 – '오프셋: 아래쪽', 입체 효과 – '낮은 수준의 경사'),
  글꼴(궁서, 44pt, 굵게, 텍스트 그림자, 진한 파랑)

(2) 본문
- 도형 2~4 ⇒ 기본 도형 – '사각형: 모서리가 접힌 도형', 도형 채우기(자주, 그라데이션 – '가운데에서'),
  선 없음, 도형 효과(네온 – '네온: 8pt, 주황, 강조색 2'), 글꼴(굴림, 20pt, 굵게, 빨강)
- 도형 5~7 ⇒ 순서도 – '순서도: 문서', 도형 채우기(파랑, 그라데이션 – '선형 아래쪽'), 선 없음,
  도형 효과(입체 효과 – '딱딱한 가장자리'), 글꼴(굴림, 20pt, 굵게, 진한 파랑)
- 도형 8 ⇒ 수식 도형 – '곱하기 기호', 도형 채우기('주황, 강조 2', 그라데이션 – '가운데에서'), 선 없음,
  도형 효과(그림자 – 안쪽 – '안쪽: 가운데')
- 도형 9 ⇒ 별 및 현수막 – '별: 꼭짓점 7개', 도형 채우기(그림 또는 질감 채우기) 기능을 사용하여 그림 3 삽입,
  도형 윤곽선(실선, 색 : 주황, 너비 : 3pt, 겹선 종류 : 단순형, 대시 종류 : 둥근 점선),
  도형 효과(그림자 – 바깥쪽 – '오프셋: 가운데')
- WordArt 삽입(디지털 위해로부터 자신의 인권 보호)
  ⇒ WordArt 스타일('그라데이션 채우기: 파랑, 강조색 5, 반사'), 글꼴(궁서, 36pt, 굵게)
- 지시사항이 없는 부분은 《출력형태》와 동일하게 작성하시오.

제10회 디지털정보활용능력 출제예상 모의고사

작성 시간 / 시험 시간	채점 결과
분 / 40분	점 / 200점

- ☑ 시험과목 : 프리젠테이션(파워포인트)
- ☑ 시험일자 : 20XX. XX. XX. (X)
- ☑ 응시자 기재사항 및 감독 위원 확인

MS Office 2021 버전용

수검번호	DIP – XXXX –	감독위원 확인
성 명		

· 응시자 유의사항 ·

1. 응시자는 신분증을 지참하여야 시험에 응시할 수 있으며, 시험이 종료될 때까지 신분증을 제시하지 못 할 경우 해당 시험은 0점 처리됩니다.
2. 시스템(PC 작동 여부, 네트워크 상태 등)의 이상 여부를 반드시 확인하여야 하며, 시스템 이상이 있을 시 감독 위원에게 조치를 받으셔야 합니다.
3. 시험 중 부주의 또는 고의로 시스템을 파손한 경우는 응시자 부담으로 합니다.
4. 답안 전송 프로그램을 통해 다운로드 받은 파일을 이용하여 답안 파일을 작성하시기 바랍니다.
5. 작성한 답안 파일은 답안 전송 프로그램을 통하여 전송됩니다. 감독 위원의 지시에 따라 주시기 바랍니다.
6. 다음 사항의 경우 실격(0점) 혹은 부정행위 처리됩니다.
    1) 답안 파일을 저장하지 않았거나, 저장한 파일이 손상되었을 경우
    2) 답안 파일을 지정된 폴더(바탕화면 – "KAIT" 폴더)에 저장하지 않았을 경우
        ※ 답안 전송 프로그램 로그인 시 바탕화면에 자동 생성됨
    3) 답안 파일을 다른 보조기억장치(USB) 혹은 네트워크(메신저, 게시판 등)로 전송할 경우
    4) 휴대용 전화기 등 통신기기를 사용할 경우
7. 슬라이드는 반드시 순서대로 작성해야 하며, 순서가 다를 경우 "0"점 처리됩니다.
8. 시험지에 제시된 글꼴이 응시 프로그램에 없는 경우, 반드시 감독 위원에게 해당 내용을 통보한 뒤 조치를 받아야 합니다.
9. 슬라이드 작성 시 도형의 그룹 설정을 사용하는 경우, 채점에서 감점 처리됩니다.
10. 시험의 완료는 작성이 완료된 답안을 저장하고, 답안 전송이 완료된 상태를 확인한 것으로 합니다. 답안 전송 확인 후 문제지는 감독 위원에게 제출한 후 퇴실하여야 합니다.
11. 답안 전송을 완료한 경우는 수정 또는 정정이 불가합니다.
12. 시험 시행 후 합격자 발표는 홈페이지(www.ihd.or.kr)에서 확인하시기 바랍니다.
    1) 문제 및 정답 공개 : 20XX. XX. XX.(X)
    2) 합격자 발표 : 20XX. XX. XX.(X)

유의사항

- 《작성조건》을 준수하여 반드시 프리젠테이션 슬라이드로 작업합니다.
- 글꼴 및 기타 사항에 대해 별도의 지시사항이 없는 경우, 슬라이드 크기와 전체적인 균형을 고려하여 임의로 작성하되, 도형은 그룹으로 설정하지 않습니다.
- 모든 슬라이드 크기(A4), 방향(가로), 디자인 테마(Office 테마)로 지정합니다.
  ▶ 슬라이드 크기, 방향 조정 시 '맞춤 확인'으로 지정하여야 합니다.
- 공통적용사항(슬라이드 마스터)
  ▶ 도형 ⇒ 순서도 – '순서도: 화면 표시', 도형 스타일('색 채우기 – 회색, 강조 3'), 글꼴(굴림, 18pt, 굵게)
- 그림 삽입 시 다운로드 한 그림 파일을 반드시 사용하여야 합니다.
- ⬚ ⟶ 은 지시사항이므로 작성하지 않습니다.
- 슬라이드에 제시된 글자 및 숫자 오탈자는 별도 감점 처리됩니다.
- "도형 서식" 과 "셰이프 형식"은 동일한 기능이며, 버전에 따라 표현이 다릅니다.

슬라이드1 아래의 작성조건 및 출력형태에 알맞게 첫 번째 슬라이드에 작업하시오. 〔30점〕

《출력형태》

- 도형 1 → 여름철 유의해야 하는 온열 질환
- 도형 2 → (액자 틀)
- 그림 1 → (온열질환 캐릭터)
- 도형 3 → (갈매기형 화살표)
- 무더운 날씨에 열로 발생하는 급성 질환
- 온열 질환 ← 슬라이드 마스터

《작성조건》

▶ 도형 1 ⇒ 기본 도형 – '양쪽 중괄호', 도형 채우기(그라데이션 : 미리 설정 – '위쪽 스포트라이트 강조 4', 종류 – 방사형, 방향 – '오른쪽 아래 모서리에서'), 도형 윤곽선(실선, 색 : '녹색, 강조 6', 너비 : 4pt, 겹선 종류 : 단순형), 도형 효과(그림자 – 바깥쪽 – '오프셋: 아래쪽'), 글꼴(궁서, 36pt, 기울임꼴, 텍스트 그림자, 진한 파랑)

▶ 도형 2 ⇒ 기본 도형 – '액자', 도형 채우기('파랑, 강조 5'), 선 없음, 도형 효과(반사 – '근접 반사: 4pt 오프셋', 입체 효과 – '십자형으로')

▶ 도형 3 ⇒ 블록 화살표 – '화살표: 갈매기형 수장', 도형 스타일('색 채우기 – 주황, 강조 2')

▶ 그림 삽입 ⇒ 그림 1 삽입, 크기(높이 : 8cm, 너비 : 8cm)

▶ 텍스트 상자(무더운 날씨에 열로 발생하는 급성 질환) ⇒ 글꼴(바탕체, 24pt, 굵게, 기울임꼴)

▶ 애니메이션 지정 ⇒ 도형 1 : 나타내기 – 실선 무늬

▶ 지시사항이 없는 부분은 《출력형태》와 동일하게 작성하시오.

슬라이드2 — 아래의 작성조건 및 출력형태에 알맞게 두 번째 슬라이드에 작업하시오. 〔50점〕

《출력형태》

《작성조건》

(1) 제목
- 도형 1 ⇒ 별 및 현수막 – '이중 물결', 도형 채우기(진한 파랑),
  도형 윤곽선(실선, 색 : '황금색, 강조 4', 너비 : 3pt, 겹선 종류 : 단순형),
  도형 효과(그림자 – 안쪽 – '안쪽: 아래쪽', 네온 – '네온: 11pt, 황금색, 강조색 4'),
  글꼴(굴림, 36pt, 굵게, 기울임꼴, '밝은 회색, 배경 2')

(2) 본문
- 도형 2 ⇒ 블록 화살표 – '설명선: 아래쪽 화살표', 도형 채우기('황금색, 강조 4', 그라데이션 – '가운데에서'),
  도형 윤곽선(실선, 색 : 진한 빨강, 너비 : 4pt, 겹선 종류 : 삼중),
  글꼴(궁서체, 24pt, 기울임꼴, 텍스트 그림자, 진한 파랑)

- 도형 3~6 ⇒ 블록 화살표 – '화살표: 오각형', 도형 채우기(연한 녹색, 그라데이션 – '선형 아래쪽'), 선 없음,
  도형 효과(입체 효과 – '기울기'), 글꼴(바탕체, 24pt, 굵게, 기울임꼴, 자주)

- 실행 단추 ⇒ 실행 단추 – '실행 단추: 홈으로 이동', 하이퍼링크 : 첫째 슬라이드,
  도형 스타일('색 윤곽선 – 녹색, 강조 6')

- SmartArt 삽입 ⇒ 프로세스형 – '프로세스 목록형', 글꼴(돋움체, 20pt, 굵게, 텍스트 그림자, 가운데 맞춤),
  SmartArt 스타일(색 변경 – 색상형 – '색상형 범위 – 강조색 5 또는 6', 강한 효과),
  (반드시 SmartArt 기능을 이용하여 작성할 것)

- 애니메이션 지정 ⇒ SmartArt : 나타내기 – 밝기 변화
- 지시사항이 없는 부분은《출력형태》와 동일하게 작성하시오.

슬라이드3 아래의 작성조건 및 출력형태에 알맞게 세 번째 슬라이드에 작업하시오. (60점)

《출력형태》

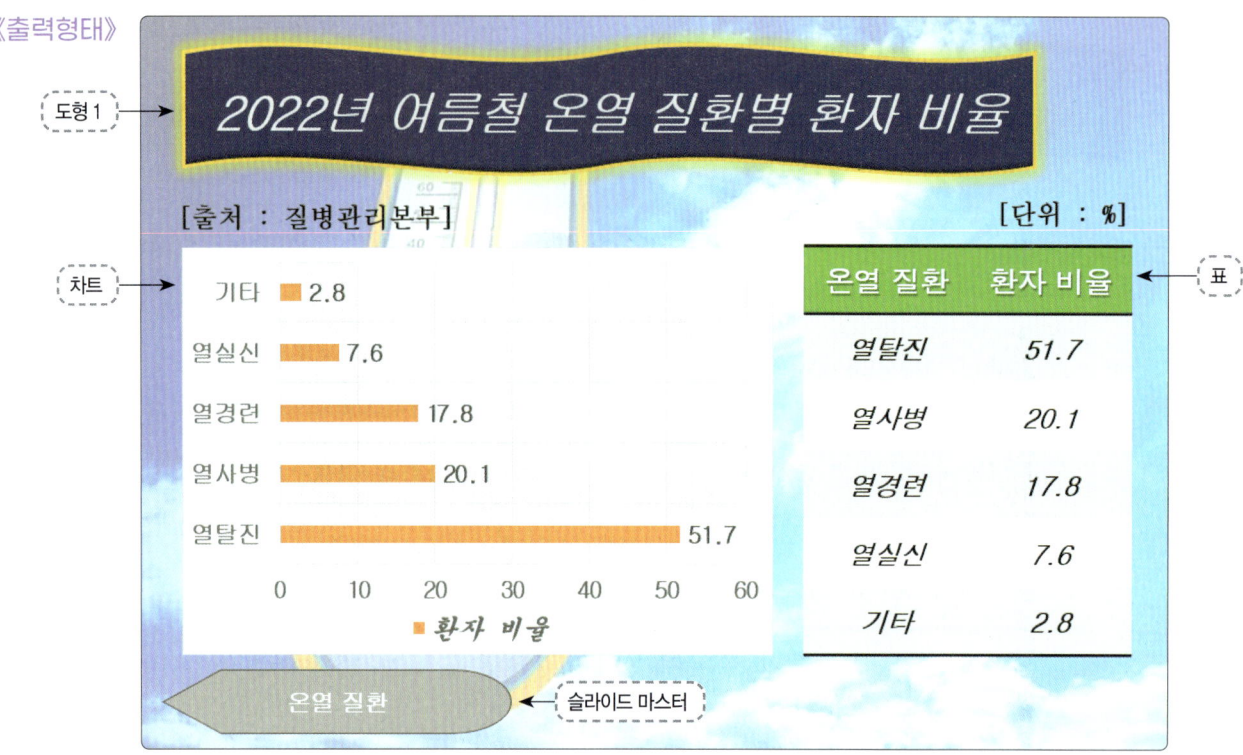

《작성조건》

(1) **제목**
  ▶ 도형 1 ⇒ 별 및 현수막 – '이중 물결', 도형 채우기(진한 파랑),
      도형 윤곽선(실선, 색 : '황금색, 강조 4', 너비 : 3pt, 겹선 종류 : 단순형),
      도형 효과(그림자 – 안쪽 – '안쪽: 아래쪽', 네온 – '네온: 11pt, 황금색, 강조색 4'),
      글꼴(굴림, 36pt, 굵게, 기울임꼴, '밝은 회색, 배경 2')

(2) **본문** (※ 차트 작성은 반드시 '차트 삽입 → 데이터 입력 → 차트 스타일' 순으로 작성 바랍니다.)
  ▶ 텍스트 상자 1([단위 : %]) ⇒ 글꼴(바탕체, 20pt, 굵게)
  ▶ 표 ⇒ 표 스타일(중간 – 보통 스타일 3 – 강조 6),
      가장 위의 행 : 글꼴(돋움, 22pt, 굵게, 텍스트 그림자, 가운데 맞춤),
      나머지 행 : 글꼴(돋움, 20pt, 굵게, 기울임꼴, 가운데 맞춤)
  ▶ 텍스트 상자 2([출처 : 질병관리본부]) ⇒ 글꼴(바탕체, 20pt, 굵게)
  ▶ 차트 ⇒ 가로 막대형 – '묶은 가로 막대형', 차트 스타일(색 변경 – 색상형 – '다양한 색상표 3', 스타일 6),
      축 서식/데이터 레이블 서식 : 글꼴(굴림체, 18pt, 굵게),
      범례 서식 : 글꼴(궁서체, 20pt, 굵게, 기울임꼴), 데이터는 표 참고
  ▶ 배경 ⇒ 배경 서식(채우기 – 그림 또는 질감 채우기)에서 그림 2 삽입(현재 슬라이드만 적용)
  ▶ 애니메이션 지정 ⇒ 차트 : 나타내기 – 날아오기
  ▶ 지시사항이 없는 부분은 《출력형태》와 동일하게 작성하시오.

슬라이드4 — 아래의 작성조건 및 출력형태에 알맞게 네 번째 슬라이드에 작업하시오. (60점)

《출력형태》

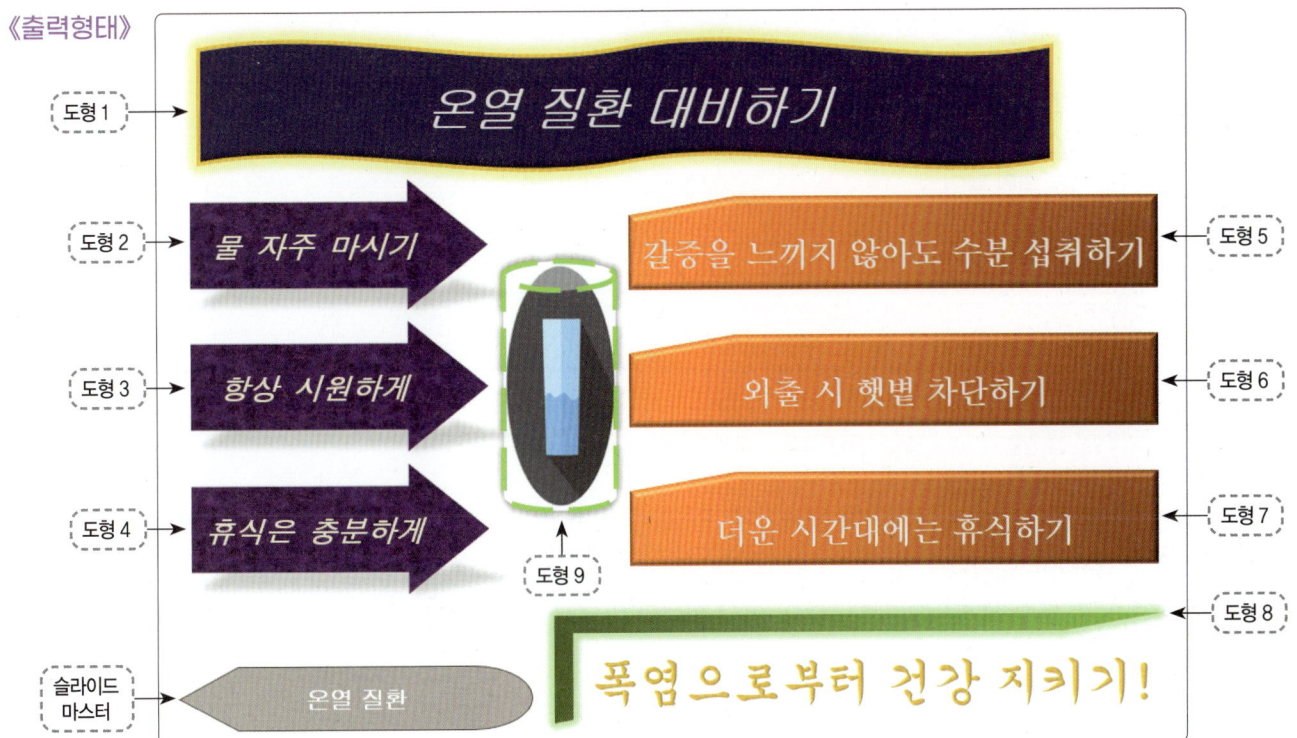

《작성조건》

(1) 제목
- 도형 1 ⇒ 별 및 현수막 – '이중 물결', 도형 채우기(진한 파랑),
  도형 윤곽선(실선, 색 : 황금색, 강조 4', 너비 : 3pt, 겹선 종류 : 단순형),
  도형 효과(그림자 – 안쪽 – '안쪽: 아래쪽', 네온 – '네온: 11pt, 황금색, 강조색 4'),
  글꼴(굴림, 36pt, 굵게, 기울임꼴, '밝은 회색, 배경 2')

(2) 본문
- 도형 2~4 ⇒ 블록 화살표 – '화살표: 오른쪽', 도형 채우기(질감 : 자주 편물), 선 없음,
  도형 효과(그림자 – 원근감 – '원근감: 오른쪽 위'),
  글꼴(돋움체, 22pt, 굵게, 기울임꼴, '황금색, 강조 4, 80% 더 밝게')
- 도형 5~7 ⇒ 순서도 – '순서도: 카드', 도형 채우기('주황, 강조 2', 그라데이션 – '오른쪽 아래 모서리에서'),
  선 없음, 도형 효과(입체 효과 – '둥글게'), 글꼴(바탕, 24pt, 굵게, '밝은 회색, 배경 2')
- 도형 8 ⇒ 기본 도형 – '1/2 액자', 도형 채우기('녹색, 강조 6', 그라데이션 – '선형 오른쪽'), 선 없음,
  도형 효과(네온 – '네온: 8pt, 녹색, 강조색 6')
- 도형 9 ⇒ 기본 도형 – '원통형', 도형 채우기(그림 또는 질감 채우기) 기능을 사용하여 그림 3 삽입,
  도형 윤곽선(실선, 색 : 연한 녹색, 너비 : 4pt, 겹선 종류 : 단순형, 대시 종류 : 긴 파선),
  도형 효과(그림자 – 바깥쪽 – '오프셋: 가운데')
- WordArt 삽입(폭염으로부터 건강 지키기!)
  ⇒ WordArt 스타일('채우기: 황금색, 강조색 4, 부드러운 입체'), 글꼴(궁서, 36pt, 굵게)
- 지시사항이 없는 부분은《출력형태》와 동일하게 작성하시오.

제 11 회 디지털정보활용능력 출제예상 모의고사

작성 시간 / 시험 시간	채점 결과
분 / 40분	점 / 200점

- ✓ 시험과목 : 프리젠테이션(파워포인트)
- ✓ 시험일자 : 20XX. XX. XX. (X)
- ✓ 응시자 기재사항 및 감독 위원 확인

MS Office 2021 버전용

수검번호	DIP – XXXX –	감독위원 확인
성 명		

· 응시자 유의사항 ·

1. 응시자는 신분증을 지참하여야 시험에 응시할 수 있으며, 시험이 종료될 때까지 신분증을 제시하지 못 할 경우 해당 시험은 0점 처리됩니다.
2. 시스템(PC 작동 여부, 네트워크 상태 등)의 이상 여부를 반드시 확인하여야 하며, 시스템 이상이 있을 시 감독 위원에게 조치를 받으셔야 합니다.
3. 시험 중 부주의 또는 고의로 시스템을 파손한 경우는 응시자 부담으로 합니다.
4. 답안 전송 프로그램을 통해 다운로드 받은 파일을 이용하여 답안 파일을 작성하시기 바랍니다.
5. 작성한 답안 파일은 답안 전송 프로그램을 통하여 전송됩니다. 감독 위원의 지시에 따라 주시기 바랍니다.
6. 다음 사항의 경우 실격(0점) 혹은 부정행위 처리됩니다.
   1) 답안 파일을 저장하지 않았거나, 저장한 파일이 손상되었을 경우
   2) 답안 파일을 지정된 폴더(바탕화면 – "KAIT" 폴더)에 저장하지 않았을 경우
      ※ 답안 전송 프로그램 로그인 시 바탕화면에 자동 생성됨
   3) 답안 파일을 다른 보조기억장치(USB) 혹은 네트워크(메신저, 게시판 등)로 전송할 경우
   4) 휴대용 전화기 등 통신기기를 사용할 경우
7. 슬라이드는 반드시 순서대로 작성해야 하며, 순서가 다를 경우 "0"점 처리됩니다.
8. 시험지에 제시된 글꼴이 응시 프로그램에 없는 경우, 반드시 감독 위원에게 해당 내용을 통보한 뒤 조치를 받아야 합니다.
9. 슬라이드 작성 시 도형의 그룹 설정을 사용하는 경우, 채점에서 감점 처리됩니다.
10. 시험의 완료는 작성이 완료된 답안을 저장하고, 답안 전송이 완료된 상태를 확인한 것으로 합니다. 답안 전송 확인 후 문제지는 감독 위원에게 제출한 후 퇴실하여야 합니다.
11. 답안 전송을 완료한 경우는 수정 또는 정정이 불가합니다.
12. 시험 시행 후 합격자 발표는 홈페이지(www.ihd.or.kr)에서 확인하시기 바랍니다.
    1) 문제 및 정답 공개 : 20XX. XX. XX.(X)
    2) 합격자 발표 : 20XX. XX. XX.(X)

유의사항

- 《작성조건》을 준수하여 반드시 프리젠테이션 슬라이드로 작업합니다.
- 글꼴 및 기타 사항에 대해 별도의 지시사항이 없는 경우, 슬라이드 크기와 전체적인 균형을 고려하여 임의로 작성하되, 도형은 그룹으로 설정하지 않습니다.
- 모든 슬라이드 크기(A4), 방향(가로), 디자인 테마(Office 테마)로 지정합니다.
  ▶ 슬라이드 크기, 방향 조정 시 '맞춤 확인'으로 지정하여야 합니다.
- 공통적용사항(슬라이드 마스터)
  ▶ 도형 ⇒ 별 및 현수막 – '이중 물결', 도형 스타일('미세 효과 – 황금색, 강조 4'), 글꼴(돋움, 18pt, 굵게, 기울임꼴)
- 그림 삽입 시 다운로드 한 그림 파일을 반드시 사용하여야 합니다.
- ⬚⟶ 은 지시사항이므로 작성하지 않습니다.
- 슬라이드에 제시된 글자 및 숫자 오탈자는 별도 감점 처리됩니다.
- "도형 서식" 과 "셰이프 형식"은 동일한 기능이며, 버전에 따라 표현이 다릅니다.

슬라이드1 아래의 작성조건 및 출력형태에 알맞게 첫 번째 슬라이드에 작업하시오. 〔30점〕

《출력형태》

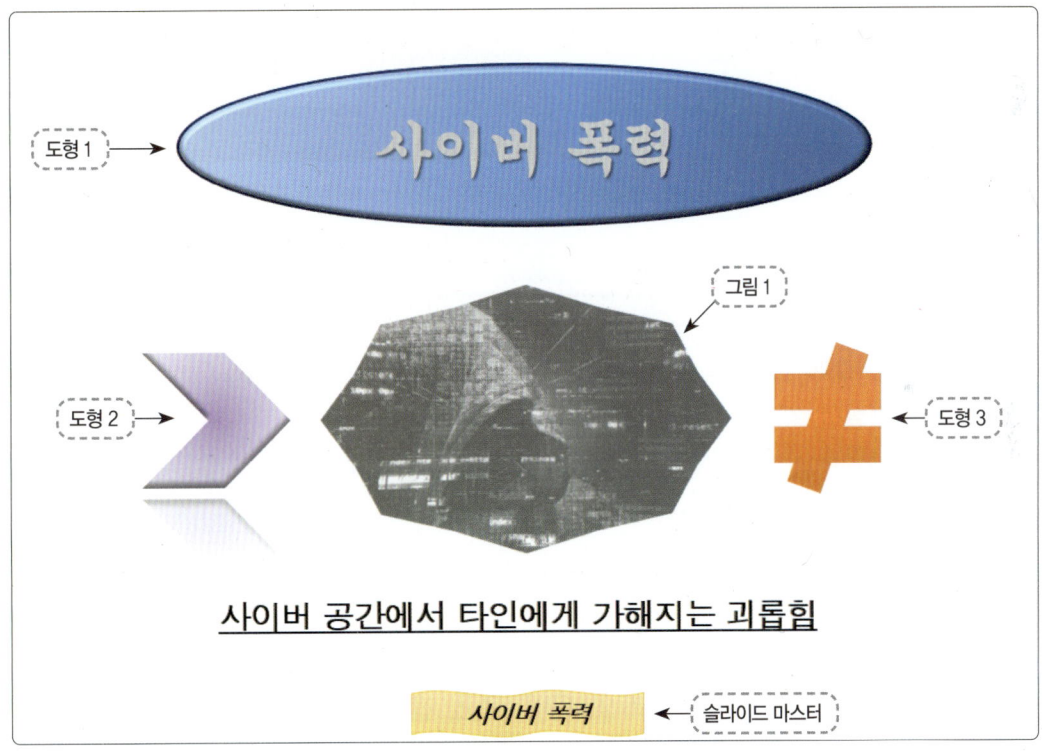

《작성조건》

▶ 도형 1 ⇒ 기본 도형 – '타원', 도형 채우기(그라데이션 : 미리 설정 – '가운데 그라데이션 – 강조 5',
  종류 – 방사형, 방향 – '오른쪽 아래 모서리에서'),
  도형 윤곽선(실선, 색 : 진한 파랑, 너비 : 2pt, 겹선 종류 : 단순형), 도형 효과(입체 효과 – '기울기'),
  글꼴(궁서, 44pt, 굵게, 텍스트 그림자, '밝은 회색, 배경 2, 10% 더 어둡게')
▶ 도형 2 ⇒ 블록 화살표 – '화살표: 갈매기형 수장', 도형 채우기(자주, 그라데이션 – '가운데에서'), 선 없음,
  도형 효과(그림자 – 안쪽 – '안쪽: 아래쪽', 반사 – '1/2 반사: 8pt 오프셋')
▶ 도형 3 ⇒ 수식 도형 – '부등호', 도형 스타일('보통 효과 – 주황, 강조 2')
▶ 그림 삽입 ⇒ 그림 1 삽입, 크기(높이 : 7cm, 너비 : 11cm)
▶ 텍스트 상자(사이버 공간에서 타인에게 가해지는 괴롭힘) ⇒ 글꼴(돋움, 24pt, 굵게, 밑줄)
▶ 애니메이션 지정 ⇒ 도형 1 : 나타내기 – 올라오기
▶ 지시사항이 없는 부분은 《출력형태》와 동일하게 작성하시오.

슬라이드2   아래의 작성조건 및 출력형태에 알맞게 두 번째 슬라이드에 작업하시오.   (50점)

《출력형태》

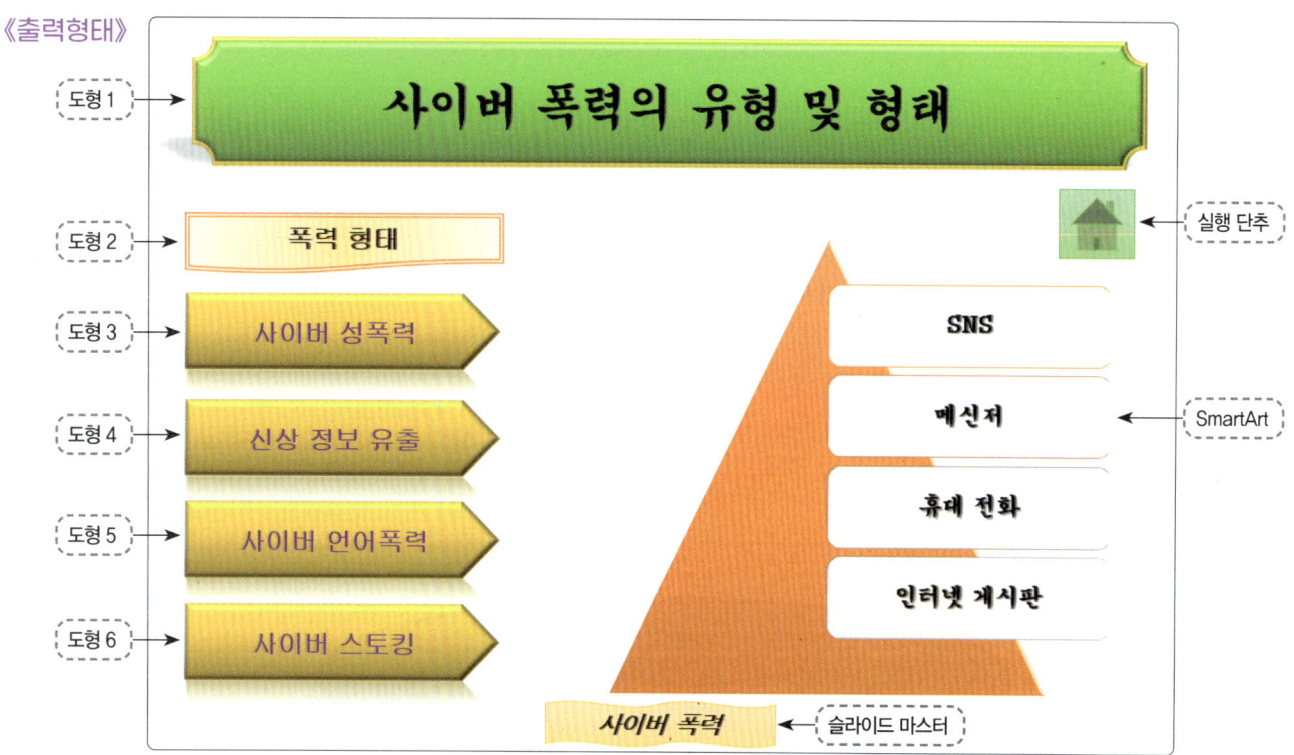

《작성조건》

(1) 제목

▶ 도형 1 ⇒ 기본 도형 – '배지', 도형 채우기(연한 녹색, 그라데이션 – '선형 위쪽'),
 도형 윤곽선(실선, 색 : 주황, 너비 : 3pt, 겹선 종류 : 단순형),
 도형 효과(그림자 – 원근감 – '원근감: 왼쪽 위', 입체 효과 – '둥글게 볼록'),
 글꼴(궁서, 36pt, 굵게, '검정, 텍스트 1')

(2) 본문

▶ 도형 2 ⇒ 순서도 – '순서도: 문서', 도형 채우기(주황, 그라데이션 – '가운데에서'),
 도형 윤곽선(실선, 색 : '주황, 강조 2', 너비 : 4pt, 겹선 종류 : 이중),
 글꼴(굴림, 20pt, 굵게, '검정, 텍스트 1')

▶ 도형 3~6 ⇒ 블록 화살표 – '화살표: 오각형', 도형 채우기(주황, 그라데이션 – '선형 위쪽'), 선 없음,
 도형 효과(반사 – '근접 반사: 터치', 입체 효과 – '둥글게'), 글꼴(굴림, 20pt, 굵게, 자주)

▶ 실행 단추 ⇒ 실행 단추 – '실행 단추: 홈으로 이동', 하이퍼링크 : 첫째 슬라이드,
 도형 스타일('미세 효과 – 녹색, 강조 6')

▶ SmartArt 삽입 ⇒ 목록형 – '피라미드 목록형', 글꼴(궁서, 18pt, 굵게, 텍스트 그림자, 가운데 맞춤),
 SmartArt 스타일(색 변경 – 색상형 – '색상형 범위 – 강조색 2 또는 3', 3차원 – '광택 처리'),
 (반드시 SmartArt 기능을 이용하여 작성할 것)

▶ 애니메이션 지정 ⇒ SmartArt : 나타내기 – 실선 무늬

▶ 지시사항이 없는 부분은《출력형태》와 동일하게 작성하시오.

슬라이드3 아래의 작성조건 및 출력형태에 알맞게 세 번째 슬라이드에 작업하시오. (60점)

《출력형태》

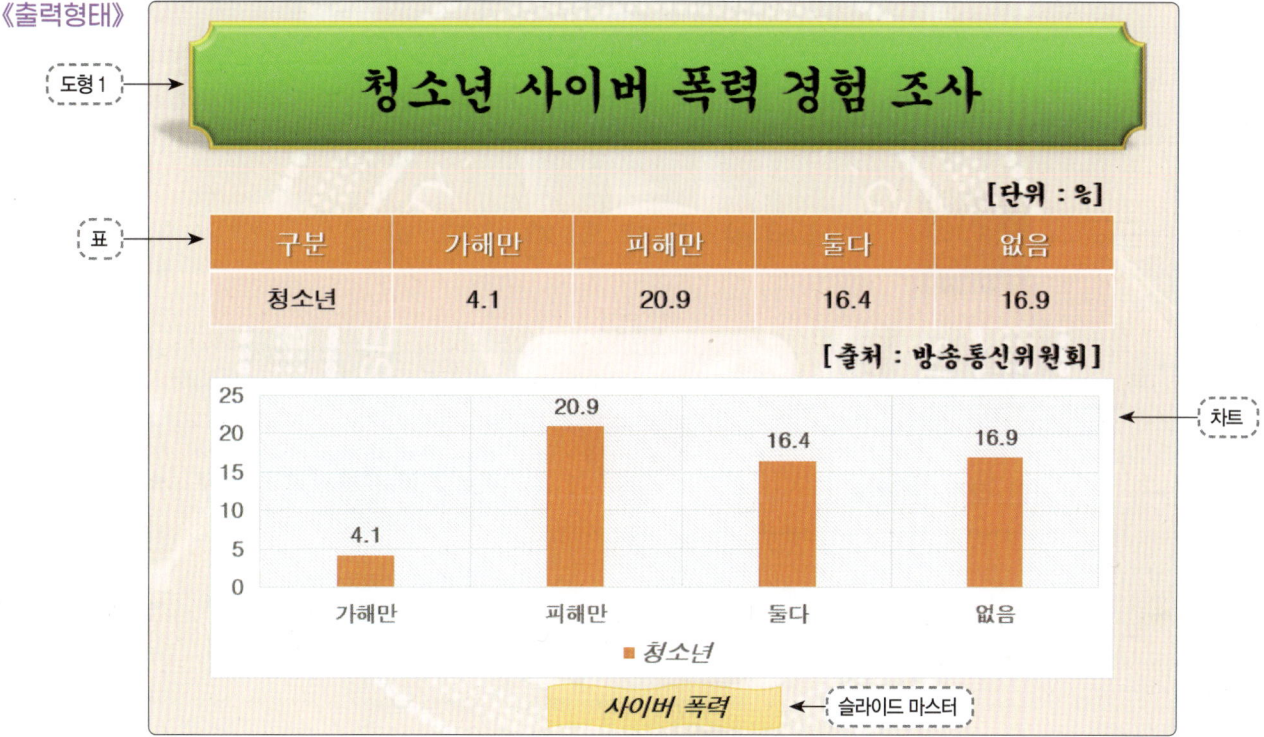

《작성조건》

(1) **제목**
- 도형 1 ⇒ 기본 도형 – '배지', 도형 채우기(연한 녹색, 그라데이션 – '선형 위쪽'),
  도형 윤곽선(실선, 색 : 주황, 너비 : 3pt, 겹선 종류 : 단순형),
  도형 효과(그림자 – 원근감 – '원근감: 왼쪽 위', 입체 효과 – '둥글게 볼록'),
  글꼴(궁서, 36pt, 굵게, '검정, 텍스트 1')

(2) **본문** (※ 차트 작성은 반드시 '차트 삽입 → 데이터 입력 → 차트 스타일' 순으로 작성 바랍니다.)
- 텍스트 상자 1([단위 : %]) ⇒ 글꼴(궁서, 20pt, 굵게)
- 표 ⇒ 표 스타일(중간 – '보통 스타일 2 – 강조 2'),
  가장 위의 행 : 글꼴(돋움, 20pt, 굵게, 텍스트 그림자, 가운데 맞춤),
  나머지 행 : 글꼴(돋움, 18pt, 굵게, 가운데 맞춤)
- 텍스트 상자 2([출처 : 방송통신위원회]) ⇒ 글꼴(궁서, 20pt, 굵게)
- 차트 ⇒ 세로 막대형 – '묶은 세로 막대형', 차트 스타일(색 변경 – 단색형 – '단색 색상표 2', 스타일 8),
  축 서식/데이터 레이블 서식 : 글꼴(돋움, 16pt, 굵게),
  범례 서식 : 글꼴(돋움, 18pt, 굵게, 기울임꼴), 데이터는 표 참고
- 배경 ⇒ 배경 서식(채우기 – 그림 또는 질감 채우기)에서 그림 2 삽입(현재 슬라이드만 적용)
- 애니메이션 지정 ⇒ 차트 : 나타내기 – 나누기
- 지시사항이 없는 부분은 《출력형태》와 동일하게 작성하시오.

슬라이드4 아래의 작성조건 및 출력형태에 알맞게 네 번째 슬라이드에 작업하시오. 〔60점〕

《출력형태》

《작성조건》

(1) **제목**
- 도형 1 ⇒ 기본 도형 – '배지', 도형 채우기(연한 녹색, 그라데이션 – '선형 위쪽'),
  도형 윤곽선(실선, 색 : 주황, 너비 : 3pt, 겹선 종류 : 단순형),
  도형 효과(그림자 – 원근감 – '원근감: 왼쪽 위', 입체 효과 – '둥글게 볼록'),
  글꼴(궁서, 36pt, 굵게, '검정, 텍스트 1')

(2) **본문**
- 도형 2~4 ⇒ 기본 도형 – '십자형', 도형 채우기(질감 : 재생지), 선 없음, 도형 효과(입체 효과 – '둥글게'),
  글꼴(굴림체, 20pt, 굵게, '검정, 텍스트 1')
- 도형 5~7 ⇒ 순서도 – '순서도: 다른 페이지 연결선', 도형 채우기(연한 파랑, 그라데이션 – '가운데에서'), 선 없음,
  도형 효과(그림자 – 바깥쪽 – '오프셋: 왼쪽'), 글꼴(궁서, 20pt, 굵게, 기울임꼴, '검정, 텍스트 1')
- 도형 8 ⇒ 기본 도형 – '하트', 도형 채우기(빨강, 그라데이션 – '선형 위쪽'), 선 없음,
  도형 효과(반사 – '1/2 반사: 8pt 오프셋')
- 도형 9 ⇒ 순서도 – '순서도: 종속 처리', 도형 채우기(그림 또는 질감 채우기) 기능을 사용하여 그림 3 삽입,
  도형 윤곽선(실선, 색 : 주황, 너비 : 2pt, 겹선 종류 : 단순형, 대시 종류 : 사각 점선),
  도형 효과(그림자 – 원근감 – '원근감: 오른쪽 위')
- WordArt 삽입(사이버 폭력은 잔인한 범죄)
  ⇒ WordArt 스타일('채우기: 파랑, 강조색 1, 그림자'), 글꼴(궁서, 32pt, 텍스트 그림자)
- 지시사항이 없는 부분은 《출력형태》와 동일하게 작성하시오.

제 12 회 디지털정보활용능력 출제예상 모의고사

작성 시간 / 시험 시간	채점 결과
분 / 40분	점 / 200점

☑ 시험과목 : 프리젠테이션(파워포인트)
☑ 시험일자 : 20XX. XX. XX. (X)
☑ 응시자 기재사항 및 감독 위원 확인

MS Office 2021 버전용

수검번호	DIP - XXXX -	감독위원 확인
성 명		

· 응시자 유의사항 ·

1. 응시자는 신분증을 지참하여야 시험에 응시할 수 있으며, 시험이 종료될 때까지 신분증을 제시하지 못 할 경우 해당 시험은 0점 처리됩니다.
2. 시스템(PC 작동 여부, 네트워크 상태 등)의 이상 여부를 반드시 확인하여야 하며, 시스템 이상이 있을 시 감독 위원에게 조치를 받으셔야 합니다.
3. 시험 중 부주의 또는 고의로 시스템을 파손한 경우는 응시자 부담으로 합니다.
4. 답안 전송 프로그램을 통해 다운로드 받은 파일을 이용하여 답안 파일을 작성하시기 바랍니다.
5. 작성한 답안 파일은 답안 전송 프로그램을 통하여 전송됩니다. 감독 위원의 지시에 따라 주시기 바랍니다.
6. 다음 사항의 경우 실격(0점) 혹은 부정행위 처리됩니다.
    1) 답안 파일을 저장하지 않았거나, 저장한 파일이 손상되었을 경우
    2) 답안 파일을 지정된 폴더(바탕화면 - "KAIT" 폴더)에 저장하지 않았을 경우
        ※ 답안 전송 프로그램 로그인 시 바탕화면에 자동 생성됨
    3) 답안 파일을 다른 보조기억장치(USB) 혹은 네트워크(메신저, 게시판 등)로 전송할 경우
    4) 휴대용 전화기 등 통신기기를 사용할 경우
7. 슬라이드는 반드시 순서대로 작성해야 하며, 순서가 다를 경우 "0"점 처리됩니다.
8. 시험지에 제시된 글꼴이 응시 프로그램에 없는 경우, 반드시 감독 위원에게 해당 내용을 통보한 뒤 조치를 받아야 합니다.
9. 슬라이드 작성 시 도형의 그룹 설정을 사용하는 경우, 채점에서 감점 처리됩니다.
10. 시험의 완료는 작성이 완료된 답안을 저장하고, 답안 전송이 완료된 상태를 확인한 것으로 합니다. 답안 전송 확인 후 문제지는 감독 위원에게 제출한 후 퇴실하여야 합니다.
11. 답안 전송을 완료한 경우는 수정 또는 정정이 불가합니다.
12. 시험 시행 후 합격자 발표는 홈페이지(www.ihd.or.kr)에서 확인하시기 바랍니다.
    1) 문제 및 정답 공개 : 20XX. XX. XX.(X)
    2) 합격자 발표 : 20XX. XX. XX.(X)

유의사항

- 《작성조건》을 준수하여 반드시 프리젠테이션 슬라이드로 작업합니다.
- 글꼴 및 기타 사항에 대해 별도의 지시사항이 없는 경우, 슬라이드 크기와 전체적인 균형을 고려하여 임의로 작성하되, 도형은 그룹으로 설정하지 않습니다.
- 모든 슬라이드 크기(A4), 방향(가로), 디자인 테마(Office 테마)로 지정합니다.
  ▶ 슬라이드 크기, 방향 조정 시 '맞춤 확인'으로 지정하여야 합니다.
- 공통적용사항(슬라이드 마스터)
  ▶ 도형 ⇒ 기본 도형 - '육각형', 도형 스타일('밝은 색 1 윤곽선, 색 채우기 - 파랑, 강조 1'), 글꼴(돋움체, 18pt, 굵게)
- 그림 삽입 시 다운로드 한 그림 파일을 반드시 사용하여야 합니다.
- ⬚⟶ 은 지시사항이므로 작성하지 않습니다.
- 슬라이드에 제시된 글자 및 숫자 오탈자는 별도 감점 처리됩니다.
- "도형 서식" 과 "셰이프 형식"은 동일한 기능이며, 버전에 따라 표현이 다릅니다.

슬라이드1   아래의 작성조건 및 출력형태에 알맞게 첫 번째 슬라이드에 작업하시오.   [30점]

《출력형태》

《작성조건》

▶ 도형 1 ⇒ 기본 도형 - '팔각형', 도형 채우기(그라데이션 : 미리 설정 - '밝은 그라데이션 - 강조 5', 종류 - 선형, 방향 - 선형 아래쪽), 도형 윤곽선(실선, 색 : '파랑, 강조 5', 너비 : 2pt, 겹선 종류 : 단순형), 도형 효과(그림자 - 안쪽 - '안쪽: 위쪽'), 글꼴(돋움, 44pt, 굵게, 텍스트 그림자, 진한 파랑)
▶ 도형 2 ⇒ 별 및 현수막 - '물결', 도형 채우기('주황, 강조 2', 그라데이션 - '가운데에서'), 선 없음, 도형 효과(반사 - '근접 반사: 터치', 입체 효과 - '각지게')
▶ 도형 3 ⇒ 기본 도형 - '이등변 삼각형', 도형 스타일('미세 효과 - 주황, 강조 2')
▶ 그림 삽입 ⇒ 그림 1 삽입, 크기(높이 : 7cm, 너비 : 7cm)
▶ 텍스트 상자(청소년을 행복하게!) ⇒ 글꼴(굴림, 24pt, 굵게, 밑줄)
▶ 애니메이션 지정 ⇒ 도형 1 : 나타내기 - 시계 방향 회전
▶ 지시사항이 없는 부분은 《출력형태》와 동일하게 작성하시오.

| 슬라이드2 | 아래의 작성조건 및 출력형태에 알맞게 두 번째 슬라이드에 작업하시오. (50점) |

《출력형태》

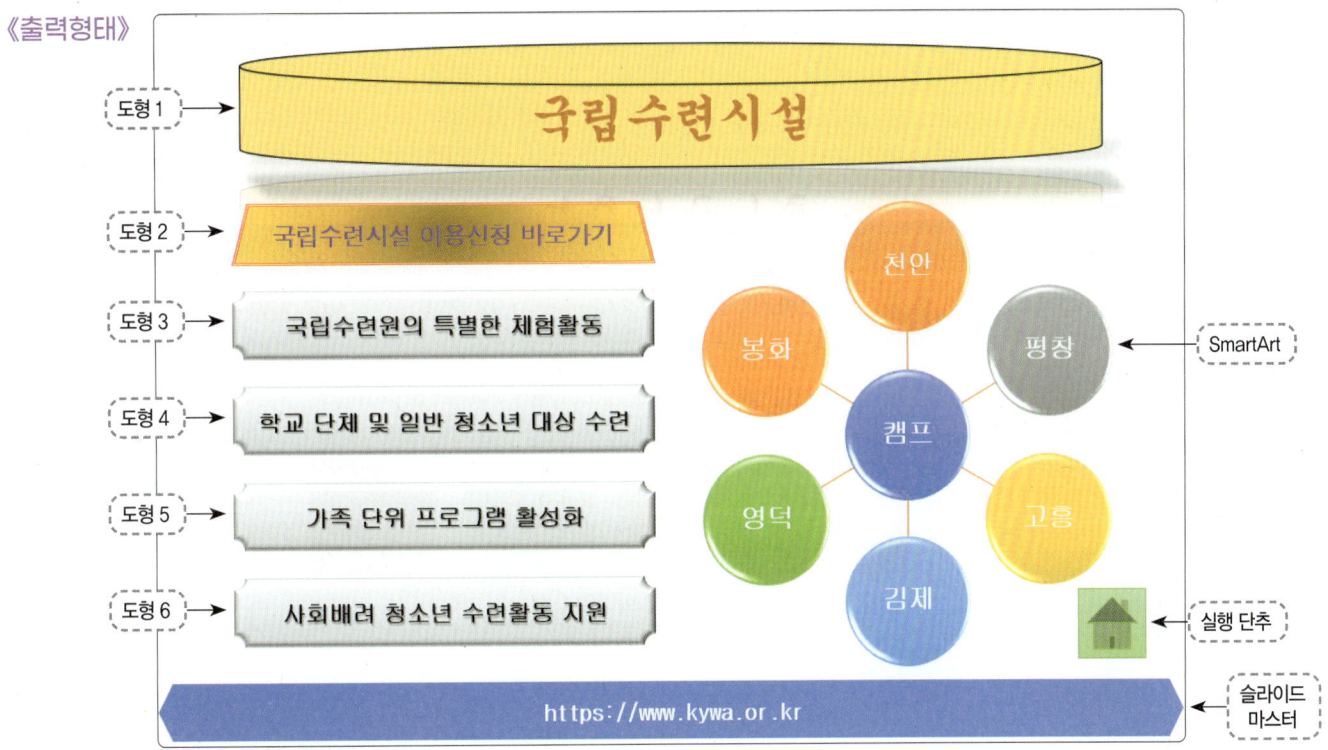

《작성조건》

(1) **제목**
- 도형 1 ⇒ 순서도 – '순서도: 자기 디스크', 도형 채우기('황금색, 강조 4, 40% 더 밝게'),
  도형 윤곽선(실선, 색 : '검정, 텍스트 1', 너비 : 1pt, 겹선 종류 : 단순형),
  도형 효과(그림자 – 원근감 – '원근감: 오른쪽 아래', 반사 – '1/2 반사: 터치'),
  글꼴(궁서, 36pt, 굵게, '주황, 강조 2, 25% 더 어둡게')

(2) **본문**
- 도형 2 ⇒ 기본 도형 – '사다리꼴', 도형 채우기(주황, 그라데이션 – '가운데에서'),
  도형 윤곽선(실선, 색 : 빨강, 너비 : 2pt, 겹선 종류 : 이중), 글꼴(돋움, 18pt, 굵게, 자주)
- 도형 3~6 ⇒ 기본 도형 – '배지', 도형 채우기('회색, 강조 3', 그라데이션 – '선형 위쪽'), 선 없음,
  도형 효과(입체 효과 – '둥글게'), 글꼴(굴림, 18pt, 굵게, 텍스트 그림자, '검정, 텍스트 1')
- 실행 단추 ⇒ 실행 단추 – '실행 단추: 홈으로 이동', 하이퍼링크 : 첫째 슬라이드,
  도형 스타일('미세 효과 – 녹색, 강조 6')
- SmartArt 삽입 ⇒ 주기형 – '기본 방사형', 글꼴(굴림체, 20pt, 굵게, 가운데 맞춤),
  SmartArt 스타일(색 변경 – 색상형 – '색상형 – 강조색', 3차원 – '광택 처리'),
  (반드시 SmartArt 기능을 이용하여 작성할 것)
- 애니메이션 지정 ⇒ SmartArt : 나타내기 – 나누기
- 지시사항이 없는 부분은 《출력형태》와 동일하게 작성하시오.

슬라이드3 아래의 작성조건 및 출력형태에 알맞게 세 번째 슬라이드에 작업하시오. (60점)

《출력형태》

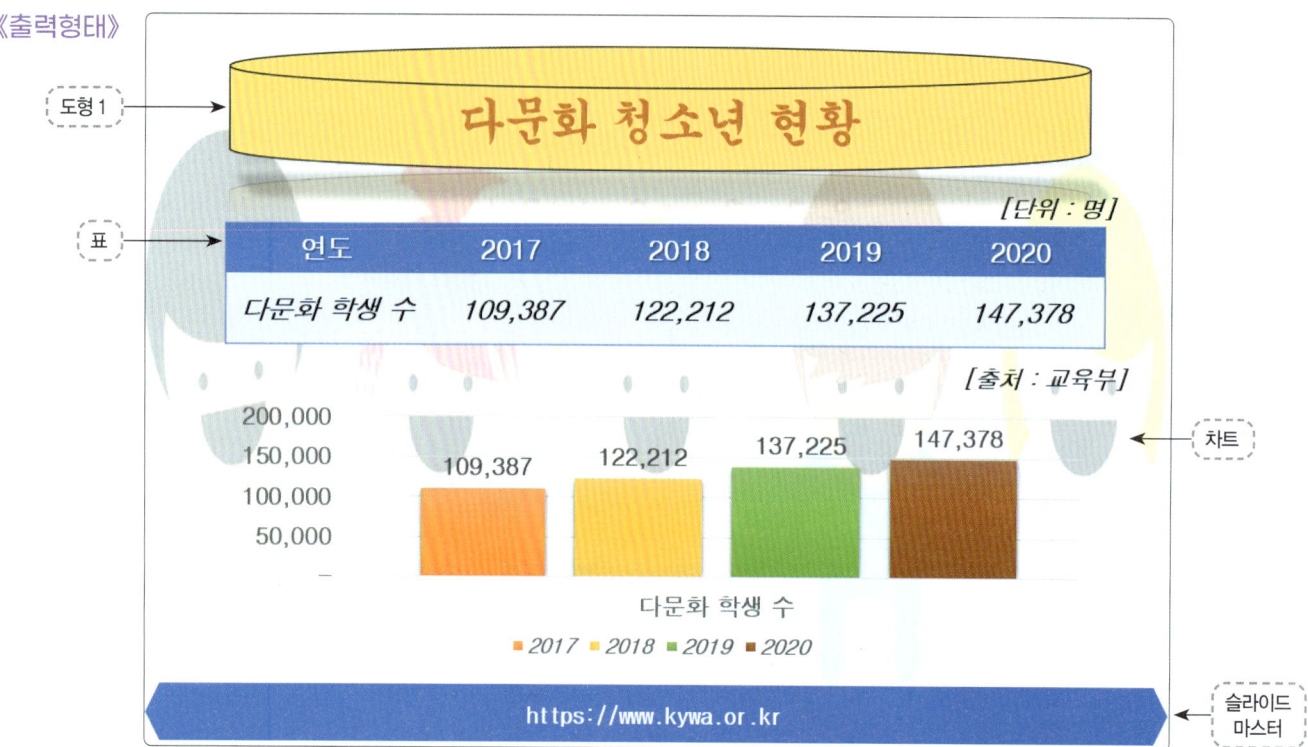

《작성조건》

(1) **제목**
- 도형 1 ⇒ 순서도 – '순서도: 자기 디스크', 도형 채우기('황금색, 강조 4, 40% 더 밝게'),
  도형 윤곽선(실선, 색 : '검정, 텍스트 1', 너비 : 1pt, 겹선 종류 : 단순형),
  도형 효과(그림자 – 원근감 – '원근감: 오른쪽 아래', 반사 – '1/2 반사: 터치'),
  글꼴(궁서, 36pt, 굵게, '주황, 강조 2, 25% 더 어둡게')

(2) **본문** (※ 차트 작성은 반드시 '차트 삽입 → 데이터 입력 → 차트 스타일' 순으로 작성 바랍니다.)
- 텍스트 상자 1([단위 : 명]) ⇒ 글꼴(돋움, 18pt, 굵게, 기울임꼴)
- 표 ⇒ 표 스타일(중간 – '보통 스타일 1 – 강조 1'),
  가장 위의 행 : 글꼴(돋움, 20pt, 굵게, 텍스트 그림자, 가운데 맞춤),
  나머지 행 : 글꼴(돋움, 20pt, 굵게, 기울임꼴, 가운데 맞춤)
- 텍스트 상자 2([출처 : 교육부]) ⇒ 글꼴(돋움, 18pt, 굵게, 기울임꼴)
- 차트 ⇒ 세로 막대형 – '묶은 세로 막대형', 차트 스타일(색 변경 – 색상형 – '다양한 색상표 3', 스타일 14),
  축 서식/데이터 레이블 서식 : 글꼴(돋움, 18pt, 굵게),
  범례 서식 : 글꼴(돋움, 16pt, 굵게, 기울임꼴), 데이터는 표 참고
- 배경 ⇒ 배경 서식(채우기 – 그림 또는 질감 채우기)에서 그림 2 삽입(현재 슬라이드만 적용)
- 애니메이션 지정 ⇒ 차트 : 나타내기 – 실선 무늬
- 지시사항이 없는 부분은《출력형태》와 동일하게 작성하시오.

슬라이드4 — 아래의 작성조건 및 출력형태에 알맞게 네 번째 슬라이드에 작업하시오. (60점)

《출력형태》

《작성조건》

(1) **제목**
- 도형 1 ⇒ 순서도 – '순서도: 자기 디스크', 도형 채우기('황금색, 강조 4, 40% 더 밝게'),
  도형 윤곽선(실선, 색 : '검정, 텍스트 1', 너비 : 1pt, 겹선 종류 : 단순형),
  도형 효과(그림자 – 원근감 – '원근감: 오른쪽 아래', 반사 – '1/2 반사: 터치'),
  글꼴(궁서, 36pt, 굵게, '주황, 강조 2, 25% 더 어둡게')

(2) **본문**
- 도형 2~4 ⇒ 별 및 현수막 – '별: 꼭짓점 10개', 도형 채우기(질감 : 분홍 박엽지), 선 없음,
  도형 효과(그림자 – 안쪽 – '안쪽: 가운데'), 글꼴(굴림체, 22pt, 굵게, '검정, 텍스트 1')

- 도형 5~7 ⇒ 순서도 – '순서도: 데이터', 도형 채우기(파랑, 그라데이션 – '선형 왼쪽'), 선 없음,
  도형 효과(그림자 – 안쪽 – '안쪽: 오른쪽 위'),
  글꼴(굴림체, 20pt, 굵게, 기울임꼴, '황금색, 강조 4, 80% 더 밝게')

- 도형 8 ⇒ 기본 도형 – '하트', 도형 채우기(빨강, 그라데이션 – '가운데에서'), 선 없음,
  도형 효과(입체 효과 – '딱딱한 가장자리')

- 도형 9 ⇒ 기본 도형 – '구름', 도형 채우기(그림 또는 질감 채우기) 기능을 사용하여 그림 3 삽입,
  도형 윤곽선(실선, 색 : '파랑, 강조 1', 너비 : 3pt, 겹선 종류 : 단순형, 대시 종류 : 둥근 점선),
  도형 효과(그림자 – 원근감 – '원근감: 오른쪽 위')

- WordArt 삽입(청소년활동정보서비스e청소년)
  ⇒ WordArt 스타일('그라데이션 채우기: 파랑, 강조색 5, 반사'), 글꼴(굴림, 30pt)

- 지시사항이 없는 부분은《출력형태》와 동일하게 작성하시오.

제 13 회 디지털정보활용능력 출제예상 모의고사

작성 시간 / 시험 시간	채점 결과
분 / 40분	점 / 200점

- ☑ 시험과목 : 프리젠테이션(파워포인트)
- ☑ 시험일자 : 20XX. XX. XX. (X)
- ☑ 응시자 기재사항 및 감독 위원 확인

MS Office 2021 버전용

수검번호	DIP - XXXX -	감독위원 확인
성 명		

· 응시자 유의사항 ·

1. 응시자는 신분증을 지참하여야 시험에 응시할 수 있으며, 시험이 종료될 때까지 신분증을 제시하지 못 할 경우 해당 시험은 0점 처리됩니다.
2. 시스템(PC 작동 여부, 네트워크 상태 등)의 이상 여부를 반드시 확인하여야 하며, 시스템 이상이 있을 시 감독 위원에게 조치를 받으셔야 합니다.
3. 시험 중 부주의 또는 고의로 시스템을 파손한 경우는 응시자 부담으로 합니다.
4. 답안 전송 프로그램을 통해 다운로드 받은 파일을 이용하여 답안 파일을 작성하시기 바랍니다.
5. 작성한 답안 파일은 답안 전송 프로그램을 통하여 전송됩니다. 감독 위원의 지시에 따라 주시기 바랍니다.
6. 다음 사항의 경우 실격(0점) 혹은 부정행위 처리됩니다.
    1) 답안 파일을 저장하지 않았거나, 저장한 파일이 손상되었을 경우
    2) 답안 파일을 지정된 폴더(바탕화면 – "KAIT" 폴더)에 저장하지 않았을 경우
        ※ 답안 전송 프로그램 로그인 시 바탕화면에 자동 생성됨
    3) 답안 파일을 다른 보조기억장치(USB) 혹은 네트워크(메신저, 게시판 등)로 전송할 경우
    4) 휴대용 전화기 등 통신기기를 사용할 경우
7. 슬라이드는 반드시 순서대로 작성해야 하며, 순서가 다를 경우 "0"점 처리됩니다.
8. 시험지에 제시된 글꼴이 응시 프로그램에 없는 경우, 반드시 감독 위원에게 해당 내용을 통보한 뒤 조치를 받아야 합니다.
9. 슬라이드 작성 시 도형의 그룹 설정을 사용하는 경우, 채점에서 감점 처리됩니다.
10. 시험의 완료는 작성이 완료된 답안을 저장하고, 답안 전송이 완료된 상태를 확인한 것으로 합니다. 답안 전송 확인 후 문제지는 감독 위원에게 제출한 후 퇴실하여야 합니다.
11. 답안 전송을 완료한 경우는 수정 또는 정정이 불가합니다.
12. 시험 시행 후 합격자 발표는 홈페이지(www.ihd.or.kr)에서 확인하시기 바랍니다.
    1) 문제 및 정답 공개 : 20XX. XX. XX.(X)
    2) 합격자 발표 : 20XX. XX. XX.(X)

유의사항

- 《작성조건》을 준수하여 반드시 프리젠테이션 슬라이드로 작업합니다.
- 글꼴 및 기타 사항에 대해 별도의 지시사항이 없는 경우, 슬라이드 크기와 전체적인 균형을 고려하여 임의로 작성하되, 도형은 그룹으로 설정하지 않습니다.
- 모든 슬라이드 크기(A4), 방향(가로), 디자인 테마(Office 테마)로 지정합니다.
  ▶ 슬라이드 크기, 방향 조정 시 '맞춤 확인'으로 지정하여야 합니다.
- 공통적용사항(슬라이드 마스터)
  ▶ 도형 ⇒ 기본 도형 – '육각형', 도형 스타일('미세 효과 – 녹색, 강조 6'), 글꼴(굴림체, 20pt, 굵게, 기울임꼴)
- 그림 삽입 시 다운로드 한 그림 파일을 반드시 사용하여야 합니다.
- ⌐ ⌐ ⌐ ⌐ ⌐ ┐→ 은 지시사항이므로 작성하지 않습니다.
- 슬라이드에 제시된 글자 및 숫자 오탈자는 별도 감점 처리됩니다.
- "도형 서식" 과 "셰이프 형식"은 동일한 기능이며, 버전에 따라 표현이 다릅니다.

슬라이드1 아래의 작성조건 및 출력형태에 알맞게 첫 번째 슬라이드에 작업하시오. 〔30점〕

《출력형태》

《작성조건》

▶ 도형 1 ⇒ 순서도 – '순서도: 카드', 도형 채우기(그라데이션 : 미리 설정 – '가운데 그라데이션 – 강조 2', 종류 – 선형, 방향 – '선형 왼쪽'), 도형 윤곽선(실선, 색 : 노랑, 너비 : 4pt, 겹선 종류 : 단순형), 도형 효과(그림자 – 바깥쪽 – '오프셋: 위쪽'), 글꼴(궁서체, 44pt, 굵게, 텍스트 그림자, 진한 파랑)

▶ 도형 2 ⇒ 기본 도형 – '달', 도형 채우기('파랑, 강조 5'), 선 없음, 도형 효과(그림자 – 바깥쪽 – '오프셋: 왼쪽 아래', 반사 – '전체 반사: 터치')

▶ 도형 3 ⇒ 블록 화살표 – '설명선: 오른쪽 화살표', 도형 스타일('미세 효과 – 검정, 어둡게 1')

▶ 그림 삽입 ⇒ 그림 1 삽입, 크기(높이 : 8cm, 너비 : 11cm)

▶ 텍스트 상자(5mm 미만 크기의 작은 플라스틱 조각) ⇒ 글꼴(돋움, 24pt, 굵게, 기울임꼴, 밑줄)

▶ 애니메이션 지정 ⇒ 도형 1 : 나타내기 – 날아오기

▶ 지시사항이 없는 부분은 《출력형태》와 동일하게 작성하시오.

슬라이드2 아래의 작성조건 및 출력형태에 알맞게 두 번째 슬라이드에 작업하시오. (50점)

《출력형태》

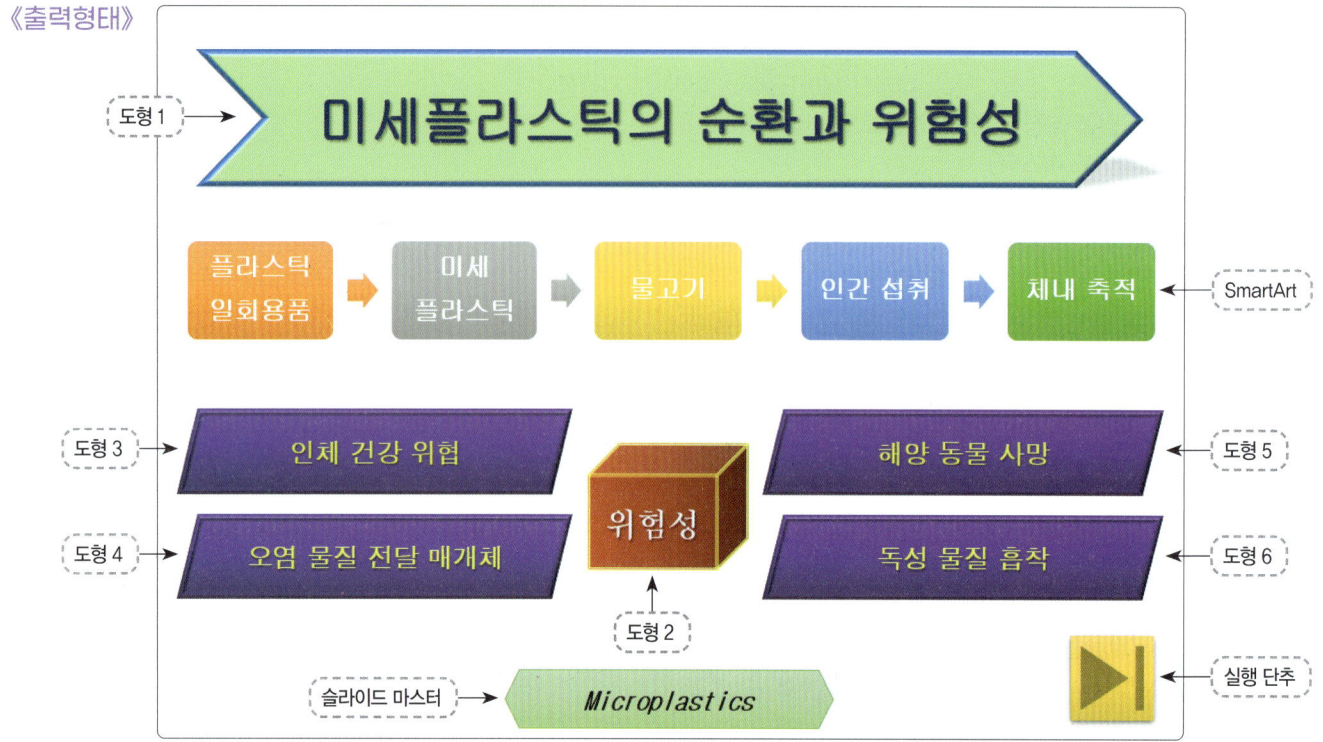

《작성조건》

(1) **제목**
- 도형 1 ⇒ 블록 화살표 – '화살표: 갈매기형 수장', 도형 채우기('녹색, 강조 6, 40% 더 밝게'),
  도형 윤곽선(실선, 색 : 파랑, 너비 : 4pt, 겹선 종류 : 단순형),
  도형 효과(그림자 – 원근감 – '원근감: 오른쪽 위', 입체 효과 – '둥글게'),
  글꼴(굴림, 40pt, 굵게, 텍스트 그림자, 진한 파랑)

(2) **본문**
- 도형 2 ⇒ 기본 도형 – '정육면체', 도형 채우기(진한 빨강, 그라데이션 – '선형 왼쪽'),
  도형 윤곽선(실선, 색 : 노랑, 너비 : 2pt, 겹선 종류 : 이중),
  글꼴(바탕체, 24pt, 굵게, 텍스트 그림자, '밝은 회색, 배경 2')
- 도형 3~6 ⇒ 기본 도형 – '평행 사변형', 도형 채우기(자주, 그라데이션 – '선형 위쪽'), 선 없음,
  도형 효과(입체 효과 – '낮은 수준의 경사'), 글꼴(돋움, 20pt, 굵게, 텍스트 그림자, 노랑)
- 실행 단추 ⇒ 실행 단추 – '실행 단추: 끝으로 이동', 하이퍼링크 : 마지막 슬라이드,
  도형 스타일('강한 효과 – 황금색, 강조 4')
- SmartArt 삽입 ⇒ 프로세스형 – '기본 프로세스형', 글꼴(굴림, 20pt, 굵게, 가운데 맞춤),
  SmartArt 스타일(색 변경 – 색상형 – '색상형 – 강조색', 보통 효과),
  (반드시 SmartArt 기능을 이용하여 작성할 것)
- 애니메이션 지정 ⇒ SmartArt : 나타내기 – 도형
- 지시사항이 없는 부분은《출력형태》와 동일하게 작성하시오.

슬라이드3 아래의 작성조건 및 출력형태에 알맞게 세 번째 슬라이드에 작업하시오. (60점)

《출력형태》

《작성조건》

(1) **제목**
- 도형 1 ⇒ 블록 화살표 – '화살표: 갈매기형 수장', 도형 채우기('녹색, 강조 6, 40% 더 밝게'),
  도형 윤곽선(실선, 색 : 파랑, 너비 : 4pt, 겹선 종류 : 단순형),
  도형 효과(그림자 – 원근감 – '원근감: 오른쪽 위', 입체 효과 – '둥글게'),
  글꼴(굴림, 40pt, 굵게, 텍스트 그림자, 진한 파랑)

(2) **본문** (※ 차트 작성은 반드시 '차트 삽입 → 데이터 입력 → 차트 스타일' 순으로 작성 바랍니다.)
- 텍스트 상자 1([단위 : 일]) ⇒ 글꼴(궁서, 20pt, 굵게, 텍스트 그림자)
- 표 ⇒ 표 스타일(중간 – '보통 스타일 2'),
  가장 위의 행 : 글꼴(돋움체, 24pt, 굵게, 텍스트 그림자, 가운데 맞춤),
  나머지 행 : 글꼴(돋움체, 22pt, 굵게, 기울임꼴, 가운데 맞춤)
- 텍스트 상자 2([출처 : 국립해양대기국]) ⇒ 글꼴(궁서, 20pt, 굵게, 텍스트 그림자)
- 차트 ⇒ 가로 막대형 – '묶은 가로 막대형', 차트 스타일(색 변경 – 단색형 – '단색 색상표 2', 스타일 3),
  축 서식/데이터 레이블 서식 : 글꼴(바탕, 16pt, 굵게),
  범례 서식 : 글꼴(돋움체, 18pt, 굵게, 기울임꼴), 데이터는 표 참고
- 배경 ⇒ 배경 서식(채우기 – 그림 또는 질감 채우기)에서 그림 2 삽입(현재 슬라이드만 적용)
- 애니메이션 지정 ⇒ 차트 : 나타내기 – 나누기
- 지시사항이 없는 부분은《출력형태》와 동일하게 작성하시오.

슬라이드4 아래의 작성조건 및 출력형태에 알맞게 네 번째 슬라이드에 작업하시오. (60점)

《출력형태》

《작성조건》

(1) **제목**
- 도형 1 ⇒ 블록 화살표 – '화살표: 갈매기형 수장', 도형 채우기('녹색, 강조 6, 40% 더 밝게'),
  도형 윤곽선(실선, 색 : 파랑, 너비 : 4pt, 겹선 종류 : 단순형),
  도형 효과(그림자 – 원근감 – '원근감: 오른쪽 위', 입체 효과 – '둥글게'),
  글꼴(굴림, 40pt, 굵게, 텍스트 그림자, 진한 파랑)

(2) **본문**
- 도형 2~4 ⇒ 기본 도형 – '사다리꼴', 도형 채우기(질감 : 파랑 박엽지), 선 없음,
  도형 효과(네온 – '네온: 8pt, 파랑, 강조색 1'), 글꼴(궁서, 24pt, 굵게, 진한 빨강)
- 도형 5~7 ⇒ 기본 도형 – '사각형: 빗면', 도형 채우기('황금색, 강조 4', 그라데이션 – '가운데에서'), 선 없음,
  도형 효과(그림자 – 안쪽 – '안쪽: 오른쪽 아래'), 글꼴(바탕체, 22pt, 굵게, 기울임꼴, 파랑)
- 도형 8 ⇒ 블록 화살표 – '화살표: 오른쪽', 도형 채우기('주황, 강조 2', 그라데이션 – '왼쪽 위 모서리에서'), 선 없음,
  도형 효과(그림자 – 바깥쪽 – '오프셋: 오른쪽 위')
- 도형 9 ⇒ 순서도 – '순서도: 저장 데이터', 도형 채우기(그림 또는 질감 채우기) 기능을 사용하여 그림 3 삽입,
  도형 윤곽선(실선, 색 : 주황, 너비 : 4pt, 겹선 종류 : 단순형, 대시 종류 : 긴 파선),
  도형 효과(그림자 – 바깥쪽 – '오프셋: 가운데')
- WordArt 삽입(작은 실천이 세상을 바꿉니다!)
  ⇒ WordArt 스타일('채우기: 회색, 강조색 3, 선명한 입체'), 글꼴(돋움, 36pt, 굵게)
- 지시사항이 없는 부분은《출력형태》와 동일하게 작성하시오.

제 14 회 디지털정보활용능력 출제예상 모의고사

작성 시간 / 시험 시간	채점 결과
분 / 40분	점 / 200점

☑ 시험과목 : 프리젠테이션(파워포인트)
☑ 시험일자 : 20XX. XX. XX. (X)
☑ 응시자 기재사항 및 감독 위원 확인

MS Office 2021 버전용

수검번호	DIP - XXXX -	감독위원 확인
성 명		

· 응시자 유의사항 ·

1. 응시자는 신분증을 지참하여야 시험에 응시할 수 있으며, 시험이 종료될 때까지 신분증을 제시하지 못 할 경우 해당 시험은 0점 처리됩니다.
2. 시스템(PC 작동 여부, 네트워크 상태 등)의 이상 여부를 반드시 확인하여야 하며, 시스템 이상이 있을 시 감독 위원에게 조치를 받으셔야 합니다.
3. 시험 중 부주의 또는 고의로 시스템을 파손한 경우는 응시자 부담으로 합니다.
4. 답안 전송 프로그램을 통해 다운로드 받은 파일을 이용하여 답안 파일을 작성하시기 바랍니다.
5. 작성한 답안 파일은 답안 전송 프로그램을 통하여 전송됩니다. 감독 위원의 지시에 따라 주시기 바랍니다.
6. 다음 사항의 경우 실격(0점) 혹은 부정행위 처리됩니다.
    1) 답안 파일을 저장하지 않았거나, 저장한 파일이 손상되었을 경우
    2) 답안 파일을 지정된 폴더(바탕화면 - "KAIT" 폴더)에 저장하지 않았을 경우
        ※ 답안 전송 프로그램 로그인 시 바탕화면에 자동 생성됨
    3) 답안 파일을 다른 보조기억장치(USB) 혹은 네트워크(메신저, 게시판 등)로 전송할 경우
    4) 휴대용 전화기 등 통신기기를 사용할 경우
7. 슬라이드는 반드시 순서대로 작성해야 하며, 순서가 다를 경우 "0"점 처리됩니다.
8. 시험지에 제시된 글꼴이 응시 프로그램에 없는 경우, 반드시 감독 위원에게 해당 내용을 통보한 뒤 조치를 받아야 합니다.
9. 슬라이드 작성 시 도형의 그룹 설정을 사용하는 경우, 채점에서 감점 처리됩니다.
10. 시험의 완료는 작성이 완료된 답안을 저장하고, 답안 전송이 완료된 상태를 확인한 것으로 합니다. 답안 전송 확인 후 문제지는 감독 위원에게 제출한 후 퇴실하여야 합니다.
11. 답안 전송을 완료한 경우는 수정 또는 정정이 불가합니다.
12. 시험 시행 후 합격자 발표는 홈페이지(www.ihd.or.kr)에서 확인하시기 바랍니다.
    1) 문제 및 정답 공개 : 20XX. XX. XX.(X)
    2) 합격자 발표 : 20XX. XX. XX.(X)

유의사항

- 《작성조건》을 준수하여 반드시 프리젠테이션 슬라이드로 작업합니다.
- 글꼴 및 기타 사항에 대해 별도의 지시사항이 없는 경우, 슬라이드 크기와 전체적인 균형을 고려하여 임의로 작성하되, 도형은 그룹으로 설정하지 않습니다.
- 모든 슬라이드 크기(A4), 방향(가로), 디자인 테마(Office 테마)로 지정합니다.
  ▶ 슬라이드 크기, 방향 조정 시 '맞춤 확인'으로 지정하여야 합니다.
- 공통적용사항(슬라이드 마스터)
  ▶ 도형 ⇒ 기본 도형 – '평행 사변형', 도형 스타일('보통 효과 – 녹색, 강조 6'), 글꼴(돋움체, 22pt, 굵게, 밑줄)
- 그림 삽입 시 다운로드 한 그림 파일을 반드시 사용하여야 합니다.
- ⌐⎯⎯⎯⌐ 은 지시사항이므로 작성하지 않습니다.
- 슬라이드에 제시된 글자 및 숫자 오탈자는 별도 감점 처리됩니다.
- "도형 서식" 과 "셰이프 형식"은 동일한 기능이며, 버전에 따라 표현이 다릅니다.

슬라이드1 아래의 작성조건 및 출력형태에 알맞게 첫 번째 슬라이드에 작업하시오. (30점)

《출력형태》

《작성조건》

▶ 도형 1 ⇒ 기본 도형 – '정육면체', 도형 채우기(그라데이션 : 미리 설정 – '위쪽 스포트라이트 강조 1', 종류 – 사각형, 방향 – '왼쪽 위 모서리에서'), 도형 윤곽선(실선, 색 : '회색, 강조 3', 너비 : 3pt, 겹선 종류 : 단순형), 도형 효과(반사 – '1/2 반사: 4pt 오프셋'), 글꼴(굴림, 48pt, 굵게, 텍스트 그림자, 진한 파랑)

▶ 도형 2 ⇒ 기본 도형 – '액자', 도형 채우기('주황, 강조 2'), 선 없음, 도형 효과(그림자 – 안쪽 – '안쪽: 왼쪽 아래', 입체 효과 – '절단')

▶ 도형 3 ⇒ 기본 도형 – '해', 도형 스타일('강한 효과 – 황금색, 강조 4')

▶ 그림 삽입 ⇒ 그림 1 삽입, 크기(높이 : 8cm, 너비 : 7cm)

▶ 텍스트 상자(숲 속 식물이 만들어내는 항균 물질) ⇒ 글꼴(궁서, 26pt, 굵게, 기울임꼴)

▶ 애니메이션 지정 ⇒ 도형 1 : 나타내기 – 나누기

▶ 지시사항이 없는 부분은 《출력형태》와 동일하게 작성하시오.

슬라이드2 — 아래의 작성조건 및 출력형태에 알맞게 두 번째 슬라이드에 작업하시오. (50점)

《출력형태》

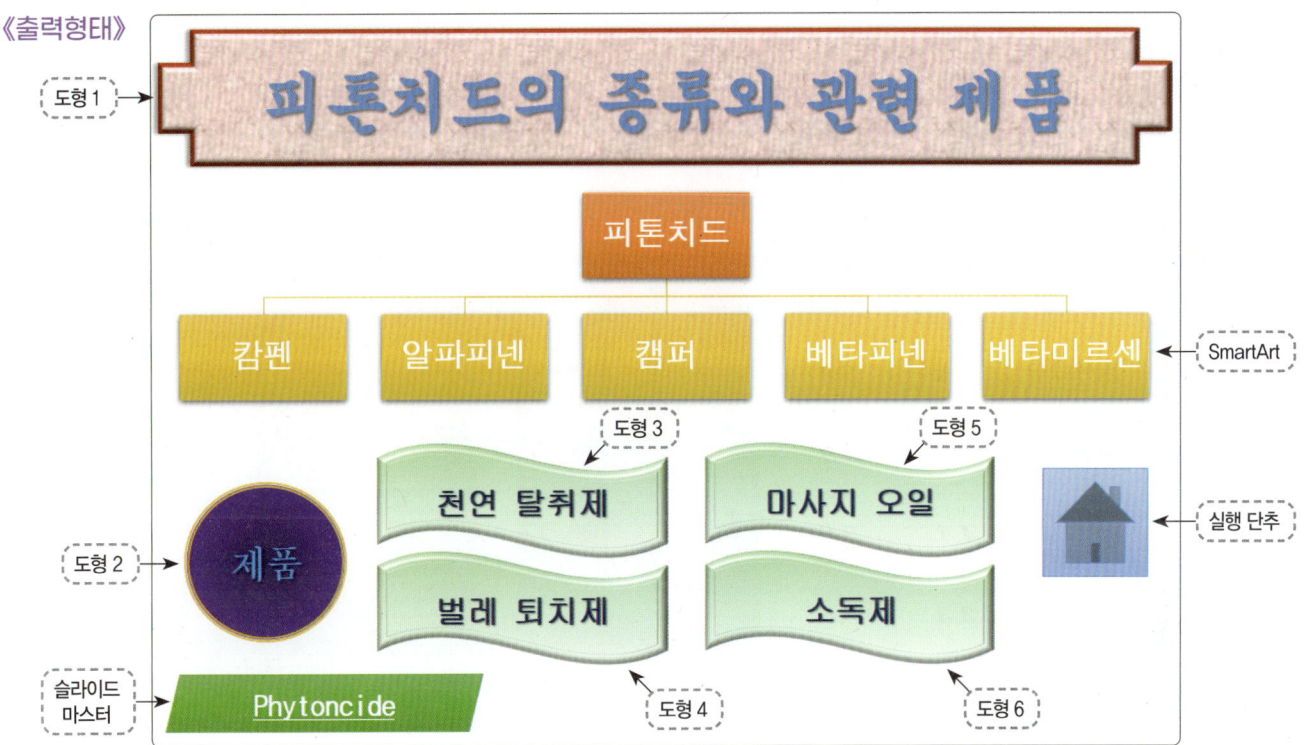

《작성조건》

(1) 제목
- ▶ 도형 1 ⇒ 기본 도형 – '십자형', 도형 채우기(질감 : 분홍 박엽지),
  도형 윤곽선(실선, 색 : 진한 빨강, 너비 : 3pt, 겹선 종류 : 단순형),
  도형 효과(그림자 – 바깥쪽 – '오프셋: 왼쪽', 입체 효과 – '기울기'),
  글꼴(궁서, 48pt, 굵게, 텍스트 그림자, '파랑, 강조 5')

(2) 본문
- ▶ 도형 2 ⇒ 기본 도형 – '타원', 도형 채우기(자주, 그라데이션 – '가운데에서'),
  도형 윤곽선(실선, 색 : 주황, 너비 : 4pt, 겹선 종류 : 이중),
  글꼴(바탕체, 28pt, 굵게, 텍스트 그림자, 연한 파랑)
- ▶ 도형 3~6 ⇒ 별 및 현수막 – '물결', 도형 채우기('녹색, 강조 6', 그라데이션 – '선형 아래쪽'), 선 없음,
  도형 효과(입체 효과 – '리블렛'), 글꼴(굴림체, 24pt, 굵게, 텍스트 그림자, 진한 파랑)
- ▶ 실행 단추 ⇒ 실행 단추 – '실행 단추: 홈으로 이동', 하이퍼링크 : 첫째 슬라이드,
  도형 스타일('미세 효과 – 파랑, 강조 5')
- ▶ SmartArt 삽입 ⇒ 계층 구조형 – '조직도형', 글꼴(돋움체, 24pt, 굵게, 가운데 맞춤),
  SmartArt 스타일(색 변경 – 색상형 – '색상형 범위 – 강조색 3 또는 4', 강한 효과),
  (반드시 SmartArt 기능을 이용하여 작성할 것)
- ▶ 애니메이션 지정 ⇒ SmartArt : 나타내기 – 날아오기
- ▶ 지시사항이 없는 부분은《출력형태》와 동일하게 작성하시오.

슬라이드3

아래의 작성조건 및 출력형태에 알맞게 세 번째 슬라이드에 작업하시오. (60점)

《출력형태》

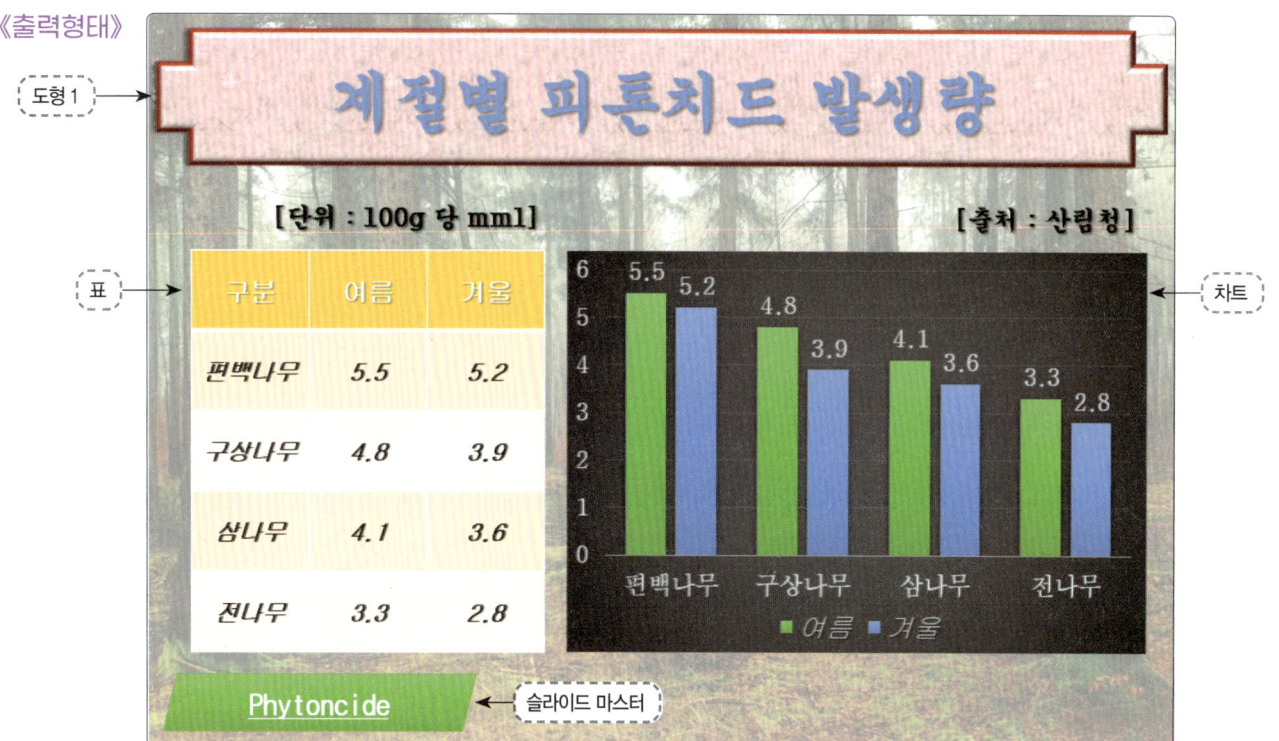

《작성조건》

(1) 제목
- 도형 1 ⇒ 기본 도형 – '십자형', 도형 채우기(질감 : 분홍 박엽지), 도형 윤곽선(실선, 색 : 진한 빨강, 너비 : 3pt, 겹선 종류 : 단순형), 도형 효과(그림자 – 바깥쪽 – '오프셋: 왼쪽', 입체 효과 – '기울기'), 글꼴(궁서, 48pt, 굵게, 텍스트 그림자, '파랑, 강조 5')

(2) 본문 (※ 차트 작성은 반드시 '차트 삽입 → 데이터 입력 → 차트 스타일' 순으로 작성 바랍니다.)
- 텍스트 상자 1([단위 : 100g 당 mml]) ⇒ 글꼴(궁서, 20pt, 굵게, 텍스트 그림자)
- 표 ⇒ 표 스타일(중간 – '보통 스타일 2 – 강조 4'), 가장 위의 행 : 글꼴(굴림체, 20pt, 굵게, 텍스트 그림자, 가운데 맞춤), 나머지 행 : 글꼴(굴림체, 18pt, 굵게, 기울임꼴, 가운데 맞춤)
- 텍스트 상자 2([출처 : 산림청]) ⇒ 글꼴(궁서, 20pt, 굵게, 텍스트 그림자)
- 차트 ⇒ 세로 막대형 – '묶은 세로 막대형', 차트 스타일(색 변경 – 색상형 – '다양한 색상표 4', 스타일 8), 축 서식/데이터 레이블 서식 : 글꼴(바탕체, 18pt, 굵게), 범례 서식 : 글꼴(굴림, 20pt, 기울임꼴, 텍스트 그림자), 데이터는 표 참고
- 배경 ⇒ 배경 서식(채우기 – 그림 또는 질감 채우기)에서 그림 2 삽입(현재 슬라이드만 적용)
- 애니메이션 지정 ⇒ 차트 : 나타내기 – 닦아내기
- 지시사항이 없는 부분은 《출력형태》와 동일하게 작성하시오.

슬라이드4 | 아래의 작성조건 및 출력형태에 알맞게 네 번째 슬라이드에 작업하시오. (60점)

《출력형태》

《작성조건》

(1) 제목
- ▶ 도형 1 ⇒ 기본 도형 – '십자형', 도형 채우기(질감 : 분홍 박엽지),
  도형 윤곽선(실선, 색 : 진한 빨강, 너비 : 3pt, 겹선 종류 : 단순형),
  도형 효과(그림자 – 바깥쪽 – '오프셋: 왼쪽', 입체 효과 – '기울기'),
  글꼴(궁서, 48pt, 굵게, 텍스트 그림자, '파랑, 강조 5')

(2) 본문
- ▶ 도형 2~4 ⇒ 기본 도형 – '칠각형', 도형 채우기('주황, 강조 2'), 선 없음,
  도형 효과(반사 – '근접 반사: 터치'), 글꼴(굴림체, 24pt, 굵게, 진한 파랑)
- ▶ 도형 5~7 ⇒ 블록 화살표 – '화살표: 오각형', 도형 채우기(주황, 그라데이션 – '선형 왼쪽'), 선 없음,
  도형 효과(입체 효과 – '십자형으로'), 글꼴(바탕, 26pt, 굵게, 기울임꼴, 녹색)
- ▶ 도형 8 ⇒ 블록 화살표 – '화살표: 갈매기형 수장',
  도형 채우기('파랑, 강조 5', 그라데이션 – '오른쪽 아래 모서리에서'), 선 없음,
  도형 효과(그림자 – 원근감 – '원근감: 왼쪽 위')
- ▶ 도형 9 ⇒ 별 및 현수막 – '이중 물결', 도형 채우기(그림 또는 질감 채우기) 기능을 사용하여 그림 3 삽입,
  도형 윤곽선(실선, 색 : 녹색, 너비 : 4pt, 겹선 종류 : 단순형), 도형 효과(입체 효과 – '각지게')
- ▶ WordArt 삽입(숲이 주는 치유효과를 느껴보세요!)
  ⇒ WordArt 스타일('채우기: 주황, 강조색 2, 윤곽선: 주황, 강조색 2'), 글꼴(궁서, 40pt, 굵게)
- ▶ 지시사항이 없는 부분은 《출력형태》와 동일하게 작성하시오.

제 15 회 디지털정보활용능력 출제예상 모의고사

작성 시간 / 시험 시간	채점 결과
분 / 40분	점 / 200점

- ☑ 시험과목 : 프리젠테이션(파워포인트)
- ☑ 시험일자 : 20XX. XX. XX. (X)
- ☑ 응시자 기재사항 및 감독 위원 확인

MS Office 2021 버전용

수 검 번 호	DIP – XXXX –	감독위원 확인
성 명		

· 응시자 유의사항 ·

1. 응시자는 신분증을 지참하여야 시험에 응시할 수 있으며, 시험이 종료될 때까지 신분증을 제시하지 못 할 경우 해당 시험은 0점 처리됩니다.
2. 시스템(PC 작동 여부, 네트워크 상태 등)의 이상 여부를 반드시 확인하여야 하며, 시스템 이상이 있을 시 감독위원에게 조치를 받으셔야 합니다.
3. 시험 중 부주의 또는 고의로 시스템을 파손한 경우는 응시자 부담으로 합니다.
4. 답안 전송 프로그램을 통해 다운로드 받은 파일을 이용하여 답안 파일을 작성하시기 바랍니다.
5. 작성한 답안 파일은 답안 전송 프로그램을 통하여 전송됩니다. 감독 위원의 지시에 따라 주시기 바랍니다.
6. 다음 사항의 경우 실격(0점) 혹은 부정행위 처리됩니다.
    1) 답안 파일을 저장하지 않았거나, 저장한 파일이 손상되었을 경우
    2) 답안 파일을 지정된 폴더(바탕화면 – "KAIT" 폴더)에 저장하지 않았을 경우
        ※ 답안 전송 프로그램 로그인 시 바탕화면에 자동 생성됨
    3) 답안 파일을 다른 보조기억장치(USB) 혹은 네트워크(메신저, 게시판 등)로 전송할 경우
    4) 휴대용 전화기 등 통신기기를 사용할 경우
7. 슬라이드는 반드시 순서대로 작성해야 하며, 순서가 다를 경우 "0"점 처리됩니다.
8. 시험지에 제시된 글꼴이 응시 프로그램에 없는 경우, 반드시 감독 위원에게 해당 내용을 통보한 뒤 조치를 받아야 합니다.
9. 슬라이드 작성 시 도형의 그룹 설정을 사용하는 경우, 채점에서 감점 처리됩니다.
10. 시험의 완료는 작성이 완료된 답안을 저장하고, 답안 전송이 완료된 상태를 확인한 것으로 합니다. 답안 전송 확인 후 문제지는 감독 위원에게 제출한 후 퇴실하여야 합니다.
11. 답안 전송을 완료한 경우는 수정 또는 정정이 불가합니다.
12. 시험 시행 후 합격자 발표는 홈페이지(www.ihd.or.kr)에서 확인하시기 바랍니다.
    1) 문제 및 정답 공개 : 20XX. XX. XX.(X)
    2) 합격자 발표 : 20XX. XX. XX.(X)

유의사항

- 《작성조건》을 준수하여 반드시 프리젠테이션 슬라이드로 작업합니다.
- 글꼴 및 기타 사항에 대해 별도의 지시사항이 없는 경우, 슬라이드 크기와 전체적인 균형을 고려하여 임의로 작성하되, 도형은 그룹으로 설정하지 않습니다.
- 모든 슬라이드 크기(A4), 방향(가로), 디자인 테마(Office 테마)로 지정합니다.
  ▶ 슬라이드 크기, 방향 조정 시 '맞춤 확인'으로 지정하여야 합니다.
- 공통적용사항(슬라이드 마스터)
  ▶ 도형 ⇒ 순서도 – '순서도: 다중 문서', 도형 스타일('밝은 색 1 윤곽선, 색 채우기 – 회색, 강조 3'), 글꼴(돋움체, 18pt, 굵게)
- 그림 삽입 시 다운로드 한 그림 파일을 반드시 사용하여야 합니다.
- ⬚⟶ 은 지시사항이므로 작성하지 않습니다.
- 슬라이드에 제시된 글자 및 숫자 오탈자는 별도 감점 처리됩니다.
- "도형 서식" 과 "셰이프 형식"은 동일한 기능이며, 버전에 따라 표현이 다릅니다.

슬라이드1 — 아래의 작성조건 및 출력형태에 알맞게 첫 번째 슬라이드에 작업하시오. (30점)

《출력형태》

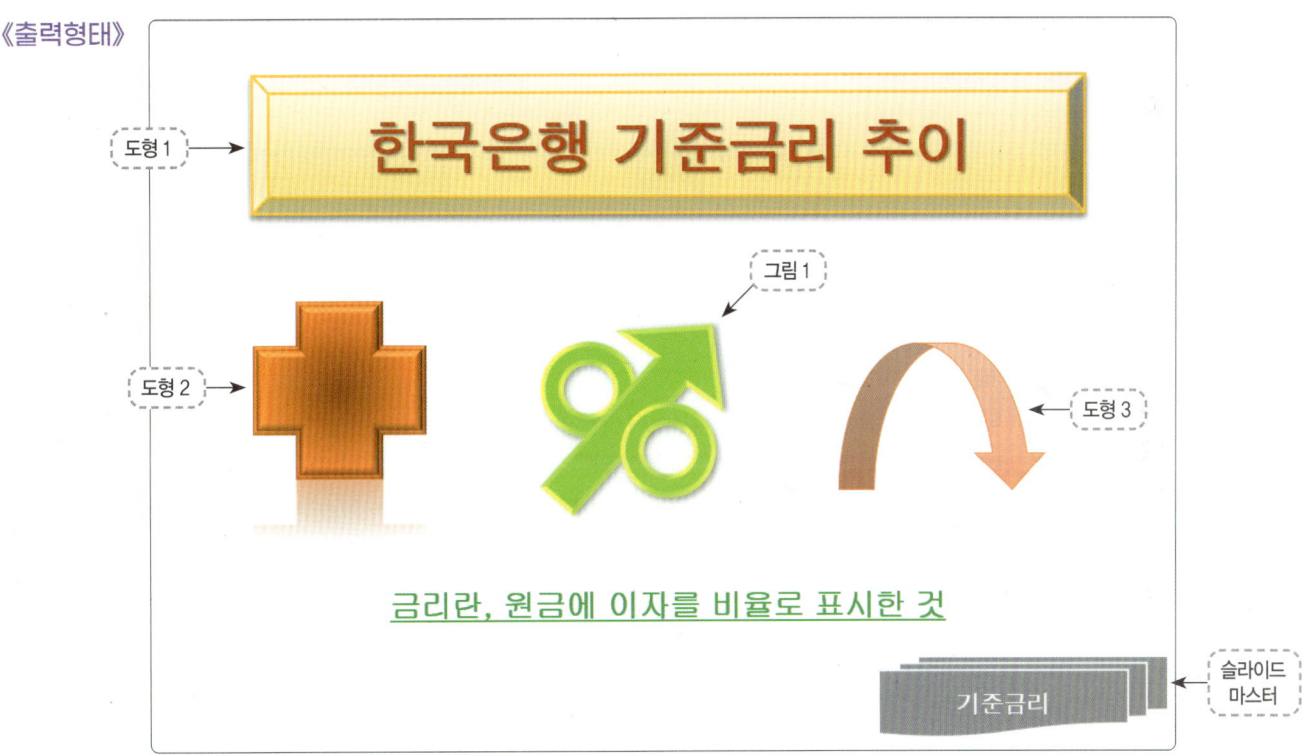

《작성조건》

▶ 도형 1 ⇒ 기본 도형 – '사각형: 빗면', 도형 채우기(그라데이션 : 미리 설정 – '밝은 그라데이션 – 강조 4', 종류 – 선형, 방향 – '선형 아래쪽'), 도형 윤곽선(실선, 색 : '황금색, 강조 4', 너비 : 2pt, 겹선 종류 : 단순형), 도형 효과(그림자 – 바깥쪽 – '오프셋: 아래쪽'), 글꼴(돋움, 44pt, 굵게, 텍스트 그림자, 진한 빨강)
▶ 도형 2 ⇒ 기본 도형 – '십자형', 도형 채우기('주황, 강조 2', 그라데이션 – '가운데에서'), 선 없음, 도형 효과(반사 – '근접 반사: 터치', 입체 효과 – '둥글게 볼록')
▶ 도형 3 ⇒ 블록 화살표 – '화살표: 아래로 구부러짐', 도형 스타일('미세 효과 – 주황, 강조 2')
▶ 그림 삽입 ⇒ 그림 1 삽입, 크기(높이 : 7cm, 너비 : 7cm)
▶ 텍스트 상자(금리란, 원금에 이자를 비율로 표시한 것) ⇒ 글꼴(굴림, 24pt, 굵게, 밑줄, 녹색)
▶ 애니메이션 지정 ⇒ 도형 1 : 나타내기 – 나누기
▶ 지시사항이 없는 부분은 《출력형태》와 동일하게 작성하시오.

슬라이드2   아래의 작성조건 및 출력형태에 알맞게 두 번째 슬라이드에 작업하시오.   (50점)

《출력형태》

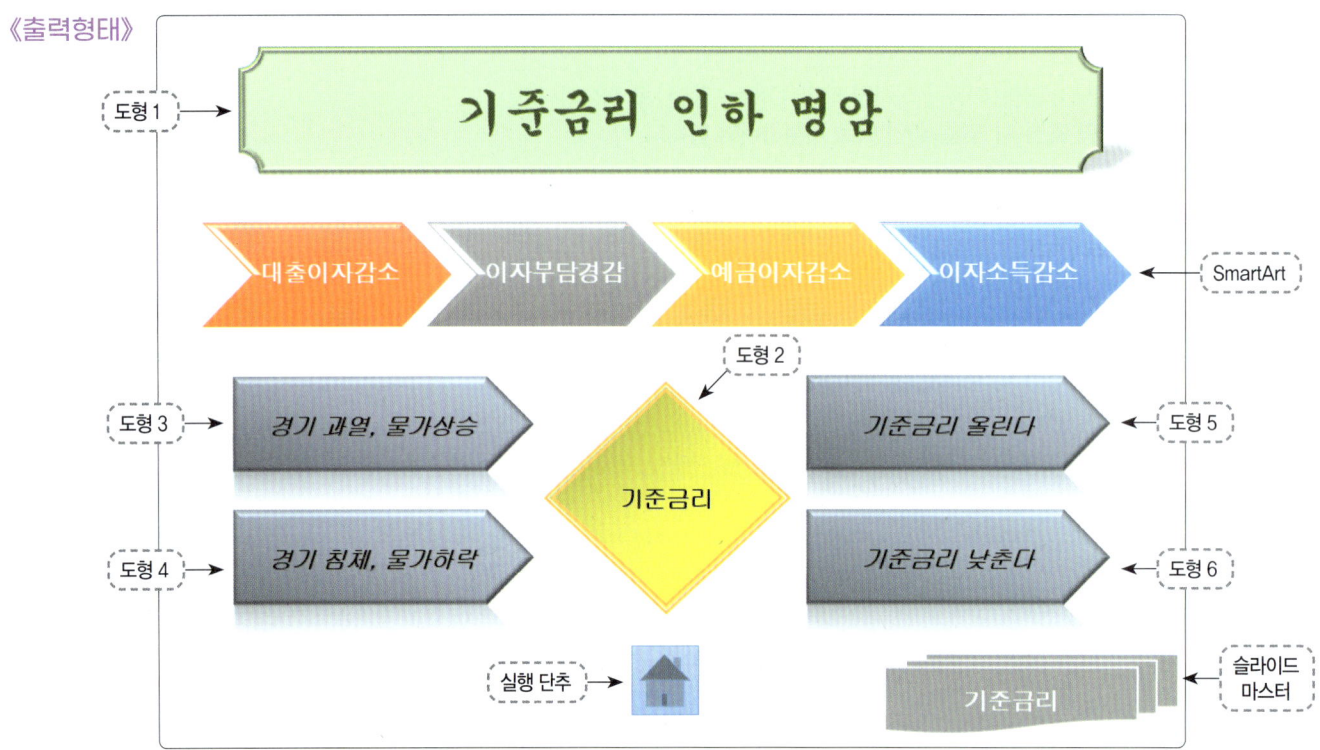

《작성조건》

(1) **제목**
- 도형 1 ⇒ 기본 도형 – '배지', 도형 채우기('녹색, 강조 6, 60% 더 밝게'),
  도형 윤곽선(실선, 색 : '녹색, 강조 6', 너비 : 1pt, 겹선 종류 : 단순형),
  도형 효과(그림자 – 원근감 – '원근감: 오른쪽 위', 입체 효과 – '낮은 수준의 경사'),
  글꼴(궁서체, 36pt, 굵게, '녹색, 강조 6, 50% 더 어둡게')

(2) **본문**
- 도형 2 ⇒ 기본 도형 – '다이아몬드', 도형 채우기(노랑, 그라데이션 – '선형 대각선 – 왼쪽 위에서 오른쪽 아래로'),
  도형 윤곽선(실선, 색 : 주황, 너비 : 6pt, 겹선 종류 : 이중), 글꼴(굴림, 18pt, 굵게, '검정, 텍스트 1')
- 도형 3~6 ⇒ 블록 화살표 – '화살표: 오각형', 도형 채우기('청회색, 텍스트 2, 60% 더 밝게',
  그라데이션 – '선형 대각선 – 왼쪽 아래에서 오른쪽 위로'), 선 없음,
  도형 효과(입체 효과 – '둥글게', 반사 – '근접 반사: 터치'),
  글꼴(굴림, 18pt, 굵게, 기울임꼴, '검정, 텍스트 1')
- 실행 단추 ⇒ 실행 단추 – '실행 단추: 홈으로 이동', 하이퍼링크 : 첫째 슬라이드,
  도형 스타일('미세 효과 – 파랑, 강조 5')
- SmartArt 삽입 ⇒ 프로세스형 – '기본 갈매기형 수장 프로세스형', 글꼴(돋움, 18pt, 굵게, 가운데 맞춤),
  SmartArt 스타일(색 변경 – 색상형 – '색상형 – 강조색', 3차원 – '광택 처리'),
  (반드시 SmartArt 기능을 이용하여 작성할 것)
- 애니메이션 지정 ⇒ SmartArt : 나타내기 – 실선 무늬
- 지시사항이 없는 부분은《출력형태》와 동일하게 작성하시오.

슬라이드3 ▶ 아래의 작성조건 및 출력형태에 알맞게 세 번째 슬라이드에 작업하시오. (60점)

《출력형태》

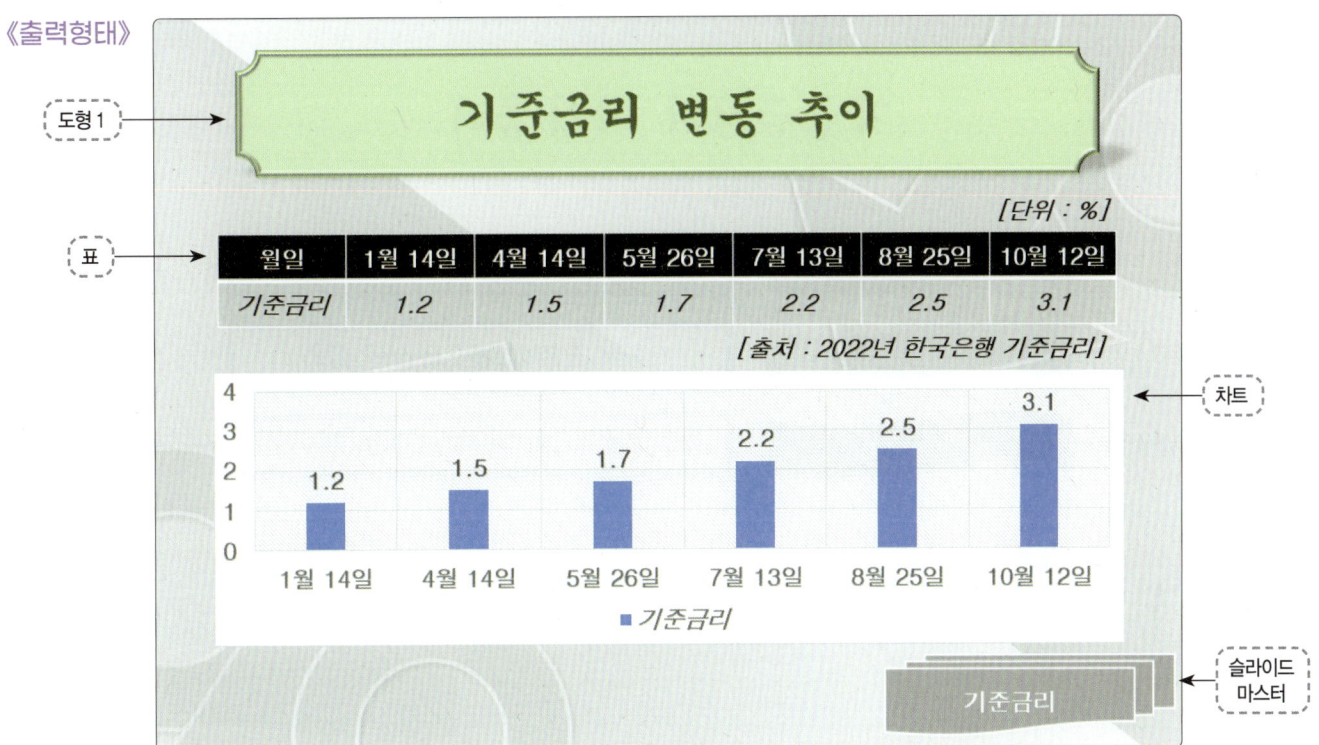

《작성조건》

(1) **제목**
  ▶ 도형 1 ⇒ 기본 도형 – '배지', 도형 채우기('녹색, 강조 6, 60% 더 밝게'),
      도형 윤곽선(실선, 색 : '녹색, 강조 6', 너비 : 1pt, 겹선 종류 : 단순형),
      도형 효과(그림자 – 원근감 – '원근감: 오른쪽 위', 입체 효과 – '낮은 수준의 경사'),
      글꼴(궁서체, 36pt, 굵게, '녹색, 강조 6, 50% 더 어둡게')

(2) **본문** (※ 차트 작성은 반드시 '차트 삽입 → 데이터 입력 → 차트 스타일' 순으로 작성 바랍니다.)

  ▶ 텍스트 상자 1([단위 : %]) ⇒ 글꼴(돋움, 18pt, 굵게, 기울임꼴)
  ▶ 표 ⇒ 표 스타일(중간 – '보통 스타일 2'),
      가장 위의 행 : 글꼴(돋움, 18pt, 굵게, 텍스트 그림자, 가운데 맞춤),
      나머지 행 : 글꼴(돋움, 18pt, 굵게, 기울임꼴, 가운데 맞춤)
  ▶ 텍스트 상자 2([출처 : 2022년 한국은행 기준금리]) ⇒ 글꼴(돋움, 18pt, 굵게, 기울임꼴)
  ▶ 차트 ⇒ 세로 막대형 – '묶은 세로 막대형', 차트 스타일(색 변경 – 색상형 – '다양한 색상표 2', 스타일 8),
      축 서식/데이터 레이블 서식 : 글꼴(돋움, 18pt, 굵게),
      범례 서식 : 글꼴(돋움, 18pt, 굵게, 기울임꼴), 데이터는 표 참고
  ▶ 배경 ⇒ 배경 서식(채우기 – 그림 또는 질감 채우기)에서 그림 2 삽입(현재 슬라이드만 적용)
  ▶ 애니메이션 지정 ⇒ 차트 : 나타내기 – 올라오기
  ▶ 지시사항이 없는 부분은 《출력형태》와 동일하게 작성하시오.

슬라이드4 아래의 작성조건 및 출력형태에 알맞게 네 번째 슬라이드에 작업하시오. (60점)

《출력형태》

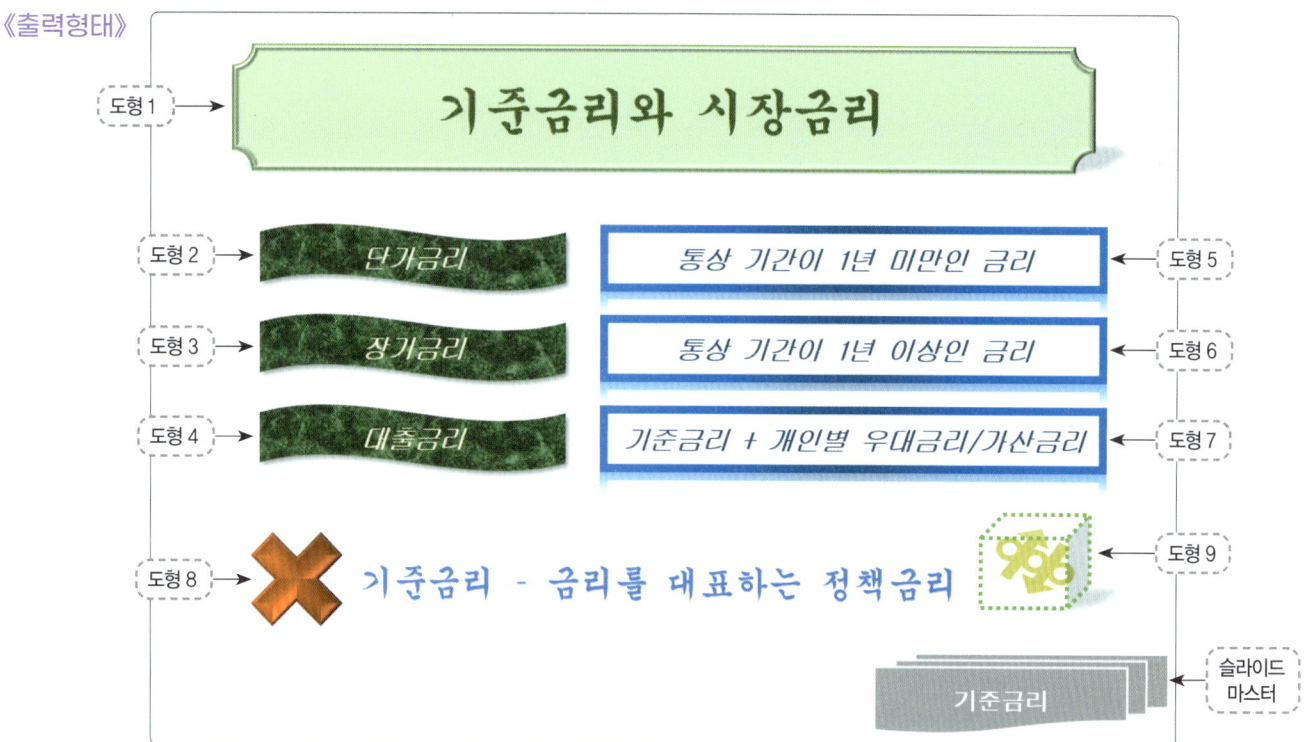

《작성조건》

(1) 제목
- ▶ 도형 1 ⇒ 기본 도형 – '배지', 도형 채우기('녹색, 강조 6, 60% 더 밝게'),
  도형 윤곽선(실선, 색 : '녹색, 강조 6', 너비 : 1pt, 겹선 종류 : 단순형),
  도형 효과(그림자 – 원근감 – '원근감: 오른쪽 위', 입체 효과 – '낮은 수준의 경사'),
  글꼴(궁서체, 36pt, 굵게, '녹색, 강조 6, 50% 더 어둡게')

(2) 본문
- ▶ 도형 2~4 ⇒ 별 및 현수막 – '물결', 도형 채우기(질감 : 녹색 대리석), 선 없음,
  도형 효과(그림자 – 바깥쪽 – '오프셋: 오른쪽 아래'),
  글꼴(굴림체, 20pt, 굵게, 기울임꼴, '황금색, 강조 4, 80% 더 밝게')
- ▶ 도형 5~7 ⇒ 기본 도형 – '액자', 도형 채우기(파랑, 그라데이션 – '가운데에서'), 선 없음,
  도형 효과(반사 – '근접 반사: 터치'), 글꼴(굴림체, 20pt, 굵게, 기울임꼴, '파랑, 강조 1, 50% 더 어둡게')
- ▶ 도형 8 ⇒ 수식 도형 – '곱하기 기호', 도형 채우기(진한 빨강, 그라데이션 – '선형 왼쪽'), 선 없음,
  도형 효과(입체 효과 – '부드럽게 둥글리기')
- ▶ 도형 9 ⇒ 기본 도형 – '정육면체', 도형 채우기(그림 또는 질감 채우기) 기능을 사용하여 그림 3 삽입,
  도형 윤곽선(실선, 색 : '녹색, 강조 6', 너비 : 3pt, 겹선 종류 : 단순형, 대시 종류 : 둥근 점선),
  도형 효과(그림자 – 원근감 – '원근감: 오른쪽 위')
- ▶ WordArt 삽입(기준금리 – 금리를 대표하는 정책금리)
  ⇒ WordArt 스타일('채우기: 파랑, 강조색 1, 그림자'), 글꼴(궁서체, 26pt, 텍스트 그림자)
- ▶ 지시사항이 없는 부분은《출력형태》와 동일하게 작성하시오.

PART 04
최신유형 기출문제

- ☑ 제 01 회 최신유형 기출문제
- ☑ 제 02 회 최신유형 기출문제
- ☑ 제 03 회 최신유형 기출문제
- ☑ 제 04 회 최신유형 기출문제
- ☑ 제 05 회 최신유형 기출문제
- ☑ 제 06 회 최신유형 기출문제
- ☑ 제 07 회 최신유형 기출문제
- ☑ 제 08 회 최신유형 기출문제
- ☑ 제 09 회 최신유형 기출문제
- ☑ 제 10 회 최신유형 기출문제

제 01 회 디지털정보활용능력 최신유형 기출문제

작성 시간 / 시험 시간	채점 결과
분 / 40분	점 / 200점

- ☑ 시험과목 : 프리젠테이션(파워포인트)
- ☑ 시험일자 : 20XX. XX. XX. (X)
- ☑ 응시자 기재사항 및 감독 위원 확인

MS Office 2021 버전용

수검번호	DIP - XXXX -	감독위원 확인
성 명		

· 응시자 유의사항 ·

1. 응시자는 신분증을 지참하여야 시험에 응시할 수 있으며, 시험이 종료될 때까지 신분증을 제시하지 못 할 경우 해당 시험은 0점 처리됩니다.
2. 시스템(PC 작동 여부, 네트워크 상태 등)의 이상 여부를 반드시 확인하여야 하며, 시스템 이상이 있을 시 감독 위원에게 조치를 받으셔야 합니다.
3. 시험 중 부주의 또는 고의로 시스템을 파손한 경우는 응시자 부담으로 합니다.
4. 답안 전송 프로그램을 통해 다운로드 받은 파일을 이용하여 답안 파일을 작성하시기 바랍니다.
5. 작성한 답안 파일은 답안 전송 프로그램을 통하여 전송됩니다. 감독 위원의 지시에 따라 주시기 바랍니다.
6. 다음 사항의 경우 실격(0점) 혹은 부정행위 처리됩니다.
    1) 답안 파일을 저장하지 않았거나, 저장한 파일이 손상되었을 경우
    2) 답안 파일을 지정된 폴더(바탕화면 - "KAIT" 폴더)에 저장하지 않았을 경우
        ※ 답안 전송 프로그램 로그인 시 바탕화면에 자동 생성됨
    3) 답안 파일을 다른 보조기억장치(USB) 혹은 네트워크(메신저, 게시판 등)로 전송할 경우
    4) 휴대용 전화기 등 통신기기를 사용할 경우
7. 슬라이드는 반드시 순서대로 작성해야 하며, 순서가 다를 경우 "0"점 처리됩니다.
8. 시험지에 제시된 글꼴이 응시 프로그램에 없는 경우, 반드시 감독 위원에게 해당 내용을 통보한 뒤 조치를 받아야 합니다.
9. 슬라이드 작성 시 도형의 그룹 설정을 사용하는 경우, 채점에서 감점 처리됩니다.
10. 시험의 완료는 작성이 완료된 답안을 저장하고, 답안 전송이 완료된 상태를 확인한 것으로 합니다. 답안 전송 확인 후 문제지는 감독 위원에게 제출한 후 퇴실하여야 합니다.
11. 답안 전송을 완료한 경우는 수정 또는 정정이 불가합니다.
12. 시험 시행 후 합격자 발표는 홈페이지(www.ihd.or.kr)에서 확인하시기 바랍니다.
    1) 문제 및 정답 공개 : 20XX. XX. XX.(X)
    2) 합격자 발표 : 20XX. XX. XX.(X)

유의사항

- 《작성조건》을 준수하여 반드시 프리젠테이션 슬라이드로 작업합니다.
- 글꼴 및 기타 사항에 대해 별도의 지시사항이 없는 경우, 슬라이드 크기와 전체적인 균형을 고려하여 임의로 작성하되, 도형은 그룹으로 설정하지 않습니다.
- 모든 슬라이드 크기(A4), 방향(가로), 디자인 테마(Office 테마)로 지정합니다.
  ▶ 슬라이드 크기, 방향 조정 시 '맞춤 확인'으로 지정하여야 합니다.
- 공통적용사항(슬라이드 마스터)
  ▶ 도형 ⇒ 기본 도형 – '평행 사변형', 도형 스타일('미세 효과 – 황금색, 강조 4'), 글꼴(돋움체, 20pt, 굵게)
- 그림 삽입 시 다운로드 한 그림 파일을 반드시 사용하여야 합니다.
- ⌐ ¬ → 은 지시사항이므로 작성하지 않습니다.
- 슬라이드에 제시된 글자 및 숫자 오탈자는 별도 감점 처리됩니다.
- "도형 서식"과 "셰이프 형식"은 동일한 기능이며, 버전에 따라 표현이 다릅니다.

슬라이드1 〉 아래의 작성조건 및 출력형태에 알맞게 첫 번째 슬라이드에 작업하시오. 〔30점〕

《출력형태》

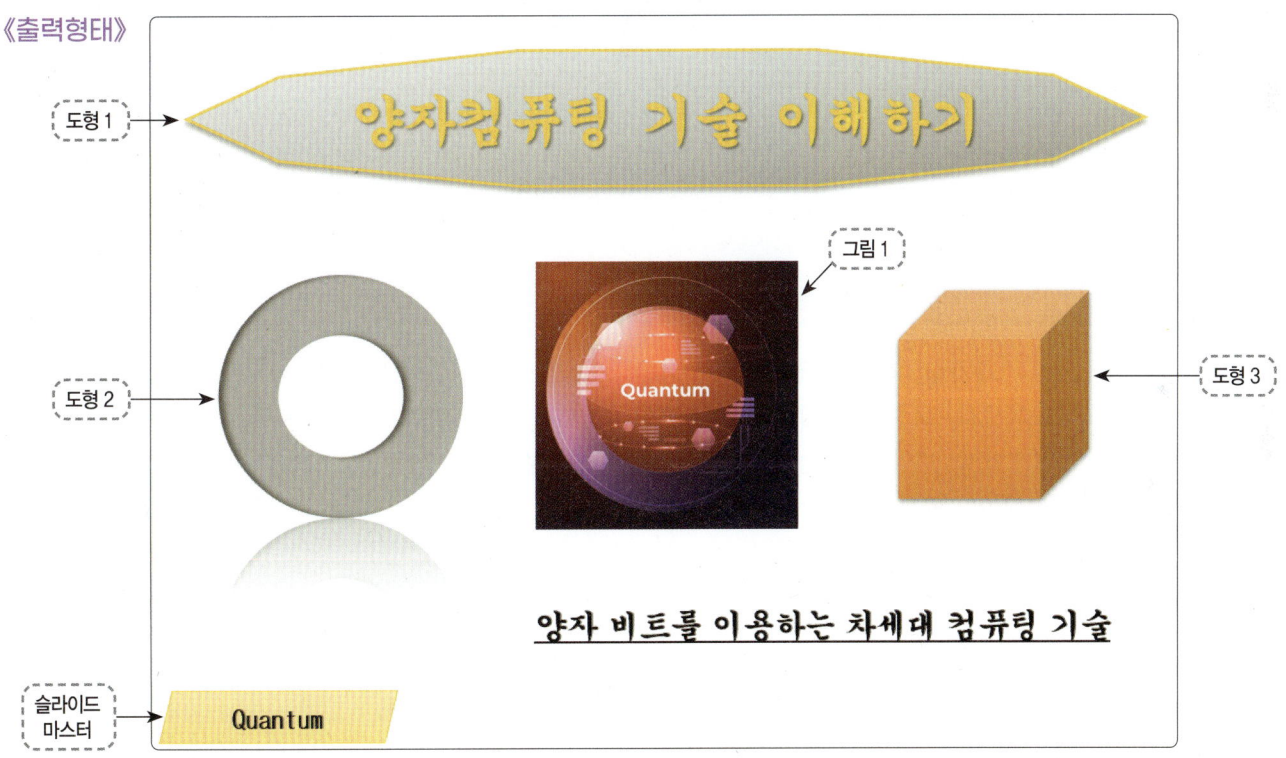

《작성조건》

▶ 도형 1 ⇒ 기본 도형 – '십각형', 도형 채우기('밝은 회색, 배경 2', 그라데이션 – '선형 대각선 – 오른쪽 아래에서 왼쪽 위로'), 도형 윤곽선(실선, 색 : 주황, 너비 : 2pt, 겹선 종류 : 단순형), 도형 효과(그림자 – 바깥쪽 – '오프셋: 아래쪽'), 글꼴(궁서체, 40pt, 굵게, 텍스트 그림자, 주황)
▶ 도형 2 ⇒ 기본 도형 – '원형: 비어 있음', 도형 채우기('회색, 강조 3'), 선 없음, 도형 효과(그림자 – 안쪽 – '안쪽: 왼쪽', 반사 – '근접 반사: 터치')
▶ 도형 3 ⇒ 기본 도형 – '정육면체', 도형 스타일('강한 효과 – 주황, 강조 2')
▶ 그림 삽입 ⇒ 그림 1 삽입, 크기(높이 : 7cm, 너비 : 7cm)
▶ 텍스트 상자(양자 비트를 이용하는 차세대 컴퓨팅 기술) ⇒ 글꼴(궁서, 24pt, 굵게, 밑줄)
▶ 애니메이션 지정 ⇒ 도형 1 : 나타내기 – 실선 무늬
▶ 지시사항이 없는 부분은 《출력형태》와 동일하게 작성하시오.

슬라이드2 — 아래의 작성조건 및 출력형태에 알맞게 두 번째 슬라이드에 작업하시오. (50점)

《출력형태》

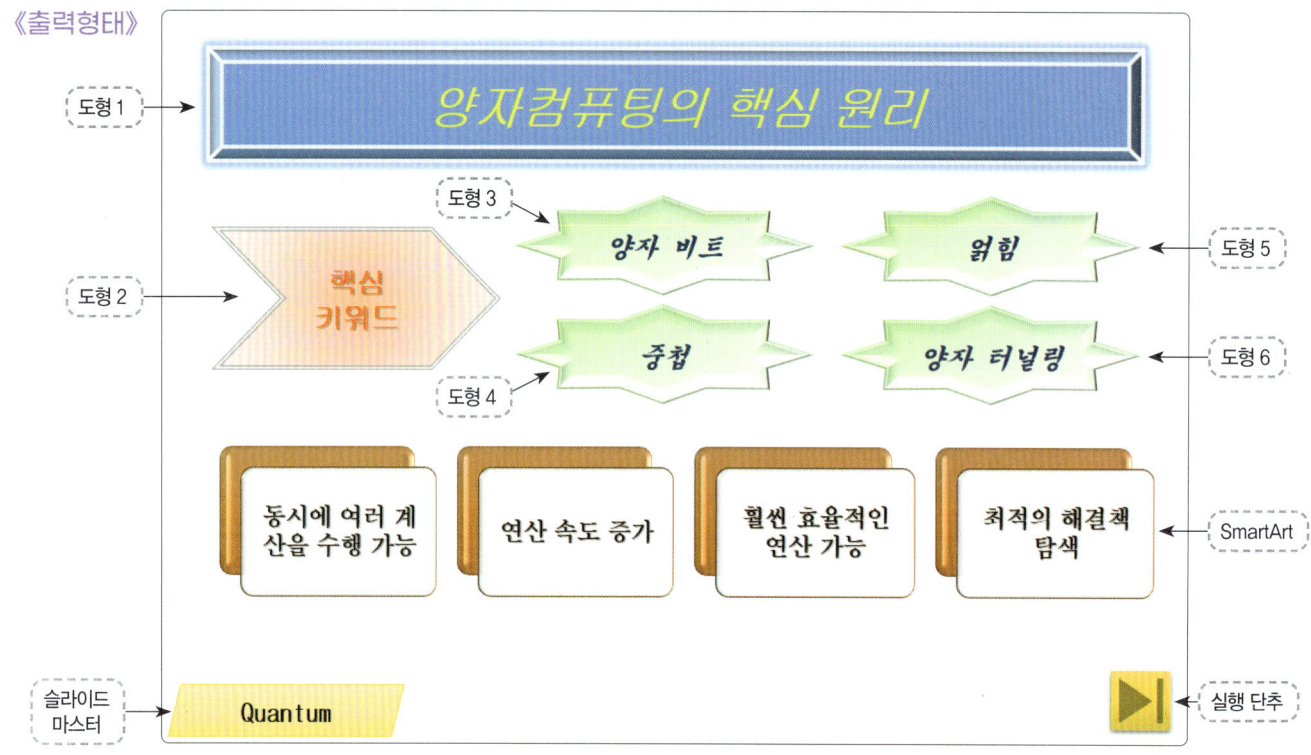

《작성조건》

(1) **제목**
- ▶ 도형 1 ⇒ 기본 도형 – '사각형: 빗면', 도형 채우기('파랑, 강조 5'),
  도형 윤곽선(실선, 색 : '밝은 회색, 배경 2', 너비 : 3pt, 겹선 종류 : 단순형),
  도형 효과(그림자 – 안쪽 – '안쪽: 가운데', 네온 – '네온: 8pt, 파랑, 강조색 1'),
  글꼴(굴림, 36pt, 굵게, 기울임꼴, 노랑)

(2) **본문**
- ▶ 도형 2 ⇒ 블록 화살표 – '화살표: 갈매기형 수장', 도형 채우기('주황, 강조 2', 그라데이션 – '가운데에서'),
  도형 윤곽선(실선, 색 : '회색, 강조 3', 너비 : 4pt, 겹선 종류 : 이중),
  글꼴(굴림, 22pt, 굵게, 텍스트 그림자, 빨강)
- ▶ 도형 3~6 ⇒ 별 및 현수막 – '별: 꼭짓점 8개',
  도형 채우기(연한 녹색, 그라데이션 – '선형 대각선 – 왼쪽 위에서 오른쪽 아래로'), 선 없음,
  도형 효과(입체 효과 – '부드럽게 둥글리기'), 글꼴(궁서체, 20pt, 굵게, 기울임꼴, 진한 파랑)
- ▶ 실행 단추 ⇒ 실행 단추 – '실행 단추: 끝으로 이동', 하이퍼링크 : 마지막 슬라이드,
  도형 스타일('강한 효과 – 황금색, 강조 4')
- ▶ SmartArt 삽입 ⇒ 계층 구조형 – '계층 구조형', 글꼴(바탕, 18pt, 굵게, 텍스트 그림자, 가운데 맞춤),
  SmartArt 스타일(색 변경 – 강조 2 – '그라데이션 반복 – 강조 2', 3차원 – '경사'),
  (반드시 SmartArt 기능을 이용하여 작성할 것)
- ▶ 애니메이션 지정 ⇒ SmartArt : 나타내기 – 도형
- ▶ 지시사항이 없는 부분은 《출력형태》와 동일하게 작성하시오.

슬라이드3   아래의 작성조건 및 출력형태에 알맞게 세 번째 슬라이드에 작업하시오. (60점)

《출력형태》

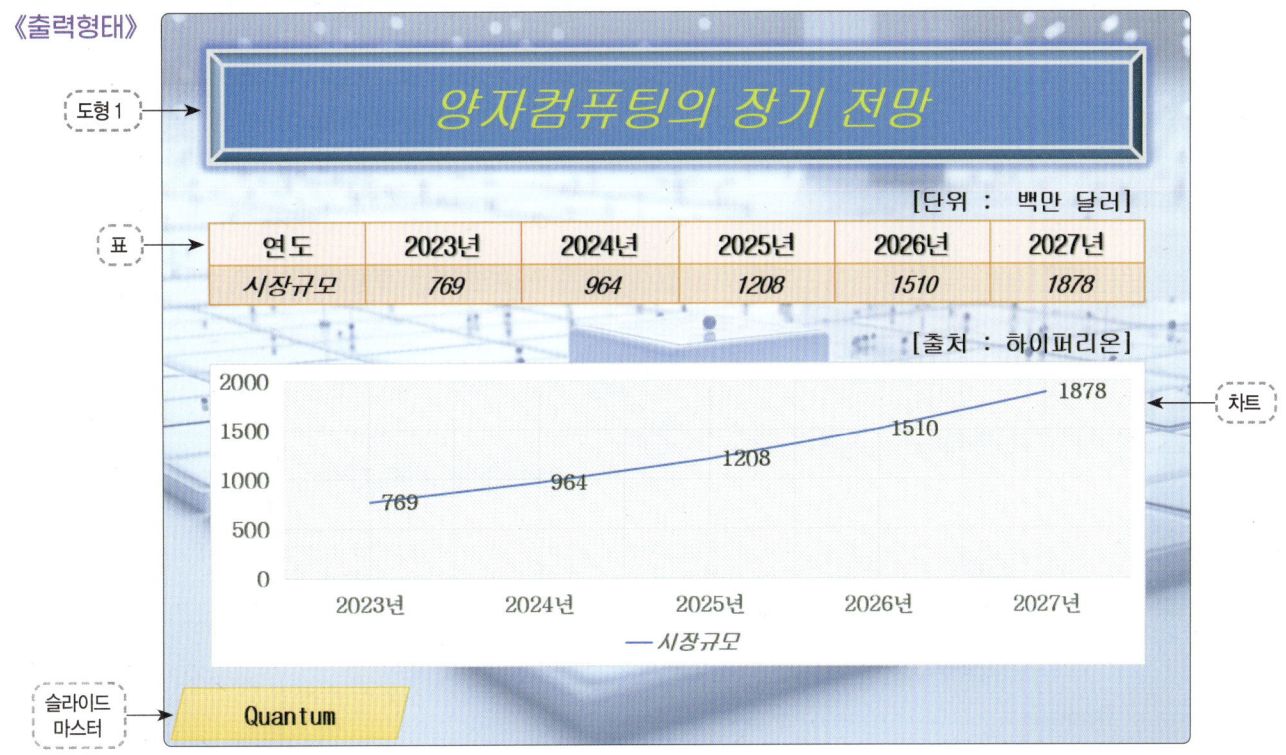

《작성조건》

(1) **제목**
- 도형 1 ⇒ 기본 도형 – '사각형: 빗면', 도형 채우기('파랑, 강조 5'),
  도형 윤곽선(실선, 색 : '밝은 회색, 배경 2', 너비 : 3pt, 겹선 종류 : 단순형),
  도형 효과(그림자 – 안쪽 – '안쪽: 가운데', 네온 – '네온: 8pt, 파랑, 강조색 1'),
  글꼴(굴림, 36pt, 굵게, 기울임꼴, 노랑)

(2) **본문** (※ 차트 작성은 반드시 '차트 삽입 → 데이터 입력 → 차트 스타일' 순으로 작성 바랍니다.)
- 텍스트 상자 1([단위 : 백만 달러]) ⇒ 글꼴(굴림체, 18pt, 굵게)
- 표 ⇒ 표 스타일(중간 – '보통 스타일 4 – 강조 2'),
  가장 위의 행 : 글꼴(돋움체, 20pt, 굵게, 텍스트 그림자, 가운데 맞춤),
  나머지 행 : 글꼴(돋움체, 18pt, 굵게, 기울임꼴, 가운데 맞춤)
- 텍스트 상자 2([출처 : 하이퍼리온]) ⇒ 글꼴(굴림체, 18pt, 굵게)
- 차트 ⇒ 꺾은선형 – '꺾은선형', 차트 스타일(색 변경 – 색상형 – '다양한 색상표 1', 스타일 6),
  축 서식/데이터 레이블 서식 : 글꼴(바탕, 16pt, 굵게),
  범례 서식 : 글꼴(굴림, 16pt, 굵게, 기울임꼴), 데이터는 표 참고
- 배경 ⇒ 배경 서식(채우기 – 그림 또는 질감 채우기)에서 그림 2 삽입(현재 슬라이드만 적용)
- 애니메이션 지정 ⇒ 차트 : 나타내기 – 바운드
- 지시사항이 없는 부분은 《출력형태》와 동일하게 작성하시오.

슬라이드4 아래의 작성조건 및 출력형태에 알맞게 네 번째 슬라이드에 작업하시오. (60점)

《출력형태》

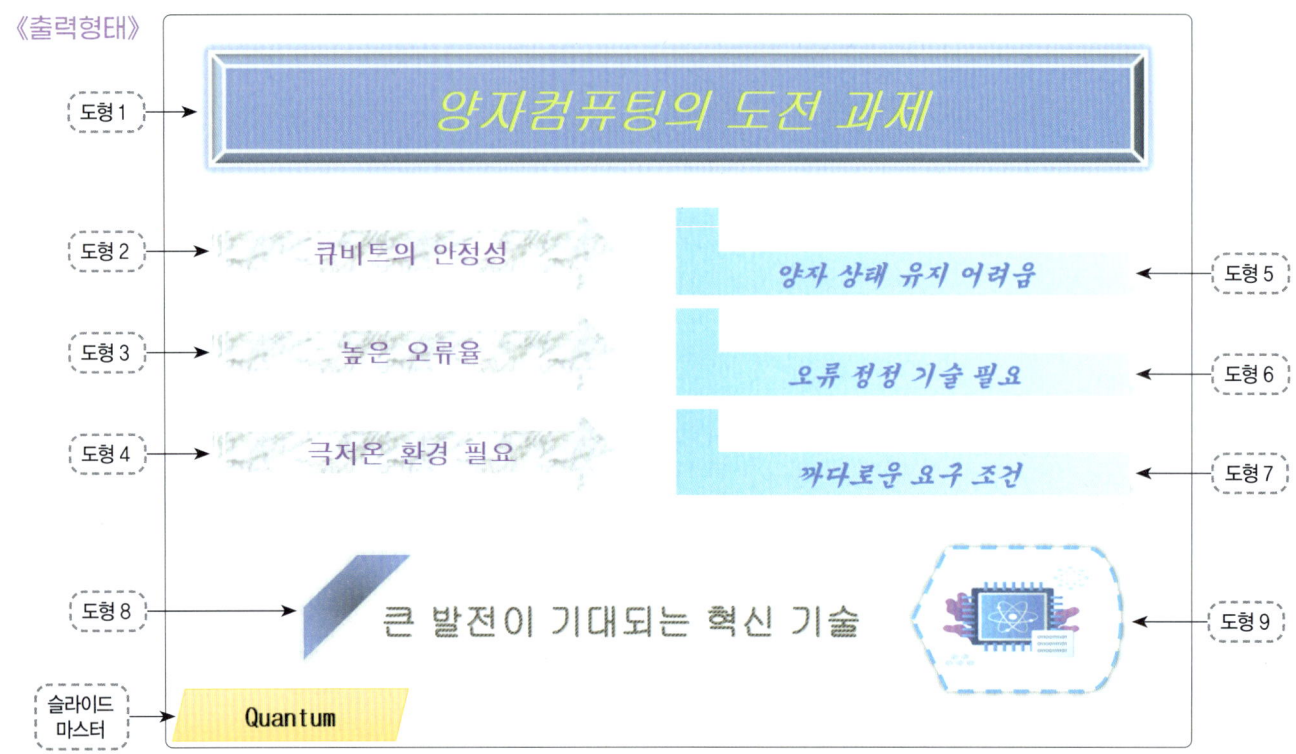

《작성조건》

(1) 제목
- 도형 1 ⇒ 기본 도형 – '사각형: 빗면', 도형 채우기('파랑, 강조 5'),
  도형 윤곽선(실선, 색 : '밝은 회색, 배경 2', 너비 : 3pt, 겹선 종류 : 단순형),
  도형 효과(그림자 – 안쪽 – '안쪽: 가운데', 네온 – '네온: 8pt, 파랑, 강조색 1'),
  글꼴(굴림, 36pt, 굵게, 기울임꼴, 노랑)

(2) 본문
- 도형 2~4 ⇒ 블록 화살표 – '화살표: 줄무늬가 있는 오른쪽', 도형 채우기(질감 : 흰색 대리석), 선 없음,
  도형 효과(반사 – '근접 반사: 터치'), 글꼴(돋움체, 20pt, 굵게, 자주)
- 도형 5~7 ⇒ 기본 도형 – 'L 도형', 도형 채우기(연한 파랑, 그라데이션 – '선형 오른쪽'), 선 없음,
  도형 효과(그림자 – 원근감 – '원근감: 오른쪽 위'), 글꼴(궁서, 20pt, 굵게, 기울임꼴, 파랑)
- 도형 8 ⇒ 기본 도형 – '대각선 줄무늬', 도형 채우기('파랑, 강조 5', 그라데이션 – '가운데에서'), 선 없음,
  도형 효과(네온 – '네온: 8pt, 회색, 강조색 3')
- 도형 9 ⇒ 순서도 – '순서도: 화면 표시', 도형 채우기(그림 또는 질감 채우기) 기능을 사용하여 그림 3 삽입,
  도형 윤곽선(실선, 색 : 연한 파랑, 너비 : 3pt, 겹선 종류 : 단순형, 대시 종류 : 파선),
  도형 효과(그림자 – 바깥쪽 – '오프셋: 가운데')
- WordArt 삽입(큰 발전이 기대되는 혁신 기술)
  ⇒ WordArt 스타일('무늬 채우기: 흰색, 어두운 상향 대각선 줄무늬, 그림자'),
  글꼴(굴림, 28pt, 굵게, 텍스트 그림자)
- 지시사항이 없는 부분은《출력형태》와 동일하게 작성하시오.

제 02 회 디지털정보활용능력 최신유형 기출문제

작성 시간 / 시험 시간	채점 결과
분 / 40분	점 / 200점

☑ 시험과목 : 프리젠테이션(파워포인트)
☑ 시험일자 : 20XX. XX. XX. (X)
☑ 응시자 기재사항 및 감독 위원 확인

MS Office 2021 버전용

수검번호	DIP - XXXX -	감독위원 확인
성 명		

· 응시자 유의사항 ·

1. 응시자는 신분증을 지참하여야 시험에 응시할 수 있으며, 시험이 종료될 때까지 신분증을 제시하지 못 할 경우 해당 시험은 0점 처리됩니다.
2. 시스템(PC 작동 여부, 네트워크 상태 등)의 이상 여부를 반드시 확인하여야 하며, 시스템 이상이 있을 시 감독 위원에게 조치를 받으셔야 합니다.
3. 시험 중 부주의 또는 고의로 시스템을 파손한 경우는 응시자 부담으로 합니다.
4. 답안 전송 프로그램을 통해 다운로드 받은 파일을 이용하여 답안 파일을 작성하시기 바랍니다.
5. 작성한 답안 파일은 답안 전송 프로그램을 통하여 전송됩니다. 감독 위원의 지시에 따라 주시기 바랍니다.
6. 다음 사항의 경우 실격(0점) 혹은 부정행위 처리됩니다.
    1) 답안 파일을 저장하지 않았거나, 저장한 파일이 손상되었을 경우
    2) 답안 파일을 지정된 폴더(바탕화면 – "KAIT" 폴더)에 저장하지 않았을 경우
        ※ 답안 전송 프로그램 로그인 시 바탕화면에 자동 생성됨
    3) 답안 파일을 다른 보조기억장치(USB) 혹은 네트워크(메신저, 게시판 등)로 전송할 경우
    4) 휴대용 전화기 등 통신기기를 사용할 경우
7. 슬라이드는 반드시 순서대로 작성해야 하며, 순서가 다를 경우 "0"점 처리됩니다.
8. 시험지에 제시된 글꼴이 응시 프로그램에 없는 경우, 반드시 감독 위원에게 해당 내용을 통보한 뒤 조치를 받아야 합니다.
9. 슬라이드 작성 시 도형의 그룹 설정을 사용하는 경우, 채점에서 감점 처리됩니다.
10. 시험의 완료는 작성이 완료된 답안을 저장하고, 답안 전송이 완료된 상태를 확인한 것으로 합니다. 답안 전송 확인 후 문제지는 감독 위원에게 제출한 후 퇴실하여야 합니다.
11. 답안 전송을 완료한 경우는 수정 또는 정정이 불가합니다.
12. 시험 시행 후 합격자 발표는 홈페이지(www.ihd.or.kr)에서 확인하시기 바랍니다.
    1) 문제 및 정답 공개 : 20XX. XX. XX.(X)
    2) 합격자 발표 : 20XX. XX. XX.(X)

유의사항

- 《작성조건》을 준수하여 반드시 프리젠테이션 슬라이드로 작업합니다.
- 글꼴 및 기타 사항에 대해 별도의 지시사항이 없는 경우, 슬라이드 크기와 전체적인 균형을 고려하여 임의로 작성하되, 도형은 그룹으로 설정하지 않습니다.
- 모든 슬라이드 크기(A4), 방향(가로), 디자인 테마(Office 테마)로 지정합니다.
  ▶ 슬라이드 크기, 방향 조정 시 '맞춤 확인'으로 지정하여야 합니다.
- 공통적용사항(슬라이드 마스터)
  ▶ 도형 ⇒ 기본 도형 – '육각형', 도형 스타일('강한 효과 – 녹색, 강조 6'), 글꼴(돋움, 20pt, 굵게)
- 그림 삽입 시 다운로드 한 그림 파일을 반드시 사용하여야 합니다.
- ⌐ ¬→ 은 지시사항이므로 작성하지 않습니다.
- 슬라이드에 제시된 글자 및 숫자 오탈자는 별도 감점 처리됩니다.
- "도형 서식" 과 "셰이프 형식"은 동일한 기능이며, 버전에 따라 표현이 다릅니다.

슬라이드1 — 아래의 작성조건 및 출력형태에 알맞게 첫 번째 슬라이드에 작업하시오. (30점)

《출력형태》

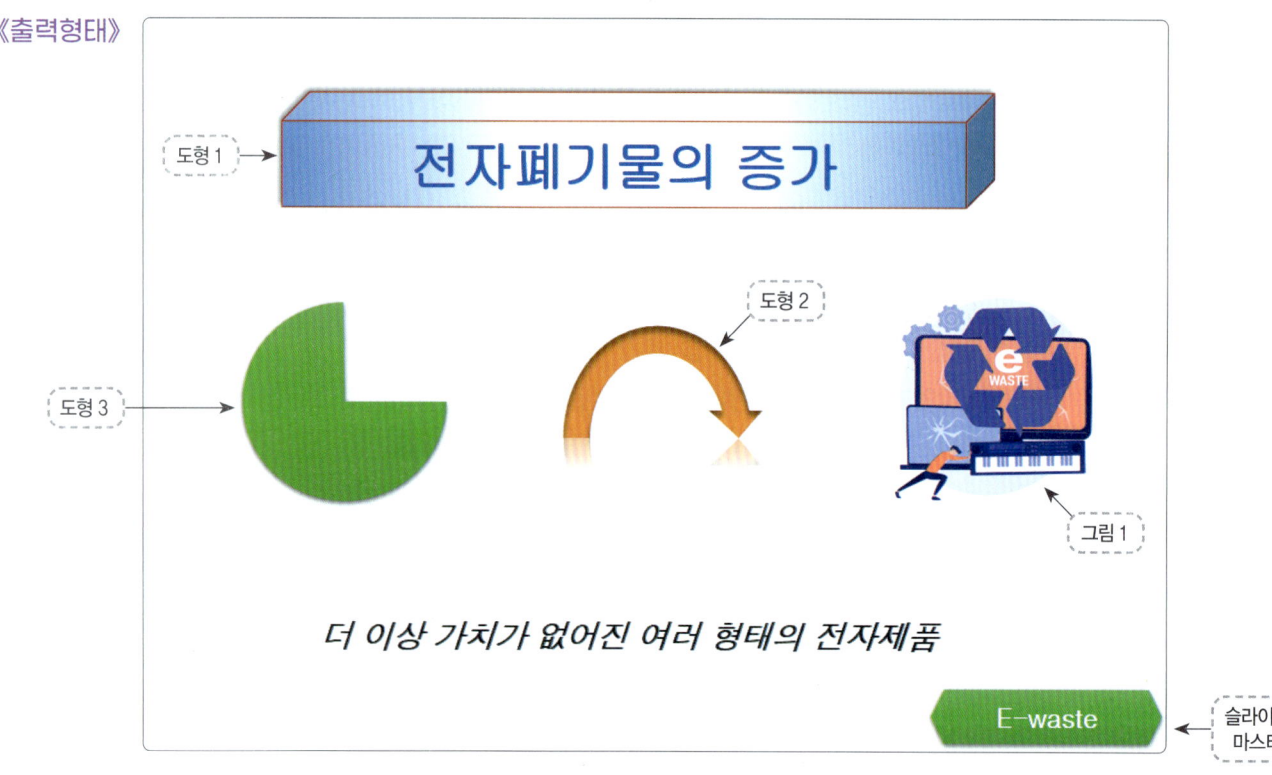

《작성조건》

- ▶ 도형 1 ⇒ 기본 도형 – '정육면체', 도형 채우기(그라데이션 : 미리 설정 – '위쪽 스포트라이트 강조 5', 종류 – 방사형, 방향 – '가운데에서'), 도형 윤곽선(실선, 색 : 진한 빨강, 너비 : 1pt, 겹선 종류 : 단순형), 도형 효과(그림자 – 바깥쪽 – '오프셋: 왼쪽 위'), 글꼴(굴림, 40pt, 굵게, 파랑)
- ▶ 도형 2 ⇒ 블록 화살표 – '화살표: 원형', 도형 채우기('주황, 강조 2'), 선 없음, 도형 효과(그림자 – 안쪽 – '안쪽: 위쪽', 반사 – '근접 반사: 터치')
- ▶ 도형 3 ⇒ 기본 도형 – '부분 원형', 도형 스타일('강한 효과 – 녹색, 강조 6')
- ▶ 그림 삽입 ⇒ 그림 1 삽입, 크기(높이 : 7cm, 너비 : 7cm)
- ▶ 텍스트 상자(더 이상 가치가 없어진 여러 형태의 전자제품) ⇒ 글꼴(돋움, 24pt, 굵게, 기울임꼴)
- ▶ 애니메이션 지정 ⇒ 도형 1 : 나타내기 – 올라오기
- ▶ 지시사항이 없는 부분은 《출력형태》와 동일하게 작성하시오.

| 슬라이드2 | 아래의 작성조건 및 출력형태에 알맞게 두 번째 슬라이드에 작업하시오. (50점) |

《출력형태》

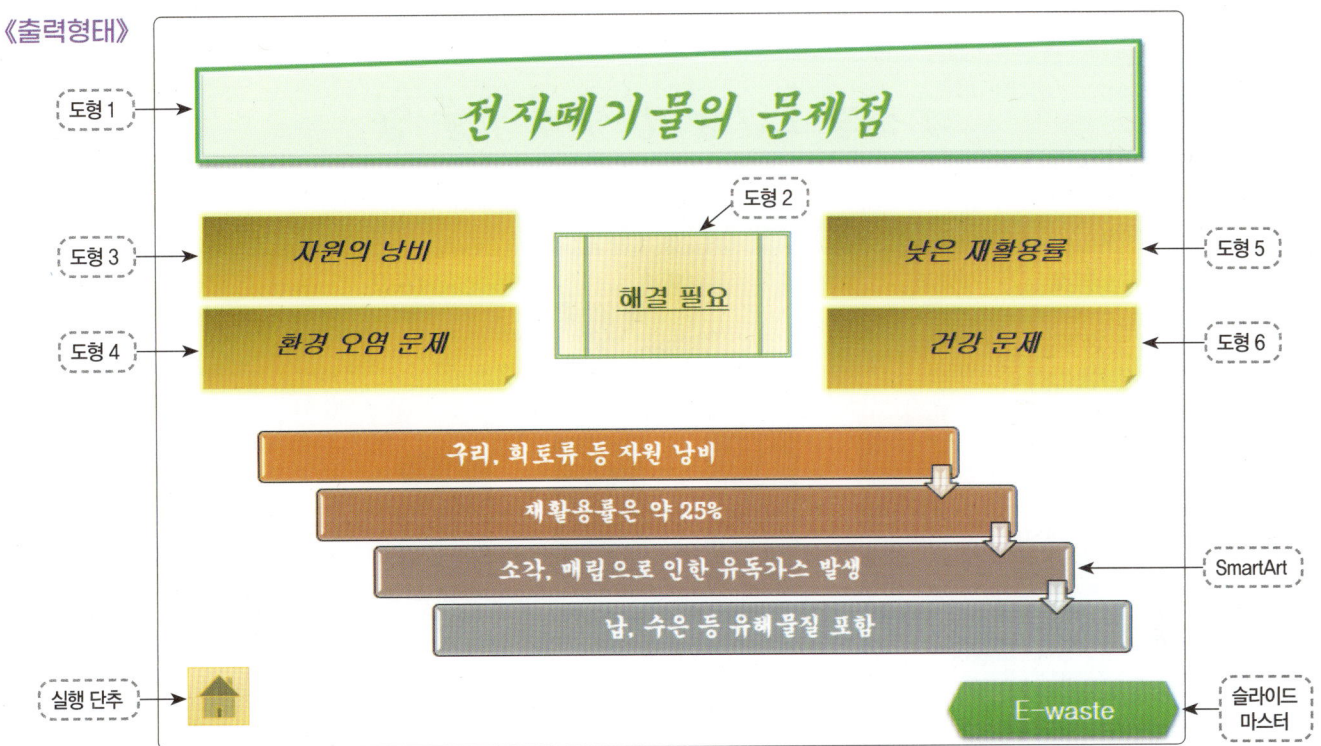

《작성조건》

(1) 제목
- 도형 1 ⇒ 순서도 – '순서도: 수동 입력', 도형 채우기('녹색, 강조 6, 80% 더 밝게'),
  도형 윤곽선(실선, 색 : 녹색, 너비 : 3pt, 겹선 종류 : 단순형),
  도형 효과(그림자 – 바깥쪽 – '오프셋: 오른쪽 아래', 입체 효과 – '십자형으로'),
  글꼴(궁서, 36pt, 굵게, 기울임꼴, '녹색, 강조 6')

(2) 본문
- 도형 2 ⇒ 순서도 – '순서도: 종속 처리', 도형 채우기(주황, 그라데이션 – '가운데에서'),
  도형 윤곽선(실선, 색 : '녹색, 강조 6', 너비 : 3pt, 겹선 종류 : 이중),
  글꼴(굴림, 20pt, 굵게, 밑줄, '녹색, 강조 6, 50% 더 어둡게')
- 도형 3~6 ⇒ 기본 도형 – '사각형: 모서리가 접힌 도형',
  도형 채우기('황금색, 강조 4', 그라데이션 – '선형 대각선 – 왼쪽 위에서 오른쪽 아래로'), 선 없음,
  도형 효과(네온 – '네온: 8pt, 황금색, 강조색 4'), 글꼴(굴림, 20pt, 굵게, 기울임꼴, 진한 파랑)
- 실행 단추 ⇒ 실행 단추 – '실행 단추: 홈으로 이동', 하이퍼링크 : 첫째 슬라이드,
  도형 스타일('미세 효과 – 황금색, 강조 4')
- SmartArt 삽입 ⇒ 프로세스형 – '지그재그 프로세스형', 글꼴(궁서, 18pt, 굵게, 가운데 맞춤),
  SmartArt 스타일(색 변경 – 색상형 – '색상형 범위 – 강조색 2 또는 3', 3차원 – '만화'),
  (반드시 SmartArt 기능을 이용하여 작성할 것)
- 애니메이션 지정 ⇒ SmartArt : 나타내기 – 도형
- 지시사항이 없는 부분은 《출력형태》와 동일하게 작성하시오.

슬라이드3 아래의 작성조건 및 출력형태에 알맞게 세 번째 슬라이드에 작업하시오. (60점)

《출력형태》

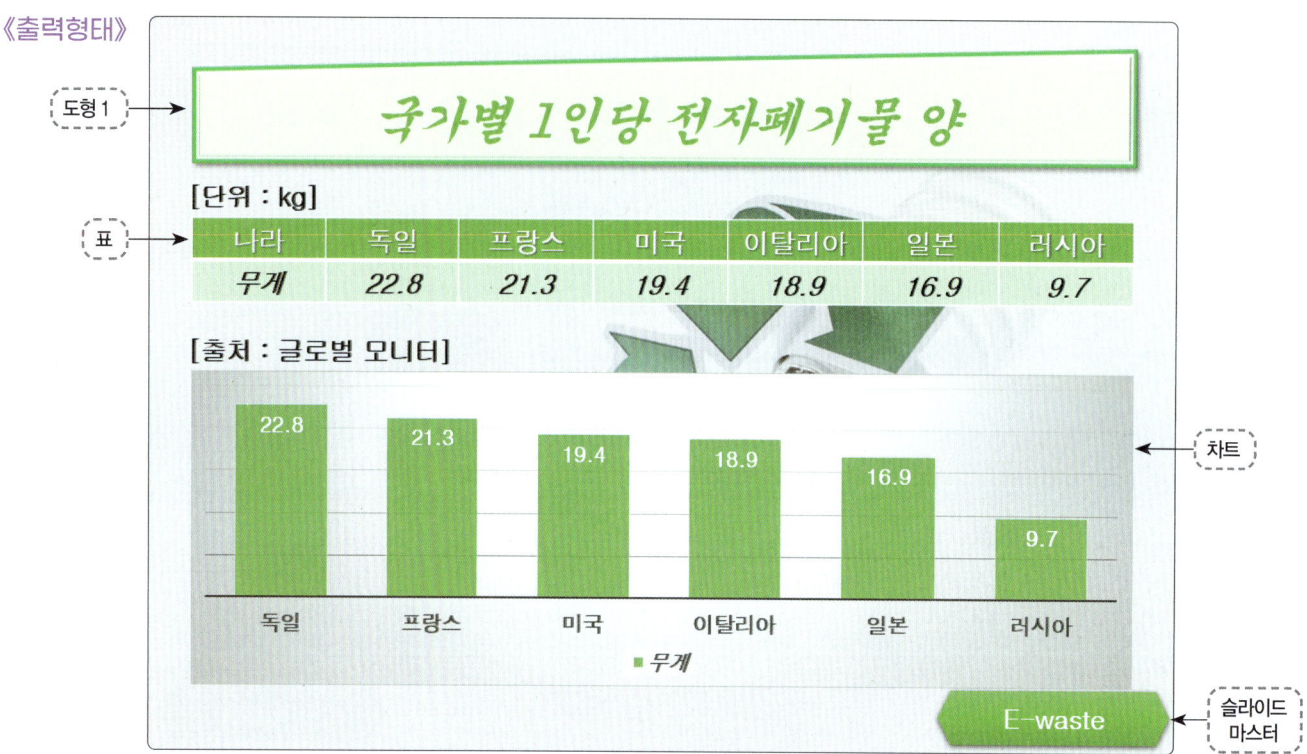

《작성조건》

(1) **제목**
- 도형 1 ⇒ 순서도 – '순서도: 수동 입력', 도형 채우기('녹색, 강조 6, 80% 더 밝게'),
  도형 윤곽선(실선, 색 : 녹색, 너비 : 3pt, 겹선 종류 : 단순형),
  도형 효과(그림자 – 바깥쪽 – '오프셋: 오른쪽 아래', 입체 효과 – '십자형으로'),
  글꼴(궁서, 36pt, 굵게, 기울임꼴, '녹색, 강조 6')

(2) **본문** (※ 차트 작성은 반드시 '차트 삽입 → 데이터 입력 → 차트 스타일' 순으로 작성 바랍니다.)
- 텍스트 상자 1([단위 : kg]) ⇒ 글꼴(굴림, 20pt, 굵게)
- 표 ⇒ 표 스타일(중간 – '보통 스타일 2 – 강조 6'),
  가장 위의 행 : 글꼴(돋움, 20pt, 굵게, 텍스트 그림자, 가운데 맞춤),
  나머지 행 : 글꼴(돋움, 20pt, 굵게, 기울임꼴, 가운데 맞춤)
- 텍스트 상자 2([출처 : 글로벌 모니터]) ⇒ 글꼴(굴림, 20pt, 굵게)
- 차트 ⇒ 세로 막대형 – '묶은 세로 막대형', 차트 스타일(색 변경 – 색상형 – '다양한 색상표 4', 스타일 5),
  축 서식/데이터 레이블 서식 : 글꼴(돋움, 16pt, 굵게),
  범례 서식 : 글꼴(돋움, 16pt, 굵게, 기울임꼴), 데이터는 표 참고
- 배경 ⇒ 배경 서식(채우기 – 그림 또는 질감 채우기)에서 그림 2 삽입(현재 슬라이드만 적용)
- 애니메이션 지정 ⇒ 차트 : 나타내기 – 밝기 변화
- 지시사항이 없는 부분은《출력형태》와 동일하게 작성하시오.

슬라이드4 — 아래의 작성조건 및 출력형태에 알맞게 네 번째 슬라이드에 작업하시오. (60점)

《출력형태》

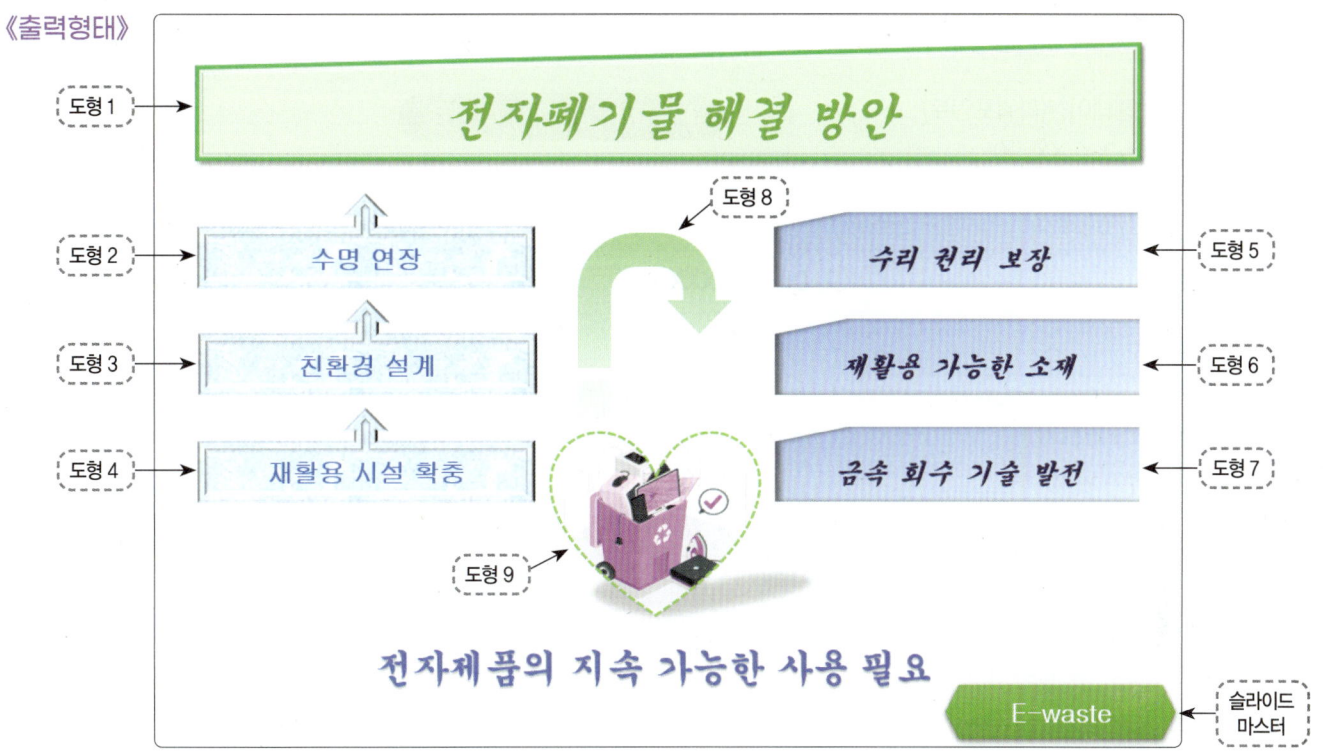

《작성조건》

(1) 제목
- 도형 1 ⇒ 순서도 – '순서도: 수동 입력', 도형 채우기('녹색, 강조 6, 80% 더 밝게'),
  도형 윤곽선(실선, 색 : 녹색, 너비 : 3pt, 겹선 종류 : 단순형),
  도형 효과(그림자 – 바깥쪽 – '오프셋: 오른쪽 아래', 입체 효과 – '십자형으로'),
  글꼴(궁서, 36pt, 굵게, 기울임꼴, '녹색, 강조 6')

(2) 본문
- 도형 2~4 ⇒ 블록 화살표 – '설명선: 위쪽 화살표', 도형 채우기(질감 : 파랑 박엽지), 선 없음,
  도형 효과(입체 효과 – '딱딱한 가장자리'), 글꼴(굴림, 20pt, 굵게, 파랑)
- 도형 5~7 ⇒ 순서도 – '순서도: 카드', 도형 채우기('파랑, 강조 5', 그라데이션 – '선형 대각선 –
  왼쪽 위에서 오른쪽 아래로'), 선 없음, 도형 효과(그림자 – 안쪽 – '안쪽: 왼쪽'),
  글꼴(궁서체, 20pt, 굵게, 기울임꼴, 진한 파랑)
- 도형 8 ⇒ 블록 화살표 – '화살표: U자형', 도형 채우기('녹색, 강조 6', 그라데이션 – '선형 아래쪽'), 선 없음,
  도형 효과(반사 – '1/2 반사: 8pt 오프셋')
- 도형 9 ⇒ 기본 도형 – '하트', 도형 채우기(그림 또는 질감 채우기) 기능을 사용하여 그림 3 삽입,
  도형 윤곽선(실선, 색 : 연한 녹색, 너비 : 2pt, 겹선 종류 : 단순형, 대시 종류 : 사각 점선),
  도형 효과(그림자 – 원근감 – '원근감: 오른쪽 위')
- WordArt 삽입(전자제품의 지속 가능한 사용 필요)
  ⇒ WordArt 스타일('채우기: 파랑, 강조색 1, 그림자'), 글꼴(궁서, 28pt, 굵게, 텍스트 그림자)
- 지시사항이 없는 부분은《출력형태》와 동일하게 작성하시오.

제 03 회 디지털정보활용능력 최신유형 기출문제

작성 시간 / 시험 시간	채점 결과
분 / 40분	점 / 200점

- ☑ 시험과목 : 프리젠테이션(파워포인트)
- ☑ 시험일자 : 20XX. XX. XX. (X)
- ☑ 응시자 기재사항 및 감독 위원 확인

MS Office 2021 버전용

수검번호	DIP - XXXX -	감독위원 확인
성 명		

· 응시자 유의사항 ·

1. 응시자는 신분증을 지참하여야 시험에 응시할 수 있으며, 시험이 종료될 때까지 신분증을 제시하지 못 할 경우 해당 시험은 0점 처리됩니다.
2. 시스템(PC 작동 여부, 네트워크 상태 등)의 이상 여부를 반드시 확인하여야 하며, 시스템 이상이 있을 시 감독 위원에게 조치를 받으셔야 합니다.
3. 시험 중 부주의 또는 고의로 시스템을 파손한 경우는 응시자 부담으로 합니다.
4. 답안 전송 프로그램을 통해 다운로드 받은 파일을 이용하여 답안 파일을 작성하시기 바랍니다.
5. 작성한 답안 파일은 답안 전송 프로그램을 통하여 전송됩니다. 감독 위원의 지시에 따라 주시기 바랍니다.
6. 다음 사항의 경우 실격(0점) 혹은 부정행위 처리됩니다.
    1) 답안 파일을 저장하지 않았거나, 저장한 파일이 손상되었을 경우
    2) 답안 파일을 지정된 폴더(바탕화면 – "KAIT" 폴더)에 저장하지 않았을 경우
        ※ 답안 전송 프로그램 로그인 시 바탕화면에 자동 생성됨
    3) 답안 파일을 다른 보조기억장치(USB) 혹은 네트워크(메신저, 게시판 등)로 전송할 경우
    4) 휴대용 전화기 등 통신기기를 사용할 경우
7. 슬라이드는 반드시 순서대로 작성해야 하며, 순서가 다를 경우 "0"점 처리됩니다.
8. 시험지에 제시된 글꼴이 응시 프로그램에 없는 경우, 반드시 감독 위원에게 해당 내용을 통보한 뒤 조치를 받아야 합니다.
9. 슬라이드 작성 시 도형의 그룹 설정을 사용하는 경우, 채점에서 감점 처리됩니다.
10. 시험의 완료는 작성이 완료된 답안을 저장하고, 답안 전송이 완료된 상태를 확인한 것으로 합니다. 답안 전송 확인 후 문제지는 감독 위원에게 제출한 후 퇴실하여야 합니다.
11. 답안 전송을 완료한 경우는 수정 또는 정정이 불가합니다.
12. 시험 시행 후 합격자 발표는 홈페이지(www.ihd.or.kr)에서 확인하시기 바랍니다.
    1) 문제 및 정답 공개 : 20XX. XX. XX.(X)
    2) 합격자 발표 : 20XX. XX. XX.(X)

유의사항

- 《작성조건》을 준수하여 반드시 프리젠테이션 슬라이드로 작업합니다.
- 글꼴 및 기타 사항에 대해 별도의 지시사항이 없는 경우, 슬라이드 크기와 전체적인 균형을 고려하여 임의로 작성하되, 도형은 그룹으로 설정하지 않습니다.
- 모든 슬라이드 크기(A4), 방향(가로), 디자인 테마(Office 테마)로 지정합니다.
  ▶ 슬라이드 크기, 방향 조정 시 '맞춤 확인'으로 지정하여야 합니다.
- 공통적용사항(슬라이드 마스터)
  ▶ 도형 ⇒ 기본 도형 - '평행 사변형', 도형 스타일('미세 효과 - 검정, 어둡게 1'), 글꼴(돋움체, 20pt, 굵게)
- 그림 삽입 시 다운로드 한 그림 파일을 반드시 사용하여야 합니다.
- ⬜ ⟶ 은 지시사항이므로 작성하지 않습니다.
- 슬라이드에 제시된 글자 및 숫자 오탈자는 별도 감점 처리됩니다.
- "도형 서식" 과 "셰이프 형식"은 동일한 기능이며, 버전에 따라 표현이 다릅니다.

슬라이드1 — 아래의 작성조건 및 출력형태에 알맞게 첫 번째 슬라이드에 작업하시오. 〔30점〕

《출력형태》

《작성조건》

▶ 도형 1 ⇒ 기본 도형 - '1/2 액자', 도형 채우기(그라데이션 : 미리 설정 - '가운데 그라데이션 - 강조 3', 종류 - 선형, 방향 - '선형 오른쪽'), 도형 윤곽선(실선, 색 : '청회색, 텍스트 2', 너비 : 2pt, 겹선 종류 : 단순형), 도형 효과(그림자 - 바깥쪽 - '오프셋: 아래쪽'), 글꼴(굴림, 40pt, 굵게, 텍스트 그림자, 진한 파랑)

▶ 도형 2 ⇒ 기본 도형 - '웃는 얼굴', 도형 채우기(연한 파랑), 선 없음, 도형 효과(그림자 - 바깥쪽 - '오프셋: 오른쪽 위', 반사 - '근접 반사: 터치')

▶ 도형 3 ⇒ 설명선 - '말풍선: 타원형', 도형 스타일('강한 효과 - 회색, 강조 3')

▶ 그림 삽입 ⇒ 그림 1 삽입, 크기(높이 : 7cm, 너비 : 7cm)

▶ 텍스트 상자(인간과 유사한 행동을 할 수 있도록 설계된 로봇) ⇒ 글꼴(궁서, 24pt, 기울임꼴, 밑줄)

▶ 애니메이션 지정 ⇒ 도형 1 : 나타내기 - 실선 무늬

▶ 지시사항이 없는 부분은 《출력형태》와 동일하게 작성하시오.

슬라이드2 | 아래의 작성조건 및 출력형태에 알맞게 두 번째 슬라이드에 작업하시오. (50점)

《출력형태》

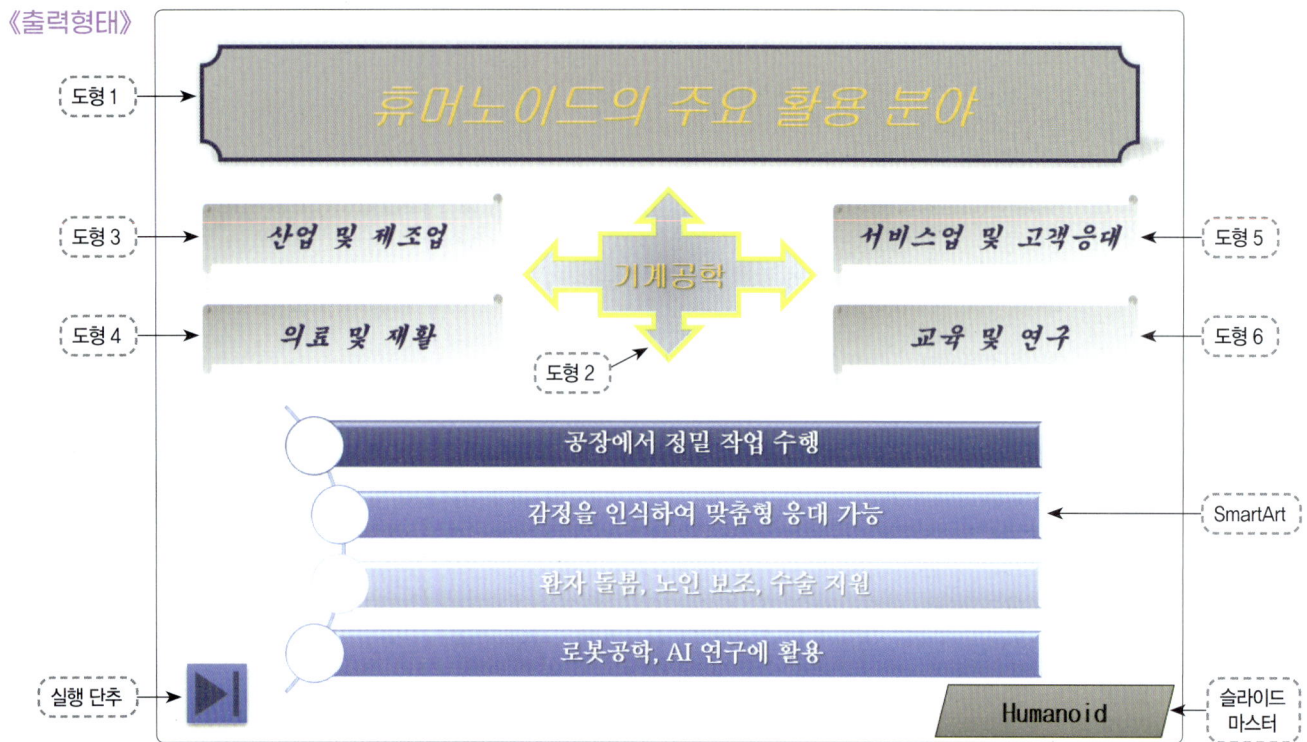

《작성조건》

(1) **제목**
- ▶ 도형 1 ⇒ 기본 도형 – '배지', 도형 채우기('회색, 강조 3'),
  도형 윤곽선(실선, 색 : 진한 파랑, 너비 : 3pt, 겹선 종류 : 단순형),
  도형 효과(그림자 – 원근감 – '원근감: 오른쪽 위', 네온 – '네온: 8pt, 회색, 강조색 3'),
  글꼴(굴림, 36pt, 굵게, 기울임꼴, '황금색, 강조 4')

(2) **본문**
- ▶ 도형 2 ⇒ 블록 화살표 – '설명선: 왼쪽/오른쪽/위쪽/아래쪽', 도형 채우기(진한 파랑, 그라데이션 – '가운데에서'),
  도형 윤곽선(실선, 색 : 노랑, 너비 : 4pt, 겹선 종류 : 단순형),
  글꼴(굴림, 22pt, 굵게, 텍스트 그림자, 주황)

- ▶ 도형 3~6 ⇒ 별 및 현수막 – '두루마리 모양: 가로로 말림', 도형 채우기('밝은 회색, 배경 2',
  그라데이션 – '선형 대각선 – 왼쪽 위에서 오른쪽 아래로'), 선 없음,
  도형 효과(반사 – '근접 반사: 터치'), 글꼴(궁서체, 20pt, 굵게, 기울임꼴, 진한 파랑)

- ▶ 실행 단추 ⇒ 실행 단추 – '실행 단추: 끝으로 이동', 하이퍼링크 : 마지막 슬라이드,
  도형 스타일('강한 효과 – 파랑, 강조 1')

- ▶ SmartArt 삽입 ⇒ 목록형 – '세로 곡선 목록형', 글꼴(바탕, 18pt, 굵게, 텍스트 그림자, 가운데 맞춤),
  SmartArt 스타일(색 변경 – 강조 1 – '그라데이션 반복 – 강조 1', 3차원 – '광택 처리'),
  (반드시 SmartArt 기능을 이용하여 작성할 것)

- ▶ 애니메이션 지정 ⇒ SmartArt : 나타내기 – 도형

- ▶ 지시사항이 없는 부분은 《출력형태》와 동일하게 작성하시오.

슬라이드3 | 아래의 작성조건 및 출력형태에 알맞게 세 번째 슬라이드에 작업하시오. (60점)

《출력형태》

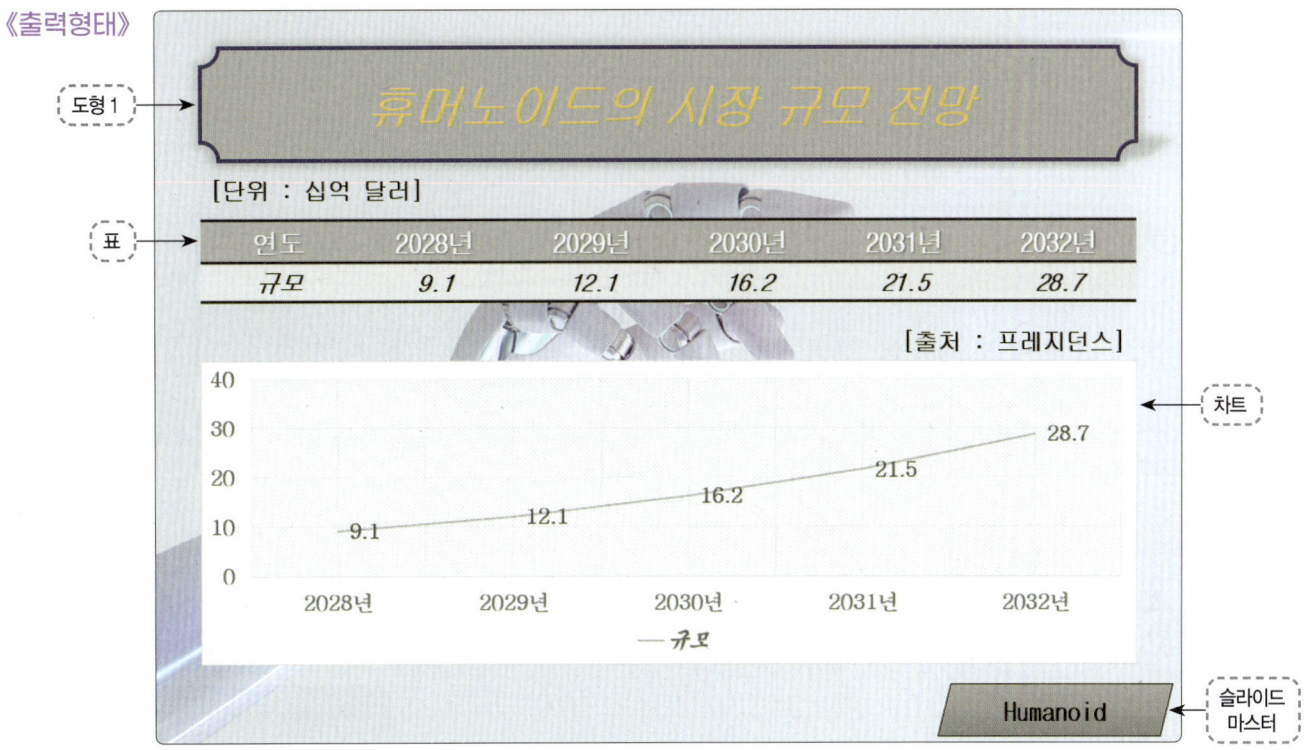

《작성조건》

(1) **제목**
- 도형 1 ⇒ 기본 도형 – '배지', 도형 채우기('회색, 강조 3'),
  도형 윤곽선(실선, 색 : 진한 파랑, 너비 : 3pt, 겹선 종류 : 단순형),
  도형 효과(그림자 – 원근감 – '원근감: 오른쪽 위', 네온 – '네온: 8pt, 회색, 강조색 3'),
  글꼴(굴림, 36pt, 굵게, 기울임꼴, '황금색, 강조 4')

(2) **본문** (※ 차트 작성은 반드시 '차트 삽입 → 데이터 입력 → 차트 스타일' 순으로 작성 바랍니다.)
- 텍스트 상자 1([단위 : 십억 달러]) ⇒ 글꼴(굴림체, 18pt, 굵게)
- 표 ⇒ 표 스타일(중간 – '보통 스타일 3 – 강조 3'),
  가장 위의 행 : 글꼴(돋움체, 20pt, 굵게, 텍스트 그림자, 가운데 맞춤),
  나머지 행 : 글꼴(돋움체, 18pt, 굵게, 기울임꼴, 가운데 맞춤)
- 텍스트 상자 2([출처 : 프레지던스]) ⇒ 글꼴(굴림체, 18pt, 굵게)
- 차트 ⇒ 꺾은선형 – '꺾은선형', 차트 스타일(색 변경 – 단색형 – '단색 색상표 3', 스타일 6),
  축 서식/데이터 레이블 서식 : 글꼴(바탕, 16pt, 굵게),
  범례 서식 : 글꼴(궁서, 16pt, 굵게, 기울임꼴), 데이터는 표 참고
- 배경 ⇒ 배경 서식(채우기 – 그림 또는 질감 채우기)에서 그림 2 삽입(현재 슬라이드만 적용)
- 애니메이션 지정 ⇒ 차트 : 나타내기 – 바운드
- 지시사항이 없는 부분은 《출력형태》와 동일하게 작성하시오.

슬라이드4 아래의 작성조건 및 출력형태에 알맞게 네 번째 슬라이드에 작업하시오. (60점)

《출력형태》

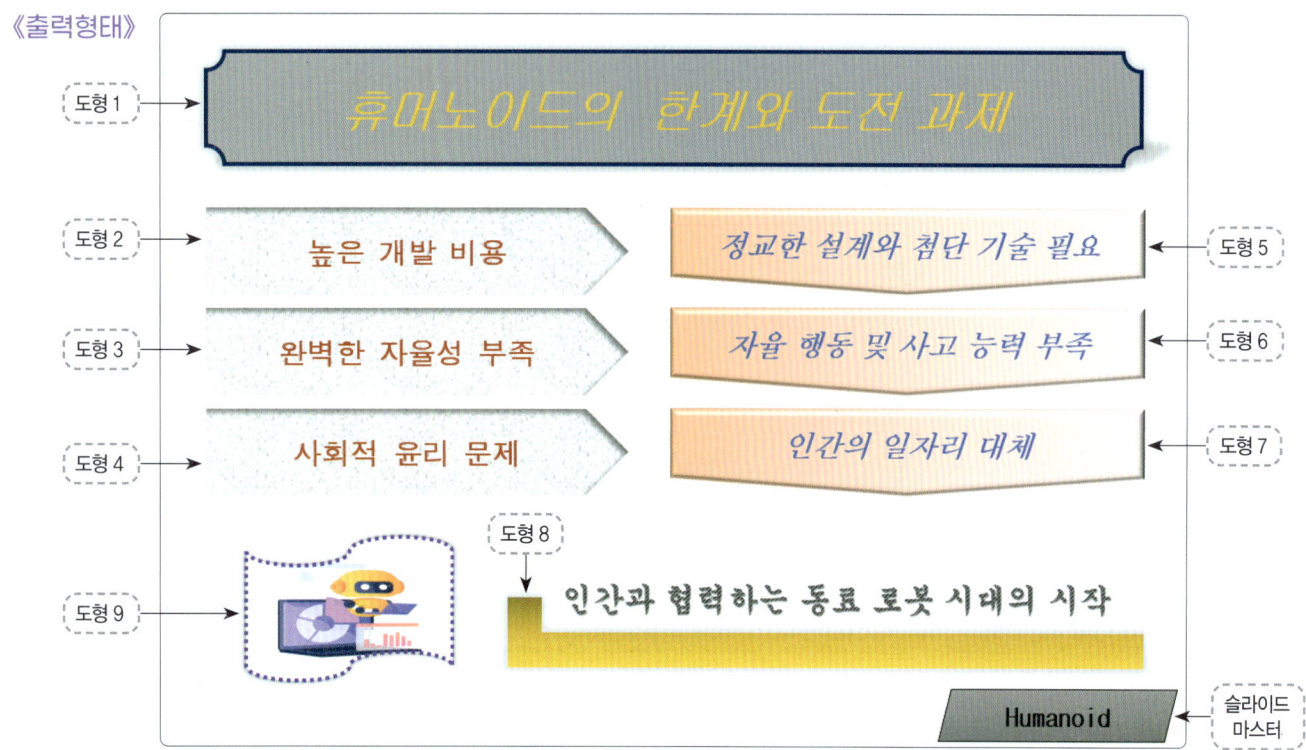

《작성조건》

(1) **제목**
- 도형 1 ⇒ 기본 도형 – '배지', 도형 채우기('회색, 강조 3'),
  도형 윤곽선(실선, 색 : 진한 파랑, 너비 : 3pt, 겹선 종류 : 단순형),
  도형 효과(그림자 – 원근감 – '원근감: 오른쪽 위', 네온 – '네온: 8pt, 회색, 강조색 3'),
  글꼴(굴림, 36pt, 굵게, 기울임꼴, '황금색, 강조 4')

(2) **본문**
- 도형 2~4 ⇒ 블록 화살표 – '화살표: 오각형', 도형 채우기(질감 : 신문 용지), 선 없음,
  도형 효과(그림자 – 안쪽 – '안쪽: 오른쪽 위'), 글꼴(돋움체, 22pt, 굵게, 진한 빨강)
- 도형 5~7 ⇒ 순서도 – '순서도: 다른 페이지 연결선', 도형 채우기('주황, 강조 2', 그라데이션 – '선형 오른쪽'),
  선 없음, 도형 효과(입체 효과 – '둥글게'), 글꼴(바탕, 22pt, 굵게, 기울임꼴, '파랑, 강조 1')
- 도형 8 ⇒ 기본 도형 – 'L 도형', 도형 채우기('황금색, 강조 4', 그라데이션 – '선형 아래쪽'), 선 없음,
  도형 효과(네온 – '네온: 8pt, 회색, 강조색 3')
- 도형 9 ⇒ 순서도 – '순서도: 천공 테이프', 도형 채우기(그림 또는 질감 채우기) 기능을 사용하여 그림 3 삽입,
  도형 윤곽선(실선, 색 : 자주, 너비 : 3pt, 겹선 종류 : 단순형, 대시 종류 : 둥근 점선),
  도형 효과(그림자 – 바깥쪽 – '오프셋: 가운데')
- WordArt 삽입(인간과 협력하는 동료 로봇 시대의 시작)
  ⇒ WordArt 스타일('무늬 채우기: 흰색, 어두운 상향 대각선 줄무늬, 그림자'),
  글꼴(궁서, 24pt, 굵게, 텍스트 그림자)
- 지시사항이 없는 부분은《출력형태》와 동일하게 작성하시오.

제 04 회 디지털정보활용능력 최신유형 기출문제

작성 시간 / 시험 시간	채점 결과
분 / 40분	점 / 200점

- ☑ 시험과목 : 프리젠테이션(파워포인트)
- ☑ 시험일자 : 20XX. XX. XX. (X)
- ☑ 응시자 기재사항 및 감독 위원 확인

MS Office 2021 버전용

수검번호	DIP - XXXX -	감독위원 확인
성 명		

· 응시자 유의사항 ·

1. 응시자는 신분증을 지참하여야 시험에 응시할 수 있으며, 시험이 종료될 때까지 신분증을 제시하지 못 할 경우 해당 시험은 0점 처리됩니다.
2. 시스템(PC 작동 여부, 네트워크 상태 등)의 이상 여부를 반드시 확인하여야 하며, 시스템 이상이 있을 시 감독 위원에게 조치를 받으셔야 합니다.
3. 시험 중 부주의 또는 고의로 시스템을 파손한 경우는 응시자 부담으로 합니다.
4. 답안 전송 프로그램을 통해 다운로드 받은 파일을 이용하여 답안 파일을 작성하시기 바랍니다.
5. 작성한 답안 파일은 답안 전송 프로그램을 통하여 전송됩니다. 감독 위원의 지시에 따라 주시기 바랍니다.
6. 다음 사항의 경우 실격(0점) 혹은 부정행위 처리됩니다.
    1) 답안 파일을 저장하지 않았거나, 저장한 파일이 손상되었을 경우
    2) 답안 파일을 지정된 폴더(바탕화면 - "KAIT" 폴더)에 저장하지 않았을 경우
        ※ 답안 전송 프로그램 로그인 시 바탕화면에 자동 생성됨
    3) 답안 파일을 다른 보조기억장치(USB) 혹은 네트워크(메신저, 게시판 등)로 전송할 경우
    4) 휴대용 전화기 등 통신기기를 사용할 경우
7. 슬라이드는 반드시 순서대로 작성해야 하며, 순서가 다를 경우 "0"점 처리됩니다.
8. 시험지에 제시된 글꼴이 응시 프로그램에 없는 경우, 반드시 감독 위원에게 해당 내용을 통보한 뒤 조치를 받아야 합니다.
9. 슬라이드 작성 시 도형의 그룹 설정을 사용하는 경우, 채점에서 감점 처리됩니다.
10. 시험의 완료는 작성이 완료된 답안을 저장하고, 답안 전송이 완료된 상태를 확인한 것으로 합니다. 답안 전송 확인 후 문제지는 감독 위원에게 제출한 후 퇴실하여야 합니다.
11. 답안 전송을 완료한 경우는 수정 또는 정정이 불가합니다.
12. 시험 시행 후 합격자 발표는 홈페이지(www.ihd.or.kr)에서 확인하시기 바랍니다.
    1) 문제 및 정답 공개 : 20XX. XX. XX.(X)
    2) 합격자 발표 : 20XX. XX. XX.(X)

유의사항

- 《작성조건》을 준수하여 반드시 프리젠테이션 슬라이드로 작업합니다.
- 글꼴 및 기타 사항에 대해 별도의 지시사항이 없는 경우, 슬라이드 크기와 전체적인 균형을 고려하여 임의로 작성하되, 도형은 그룹으로 설정하지 않습니다.
- 모든 슬라이드 크기(A4), 방향(가로), 디자인 테마(Office 테마)로 지정합니다.
  ▶ 슬라이드 크기, 방향 조정 시 '맞춤 확인'으로 지정하여야 합니다.
- 공통적용사항(슬라이드 마스터)
  ▶ 도형 ⇒ 순서도 – '순서도: 종속 처리', 도형 스타일('미세 효과 – 파랑, 강조 1'), 글꼴(굴림체, 18pt, 굵게)
- 그림 삽입 시 다운로드 한 그림 파일을 반드시 사용하여야 합니다.
- ⟶ 은 지시사항이므로 작성하지 않습니다.
- 슬라이드에 제시된 글자 및 숫자 오탈자는 별도 감점 처리됩니다.
- "도형 서식" 과 "셰이프 형식"은 동일한 기능이며, 버전에 따라 표현이 다릅니다.

슬라이드1   아래의 작성조건 및 출력형태에 알맞게 첫 번째 슬라이드에 작업하시오.   [30점]

《출력형태》

《작성조건》

▶ 도형 1 ⇒ 기본 도형 – '팔각형', 도형 채우기(그라데이션 : 미리 설정 – '가운데 그라데이션 – 강조 1', 종류 – 선형, 방향 – '선형 아래쪽'), 도형 윤곽선(실선, 색 : 주황, 너비 : 3pt, 겹선 종류 : 단순형), 도형 효과(그림자 – 원근감 – '원근감: 왼쪽 위'), 글꼴(굴림, 36pt, 굵게)

▶ 도형 2 ⇒ 기본 도형 – '하트', 도형 채우기(진한 빨강, 그라데이션 – '가운데에서'), 선 없음, 도형 효과(반사 – '전체 반사: 터치', 입체 효과 – '둥글게 볼록')

▶ 도형 3 ⇒ 수식 도형 – '곱하기 기호', 도형 스타일('보통 효과 – 황금색, 강조 4')

▶ 그림 삽입 ⇒ 그림 1 삽입, 크기(높이 : 7cm, 너비 : 10cm)

▶ 텍스트 상자(동물등록은 사랑의 끈) ⇒ 글꼴(궁서, 24pt, 굵게, 밑줄, 진한 빨강)

▶ 애니메이션 지정 ⇒ 도형 1 : 나타내기 – 올라오기

▶ 지시사항이 없는 부분은《출력형태》와 동일하게 작성하시오.

슬라이드2 아래의 작성조건 및 출력형태에 알맞게 두 번째 슬라이드에 작업하시오. 〔50점〕

《출력형태》

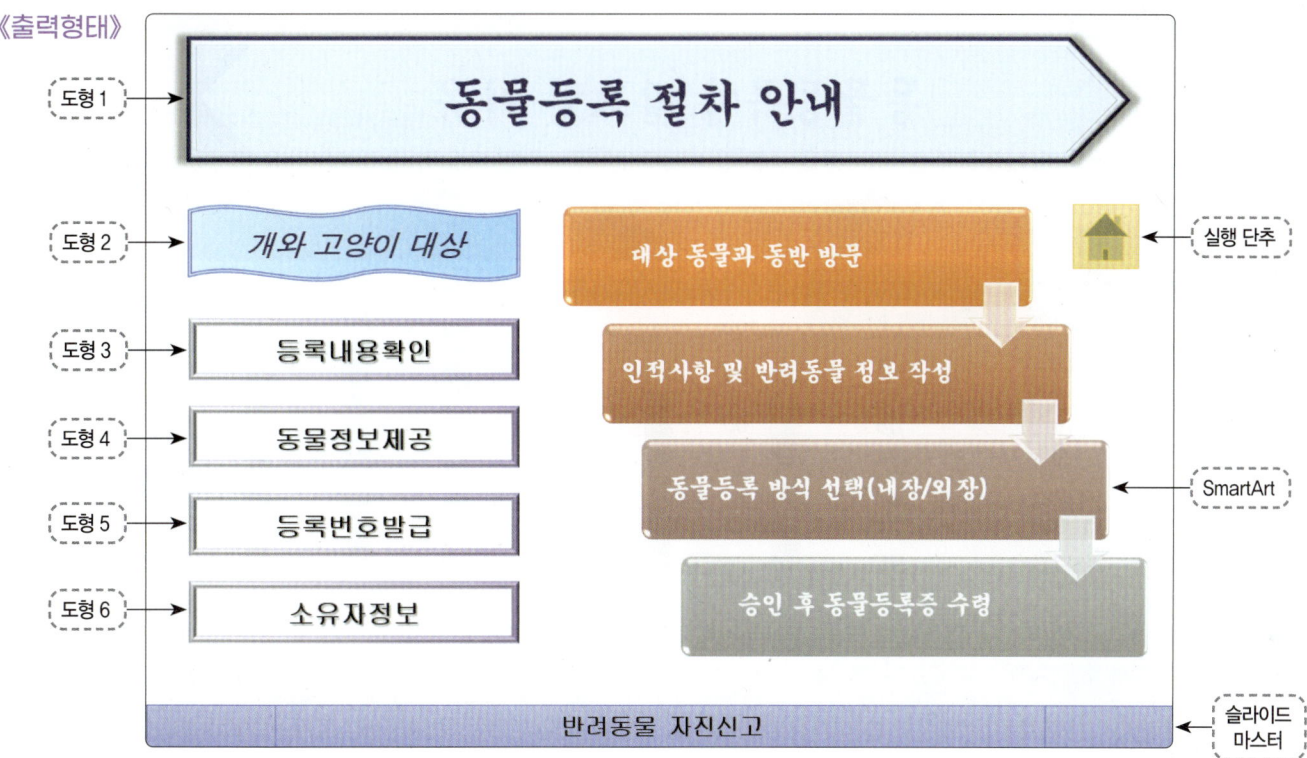

《작성조건》

(1) **제목**
- 도형 1 ⇒ 블록 화살표 – '화살표: 오각형', 도형 채우기('파랑, 강조 1, 80% 더 밝게'),
  도형 윤곽선(실선, 색 : 진한 파랑, 너비 : 3pt, 겹선 종류 : 단순형),
  도형 효과(그림자 – 바깥쪽 – '오프셋: 가운데', 입체 효과 – '리블렛'),
  글꼴(궁서, 36pt, 굵게, 진한 파랑)

(2) **본문**
- 도형 2 ⇒ 별 및 현수막 – '이중 물결', 도형 채우기(연한 파랑, 그라데이션 – '오른쪽 위 모서리에서'),
  도형 윤곽선(실선, 색 : '파랑, 강조 1', 너비 : 3pt, 겹선 종류 : 이중),
  글꼴(돋움, 22pt, 굵게, 기울임꼴, 진한 파랑)
- 도형 3~6 ⇒ 기본 도형 – '액자', 도형 채우기(자주, 그라데이션 – '선형 왼쪽'), 선 없음,
  도형 효과(입체 효과 – '둥글게'), 글꼴(굴림체, 20pt, 굵게, 텍스트 그림자)
- 실행 단추 ⇒ 실행 단추 – '실행 단추: 홈으로 이동', 하이퍼링크 : 첫째 슬라이드,
  도형 스타일('미세 효과 – 황금색, 강조 4')
- SmartArt 삽입 ⇒ 프로세스형 – '지그재그 프로세스형', 글꼴(궁서, 18pt, 굵게, 가운데 맞춤),
  SmartArt 스타일(색 변경 – 색상형 – '색상형 범위 – 강조색 2 또는 3', 3차원 – '광택 처리'),
  (반드시 SmartArt 기능을 이용하여 작성할 것)
- 애니메이션 지정 ⇒ SmartArt : 나타내기 – 회전
- 지시사항이 없는 부분은《출력형태》와 동일하게 작성하시오.

슬라이드3 아래의 작성조건 및 출력형태에 알맞게 세 번째 슬라이드에 작업하시오. (60점)

《출력형태》

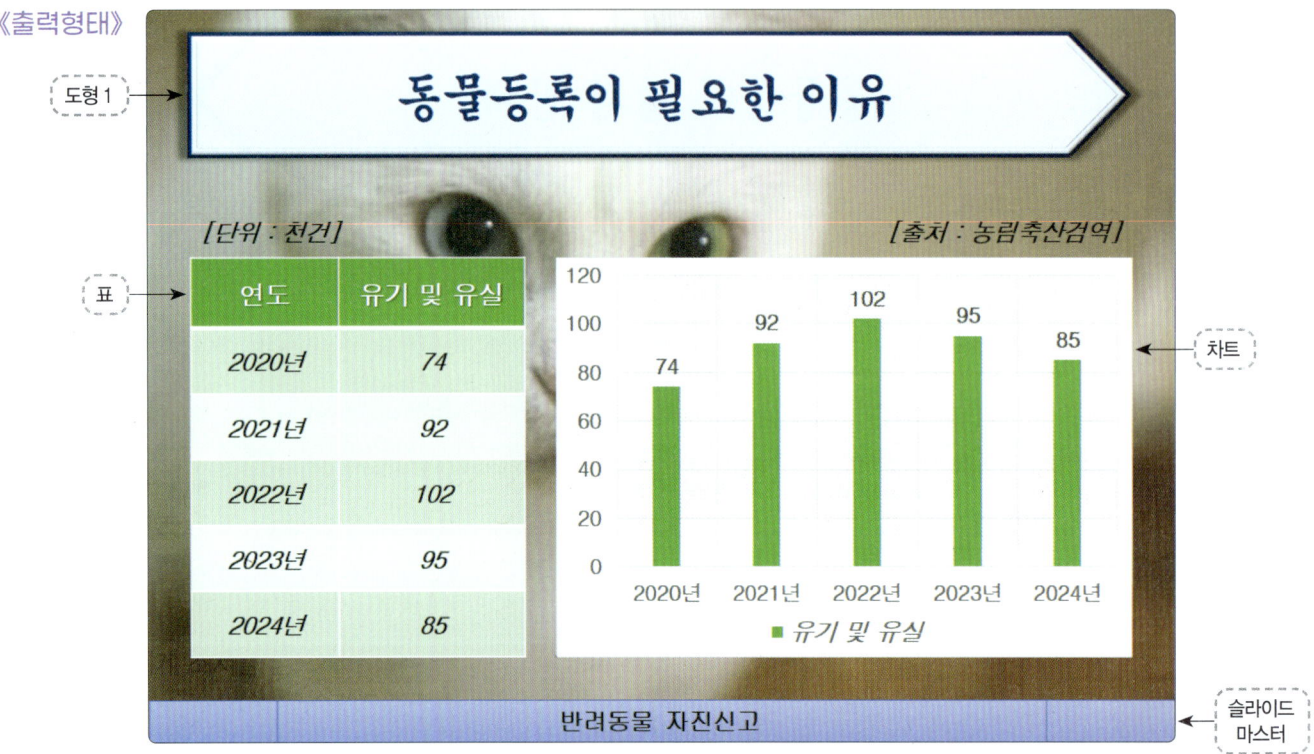

《작성조건》

(1) **제목**
- 도형 1 ⇒ 블록 화살표 – '화살표: 오각형', 도형 채우기('파랑, 강조 1, 80% 더 밝게'),
  도형 윤곽선(실선, 색 : 진한 파랑, 너비 : 3pt, 겹선 종류 : 단순형),
  도형 효과(그림자 – 바깥쪽 – '오프셋: 가운데', 입체 효과 – '리블렛'),
  글꼴(궁서, 36pt, 굵게, 진한 파랑)

(2) **본문** (※ 차트 작성은 반드시 '차트 삽입 → 데이터 입력 → 차트 스타일' 순으로 작성 바랍니다.)
- 텍스트 상자 1([단위 : 천건]) ⇒ 글꼴(돋움, 18pt, 굵게, 기울임꼴)
- 표 ⇒ 표 스타일(중간 – '보통 스타일 2 – 강조 6'),
  가장 위의 행 : 글꼴(돋움, 20pt, 굵게, 텍스트 그림자, 가운데 맞춤),
  나머지 행 : 글꼴(돋움, 18pt, 굵게, 기울임꼴, 가운데 맞춤)
- 텍스트 상자 2([출처 : 농림축산검역]) ⇒ 글꼴(돋움, 18pt, 굵게, 기울임꼴)
- 차트 ⇒ 세로 막대형 – '묶은 세로 막대형', 차트 스타일(색 변경 – 색상형 – '다양한 색상표 4', 스타일 8),
  축 서식/데이터 레이블 서식 : 글꼴(돋움, 16pt, 굵게),
  범례 서식 : 글꼴(돋움, 18pt, 굵게, 기울임꼴), 데이터는 표 참고
- 배경 ⇒ 배경 서식(채우기 – 그림 또는 질감 채우기)에서 그림 2 삽입(현재 슬라이드만 적용)
- 애니메이션 지정 ⇒ 차트 : 나타내기 – 밝기 변화
- 지시사항이 없는 부분은 《출력형태》와 동일하게 작성하시오.

슬라이드4 아래의 작성조건 및 출력형태에 알맞게 네 번째 슬라이드에 작업하시오. (60점)

《출력형태》

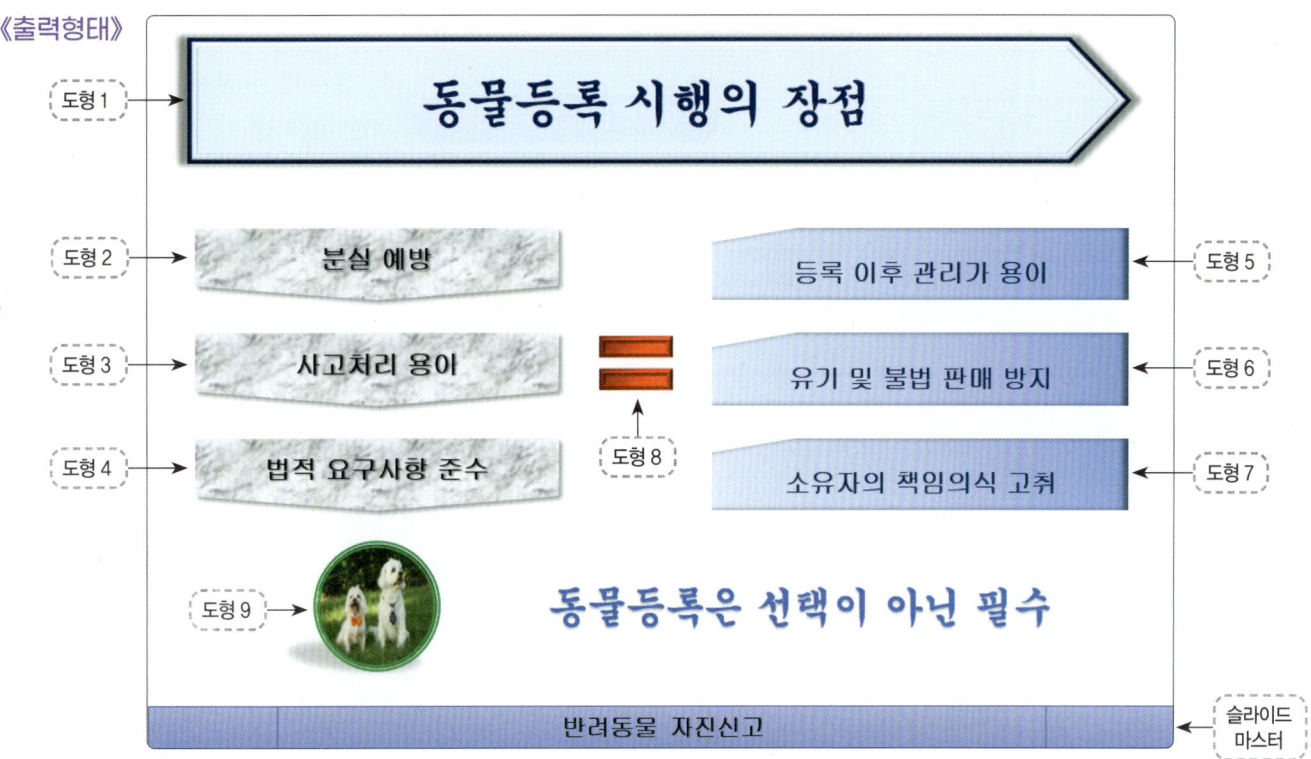

《작성조건》

(1) **제목**
- 도형 1 ⇒ 블록 화살표 – '화살표: 오각형', 도형 채우기('파랑, 강조 1, 80% 더 밝게'),
  도형 윤곽선(실선, 색 : 진한 파랑, 너비 : 3pt, 겹선 종류 : 단순형),
  도형 효과(그림자 – 바깥쪽 – '오프셋: 가운데', 입체 효과 – '리블렛'),
  글꼴(궁서, 36pt, 굵게, 진한 파랑)

(2) **본문**
- 도형 2~4 ⇒ 순서도 – '순서도: 다른 페이지 연결선', 도형 채우기(질감 : 흰색 대리석), 선 없음,
  도형 효과(그림자 – 바깥쪽 – '오프셋: 오른쪽 아래'),
  글꼴(굴림, 20pt, 굵게, 텍스트 그림자, '검정, 텍스트 1')

- 도형 5~7 ⇒ 순서도 – '순서도: 카드', 도형 채우기(파랑, 그라데이션 – '선형 왼쪽'), 선 없음,
  도형 효과(그림자 – 안쪽 – '안쪽: 오른쪽'), 글꼴(굴림, 20pt, 굵게, 진한 파랑)

- 도형 8 ⇒ 수식 도형 – '같음 기호', 도형 채우기(빨강, 그라데이션 – '선형 오른쪽'), 선 없음,
  도형 효과(입체 효과 – '낮은 수준의 경사')

- 도형 9 ⇒ 기본 도형 – '타원', 도형 채우기(그림 또는 질감 채우기) 기능을 사용하여 그림 3 삽입,
  도형 윤곽선(실선, 색 : 녹색, 너비 : 5pt, 겹선 종류 : 이중, 대시 종류 : 실선),
  도형 효과(그림자 – 원근감 – '원근감: 왼쪽 위')

- WordArt 삽입(동물등록은 선택이 아닌 필수)
  ⇒ WordArt 스타일('채우기: 파랑, 강조색 1, 그림자'), 글꼴(궁서, 30pt, 굵게, 텍스트 그림자)

- 지시사항이 없는 부분은 《출력형태》와 동일하게 작성하시오.

제 05 회 디지털정보활용능력 최신유형 기출문제

작성 시간 / 시험 시간	채점 결과
분 / 40분	점 / 200점

- ☑ 시험과목 : 프리젠테이션(파워포인트)
- ☑ 시험일자 : 20XX. XX. XX. (X)
- ☑ 응시자 기재사항 및 감독 위원 확인

MS Office 2021 버전용

수검번호	DIP – XXXX –	감독위원 확인
성　　명		

· 응시자 유의사항 ·

1. 응시자는 신분증을 지참하여야 시험에 응시할 수 있으며, 시험이 종료될 때까지 신분증을 제시하지 못 할 경우 해당 시험은 0점 처리됩니다.
2. 시스템(PC 작동 여부, 네트워크 상태 등)의 이상 여부를 반드시 확인하여야 하며, 시스템 이상이 있을 시 감독 위원에게 조치를 받으셔야 합니다.
3. 시험 중 부주의 또는 고의로 시스템을 파손한 경우는 응시자 부담으로 합니다.
4. 답안 전송 프로그램을 통해 다운로드 받은 파일을 이용하여 답안 파일을 작성하시기 바랍니다.
5. 작성한 답안 파일은 답안 전송 프로그램을 통하여 전송됩니다. 감독 위원의 지시에 따라 주시기 바랍니다.
6. 다음 사항의 경우 실격(0점) 혹은 부정행위 처리됩니다.
    1) 답안 파일을 저장하지 않았거나, 저장한 파일이 손상되었을 경우
    2) 답안 파일을 지정된 폴더(바탕화면 – "KAIT" 폴더)에 저장하지 않았을 경우
        ※ 답안 전송 프로그램 로그인 시 바탕화면에 자동 생성됨
    3) 답안 파일을 다른 보조기억장치(USB) 혹은 네트워크(메신저, 게시판 등)로 전송할 경우
    4) 휴대용 전화기 등 통신기기를 사용할 경우
7. 슬라이드는 반드시 순서대로 작성해야 하며, 순서가 다를 경우 "0"점 처리됩니다.
8. 시험지에 제시된 글꼴이 응시 프로그램에 없는 경우, 반드시 감독 위원에게 해당 내용을 통보한 뒤 조치를 받아야 합니다.
9. 슬라이드 작성 시 도형의 그룹 설정을 사용하는 경우, 채점에서 감점 처리됩니다.
10. 시험의 완료는 작성이 완료된 답안을 저장하고, 답안 전송이 완료된 상태를 확인한 것으로 합니다. 답안 전송 확인 후 문제지는 감독 위원에게 제출한 후 퇴실하여야 합니다.
11. 답안 전송을 완료한 경우는 수정 또는 정정이 불가합니다.
12. 시험 시행 후 합격자 발표는 홈페이지(www.ihd.or.kr)에서 확인하시기 바랍니다.
    1) 문제 및 정답 공개 : 20XX. XX. XX.(X)
    2) 합격자 발표 : 20XX. XX. XX.(X)

유의사항

- 《작성조건》을 준수하여 반드시 프리젠테이션 슬라이드로 작업합니다.
- 글꼴 및 기타 사항에 대해 별도의 지시사항이 없는 경우, 슬라이드 크기와 전체적인 균형을 고려하여 임의로 작성하되, 도형은 그룹으로 설정하지 않습니다.
- 모든 슬라이드 크기(A4), 방향(가로), 디자인 테마(Office 테마)로 지정합니다.
  ▶ 슬라이드 크기, 방향 조정 시 '맞춤 확인'으로 지정하여야 합니다.
- 공통적용사항(슬라이드 마스터)
  ▶ 도형 ⇒ 기본 도형 – '십자형', 도형 스타일('강한 효과 – 주황, 강조 2'), 글꼴(굴림, 18pt, 굵게, 밑줄)
- 그림 삽입 시 다운로드 한 그림 파일을 반드시 사용하여야 합니다.
- ⬚⟶ 은 지시사항이므로 작성하지 않습니다.
- 슬라이드에 제시된 글자 및 숫자 오탈자는 별도 감점 처리됩니다.
- "도형 서식" 과 "셰이프 형식"은 동일한 기능이며, 버전에 따라 표현이 다릅니다.

슬라이드1 — 아래의 작성조건 및 출력형태에 알맞게 첫 번째 슬라이드에 작업하시오. (30점)

《출력형태》

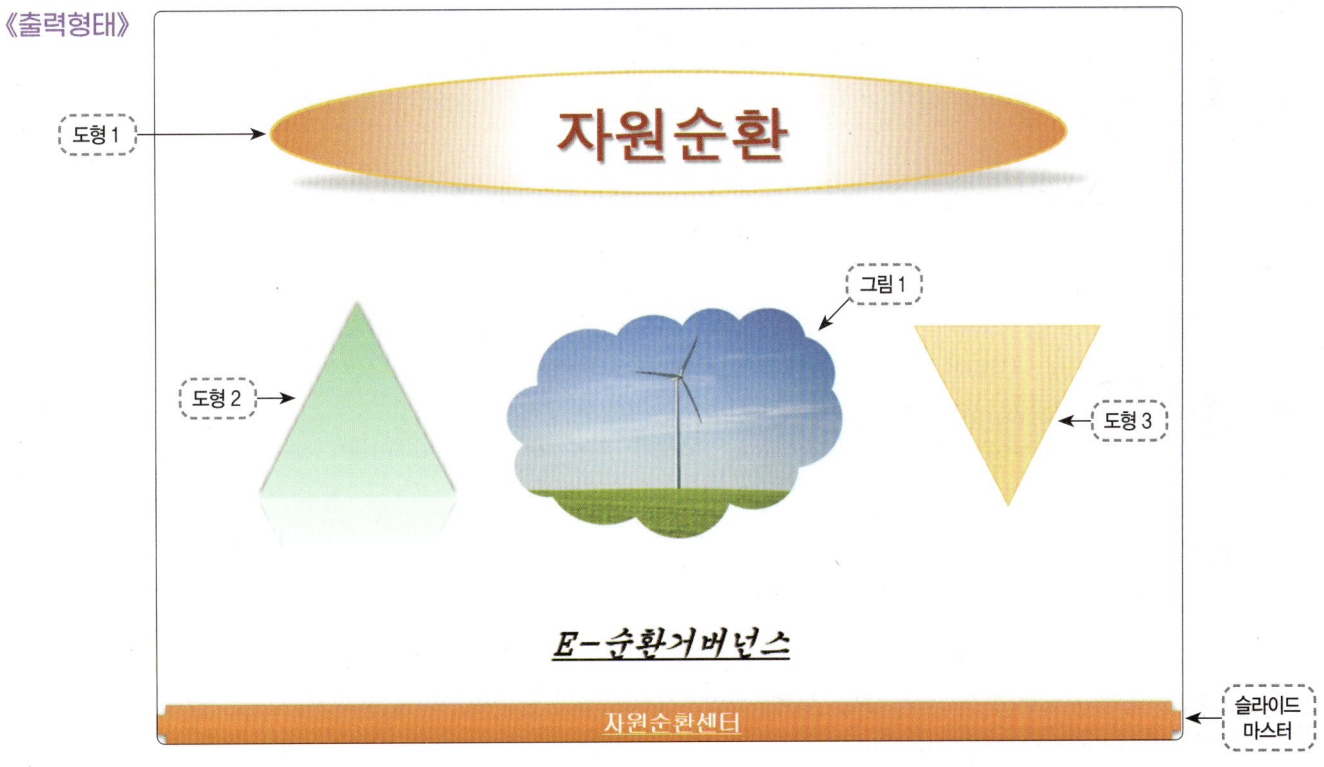

《작성조건》

▶ 도형 1 ⇒ 기본 도형 – '타원', 도형 채우기(그라데이션 : 미리 설정 – '위쪽 스포트라이트 강조 2',
   종류 – 방사형, 방향 – '가운데에서'), 도형 윤곽선(실선, 색 : 주황, 너비 : 2pt, 겹선 종류 : 단순형),
   도형 효과(그림자 – 원근감 – '원근감: 오른쪽 위'), 글꼴(돋움체, 44pt, 굵게, 텍스트 그림자, 진한 빨강)
▶ 도형 2 ⇒ 순서도 – '순서도: 추출', 도형 채우기(녹색, 그라데이션 – '선형 아래쪽'), 선 없음,
   도형 효과(그림자 – 바깥쪽 – '오프셋: 위쪽', 반사 – '근접 반사: 터치')
▶ 도형 3 ⇒ 순서도 – '순서도: 병합', 도형 스타일('미세 효과 – 황금색, 강조 4')
▶ 그림 삽입 ⇒ 그림 1 삽입, 크기(높이 : 6cm, 너비 : 9cm)
▶ 텍스트 상자(E-순환거버넌스) ⇒ 글꼴(궁서, 24pt, 기울임꼴, 밑줄)
▶ 애니메이션 지정 ⇒ 도형 1 : 나타내기 – 확대/축소
▶ 지시사항이 없는 부분은 《출력형태》와 동일하게 작성하시오.

슬라이드2 | 아래의 작성조건 및 출력형태에 알맞게 두 번째 슬라이드에 작업하시오. (50점)

《출력형태》

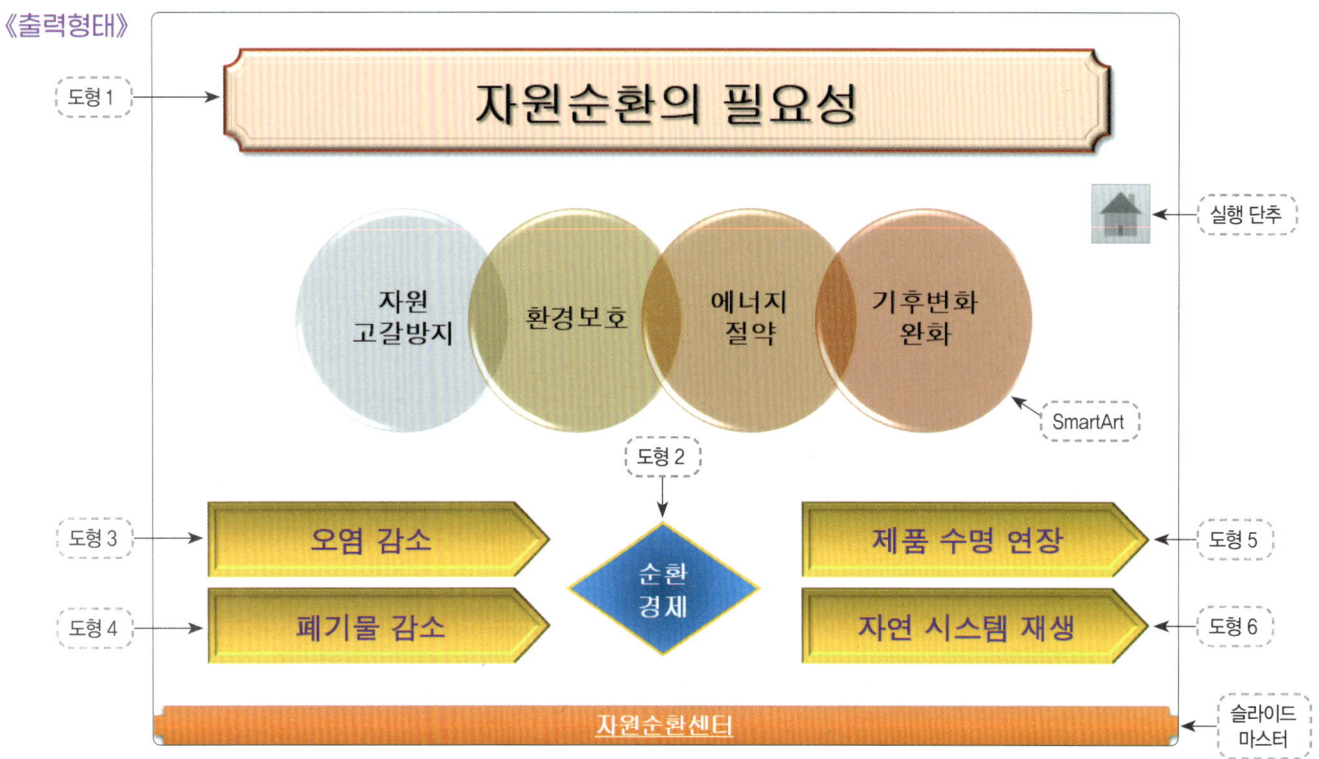

《작성조건》

(1) 제목
- 도형 1 ⇒ 기본 도형 – '배지', 도형 채우기('주황, 강조 2, 60% 더 밝게'),
  도형 윤곽선(실선, 색 : 진한 빨강, 너비 : 2pt, 겹선 종류 : 단순형),
  도형 효과(그림자 – 바깥쪽 – '오프셋: 오른쪽 아래', 입체 효과 – '디벗'),
  글꼴(굴림, 36pt, 굵게, 텍스트 그림자, '검정, 텍스트 1')

(2) 본문
- 도형 2 ⇒ 기본 도형 – '다이아몬드', 도형 채우기(연한 파랑, 그라데이션 – '가운데에서'),
  도형 윤곽선(실선, 색 : 주황, 너비 : 2pt, 겹선 종류 : 단순형), 글꼴(굴림, 20pt, 굵게)
- 도형 3~6 ⇒ 블록 화살표 – '화살표: 오각형', 도형 채우기('황금색, 강조 4', 그라데이션 – '선형 아래쪽'),
  선 없음, 도형 효과(입체 효과 – '딱딱한 가장자리'), 글꼴(돋움, 22pt, 굵게, 자주)
- 실행 단추 ⇒ 실행 단추 – '실행 단추: 홈으로 이동', 하이퍼링크 : 첫째 슬라이드,
  도형 스타일('미세 효과 – 회색, 강조 3')
- SmartArt 삽입 ⇒ 관계형 – '선형 벤형', 글꼴(돋움체, 20pt, 굵게, 가운데 맞춤),
  SmartArt 스타일(색 변경 – 색상형 – '색상형 범위 – 강조색 3 또는 4', 3차원 – '광택 처리'),
  (반드시 SmartArt 기능을 이용하여 작성할 것)
- 애니메이션 지정 ⇒ SmartArt : 나타내기 – 날아오기
- 지시사항이 없는 부분은《출력형태》와 동일하게 작성하시오.

슬라이드3 아래의 작성조건 및 출력형태에 알맞게 세 번째 슬라이드에 작업하시오. (60점)

《출력형태》

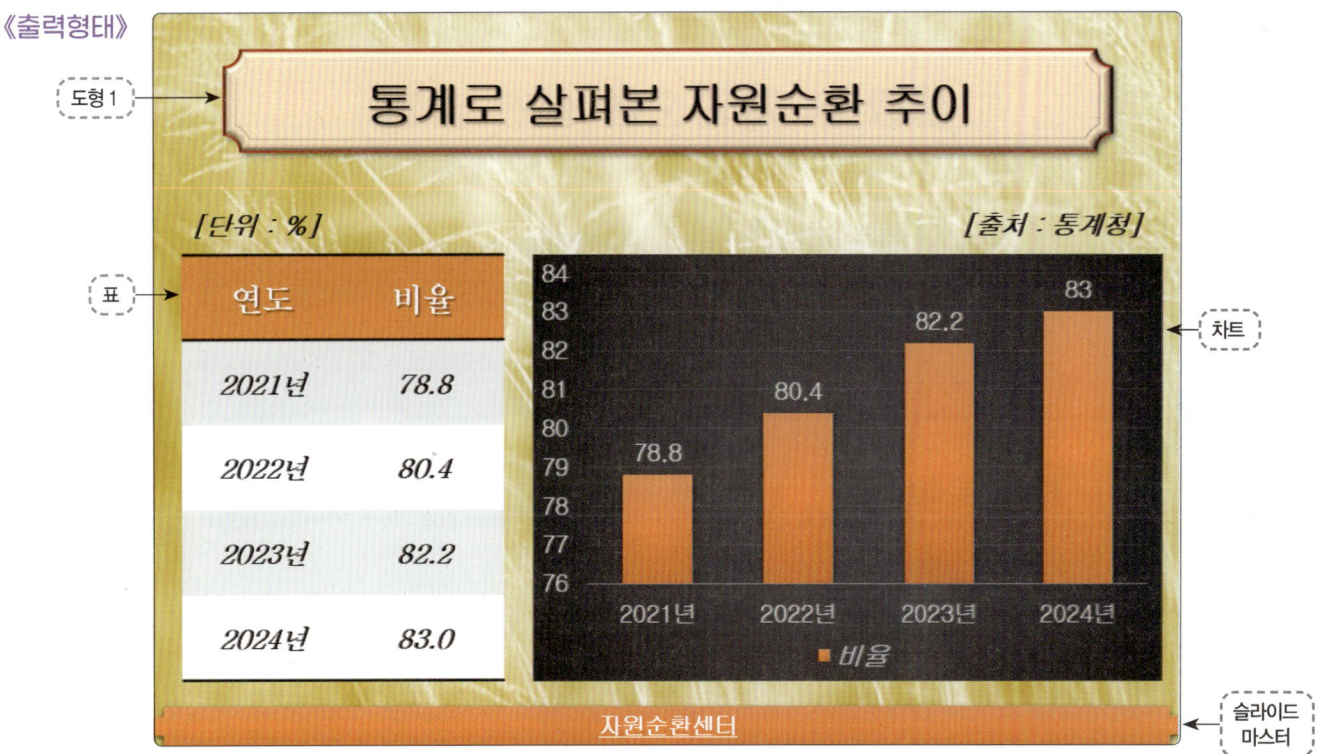

《작성조건》

(1) **제목**
- 도형 1 ⇒ 기본 도형 – '배지', 도형 채우기('주황, 강조 2, 60% 더 밝게'),
  도형 윤곽선(실선, 색 : 진한 빨강, 너비 : 2pt, 겹선 종류 : 단순형),
  도형 효과(그림자 – 바깥쪽 – '오프셋: 오른쪽 아래', 입체 효과 – '디벗'),
  글꼴(굴림, 36pt, 굵게, 텍스트 그림자, '검정, 텍스트 1')

(2) **본문** (※ 차트 작성은 반드시 '차트 삽입 → 데이터 입력 → 차트 스타일' 순으로 작성 바랍니다.)
- 텍스트 상자 1([단위 : %]) ⇒ 글꼴(돋움, 20pt, 굵게, 기울임꼴)
- 표 ⇒ 표 스타일(중간 – '보통 스타일 3 – 강조 2'),
  가장 위의 행 : 글꼴(바탕, 24pt, 굵게, 텍스트 그림자, 가운데 맞춤),
  나머지 행 : 글꼴(바탕, 20pt, 굵게, 기울임꼴, 가운데 맞춤)
- 텍스트 상자 2([출처 : 통계청]) ⇒ 글꼴(돋움, 20pt, 굵게, 기울임꼴)
- 차트 ⇒ 세로 막대형 – '묶은 세로 막대형', 차트 스타일(색 변경 – 색상형 – '다양한 색상표 3', 스타일 9),
  축 서식/데이터 레이블 서식 : 글꼴(굴림, 18pt, 굵게),
  범례 서식 : 글꼴(굴림, 20pt, 굵게, 기울임꼴), 데이터는 표 참고
- 배경 ⇒ 배경 서식(채우기 – 그림 또는 질감 채우기)에서 그림 2 삽입(현재 슬라이드만 적용)
- 애니메이션 지정 ⇒ 차트 : 나타내기 – 실선 무늬
- 지시사항이 없는 부분은 《출력형태》와 동일하게 작성하시오.

슬라이드4 ▶ 아래의 작성조건 및 출력형태에 알맞게 네 번째 슬라이드에 작업하시오. (60점)

《출력형태》

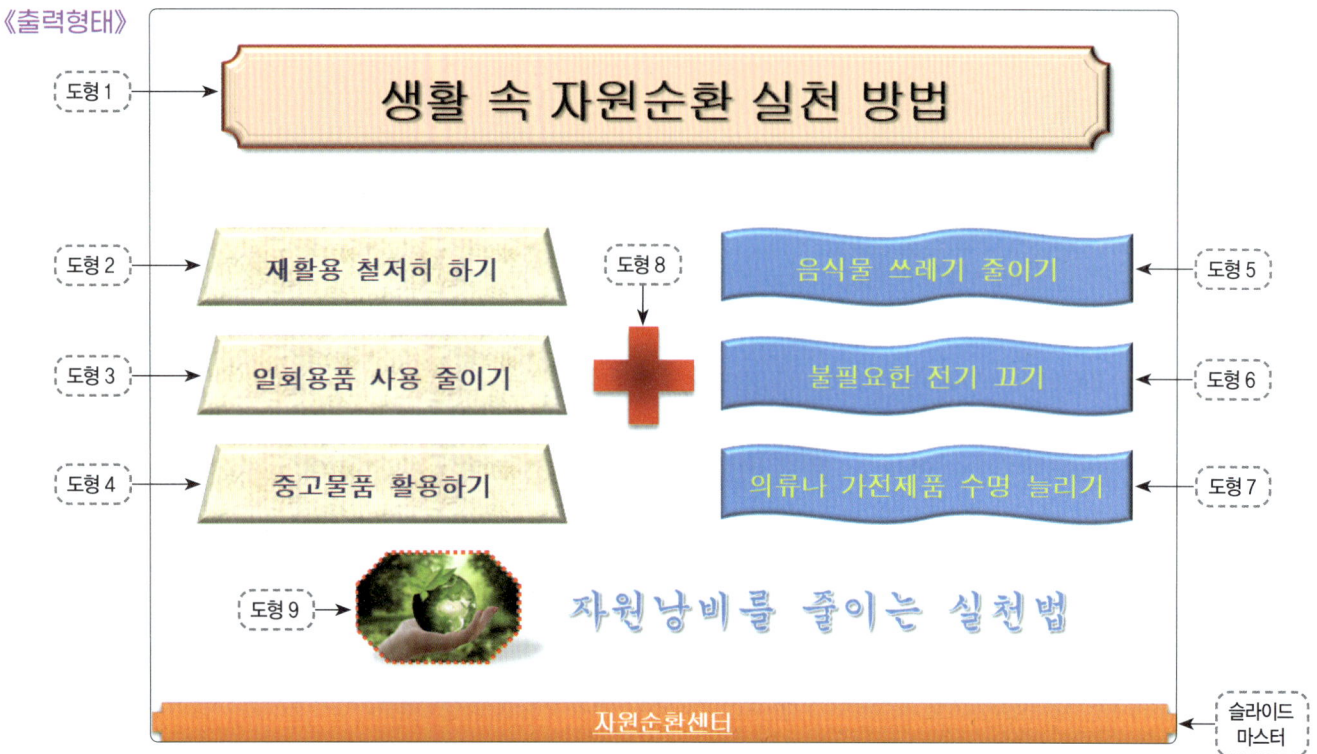

《작성조건》

(1) 제목
- 도형 1 ⇒ 기본 도형 – '배지', 도형 채우기('주황, 강조 2, 60% 더 밝게'),
  도형 윤곽선(실선, 색 : 진한 빨강, 너비 : 2pt, 겹선 종류 : 단순형),
  도형 효과(그림자 – 바깥쪽 – '오프셋: 오른쪽 아래', 입체 효과 – '디벗'),
  글꼴(굴림, 36pt, 굵게, 텍스트 그림자, '검정, 텍스트 1')

(2) 본문
- 도형 2~4 ⇒ 기본 도형 – '사다리꼴', 도형 채우기(질감 : 편지지), 선 없음, 도형 효과(입체 효과 – '기울기'),
  글꼴(돋움체, 20pt, 굵게, 진한 파랑)
- 도형 5~7 ⇒ 별 및 현수막 – '이중 물결', 도형 채우기('파랑, 강조 5'), 선 없음,
  도형 효과(입체 효과 – '둥글게'), 글꼴(돋움체, 20pt, 굵게, 노랑)
- 도형 8 ⇒ 수식 도형 – '더하기 기호', 도형 채우기(빨강, 그라데이션 – '가운데에서'), 선 없음,
  도형 효과(그림자 – 바깥쪽 – '오프셋: 아래쪽')
- 도형 9 ⇒ 기본 도형 – '팔각형', 도형 채우기(그림 또는 질감 채우기) 기능을 사용하여 그림 3 삽입,
  도형 윤곽선(실선, 색 : 빨강, 너비 : 3pt, 겹선 종류 : 단순형, 대시 종류 : 둥근 점선),
  도형 효과(그림자 – 원근감 – '원근감: 오른쪽 위')
- WordArt 삽입(자원낭비를 줄이는 실천법)
  ⇒ WordArt 스타일('채우기: 파랑, 강조색 5, 윤곽선: 흰색, 배경색 1, 진한 그림자: 파랑, 강조색 5'),
  글꼴(궁서체, 32pt, 굵게, 텍스트 그림자)
- 지시사항이 없는 부분은《출력형태》와 동일하게 작성하시오.

제 06 회 디지털정보활용능력 최신유형 기출문제

작성 시간 / 시험 시간	채점 결과
분 / 40분	점 / 200점

- ☑ 시험과목 : 프리젠테이션(파워포인트)
- ☑ 시험일자 : 20XX. XX. XX. (X)
- ☑ 응시자 기재사항 및 감독 위원 확인

MS Office 2021 버전용

Ⓑ

수검번호	DIP – XXXX –	감독위원 확인
성 명		

· 응시자 유의사항 ·

1. 응시자는 신분증을 지참하여야 시험에 응시할 수 있으며, 시험이 종료될 때까지 신분증을 제시하지 못 할 경우 해당 시험은 0점 처리됩니다.
2. 시스템(PC 작동 여부, 네트워크 상태 등)의 이상 여부를 반드시 확인하여야 하며, 시스템 이상이 있을 시 감독 위원에게 조치를 받으셔야 합니다.
3. 시험 중 부주의 또는 고의로 시스템을 파손한 경우는 응시자 부담으로 합니다.
4. 답안 전송 프로그램을 통해 다운로드 받은 파일을 이용하여 답안 파일을 작성하시기 바랍니다.
5. 작성한 답안 파일은 답안 전송 프로그램을 통하여 전송됩니다. 감독 위원의 지시에 따라 주시기 바랍니다.
6. 다음 사항의 경우 실격(0점) 혹은 부정행위 처리됩니다.
    1) 답안 파일을 저장하지 않았거나, 저장한 파일이 손상되었을 경우
    2) 답안 파일을 지정된 폴더(바탕화면 – "KAIT" 폴더)에 저장하지 않았을 경우
        ※ 답안 전송 프로그램 로그인 시 바탕화면에 자동 생성됨
    3) 답안 파일을 다른 보조기억장치(USB) 혹은 네트워크(메신저, 게시판 등)로 전송할 경우
    4) 휴대용 전화기 등 통신기기를 사용할 경우
7. 슬라이드는 반드시 순서대로 작성해야 하며, 순서가 다를 경우 "0"점 처리됩니다.
8. 시험지에 제시된 글꼴이 응시 프로그램에 없는 경우, 반드시 감독 위원에게 해당 내용을 통보한 뒤 조치를 받아야 합니다.
9. 슬라이드 작성 시 도형의 그룹 설정을 사용하는 경우, 채점에서 감점 처리됩니다.
10. 시험의 완료는 작성이 완료된 답안을 저장하고, 답안 전송이 완료된 상태를 확인한 것으로 합니다. 답안 전송 확인 후 문제지는 감독 위원에게 제출한 후 퇴실하여야 합니다.
11. 답안 전송을 완료한 경우는 수정 또는 정정이 불가합니다.
12. 시험 시행 후 합격자 발표는 홈페이지(www.ihd.or.kr)에서 확인하시기 바랍니다.
    1) 문제 및 정답 공개 : 20XX. XX. XX.(X)
    2) 합격자 발표 : 20XX. XX. XX.(X)

유의사항

- 《작성조건》을 준수하여 반드시 프리젠테이션 슬라이드로 작업합니다.
- 글꼴 및 기타 사항에 대해 별도의 지시사항이 없는 경우, 슬라이드 크기와 전체적인 균형을 고려하여 임의로 작성하되, 도형은 그룹으로 설정하지 않습니다.
- 모든 슬라이드 크기(A4), 방향(가로), 디자인 테마(Office 테마)로 지정합니다.
  ▶ 슬라이드 크기, 방향 조정 시 '맞춤 확인'으로 지정하여야 합니다.
- 공통적용사항(슬라이드 마스터)
  ▶ 도형 ⇒ 기본 도형 – '팔각형', 도형 스타일('보통 효과 – 검정, 어둡게 1'), 글꼴(돋움, 20pt, 굵게)
- 그림 삽입 시 다운로드 한 그림 파일을 반드시 사용하여야 합니다.
- ⬜⟶ 은 지시사항이므로 작성하지 않습니다.
- 슬라이드에 제시된 글자 및 숫자 오탈자는 별도 감점 처리됩니다.
- "도형 서식"과 "셰이프 형식"은 동일한 기능이며, 버전에 따라 표현이 다릅니다.

슬라이드1 아래의 작성조건 및 출력형태에 알맞게 첫 번째 슬라이드에 작업하시오. (30점)

《출력형태》

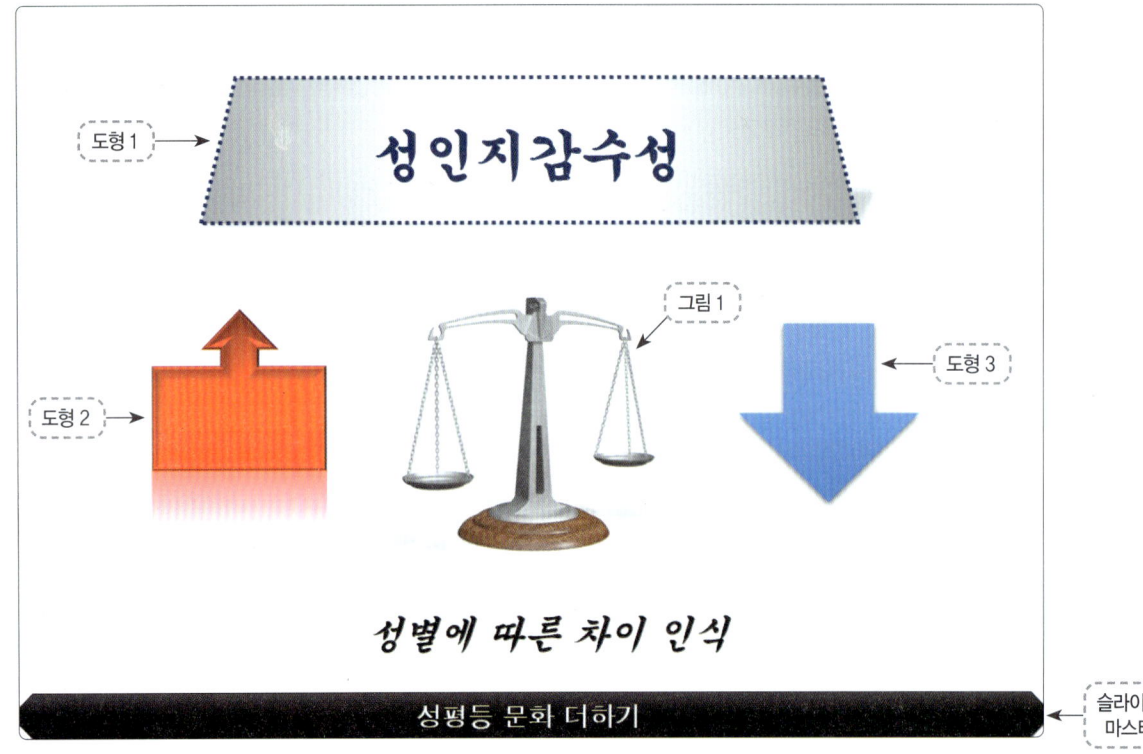

《작성조건》

▶ 도형 1 ⇒ 기본 도형 – '사다리꼴', 도형 채우기(그라데이션 : 미리 설정 – '위쪽 스포트라이트 강조 3', 종류 – 방사형, 방향 – '가운데에서'), 도형 윤곽선(실선, 색 : 진한 파랑, 너비 : 3pt, 겹선 종류 : 단순형, 대시 종류 : 둥근 점선), 도형 효과(그림자 – 원근감 – '원근감: 오른쪽 위'), 글꼴(궁서, 40pt, 굵게, 진한 파랑)
▶ 도형 2 ⇒ 블록 화살표 – '설명선: 위쪽 화살표', 도형 채우기(빨강, 그라데이션 – '선형 아래쪽'), 선 없음, 도형 효과(반사 – '근접 반사: 터치', 입체 효과 – '부드럽게 둥글리기')
▶ 도형 3 ⇒ 블록 화살표 – '화살표: 아래쪽', 도형 스타일('강한 효과 – 파랑, 강조 5')
▶ 그림 삽입 ⇒ 그림 1 삽입, 크기(높이 : 8cm, 너비 : 8cm)
▶ 텍스트 상자(성별에 따른 차이 인식) ⇒ 글꼴(궁서, 28pt, 굵게, 기울임꼴)
▶ 애니메이션 지정 ⇒ 도형 1 : 나타내기 – 실선 무늬
▶ 지시사항이 없는 부분은 《출력형태》와 동일하게 작성하시오.

슬라이드2 아래의 작성조건 및 출력형태에 알맞게 두 번째 슬라이드에 작업하시오. (50점)

《출력형태》

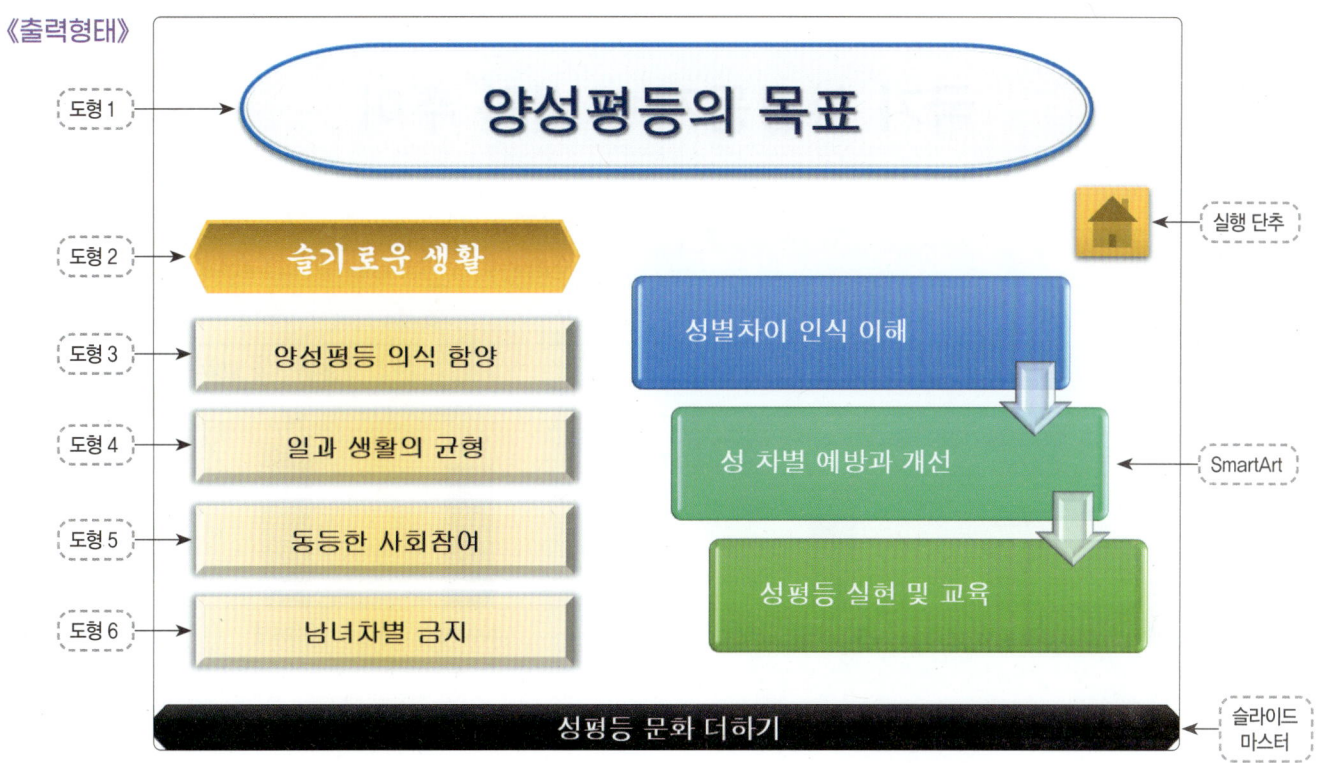

《작성조건》

(1) **제목**
- 도형 1 ⇒ 순서도 – '순서도: 수행의 시작/종료', 도형 채우기('회색, 강조 3, 80% 더 밝게'),
  도형 윤곽선(실선, 색 : 파랑, 너비 : 3pt, 겹선 종류 : 단순형),
  도형 효과(그림자 – 바깥쪽 – '오프셋: 아래쪽', 입체 효과 – '십자형으로'),
  글꼴(돋움, 40pt, 굵게, 텍스트 그림자, 진한 파랑)

(2) **본문**
- 도형 2 ⇒ 기본 도형 – '육각형', 도형 채우기(주황, 그라데이션 – '선형 아래쪽'),
  도형 윤곽선(실선, 색 : 주황, 너비 : 3pt, 겹선 종류 : 단순형), 글꼴(궁서, 24pt, 굵게)
- 도형 3~6 ⇒ 기본 도형 – '사각형: 빗면', 도형 채우기('황금색, 강조 4', 그라데이션 – '가운데에서'), 선 없음,
  도형 효과(그림자 – 바깥쪽 – '오프셋: 가운데'), 글꼴(굴림, 20pt, 굵게, '검정, 텍스트 1')
- 실행 단추 ⇒ 실행 단추 – '실행 단추: 홈으로 이동', 하이퍼링크 : 첫째 슬라이드,
  도형 스타일('강한 효과 – 황금색, 강조 4')
- SmartArt 삽입 ⇒ 프로세스형 – '지그재그 프로세스형', 글꼴(돋움, 20pt, 굵게, 가운데 맞춤),
  SmartArt 스타일(색 변경 – 색상형 – '색상형 범위 – 강조색 5 또는 6', 3차원 – '경사'),
  (반드시 SmartArt 기능을 이용하여 작성할 것)
- 애니메이션 지정 ⇒ SmartArt : 나타내기 – 도형
- 지시사항이 없는 부분은《출력형태》와 동일하게 작성하시오.

슬라이드3 아래의 작성조건 및 출력형태에 알맞게 세 번째 슬라이드에 작업하시오. (60점)

《출력형태》

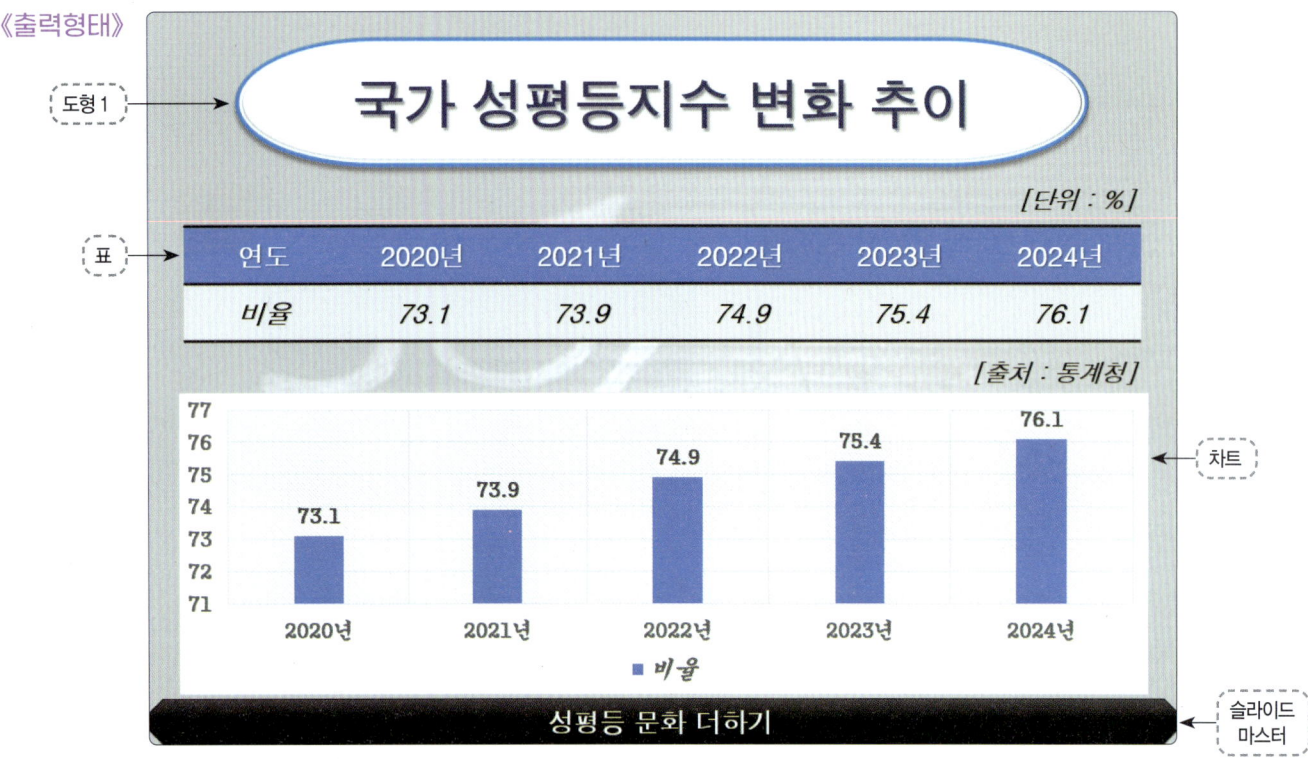

《작성조건》

(1) **제목**
- 도형 1 ⇒ 순서도 – '순서도: 수행의 시작/종료', 도형 채우기('회색, 강조 3, 80% 더 밝게'),
  도형 윤곽선(실선, 색 : 파랑, 너비 : 3pt, 겹선 종류 : 단순형),
  도형 효과(그림자 – 바깥쪽 – '오프셋: 아래쪽', 입체 효과 – '십자형으로'),
  글꼴(돋움, 40pt, 굵게, 텍스트 그림자, 진한 파랑)

(2) **본문** (※ 차트 작성은 반드시 '차트 삽입 → 데이터 입력 → 차트 스타일' 순으로 작성 바랍니다.)
- 텍스트 상자 1([단위 : %]) ⇒ 글꼴(돋움, 18pt, 굵게, 기울임꼴)
- 표 ⇒ 표 스타일(중간 – '보통 스타일 3 – 강조 1'),
  가장 위의 행 : 글꼴(돋움, 20pt, 굵게, 텍스트 그림자, 가운데 맞춤),
  나머지 행 : 글꼴(돋움, 20pt, 굵게, 기울임꼴, 가운데 맞춤)
- 텍스트 상자 2([출처 : 통계청]) ⇒ 글꼴(돋움, 18pt, 굵게, 기울임꼴)
- 차트 ⇒ 세로 막대형 – '묶은 세로 막대형', 차트 스타일(색 변경 – 단색형 – '단색 색상표 1', 스타일 8),
  축 서식/데이터 레이블 서식 : 글꼴(궁서, 16pt, 굵게),
  범례 서식 : 글꼴(궁서, 18pt, 굵게, 기울임꼴), 데이터는 표 참고
- 배경 ⇒ 배경 서식(채우기 – 그림 또는 질감 채우기)에서 그림 2 삽입(현재 슬라이드만 적용)
- 애니메이션 지정 ⇒ 차트 : 나타내기 – 올라오기
- 지시사항이 없는 부분은 《출력형태》와 동일하게 작성하시오.

슬라이드4 — 아래의 작성조건 및 출력형태에 알맞게 네 번째 슬라이드에 작업하시오. (60점)

《출력형태》

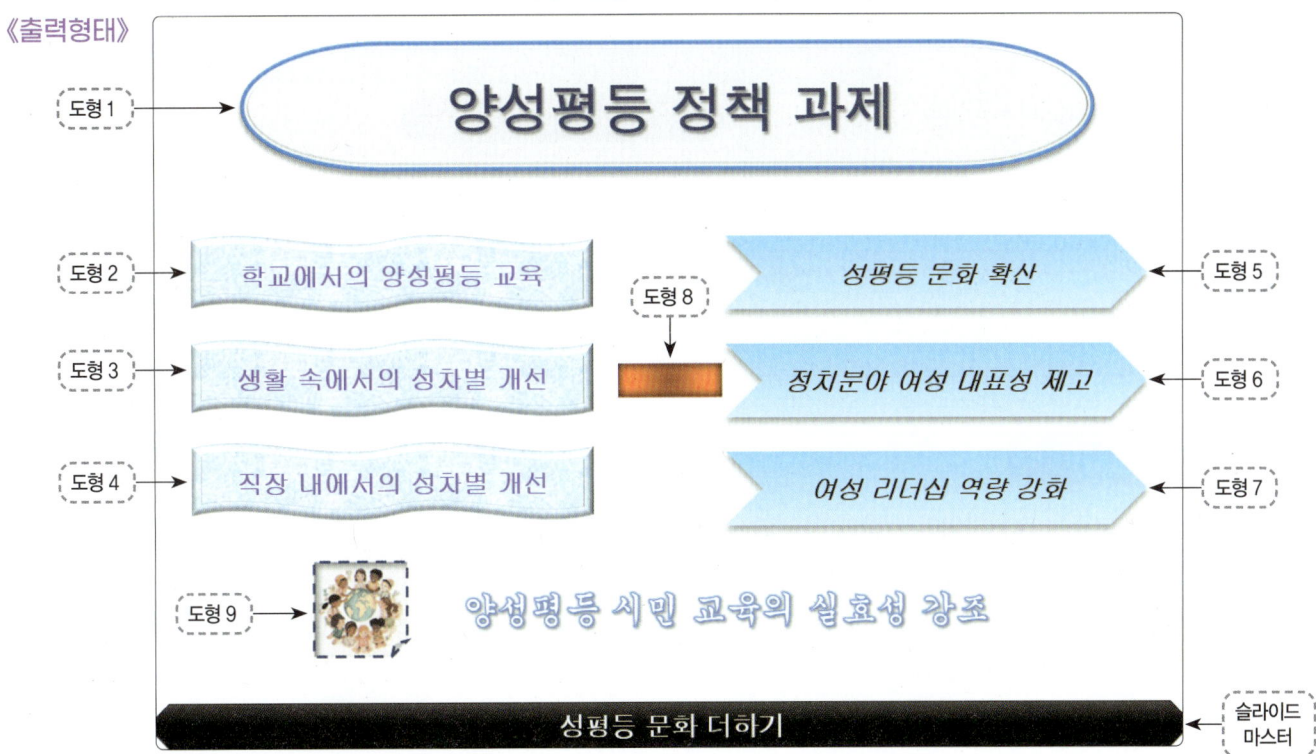

《작성조건》

(1) 제목
- ▶ 도형 1 ⇒ 순서도 – '순서도: 수행의 시작/종료', 도형 채우기('회색, 강조 3, 80% 더 밝게'),
  도형 윤곽선(실선, 색 : 파랑, 너비 : 3pt, 겹선 종류 : 단순형),
  도형 효과(그림자 – 바깥쪽 – '오프셋: 아래쪽', 입체 효과 – '십자형으로'),
  글꼴(돋움, 40pt, 굵게, 텍스트 그림자, 진한 파랑)

(2) 본문
- ▶ 도형 2~4 ⇒ 별 및 현수막 – '이중 물결', 도형 채우기(질감 : 파랑 박엽지), 선 없음,
  도형 효과(입체 효과 – '리블렛'), 글꼴(굴림, 20pt, 굵게, 자주)
- ▶ 도형 5~7 ⇒ 블록 화살표 – '화살표: 갈매기형 수장', 도형 채우기(연한 파랑, 그라데이션 – '선형 아래쪽'),
  선 없음, 도형 효과(그림자 – 바깥쪽 – '오프셋: 아래쪽'), 글꼴(굴림, 20pt, 굵게, 기울임꼴)
- ▶ 도형 8 ⇒ 수식 도형 – '빼기 기호', 도형 채우기(빨강, 그라데이션 – '가운데에서'), 선 없음,
  도형 효과(그림자 – 안쪽 – '안쪽: 가운데')
- ▶ 도형 9 ⇒ 기본 도형 – '사각형: 모서리가 접힌 도형', 도형 채우기(그림 또는 질감 채우기) 기능을 사용하여
  그림 3 삽입, 도형 윤곽선(실선, 색 : 진한 파랑, 너비 : 2pt, 겹선 종류 : 단순형, 대시 종류 : 파선),
  도형 효과(그림자 – 안쪽 – '안쪽: 왼쪽 위')
- ▶ WordArt 삽입(양성평등 시민 교육의 실효성 강조)
  ⇒ WordArt 스타일('채우기: 흰색, 윤곽선: 파랑, 강조색 1, 네온: 파랑, 강조색 1'),
  글꼴(궁서, 26pt, 굵게, 텍스트 그림자)
- ▶ 지시사항이 없는 부분은 《출력형태》와 동일하게 작성하시오.

제 **07** 회	디지털정보활용능력 최신유형 기출문제	작성 시간 / 시험 시간	채점 결과
		분 / 40분	점 / 200점

☑ 시험과목 : 프리젠테이션(파워포인트)
☑ 시험일자 : 20XX. XX. XX. (X)
☑ 응시자 기재사항 및 감독 위원 확인

MS Office 2021 버전용

수검번호	DIP – XXXX –	감독위원 확인
성 명		

· 응시자 유의사항 ·

1. 응시자는 신분증을 지참하여야 시험에 응시할 수 있으며, 시험이 종료될 때까지 신분증을 제시하지 못 할 경우 해당 시험은 0점 처리됩니다.
2. 시스템(PC 작동 여부, 네트워크 상태 등)의 이상 여부를 반드시 확인하여야 하며, 시스템 이상이 있을 시 감독 위원에게 조치를 받으셔야 합니다.
3. 시험 중 부주의 또는 고의로 시스템을 파손한 경우는 응시자 부담으로 합니다.
4. 답안 전송 프로그램을 통해 다운로드 받은 파일을 이용하여 답안 파일을 작성하시기 바랍니다.
5. 작성한 답안 파일은 답안 전송 프로그램을 통하여 전송됩니다. 감독 위원의 지시에 따라 주시기 바랍니다.
6. 다음 사항의 경우 실격(0점) 혹은 부정행위 처리됩니다.
    1) 답안 파일을 저장하지 않았거나, 저장한 파일이 손상되었을 경우
    2) 답안 파일을 지정된 폴더(바탕화면 – "KAIT" 폴더)에 저장하지 않았을 경우
        ※ 답안 전송 프로그램 로그인 시 바탕화면에 자동 생성됨
    3) 답안 파일을 다른 보조기억장치(USB) 혹은 네트워크(메신저, 게시판 등)로 전송할 경우
    4) 휴대용 전화기 등 통신기기를 사용할 경우
7. 슬라이드는 반드시 순서대로 작성해야 하며, 순서가 다를 경우 "0"점 처리됩니다.
8. 시험지에 제시된 글꼴이 응시 프로그램에 없는 경우, 반드시 감독 위원에게 해당 내용을 통보한 뒤 조치를 받아야 합니다.
9. 슬라이드 작성 시 도형의 그룹 설정을 사용하는 경우, 채점에서 감점 처리됩니다.
10. 시험의 완료는 작성이 완료된 답안을 저장하고, 답안 전송이 완료된 상태를 확인한 것으로 합니다. 답안 전송 확인 후 문제지는 감독 위원에게 제출한 후 퇴실하여야 합니다.
11. 답안 전송을 완료한 경우는 수정 또는 정정이 불가합니다.
12. 시험 시행 후 합격자 발표는 홈페이지(www.ihd.or.kr)에서 확인하시기 바랍니다.
    1) 문제 및 정답 공개 : 20XX. XX. XX.(X)
    2) 합격자 발표 : 20XX. XX. XX.(X)

유의사항

- 《작성조건》을 준수하여 반드시 프리젠테이션 슬라이드로 작업합니다.
- 글꼴 및 기타 사항에 대해 별도의 지시사항이 없는 경우, 슬라이드 크기와 전체적인 균형을 고려하여 임의로 작성하되, 도형은 그룹으로 설정하지 않습니다.
- 모든 슬라이드 크기(A4), 방향(가로), 디자인 테마(Office 테마)로 지정합니다.
  ▶ 슬라이드 크기, 방향 조정 시 '맞춤 확인'으로 지정하여야 합니다.
- 공통적용사항(슬라이드 마스터)
  ▶ 도형 ⇒ 블록 화살표 – '화살표: 갈매기형 수장', 도형 스타일('미세 효과 – 녹색, 강조 6'), 글꼴(돋움체, 18pt, 굵게)
- 그림 삽입 시 다운로드 한 그림 파일을 반드시 사용하여야 합니다.
- ⬜⟶ 은 지시사항이므로 작성하지 않습니다.
- 슬라이드에 제시된 글자 및 숫자 오탈자는 별도 감점 처리됩니다.
- "도형 서식" 과 "셰이프 형식"은 동일한 기능이며, 버전에 따라 표현이 다릅니다.

슬라이드1 ▶ 아래의 작성조건 및 출력형태에 알맞게 첫 번째 슬라이드에 작업하시오. 〔30점〕

《출력형태》

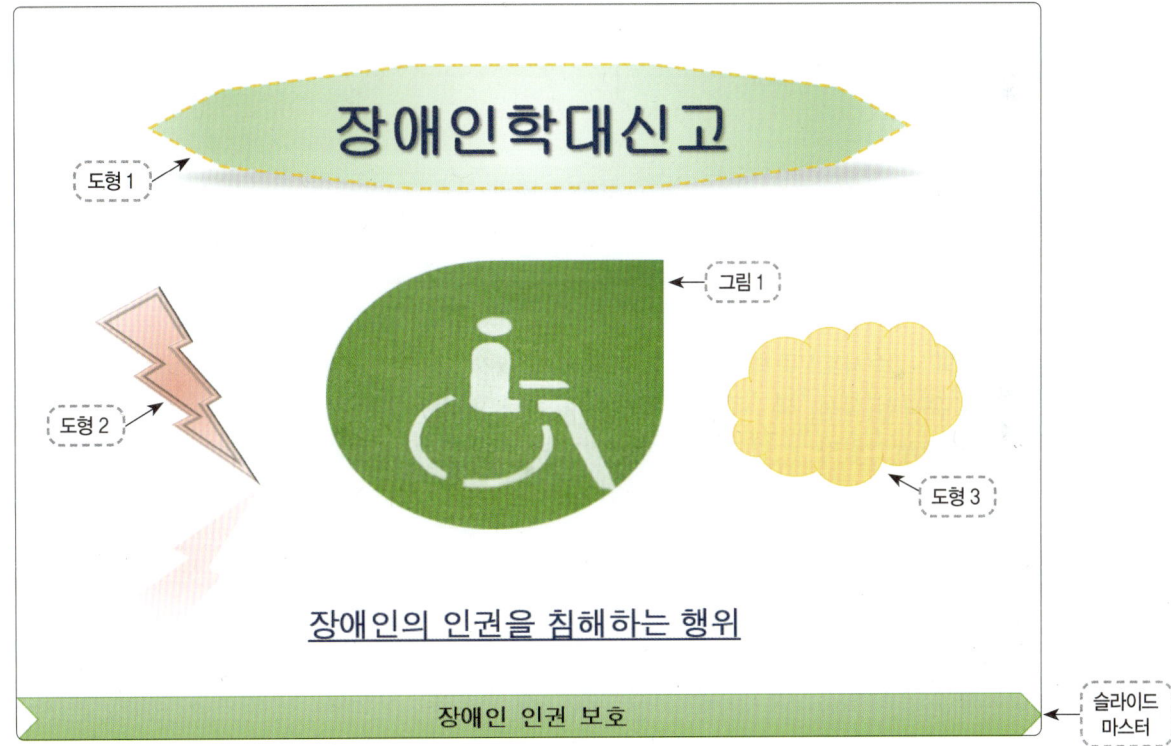

《작성조건》

▶ 도형 1 ⇒ 기본 도형 – '십각형', 도형 채우기(그라데이션 : 미리 설정 – '밝은 그라데이션 – 강조 6', 종류 – 방사형, 방향 – '가운데에서'), 도형 윤곽선(실선, 색 : 주황, 너비 : 2pt, 겹선 종류 : 단순형, 대시 종류 : 파선), 도형 효과(그림자 – 원근감 – '원근감: 오른쪽 위'), 글꼴(굴림, 44pt, 굵게, 텍스트 그림자, 진한 파랑)

▶ 도형 2 ⇒ 기본 도형 – '번개', 도형 채우기(진한 빨강, 그라데이션 – '가운데에서'), 선 없음, 도형 효과(반사 – '전체 반사: 터치', 입체 효과 – '절단')

▶ 도형 3 ⇒ 기본 도형 – '구름', 도형 스타일('미세 효과 – 황금색, 강조 4')

▶ 그림 삽입 ⇒ 그림 1 삽입, 크기(높이 : 7cm, 너비 : 9cm)

▶ 텍스트 상자(장애인의 인권을 침해하는 행위) ⇒ 글꼴(돋움, 24pt, 굵게, 밑줄, 진한 파랑)

▶ 애니메이션 지정 ⇒ 도형 1 : 나타내기 – 나누기

▶ 지시사항이 없는 부분은 《출력형태》와 동일하게 작성하시오.

슬라이드2 — 아래의 작성조건 및 출력형태에 알맞게 두 번째 슬라이드에 작업하시오. (50점)

《출력형태》

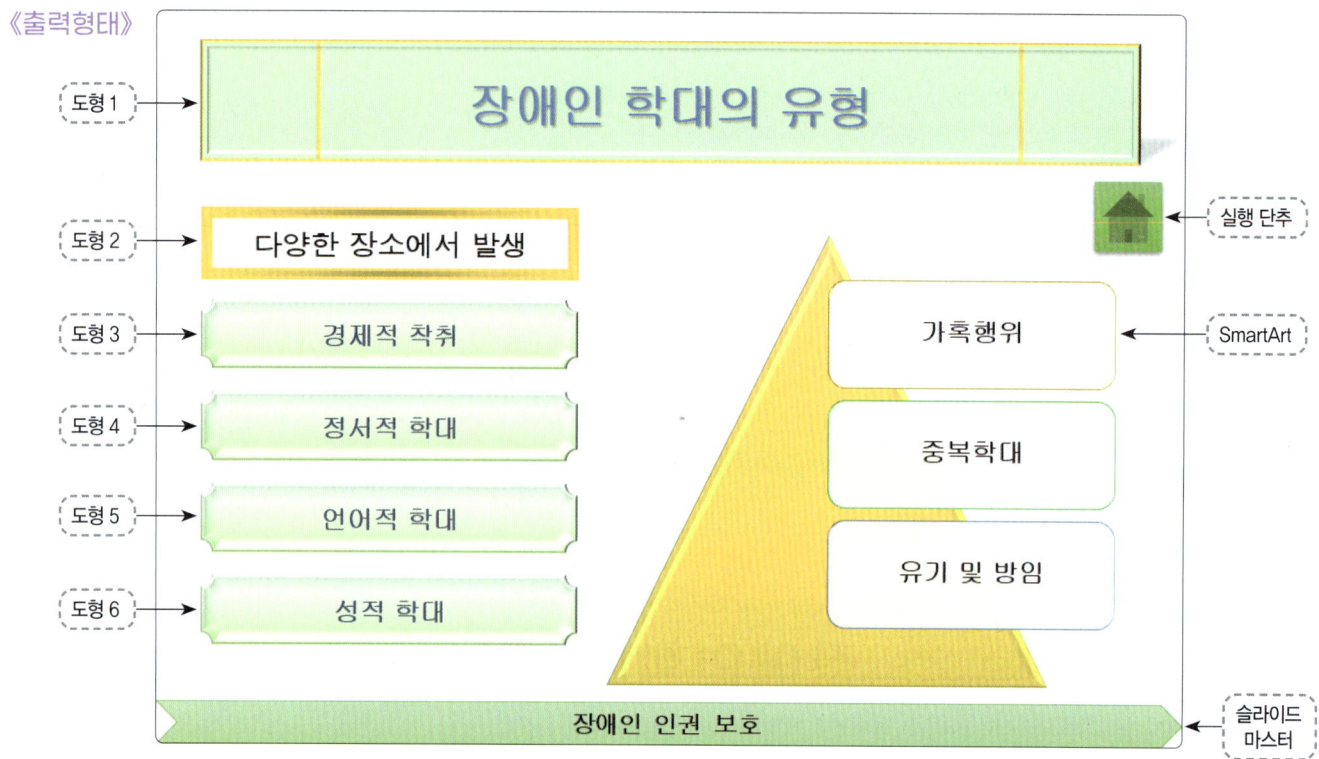

《작성조건》

(1) **제목**
- 도형 1 ⇒ 순서도 – '순서도: 종속 처리', 도형 채우기('녹색, 강조 6, 60% 더 밝게'),
  도형 윤곽선(실선, 색 : 주황, 너비 : 3pt, 겹선 종류 : 단순형),
  도형 효과(그림자 – 원근감 – '원근감: 오른쪽 위', 입체 효과 – '딱딱한 가장자리'),
  글꼴(굴림, 36pt, 굵게, 텍스트 그림자, 파랑)

(2) **본문**
- 도형 2 ⇒ 기본 도형 – '액자', 도형 채우기(주황, 그라데이션 – '가운데에서'),
  도형 윤곽선(실선, 색 : 주황, 너비 : 2pt, 겹선 종류 : 단순형), 글꼴(돋움, 22pt, 굵게)
- 도형 3~6 ⇒ 기본 도형 – '배지', 도형 채우기(연한 녹색, 그라데이션 – '선형 위쪽'), 선 없음,
  도형 효과(입체 효과 – '부드럽게 둥글리기'), 글꼴(굴림, 20pt, 굵게, 진한 파랑)
- 실행 단추 ⇒ 실행 단추 – '실행 단추: 홈으로 이동', 하이퍼링크 : 첫째 슬라이드,
  도형 스타일('강한 효과 – 녹색, 강조 6')
- SmartArt 삽입 ⇒ 목록형 – '피라미드 목록형', 글꼴(굴림, 20pt, 굵게, 가운데 맞춤),
  SmartArt 스타일(색 변경 – 색상형 – '색상형 범위 – 강조색 4 또는 5', 3차원 – '경사'),
  (반드시 SmartArt 기능을 이용하여 작성할 것)
- 애니메이션 지정 ⇒ SmartArt : 나타내기 – 실선 무늬
- 지시사항이 없는 부분은《출력형태》와 동일하게 작성하시오.

슬라이드3 — 아래의 작성조건 및 출력형태에 알맞게 세 번째 슬라이드에 작업하시오. (60점)

《출력형태》

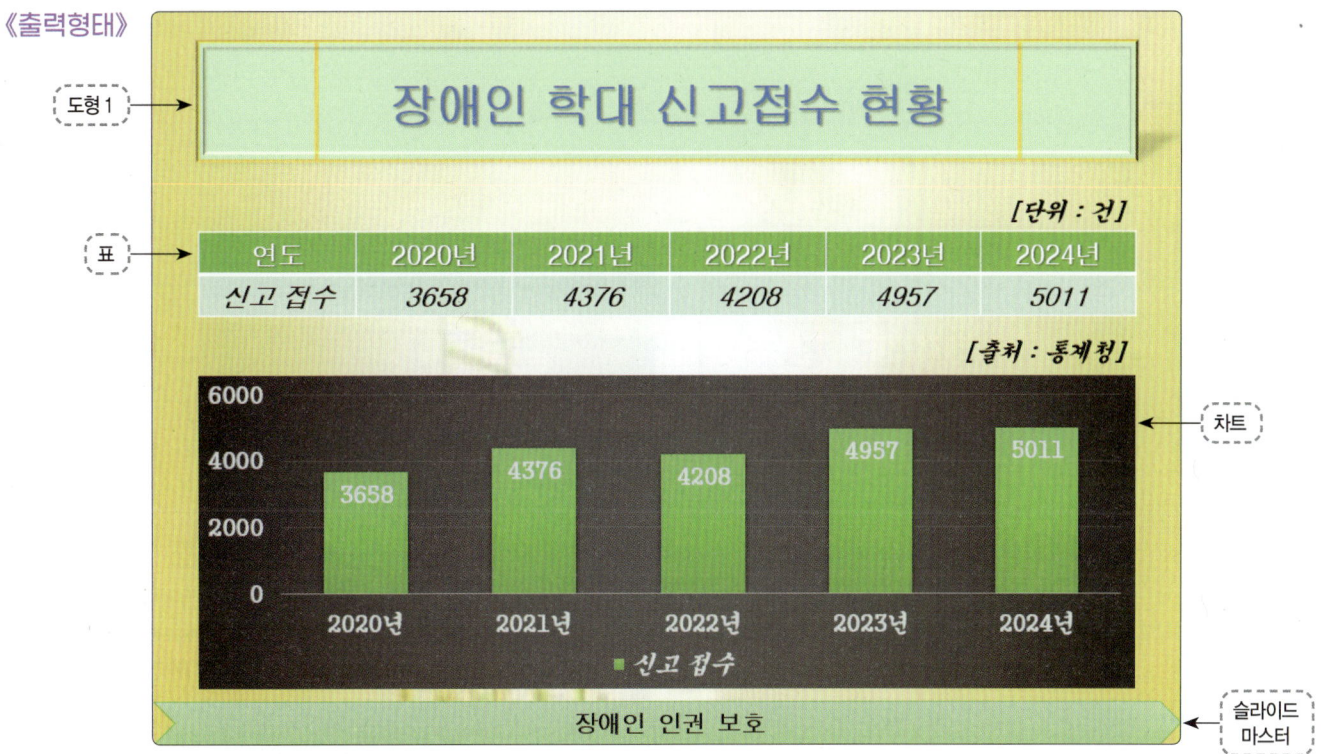

《작성조건》

(1) **제목**
- 도형 1 ⇒ 순서도 – '순서도: 종속 처리', 도형 채우기('녹색, 강조 6, 60% 더 밝게'),
  도형 윤곽선(실선, 색 : 주황, 너비 : 3pt, 겹선 종류 : 단순형),
  도형 효과(그림자 – 원근감 – '원근감: 오른쪽 위', 입체 효과 – '딱딱한 가장자리'),
  글꼴(굴림, 36pt, 굵게, 텍스트 그림자, 파랑)

(2) **본문** (※ 차트 작성은 반드시 '차트 삽입 → 데이터 입력 → 차트 스타일' 순으로 작성 바랍니다.)
- 텍스트 상자 1([단위 : 건]) ⇒ 글꼴(궁서, 18pt, 굵게, 기울임꼴)
- 표 ⇒ 표 스타일(중간 – '보통 스타일 2 – 강조 6'),
  가장 위의 행 : 글꼴(돋움, 20pt, 굵게, 텍스트 그림자, 가운데 맞춤),
  나머지 행 : 글꼴(돋움, 20pt, 굵게, 기울임꼴, 가운데 맞춤)
- 텍스트 상자 2([출처 : 통계청]) ⇒ 글꼴(궁서, 18pt, 굵게, 기울임꼴)
- 차트 ⇒ 세로 막대형 – '묶은 세로 막대형', 차트 스타일(색 변경 – 색상형 – '다양한 색상표 4', 스타일 9),
  축 서식/데이터 레이블 서식 : 글꼴(궁서, 18pt, 굵게),
  범례 서식 : 글꼴(궁서, 18pt, 굵게, 기울임꼴), 데이터는 표 참고
- 배경 ⇒ 배경 서식(채우기 – 그림 또는 질감 채우기)에서 그림 2 삽입(현재 슬라이드만 적용)
- 애니메이션 지정 ⇒ 차트 : 나타내기 – 나누기
- 지시사항이 없는 부분은 《출력형태》와 동일하게 작성하시오.

슬라이드4 아래의 작성조건 및 출력형태에 알맞게 네 번째 슬라이드에 작업하시오. 〔60점〕

《출력형태》

《작성조건》

(1) **제목**
- 도형 1 ⇒ 순서도 – '순서도: 종속 처리', 도형 채우기('녹색, 강조 6, 60% 더 밝게'),
  도형 윤곽선(실선, 색 : 주황, 너비 : 3pt, 겹선 종류 : 단순형),
  도형 효과(그림자 – 원근감 – '원근감: 오른쪽 위', 입체 효과 – '딱딱한 가장자리'),
  글꼴(굴림, 36pt, 굵게, 텍스트 그림자, 파랑)

(2) **본문**
- 도형 2~4 ⇒ 기본 도형 – '사각형: 모서리가 접힌 도형', 도형 채우기(질감 : 양피지), 선 없음,
  도형 효과(그림자 – 안쪽 – '안쪽: 가운데'), 글꼴(굴림체, 22pt, 굵게, 텍스트 그림자, 자주)
- 도형 5~7 ⇒ 순서도 – '순서도: 수동 입력', 도형 채우기(연한 파랑, 그라데이션 – '왼쪽 위 모서리에서'),
  선 없음, 도형 효과(그림자 – 바깥쪽 – '오프셋: 오른쪽 아래'), 글꼴(굴림체, 22pt, 굵게)
- 도형 8 ⇒ 기본 도형 – '원형: 비어 있음', 도형 채우기(주황, 그라데이션 – '선형 오른쪽'), 선 없음,
  도형 효과(입체 효과 – '딱딱한 가장자리')
- 도형 9 ⇒ 기본 도형 – '팔각형', 도형 채우기(그림 또는 질감 채우기) 기능을 사용하여 그림 3 삽입,
  도형 윤곽선(실선, 색 : 파랑, 너비 : 3pt, 겹선 종류 : 단순형, 대시 종류 : 둥근 점선),
  도형 효과(그림자 – 원근감 – '원근감: 오른쪽 위')
- WordArt 삽입(신고의무 불이행시 과태료 부과)
  ⇒ WordArt 스타일('채우기: 황금색, 강조색 4, 부드러운 입체'), 글꼴(궁서체, 28pt, 굵게, 밑줄)
- 지시사항이 없는 부분은《출력형태》와 동일하게 작성하시오.

제 08 회 디지털정보활용능력 최신유형 기출문제

작성 시간 / 시험 시간	채점 결과
분 / 40분	점 / 200점

☑ 시험과목 : 프리젠테이션(파워포인트)
☑ 시험일자 : 20XX. XX. XX. (X)
☑ 응시자 기재사항 및 감독 위원 확인

MS Office 2021 버전용

수검번호	DIP – XXXX –	감독위원 확인
성 명		

· 응시자 유의사항 ·

1. 응시자는 신분증을 지참하여야 시험에 응시할 수 있으며, 시험이 종료될 때까지 신분증을 제시하지 못 할 경우 해당 시험은 0점 처리됩니다.
2. 시스템(PC 작동 여부, 네트워크 상태 등)의 이상 여부를 반드시 확인하여야 하며, 시스템 이상이 있을 시 감독 위원에게 조치를 받으셔야 합니다.
3. 시험 중 부주의 또는 고의로 시스템을 파손한 경우는 응시자 부담으로 합니다.
4. 답안 전송 프로그램을 통해 다운로드 받은 파일을 이용하여 답안 파일을 작성하시기 바랍니다.
5. 작성한 답안 파일은 답안 전송 프로그램을 통하여 전송됩니다. 감독 위원의 지시에 따라 주시기 바랍니다.
6. 다음 사항의 경우 실격(0점) 혹은 부정행위 처리됩니다.
    1) 답안 파일을 저장하지 않았거나, 저장한 파일이 손상되었을 경우
    2) 답안 파일을 지정된 폴더(바탕화면 – "KAIT" 폴더)에 저장하지 않았을 경우
       ※ 답안 전송 프로그램 로그인 시 바탕화면에 자동 생성됨
    3) 답안 파일을 다른 보조기억장치(USB) 혹은 네트워크(메신저, 게시판 등)로 전송할 경우
    4) 휴대용 전화기 등 통신기기를 사용할 경우
7. 슬라이드는 반드시 순서대로 작성해야 하며, 순서가 다를 경우 "0"점 처리됩니다.
8. 시험지에 제시된 글꼴이 응시 프로그램에 없는 경우, 반드시 감독 위원에게 해당 내용을 통보한 뒤 조치를 받아야 합니다.
9. 슬라이드 작성 시 도형의 그룹 설정을 사용하는 경우, 채점에서 감점 처리됩니다.
10. 시험의 완료는 작성이 완료된 답안을 저장하고, 답안 전송이 완료된 상태를 확인한 것으로 합니다. 답안 전송 확인 후 문제지는 감독 위원에게 제출한 후 퇴실하여야 합니다.
11. 답안 전송을 완료한 경우는 수정 또는 정정이 불가합니다.
12. 시험 시행 후 합격자 발표는 홈페이지(www.ihd.or.kr)에서 확인하시기 바랍니다.
    1) 문제 및 정답 공개 : 20XX. XX. XX.(X)
    2) 합격자 발표 : 20XX. XX. XX.(X)

유의사항

- 《작성조건》을 준수하여 반드시 프리젠테이션 슬라이드로 작업합니다.
- 글꼴 및 기타 사항에 대해 별도의 지시사항이 없는 경우, 슬라이드 크기와 전체적인 균형을 고려하여 임의로 작성하되, 도형은 그룹으로 설정하지 않습니다.
- 모든 슬라이드 크기(A4), 방향(가로), 디자인 테마(Office 테마)로 지정합니다.
  ▶ 슬라이드 크기, 방향 조정 시 '맞춤 확인'으로 지정하여야 합니다.
- 공통적용사항(슬라이드 마스터)
  ▶ 도형 ⇒ 기본 도형 - '십자형', 도형 스타일('미세 효과 - 주황, 강조 2'), 글꼴(궁서, 20pt, 굵게, 텍스트 그림자, 진한 파랑)
- 그림 삽입 시 다운로드 한 그림 파일을 반드시 사용하여야 합니다.
- ⬚⟶ 은 지시사항이므로 작성하지 않습니다.
- 슬라이드에 제시된 글자 및 숫자 오탈자는 별도 감점 처리됩니다.
- "도형 서식" 과 "셰이프 형식"은 동일한 기능이며, 버전에 따라 표현이 다릅니다.

슬라이드1 — 아래의 작성조건 및 출력형태에 알맞게 첫 번째 슬라이드에 작업하시오. 〔30점〕

《출력형태》

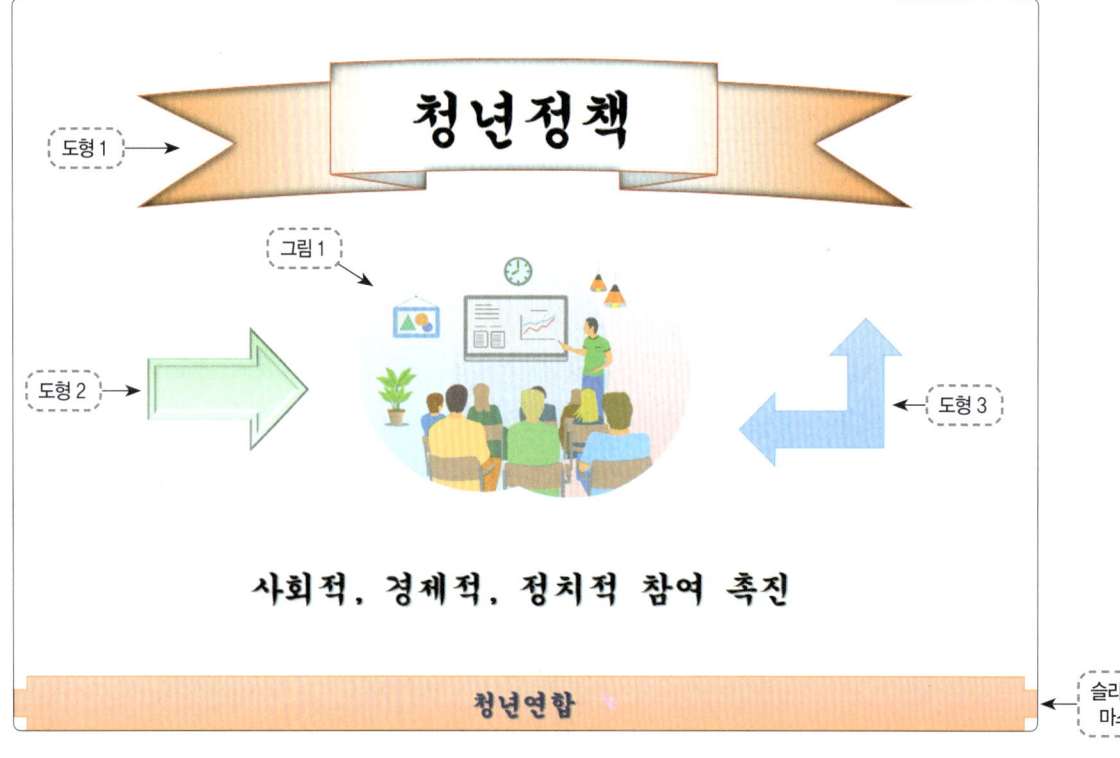

《작성조건》

▶ 도형 1 ⇒ 별 및 현수막 - '리본: 위로 구부러지고 기울어짐', 도형 채우기(그라데이션 : 미리 설정 - '위쪽 스포트라이트 강조 2', 종류 - 방사형, 방향 - '가운데에서'), 도형 윤곽선(실선, 색 : 진한 빨강, 너비 : 1pt, 겹선 종류 : 단순형), 도형 효과(그림자 - 안쪽 - '안쪽: 가운데'), 글꼴(궁서, 44pt, 굵게, '검정, 텍스트 1')

▶ 도형 2 ⇒ 블록 화살표 - '화살표: 오른쪽', 도형 채우기(녹색, 그라데이션 - '선형 아래쪽'), 선 없음, 도형 효과(반사 - '근접 반사: 터치', 입체 효과 - '딱딱한 가장자리')

▶ 도형 3 ⇒ 블록 화살표 - '화살표: 왼쪽/위쪽', 도형 스타일('미세 효과 - 파랑, 강조 5')

▶ 그림 삽입 ⇒ 그림 1 삽입, 크기(높이 : 7cm, 너비 : 9cm)

▶ 텍스트 상자(사회적, 경제적, 정치적 참여 촉진) ⇒ 글꼴(궁서체, 26pt, 굵게, 텍스트 그림자)

▶ 애니메이션 지정 ⇒ 도형 1 : 나타내기 - 확대/축소

▶ 지시사항이 없는 부분은 《출력형태》와 동일하게 작성하시오.

슬라이드2 — 아래의 작성조건 및 출력형태에 알맞게 두 번째 슬라이드에 작업하시오. (50점)

《출력형태》

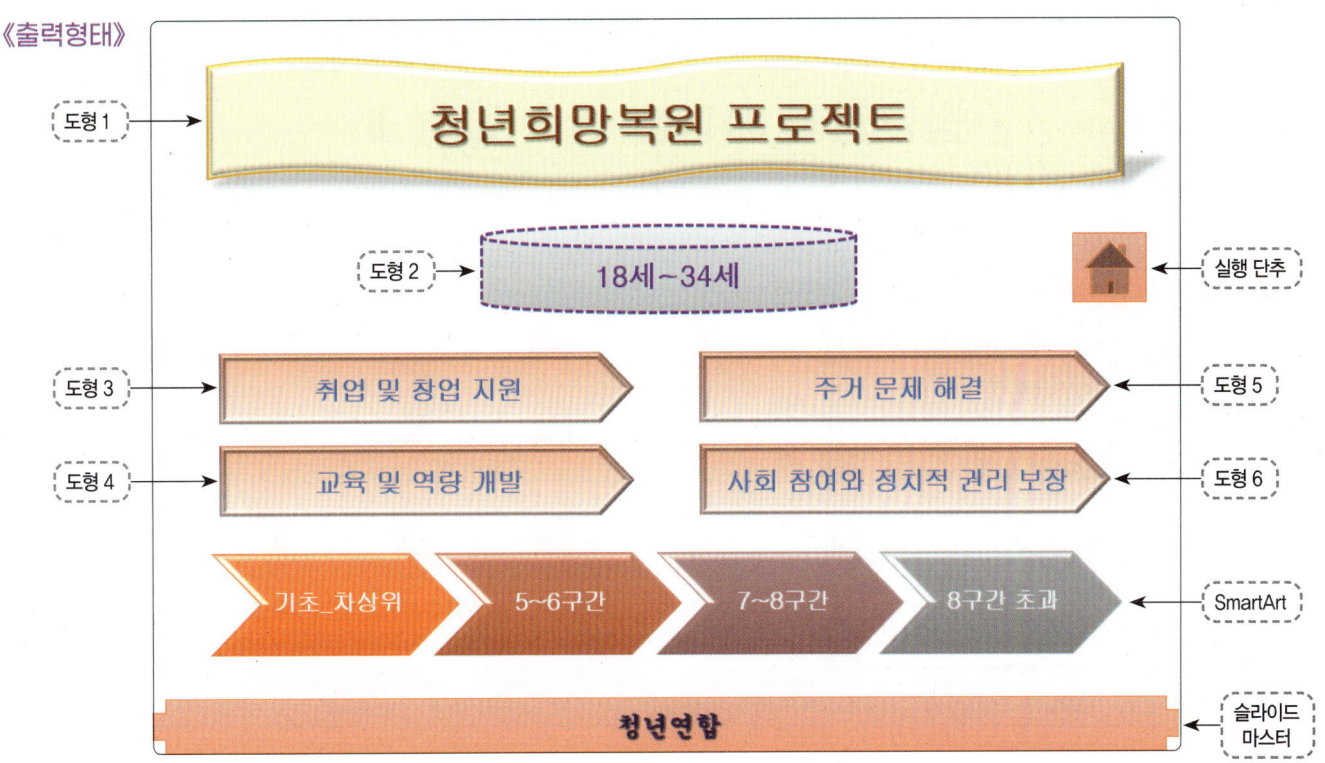

《작성조건》

(1) **제목**
- 도형 1 ⇒ 별 및 현수막 – '이중 물결', 도형 채우기('황금색, 강조 4, 80% 더 밝게'),
  도형 윤곽선(실선, 색 : 주황, 너비 : 2pt, 겹선 종류 : 단순형),
  도형 효과(그림자 – 원근감 – '원근감: 오른쪽 위', 입체 효과 – '둥글게 볼록'),
  글꼴(굴림, 36pt, 굵게, 텍스트 그림자, '주황, 강조 2, 50% 더 어둡게')

(2) **본문**
- 도형 2 ⇒ 기본 도형 – '원통형', 도형 채우기('회색, 강조 3', 그라데이션 – '선형 위쪽'),
  도형 윤곽선(실선, 색 : 자주, 너비 : 2pt, 겹선 종류 : 단순형, 대시 종류 : 사각 점선),
  글꼴(돋움, 22pt, 굵게, 자주)
- 도형 3~6 ⇒ 블록 화살표 – '화살표: 오각형', 도형 채우기('주황, 강조 2', 그라데이션 – '선형 아래쪽'),
  선 없음, 도형 효과(입체 효과 – '낮은 수준의 경사'), 글꼴(굴림, 20pt, 굵게, 파랑)
- 실행 단추 ⇒ 실행 단추 – '실행 단추: 홈으로 이동', 하이퍼링크 : 첫째 슬라이드,
  도형 스타일('미세 효과 – 주황, 강조 2')
- SmartArt 삽입 ⇒ 프로세스형 – '기본 갈매기형 수장 프로세스형', 글꼴(굴림, 18pt, 굵게, 가운데 맞춤),
  SmartArt 스타일(색 변경 – 색상형 – '색상형 범위 – 강조색 2 또는 3', 3차원 – '광택 처리'),
  (반드시 SmartArt 기능을 이용하여 작성할 것)
- 애니메이션 지정 ⇒ SmartArt : 나타내기 – 실선 무늬
- 지시사항이 없는 부분은 《출력형태》와 동일하게 작성하시오.

슬라이드3 아래의 작성조건 및 출력형태에 알맞게 세 번째 슬라이드에 작업하시오. (60점)

《출력형태》

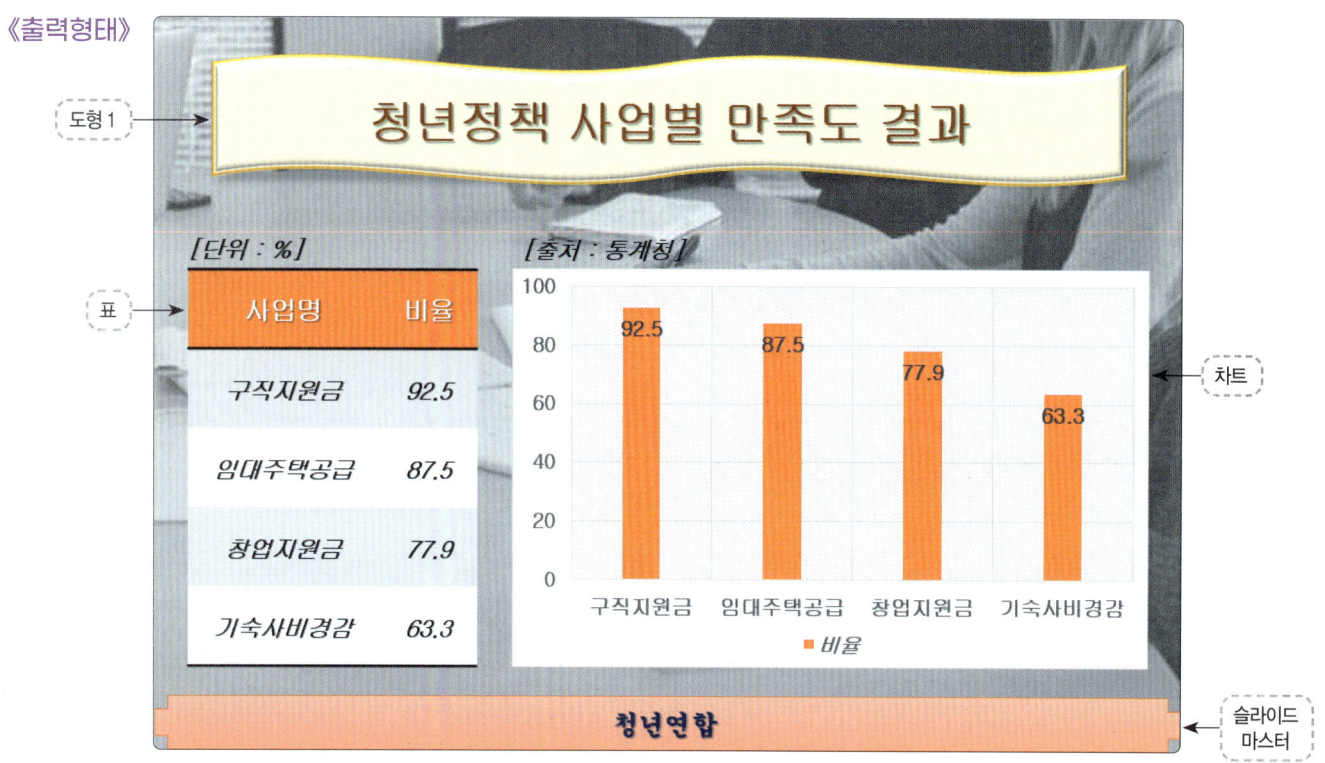

《작성조건》

(1) **제목**
- 도형 1 ⇒ 별 및 현수막 – '이중 물결', 도형 채우기('황금색, 강조 4, 80% 더 밝게'), 도형 윤곽선(실선, 색 : 주황, 너비 : 2pt, 겹선 종류 : 단순형), 도형 효과(그림자 – 원근감 – '원근감: 오른쪽 위', 입체 효과 – '둥글게 볼록'), 글꼴(굴림, 36pt, 굵게, 텍스트 그림자, '주황, 강조 2, 50% 더 어둡게')

(2) **본문** (※ 차트 작성은 반드시 '차트 삽입 → 데이터 입력 → 차트 스타일' 순으로 작성 바랍니다.)
- 텍스트 상자 1([단위 : %]) ⇒ 글꼴(돋움, 18pt, 굵게, 기울임꼴)
- 표 ⇒ 표 스타일(중간 – '보통 스타일 3 – 강조 2'), 가장 위의 행 : 글꼴(굴림, 20pt, 굵게, 텍스트 그림자, 가운데 맞춤), 나머지 행 : 글꼴(굴림, 18pt, 굵게, 기울임꼴, 가운데 맞춤)
- 텍스트 상자 2([출처 : 통계청]) ⇒ 글꼴(돋움, 18pt, 굵게, 기울임꼴)
- 차트 ⇒ 세로 막대형 – '묶은 세로 막대형', 차트 스타일(색 변경 – 단색형 – '단색 색상표 2', 스타일 8), 축 서식/데이터 레이블 서식 : 글꼴(굴림, 16pt, 굵게), 범례 서식 : 글꼴(굴림, 16pt, 굵게, 기울임꼴), 데이터는 표 참고
- 배경 ⇒ 배경 서식(채우기 – 그림 또는 질감 채우기)에서 그림 2 삽입(현재 슬라이드만 적용)
- 애니메이션 지정 ⇒ 차트 : 나타내기 – 올라오기
- 지시사항이 없는 부분은 《출력형태》와 동일하게 작성하시오.

슬라이드4 — 아래의 작성조건 및 출력형태에 알맞게 네 번째 슬라이드에 작업하시오. (60점)

《출력형태》

《작성조건》

(1) 제목
- 도형 1 ⇒ 별 및 현수막 – '이중 물결', 도형 채우기('황금색, 강조 4, 80% 더 밝게'),
  도형 윤곽선(실선, 색 : 주황, 너비 : 2pt, 겹선 종류 : 단순형),
  도형 효과(그림자 – 원근감 – '원근감: 오른쪽 위', 입체 효과 – '둥글게 볼록'),
  글꼴(굴림, 36pt, 굵게, 텍스트 그림자, '주황, 강조 2, 50% 더 어둡게')

(2) 본문
- 도형 2~4 ⇒ 기본 도형 – '타원', 도형 채우기(질감 : 양피지), 선 없음,
  도형 효과(그림자 – 원근감 – '원근감: 왼쪽 위'), 글꼴(굴림체, 22pt, 굵게, 텍스트 그림자, 빨강)
- 도형 5~7 ⇒ 기본 도형 – '칠각형', 도형 채우기(주황, 그라데이션 – '오른쪽 아래 모서리에서'), 선 없음,
  도형 효과(입체 효과 – '둥글게'), 글꼴(굴림체, 22pt, 굵게, '검정, 텍스트 1')
- 도형 8 ⇒ 기본 도형 – '구름', 도형 채우기('파랑, 강조 5', 그라데이션 – '선형 아래쪽'), 선 없음,
  도형 효과(입체 효과 – '둥글게')
- 도형 9 ⇒ 별 및 현수막 – '별: 꼭짓점 8개', 도형 채우기(그림 또는 질감 채우기) 기능을 사용하여 그림 3 삽입,
  도형 윤곽선(실선, 색 : 파랑, 너비 : 2pt, 겹선 종류 : 단순형, 대시 종류 : 사각 점선),
  도형 효과(그림자 – 바깥쪽 – '오프셋: 아래쪽')
- WordArt 삽입(미래사회 대비 성장지원)
  ⇒ WordArt 스타일('채우기: 흰색, 윤곽선: 주황, 강조색 2, 진한 그림자: 주황, 강조색 2'),
  글꼴(돋움, 28pt, 굵게, 기울임꼴, 텍스트 그림자)
- 지시사항이 없는 부분은 《출력형태》와 동일하게 작성하시오.

제 09 회 디지털정보활용능력 최신유형 기출문제

작성 시간 / 시험 시간	채점 결과
분 / 40분	점 / 200점

- ✓ 시험과목 : 프리젠테이션(파워포인트)
- ✓ 시험일자 : 20XX. XX. XX. (X)
- ✓ 응시자 기재사항 및 감독 위원 확인

MS Office 2021 버전용

수검번호	DIP – XXXX –	감독위원 확인
성 명		

· 응시자 유의사항 ·

1. 응시자는 신분증을 지참하여야 시험에 응시할 수 있으며, 시험이 종료될 때까지 신분증을 제시하지 못 할 경우 해당 시험은 0점 처리됩니다.
2. 시스템(PC 작동 여부, 네트워크 상태 등)의 이상 여부를 반드시 확인하여야 하며, 시스템 이상이 있을 시 감독위원에게 조치를 받으셔야 합니다.
3. 시험 중 부주의 또는 고의로 시스템을 파손한 경우는 응시자 부담으로 합니다.
4. 답안 전송 프로그램을 통해 다운로드 받은 파일을 이용하여 답안 파일을 작성하시기 바랍니다.
5. 작성한 답안 파일은 답안 전송 프로그램을 통하여 전송됩니다. 감독 위원의 지시에 따라 주시기 바랍니다.
6. 다음 사항의 경우 실격(0점) 혹은 부정행위 처리됩니다.
    1) 답안 파일을 저장하지 않았거나, 저장한 파일이 손상되었을 경우
    2) 답안 파일을 지정된 폴더(바탕화면 – "KAIT" 폴더)에 저장하지 않았을 경우
        ※ 답안 전송 프로그램 로그인 시 바탕화면에 자동 생성됨
    3) 답안 파일을 다른 보조기억장치(USB) 혹은 네트워크(메신저, 게시판 등)로 전송할 경우
    4) 휴대용 전화기 등 통신기기를 사용할 경우
7. 슬라이드는 반드시 순서대로 작성해야 하며, 순서가 다를 경우 "0"점 처리됩니다.
8. 시험지에 제시된 글꼴이 응시 프로그램에 없는 경우, 반드시 감독 위원에게 해당 내용을 통보한 뒤 조치를 받아야 합니다.
9. 슬라이드 작성 시 도형의 그룹 설정을 사용하는 경우, 채점에서 감점 처리됩니다.
10. 시험의 완료는 작성이 완료된 답안을 저장하고, 답안 전송이 완료된 상태를 확인한 것으로 합니다. 답안 전송 확인 후 문제지는 감독 위원에게 제출한 후 퇴실하여야 합니다.
11. 답안 전송을 완료한 경우는 수정 또는 정정이 불가합니다.
12. 시험 시행 후 합격자 발표는 홈페이지(www.ihd.or.kr)에서 확인하시기 바랍니다.
    1) 문제 및 정답 공개 : 20XX. XX. XX.(X)
    2) 합격자 발표 : 20XX. XX. XX.(X)

유의사항

- 《작성조건》을 준수하여 반드시 프리젠테이션 슬라이드로 작업합니다.
- 글꼴 및 기타 사항에 대해 별도의 지시사항이 없는 경우, 슬라이드 크기와 전체적인 균형을 고려하여 임의로 작성하되, 도형은 그룹으로 설정하지 않습니다.
- 모든 슬라이드 크기(A4), 방향(가로), 디자인 테마(Office 테마)로 지정합니다.
  ▶ 슬라이드 크기, 방향 조정 시 '맞춤 확인'으로 지정하여야 합니다.
- 공통적용사항(슬라이드 마스터)
  ▶ 도형 ⇒ 기본 도형 – '사각형: 모서리가 접힌 도형', 도형 스타일('미세 효과 – 녹색, 강조 6'), 글꼴(돋움, 20pt, 굵게)
- 그림 삽입 시 다운로드 한 그림 파일을 반드시 사용하여야 합니다.
- ▭⟶ 은 지시사항이므로 작성하지 않습니다.
- 슬라이드에 제시된 글자 및 숫자 오탈자는 별도 감점 처리됩니다.
- "도형 서식" 과 "셰이프 형식"은 동일한 기능이며, 버전에 따라 표현이 다릅니다.

슬라이드1 아래의 작성조건 및 출력형태에 알맞게 첫 번째 슬라이드에 작업하시오. 〔30점〕

《출력형태》

《작성조건》

▶ 도형 1 ⇒ 기본 도형 – '양쪽 대괄호', 도형 채우기(그라데이션 : 미리 설정 – '가운데 그라데이션 – 강조 1', 종류 – 방사형, 방향 – '가운데에서'), 도형 윤곽선(실선, 색 : 진한 파랑, 너비 : 3pt, 겹선 종류 : 단순형), 도형 효과(그림자 – 바깥쪽 – '오프셋: 오른쪽'), 글꼴(궁서체, 40pt, 굵게, 노랑)
▶ 도형 2 ⇒ 기본 도형 – '달', 도형 채우기('황금색, 강조 4'), 선 없음, 도형 효과(그림자 – 바깥쪽 – '오프셋: 오른쪽 위', 반사 – '근접 반사: 터치')
▶ 도형 3 ⇒ 기본 도형 – '해', 도형 스타일('강한 효과 – 주황, 강조 2')
▶ 그림 삽입 ⇒ 그림 1 삽입, 크기(높이 : 6cm, 너비 : 7cm)
▶ 텍스트 상자(환경 보호 없이는 지속 가능한 미래도 없습니다.) ⇒ 글꼴(돋움, 22pt, 굵게)
▶ 애니메이션 지정 ⇒ 도형 1 : 나타내기 – 회전
▶ 지시사항이 없는 부분은《출력형태》와 동일하게 작성하시오.

슬라이드2 — 아래의 작성조건 및 출력형태에 알맞게 두 번째 슬라이드에 작업하시오. (50점)

《출력형태》

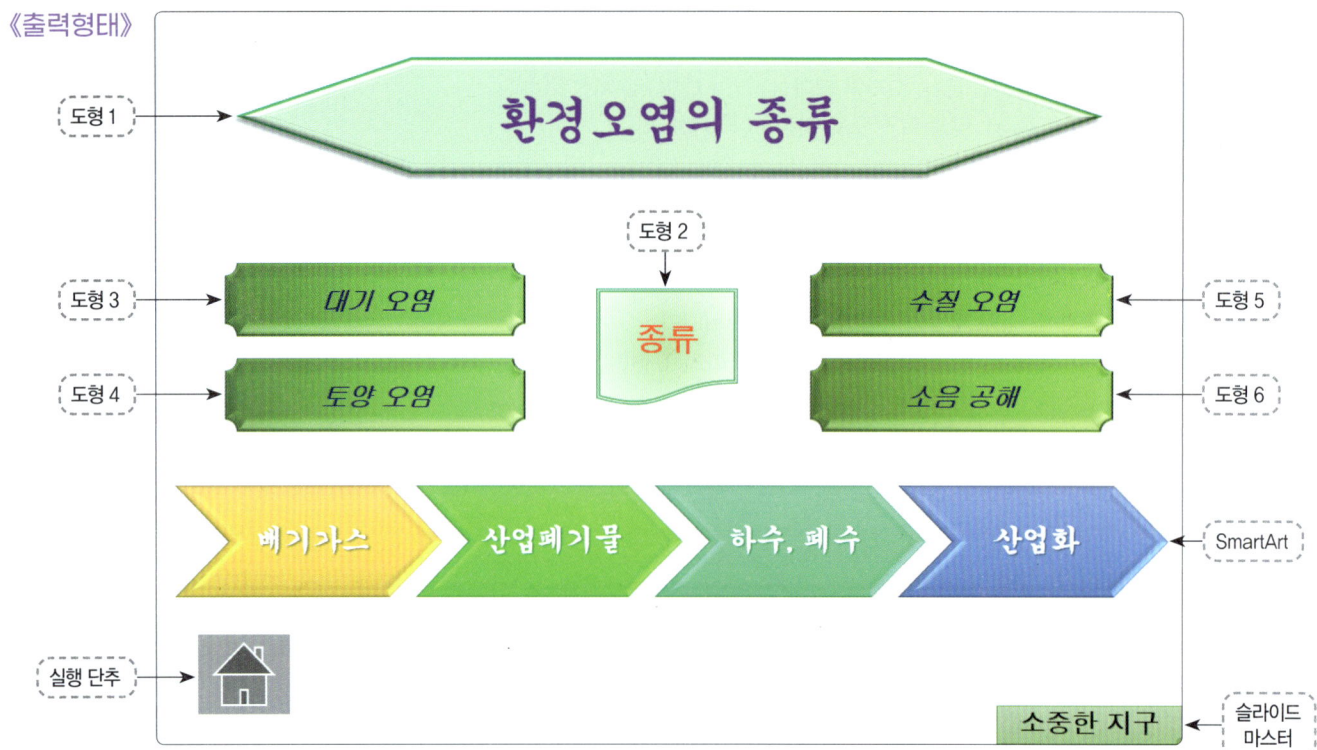

《작성조건》

(1) 제목
- 도형 1 ⇒ 순서도 – '순서도: 준비', 도형 채우기('녹색, 강조 6, 60% 더 밝게'),
  도형 윤곽선(실선, 색 : 녹색, 너비 : 2pt, 겹선 종류 : 단순형),
  도형 효과(그림자 – 바깥쪽 – '오프셋: 왼쪽 아래', 입체 효과 – '리블렛'),
  글꼴(궁서, 36pt, 굵게, 자주)

(2) 본문
- 도형 2 ⇒ 순서도 – '순서도: 문서', 도형 채우기(연한 녹색, 그라데이션 – '가운데에서'),
  도형 윤곽선(실선, 색 : 녹색, 너비 : 3pt, 겹선 종류 : 이중), 글꼴(돋움, 24pt, 굵게, 빨강)
- 도형 3~6 ⇒ 기본 도형 – '배지', 도형 채우기(연한 녹색, 그라데이션 – '왼쪽 아래 모서리에서'), 선 없음,
  도형 효과(입체 효과 – '부드럽게 둥글리기'), 글꼴(굴림, 20pt, 굵게, 기울임꼴, 진한 파랑)
- 실행 단추 ⇒ 실행 단추 – '실행 단추: 홈으로 이동', 하이퍼링크 : 첫째 슬라이드,
  도형 스타일('밝은 색 1 윤곽선, 색 채우기 – 회색, 강조 3')
- SmartArt 삽입 ⇒ 프로세스형 – '기본 갈매기형 수장 프로세스형',
  글꼴(궁서, 22pt, 굵게, 텍스트 그림자, 가운데 맞춤),
  SmartArt 스타일(색 변경 – 색상형 – '색상형 범위 – 강조색 4 또는 5', 3차원 – '경사'),
  (반드시 SmartArt 기능을 이용하여 작성할 것)
- 애니메이션 지정 ⇒ SmartArt : 나타내기 – 닦아내기
- 지시사항이 없는 부분은 《출력형태》와 동일하게 작성하시오.

슬라이드 3

아래의 작성조건 및 출력형태에 알맞게 세 번째 슬라이드에 작업하시오. (60점)

《출력형태》

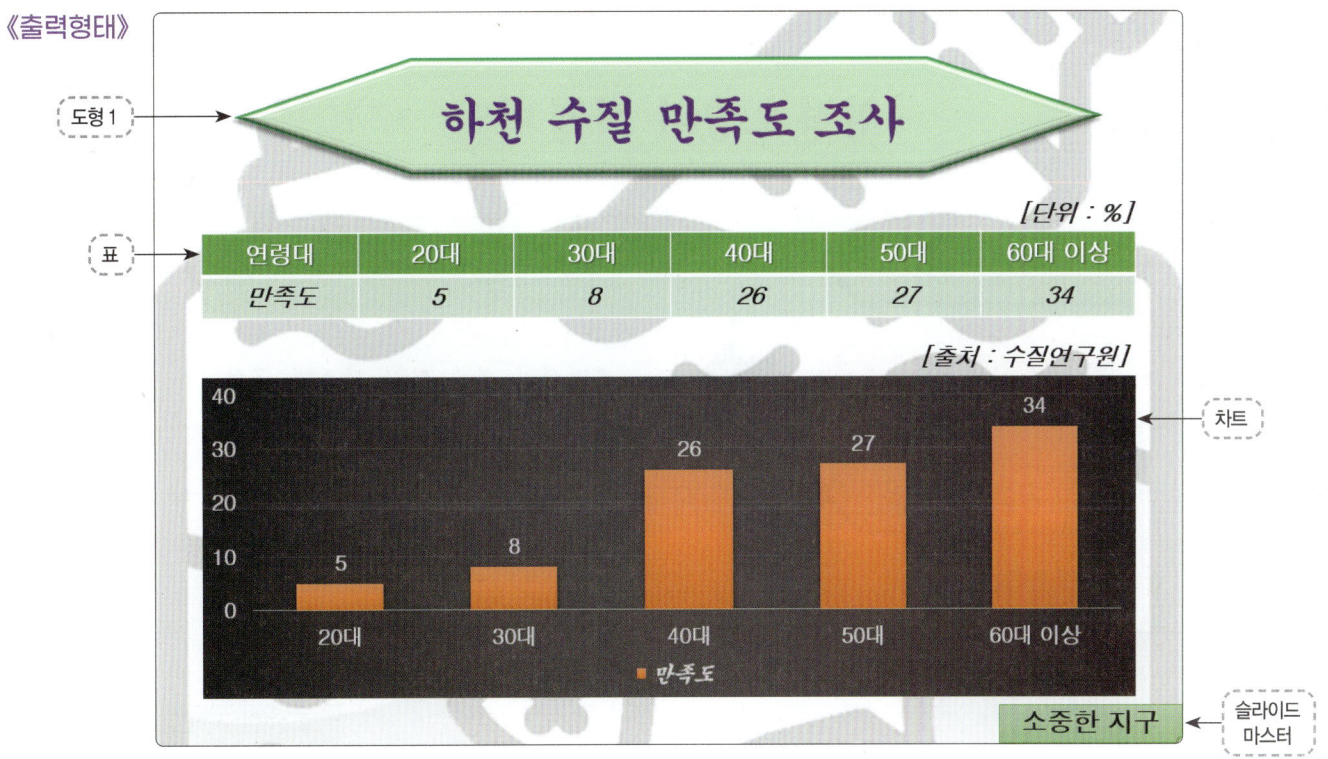

《작성조건》

(1) 제목
- 도형 1 ⇒ 순서도 – '순서도: 준비', 도형 채우기('녹색, 강조 6, 60% 더 밝게'),
  도형 윤곽선(실선, 색 : 녹색, 너비 : 2pt, 겹선 종류 : 단순형),
  도형 효과(그림자 – 바깥쪽 – '오프셋: 왼쪽 아래', 입체 효과 – '리블렛'),
  글꼴(궁서, 36pt, 굵게, 자주)

(2) 본문 (※ 차트 작성은 반드시 '차트 삽입 → 데이터 입력 → 차트 스타일' 순으로 작성 바랍니다.)
- 텍스트 상자 1([단위 : %]) ⇒ 글꼴(돋움, 18pt, 굵게, 기울임꼴)
- 표 ⇒ 표 스타일(중간 – '보통 스타일 2 – 강조 6'),
  가장 위의 행 : 글꼴(돋움, 18pt, 굵게, 텍스트 그림자, 가운데 맞춤),
  나머지 행 : 글꼴(돋움, 18pt, 굵게, 기울임꼴, 가운데 맞춤)
- 텍스트 상자 2([출처 : 수질연구원]) ⇒ 글꼴(돋움, 18pt, 굵게, 기울임꼴)
- 차트 ⇒ 세로 막대형 – '묶은 세로 막대형', 차트 스타일(색 변경 – 색상형 – '다양한 색상표 3', 스타일 9),
  축 서식/데이터 레이블 서식 : 글꼴(돋움, 16pt, 굵게),
  범례 서식 : 글꼴(궁서, 16pt, 굵게, 기울임꼴), 데이터는 표 참고
- 배경 ⇒ 배경 서식(채우기 – 그림 또는 질감 채우기)에서 그림 2 삽입(현재 슬라이드만 적용)
- 애니메이션 지정 ⇒ 차트 : 나타내기 – 날아오기
- 지시사항이 없는 부분은《출력형태》와 동일하게 작성하시오.

슬라이드4   아래의 작성조건 및 출력형태에 알맞게 네 번째 슬라이드에 작업하시오. (60점)

《출력형태》

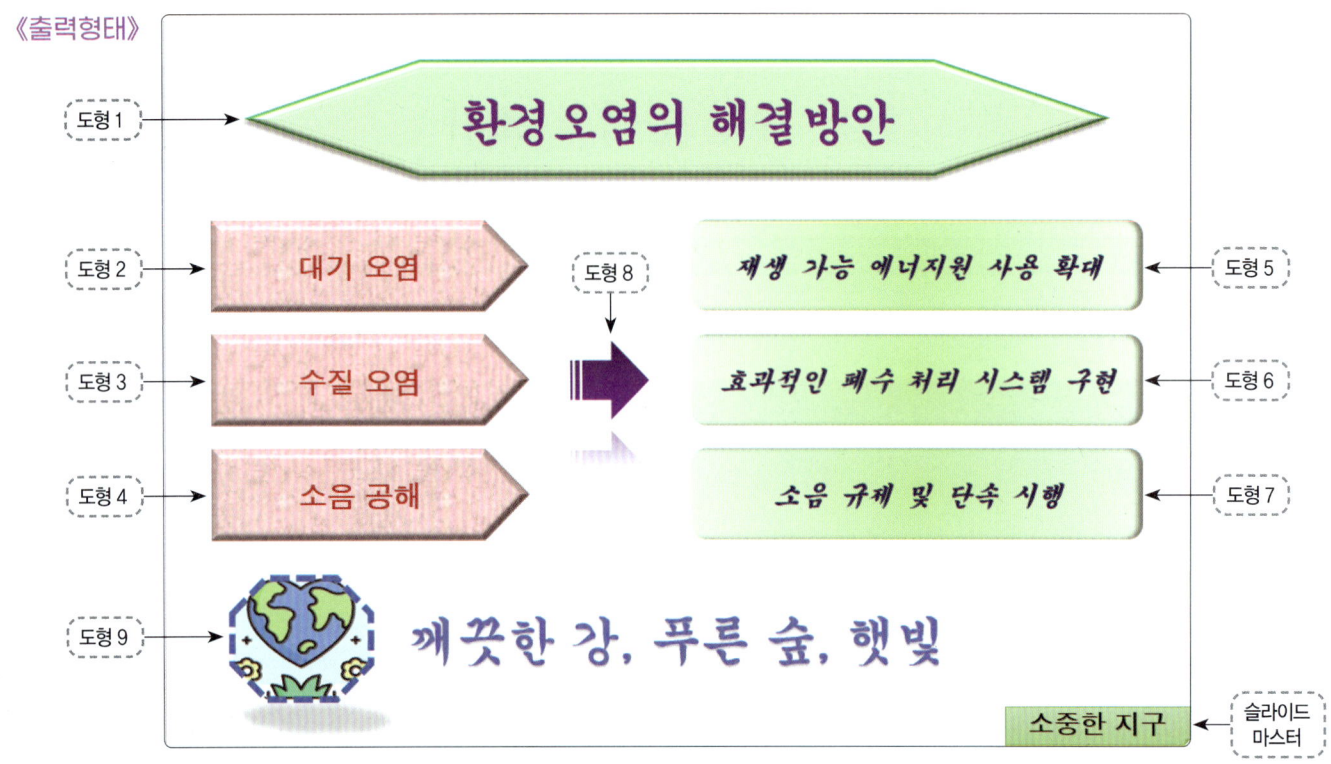

《작성조건》

(1) 제목
- 도형 1 ⇒ 순서도 – '순서도: 준비', 도형 채우기('녹색, 강조 6, 60% 더 밝게'),
  도형 윤곽선(실선, 색 : 녹색, 너비 : 2pt, 겹선 종류 : 단순형),
  도형 효과(그림자 – 바깥쪽 – '오프셋: 왼쪽 아래', 입체 효과 – '리블렛'),
  글꼴(궁서, 36pt, 굵게, 자주)

(2) 본문
- 도형 2~4 ⇒ 블록 화살표 – '화살표: 오각형', 도형 채우기(질감 : 분홍 박엽지), 선 없음,
  도형 효과(입체 효과 – '기울기'), 글꼴(돋움, 22pt, 굵게, 진한 빨강)
- 도형 5~7 ⇒ 순서도 – '순서도: 대체 처리', 도형 채우기(연한 녹색, 그라데이션 – '가운데에서'), 선 없음,
  도형 효과(그림자 – 안쪽 – '안쪽: 오른쪽'), 글꼴(궁서체, 20pt, 굵게, 기울임꼴, 진한 파랑)
- 도형 8 ⇒ 블록 화살표 – '화살표: 줄무늬가 있는 오른쪽', 도형 채우기(자주, 그라데이션 – '선형 아래쪽'),
  선 없음, 도형 효과(반사 – '1/2 반사: 8pt 오프셋')
- 도형 9 ⇒ 기본 도형 – '팔각형', 도형 채우기(그림 또는 질감 채우기) 기능을 사용하여 그림 3 삽입,
  도형 윤곽선(실선, 색 : 파랑, 너비 : 5pt, 겹선 종류 : 단순형, 대시 종류 : 사각 점선),
  도형 효과(그림자 – 원근감 – '원근감: 오른쪽 아래')
- WordArt 삽입(깨끗한 강, 푸른 숲, 햇빛)
  ⇒ WordArt 스타일('채우기: 파랑, 강조색 1, 그림자'), 글꼴(궁서, 38pt, 굵게, 텍스트 그림자)
- 지시사항이 없는 부분은《출력형태》와 동일하게 작성하시오.

제 10 회 디지털정보활용능력 최신유형 기출문제

작성 시간 / 시험 시간	채점 결과
분 / 40분	점 / 200점

- ☑ 시험과목 : 프리젠테이션(파워포인트)
- ☑ 시험일자 : 20XX. XX. XX. (X)
- ☑ 응시자 기재사항 및 감독 위원 확인

MS Office 2021 버전용

수검번호	DIP - XXXX -	감독위원 확인
성 명		

· 응시자 유의사항 ·

1. 응시자는 신분증을 지참하여야 시험에 응시할 수 있으며, 시험이 종료될 때까지 신분증을 제시하지 못 할 경우 해당 시험은 0점 처리됩니다.
2. 시스템(PC 작동 여부, 네트워크 상태 등)의 이상 여부를 반드시 확인하여야 하며, 시스템 이상이 있을 시 감독 위원에게 조치를 받으셔야 합니다.
3. 시험 중 부주의 또는 고의로 시스템을 파손한 경우는 응시자 부담으로 합니다.
4. 답안 전송 프로그램을 통해 다운로드 받은 파일을 이용하여 답안 파일을 작성하시기 바랍니다.
5. 작성한 답안 파일은 답안 전송 프로그램을 통하여 전송됩니다. 감독 위원의 지시에 따라 주시기 바랍니다.
6. 다음 사항의 경우 실격(0점) 혹은 부정행위 처리됩니다.
    1) 답안 파일을 저장하지 않았거나, 저장한 파일이 손상되었을 경우
    2) 답안 파일을 지정된 폴더(바탕화면 - "KAIT" 폴더)에 저장하지 않았을 경우
        ※ 답안 전송 프로그램 로그인 시 바탕화면에 자동 생성됨
    3) 답안 파일을 다른 보조기억장치(USB) 혹은 네트워크(메신저, 게시판 등)로 전송할 경우
    4) 휴대용 전화기 등 통신기기를 사용할 경우
7. 슬라이드는 반드시 순서대로 작성해야 하며, 순서가 다를 경우 "0"점 처리됩니다.
8. 시험지에 제시된 글꼴이 응시 프로그램에 없는 경우, 반드시 감독 위원에게 해당 내용을 통보한 뒤 조치를 받아야 합니다.
9. 슬라이드 작성 시 도형의 그룹 설정을 사용하는 경우, 채점에서 감점 처리됩니다.
10. 시험의 완료는 작성이 완료된 답안을 저장하고, 답안 전송이 완료된 상태를 확인한 것으로 합니다. 답안 전송 확인 후 문제지는 감독 위원에게 제출한 후 퇴실하여야 합니다.
11. 답안 전송을 완료한 경우는 수정 또는 정정이 불가합니다.
12. 시험 시행 후 합격자 발표는 홈페이지(www.ihd.or.kr)에서 확인하시기 바랍니다.
    1) 문제 및 정답 공개 : 20XX. XX. XX.(X)
    2) 합격자 발표 : 20XX. XX. XX.(X)

유의사항

- 《작성조건》을 준수하여 반드시 프리젠테이션 슬라이드로 작업합니다.
- 글꼴 및 기타 사항에 대해 별도의 지시사항이 없는 경우, 슬라이드 크기와 전체적인 균형을 고려하여 임의로 작성하되, 도형은 그룹으로 설정하지 않습니다.
- 모든 슬라이드 크기(A4), 방향(가로), 디자인 테마(Office 테마)로 지정합니다.
  ▶ 슬라이드 크기, 방향 조정 시 '맞춤 확인'으로 지정하여야 합니다.
- 공통적용사항(슬라이드 마스터)
  ▶ 도형 ⇒ 기본 도형 – '원통형', 도형 스타일('미세 효과 – 황금색, 강조 4'), 글꼴(굴림체, 18pt, 굵게)
- 그림 삽입 시 다운로드 한 그림 파일을 반드시 사용하여야 합니다.
- ⌐⌐⌐⌐⌐⌐ ⟶ 은 지시사항이므로 작성하지 않습니다.
- 슬라이드에 제시된 글자 및 숫자 오탈자는 별도 감점 처리됩니다.
- "도형 서식"과 "셰이프 형식"은 동일한 기능이며, 버전에 따라 표현이 다릅니다.

슬라이드1 아래의 작성조건 및 출력형태에 알맞게 첫 번째 슬라이드에 작업하시오. 〔30점〕

《출력형태》

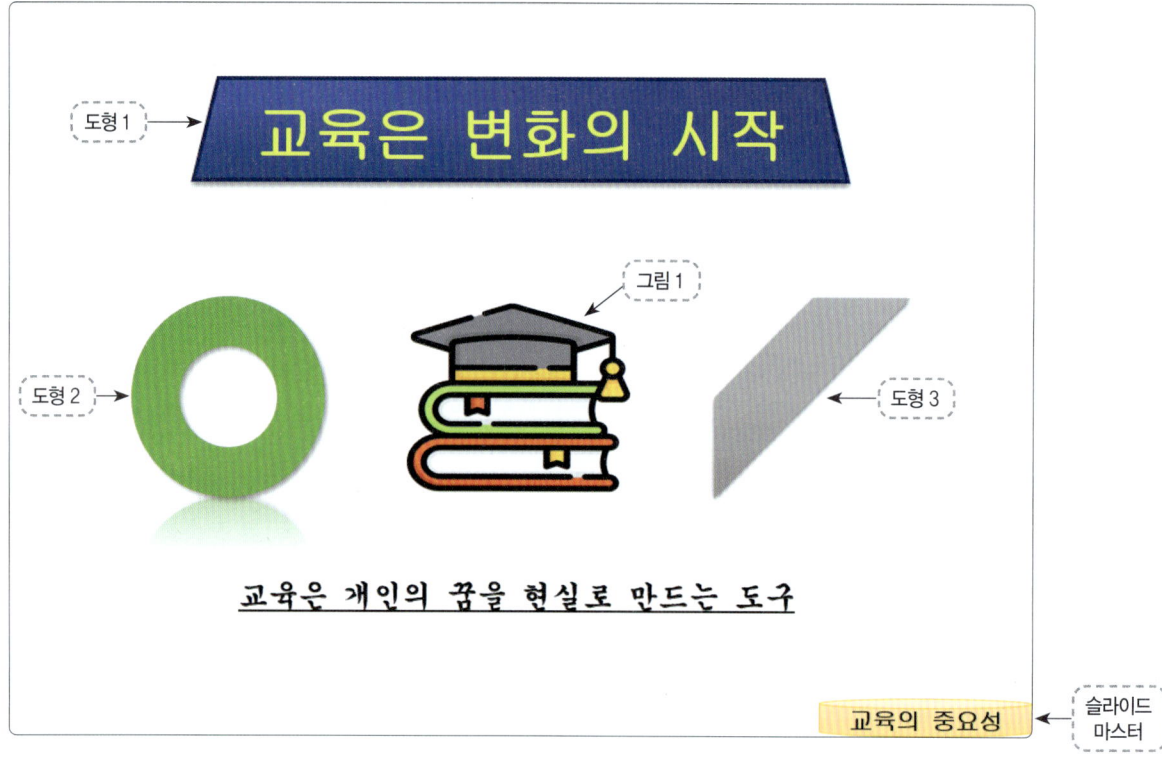

《작성조건》

▶ 도형 1 ⇒ 기본 도형 – '사다리꼴', 도형 채우기(그라데이션 : 미리 설정 – '방사형 그라데이션 – 강조 1', 종류 – 사각형, 방향 – '왼쪽 위 모서리에서'), 도형 윤곽선(실선, 색 : 진한 파랑, 너비 : 3pt, 겹선 종류 : 단순형), 도형 효과(그림자 – 바깥쪽 – '오프셋: 아래쪽'), 글꼴(굴림체, 45pt, 굵게, 노랑)

▶ 도형 2 ⇒ 기본 도형 – '원형: 비어 있음', 도형 채우기('녹색, 강조 6'), 선 없음, 도형 효과(그림자 – 바깥쪽 – '오프셋: 오른쪽 아래', 반사 – '근접 반사: 터치')

▶ 도형 3 ⇒ 기본 도형 – '대각선 줄무늬', 도형 스타일('강한 효과 – 회색, 강조 3')

▶ 그림 삽입 ⇒ 그림 1 삽입, 크기(높이 : 5cm, 너비 : 6cm)

▶ 텍스트 상자(교육은 개인의 꿈을 현실로 만드는 도구) ⇒ 글꼴(궁서체, 23pt, 굵게, 밑줄)

▶ 애니메이션 지정 ⇒ 도형 1 : 나타내기 – 바운드

▶ 지시사항이 없는 부분은 《출력형태》와 동일하게 작성하시오.

슬라이드2 아래의 작성조건 및 출력형태에 알맞게 두 번째 슬라이드에 작업하시오. (50점)

《출력형태》

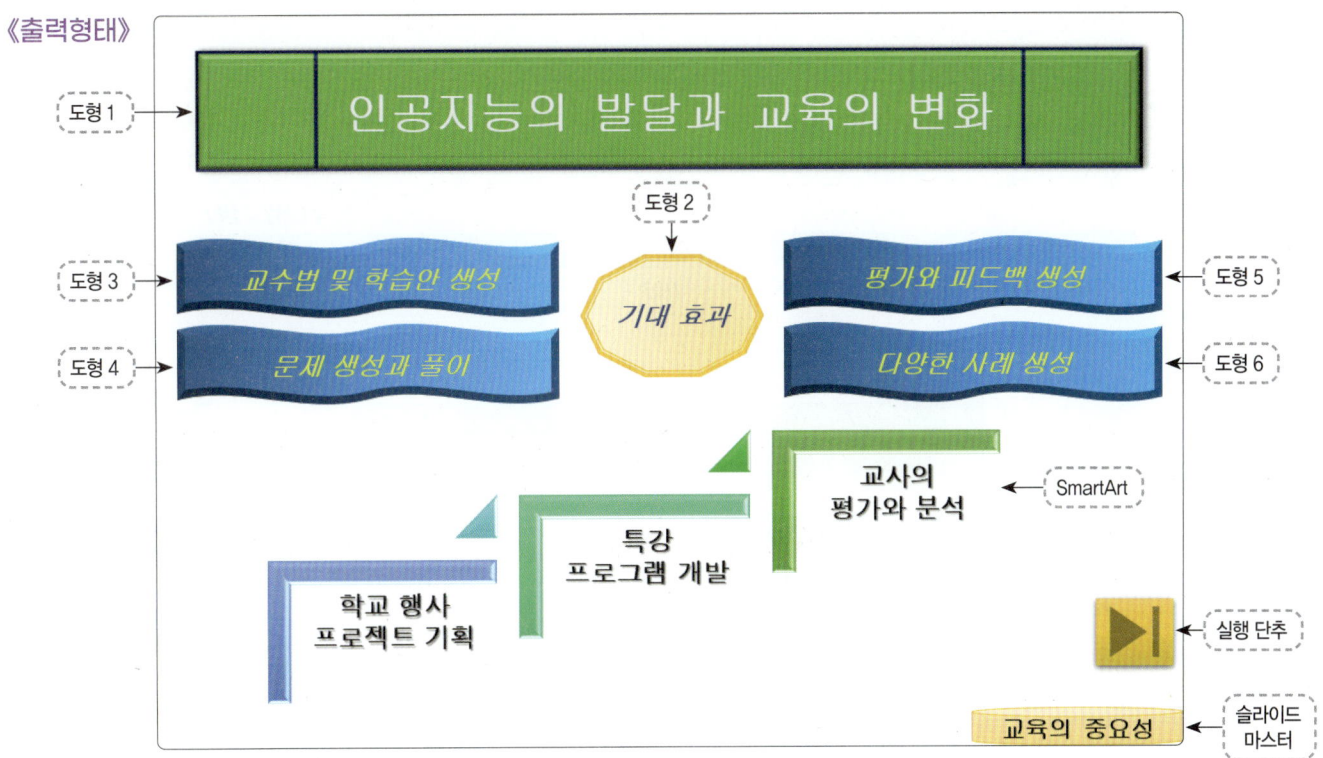

《작성조건》

(1) **제목**
- 도형 1 ⇒ 순서도 – '순서도: 종속 처리', 도형 채우기('녹색, 강조 6'),
  도형 윤곽선(실선, 색 : 진한 파랑, 너비 : 3pt, 겹선 종류 : 단순형),
  도형 효과(그림자 – 바깥쪽 – '오프셋: 오른쪽', 입체 효과 – '디벗'),
  글꼴(굴림체, 34pt, 굵게, '회색, 강조 3, 80% 더 밝게')

(2) **본문**
- 도형 2 ⇒ 기본 도형 – '십각형', 도형 채우기(주황, 그라데이션 – '오른쪽 아래 모서리에서'),
  도형 윤곽선(실선, 색 : '황금색, 강조 4', 너비 : 5pt, 겹선 종류 : 굵고 얇음),
  글꼴(돋움, 20pt, 굵게, 기울임꼴, '파랑, 강조 1, 25% 더 어둡게')

- 도형 3~6 ⇒ 별 및 현수막 – '이중 물결', 도형 채우기(연한 파랑, 그라데이션 – '선형 오른쪽'), 선 없음,
  도형 효과(입체 효과 – '각지게'), 글꼴(굴림, 20pt, 굵게, 기울임꼴, 노랑)

- 실행 단추 ⇒ 실행 단추 – '실행 단추: 끝으로 이동', 하이퍼링크 : 마지막 슬라이드,
  도형 스타일('강한 효과 – 황금색, 강조 4')

- SmartArt 삽입 ⇒ 프로세스형 – '단계 상승 프로세스형', 글꼴(돋움, 20pt, 굵게, 텍스트 그림자, 가운데 맞춤),
  SmartArt 스타일(색 변경 – 색상형 – '색상형 범위 – 강조색 5 또는 6', 3차원 – '광택 처리'),
  (반드시 SmartArt 기능을 이용하여 작성할 것)

- 애니메이션 지정 ⇒ SmartArt : 나타내기 – 실선 무늬

- 지시사항이 없는 부분은《출력형태》와 동일하게 작성하시오.

슬라이드3 ▶ 아래의 작성조건 및 출력형태에 알맞게 세 번째 슬라이드에 작업하시오. (60점)

《출력형태》

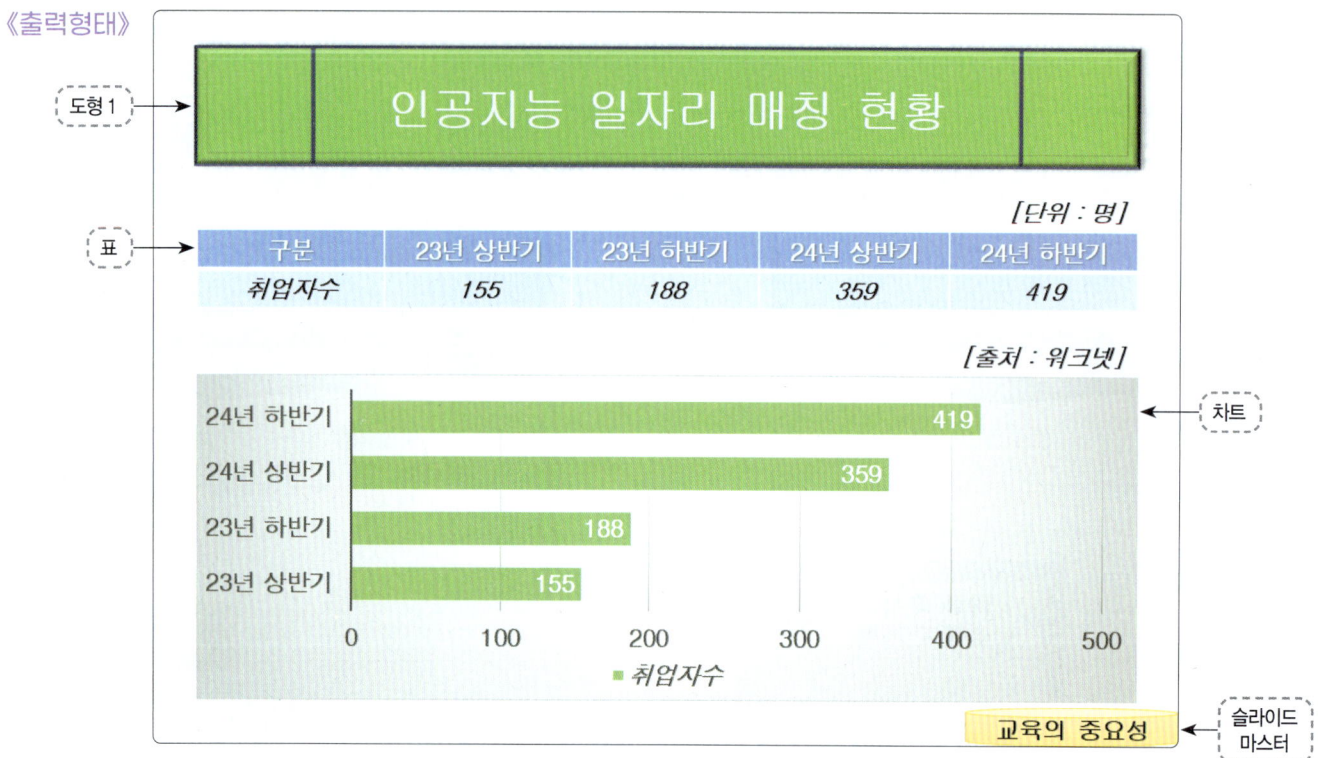

《작성조건》

(1) **제목**
- ▶ 도형 1 ⇒ 순서도 – '순서도: 종속 처리', 도형 채우기('녹색, 강조 6'),
  도형 윤곽선(실선, 색 : 진한 파랑, 너비 : 3pt, 겹선 종류 : 단순형),
  도형 효과(그림자 – 바깥쪽 – '오프셋: 오른쪽', 입체 효과 – '디벗'),
  글꼴(굴림체, 34pt, 굵게, '회색, 강조 3, 80% 더 밝게')

(2) **본문** (※ 차트 작성은 반드시 '차트 삽입 → 데이터 입력 → 차트 스타일' 순으로 작성 바랍니다.)
- ▶ 텍스트 상자 1([단위 : 명]) ⇒ 글꼴(돋움, 18pt, 굵게, 기울임꼴)
- ▶ 표 ⇒ 표 스타일(중간 – '보통 스타일 2 – 강조 5'),
  가장 위의 행 : 글꼴(돋움, 18pt, 굵게, 텍스트 그림자, 가운데 맞춤),
  나머지 행 : 글꼴(돋움, 18pt, 굵게, 기울임꼴, 가운데 맞춤)
- ▶ 텍스트 상자 2([출처 : 워크넷]) ⇒ 글꼴(돋움, 18pt, 굵게, 기울임꼴)
- ▶ 차트 ⇒ 가로 막대형 – '묶은 가로 막대형', 차트 스타일(색 변경 – 색상형 – '다양한 색상표 4', 스타일 3),
  축 서식/데이터 레이블 서식 : 글꼴(돋움, 18pt, 굵게),
  범례 서식 : 글꼴(돋움, 18pt, 굵게, 기울임꼴), 데이터는 표 참고
- ▶ 배경 ⇒ 배경 서식(채우기 – 그림 또는 질감 채우기)에서 그림 2 삽입(현재 슬라이드만 적용)
- ▶ 애니메이션 지정 ⇒ 차트 : 나타내기 – 닦아내기
- ▶ 지시사항이 없는 부분은 《출력형태》와 동일하게 작성하시오.

슬라이드4 — 아래의 작성조건 및 출력형태에 알맞게 네 번째 슬라이드에 작업하시오. (60점)

《출력형태》

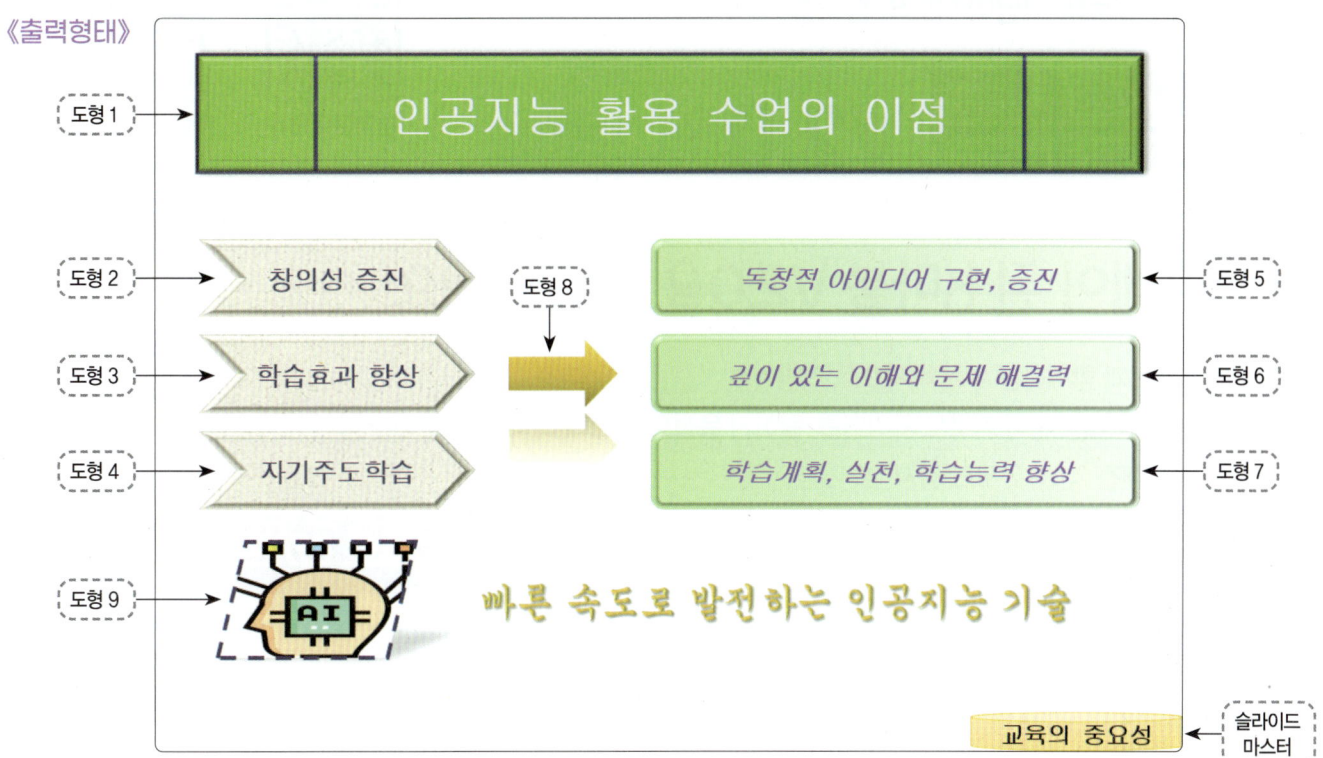

《작성조건》

(1) 제목
- 도형 1 ⇒ 순서도 – '순서도: 종속 처리', 도형 채우기('녹색, 강조 6'),
  도형 윤곽선(실선, 색 : 진한 파랑, 너비 : 3pt, 겹선 종류 : 단순형),
  도형 효과(그림자 – 바깥쪽 – '오프셋: 오른쪽', 입체 효과 – '디벗'),
  글꼴(굴림체, 34pt, 굵게, '회색, 강조 3, 80% 더 밝게')

(2) 본문
- 도형 2~4 ⇒ 블록 화살표 – '화살표: 갈매기형 수장', 도형 채우기(질감 : 재생지), 선 없음,
  도형 효과(입체 효과 – '볼록하게'), 글꼴(돋움, 20pt, 굵게, 진한 파랑)
- 도형 5~7 ⇒ 순서도 – '순서도: 대체 처리', 도형 채우기(연한 녹색, 그라데이션 – '선형 오른쪽'), 선 없음,
  도형 효과(그림자 – 안쪽 – '안쪽: 가운데', 입체 효과 – '볼록하게'),
  글꼴(굴림, 20pt, 굵게, 기울임꼴, 자주)
- 도형 8 ⇒ 블록 화살표 – '화살표: 오른쪽', 도형 채우기(주황, 그라데이션 – '선형 위쪽'), 선 없음,
  도형 효과(반사 – '전체 반사: 4pt 오프셋')
- 도형 9 ⇒ 기본 도형 – '평행 사변형', 도형 채우기(그림 또는 질감 채우기) 기능을 사용하여 그림 3 삽입,
  도형 윤곽선(실선, 색 : 진한 파랑, 너비 : 3pt, 겹선 종류 : 단순형, 대시 종류 : 파선),
  도형 효과(그림자 – 원근감 – '원근감: 오른쪽 위')
- WordArt 삽입(빠른 속도로 발전하는 인공지능 기술)
  ⇒ WordArt 스타일('채우기: 황금색, 강조색 4, 부드러운 입체'), 글꼴(궁서, 28pt, 굵게, 텍스트 그림자)
- 지시사항이 없는 부분은《출력형태》와 동일하게 작성하시오.

K마블 소개

아카데미소프트와 코딩아지트의 컴교실 **타자 프로그램**

케마블 V2.0 업그레이드

[K마블이란?]

[K마블인트로]

업그레이 된 K마블 V2.0을 만나보세요!

▶ 키우스봇과 함께하는 **무료 타자프로그램!**
▶ **영문 버전** 오픈-**영어 키보드** 자리연습, **원어민 음성**을 들으며 타자 연습을 하는 **영어 단어연습**
▶ 온라인 대전 **2 VS 2** 모드 출시
▶ 나만의 **커스텀 캐릭터** 기능 오픈

100% 무료 타자프로그램

K마블 V 2.0으로 한글·영문 타자연습 모두 가능해요!!

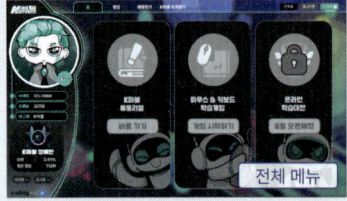
전체 메뉴

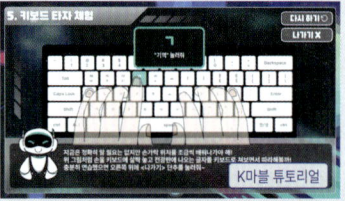
K마블 튜토리얼

커스텀 프로필

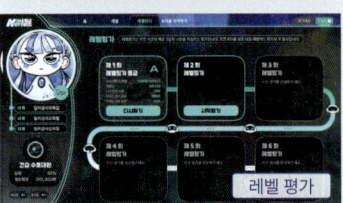
레벨 평가

영어 단어연습

온라인 대전

▶ **커스텀 프로필**
자신의 케릭터를 꾸밀 수 있는 기능이 추가되었습니다. 케릭터의 머리, 얼굴, 옷, 장신구를 변경하여 자신만의 개성있는 케릭터를 만들어 봅니다.

▶ **레벨평가 시안성**
레벨평가 화면이 이전 화면 보다 보기 좋게 변경되었습니다. 배운 내용을 복습하여 높은 점수에 도전해 봅니다.

▶ **영어 단어연습**
영어 동사 단어연습은 원어민의 영어 발음을 들으며 영어동사 단어연습을 할 수 있는 타자입니다.

▶ **온라인 대전 게임 - 영토 사수 작전**
친구들과 1 VS 1 또는 2 VS 2 온라인 대전 게임으로 오타 없이 빨리 타자를 입력하여 영토를 지배하는 게임입니다. 비슷한 타수의 친구와 대결하면 재미있는 승부를 볼 수 있습니다.

컴퓨터 타자 활용 능력 자격 평가 안내

컴퓨터 자격증의 시작!
컴퓨터 타자 활용 능력

| 시행처 : 국제자격진흥원

[민간자격등록]
K마블 한글타자(2024-001827)
K마블 영문타자(2024-002318)

▶ **자격증 개요**

'컴퓨터 타자 활용 능력' 자격 평가 시험은 컴퓨터 입문자를 위한 기초 자격시험으로 ITQ 및 DIAT 등 컴퓨터 자격시험 이전에 간단한 타자 능력을 평가하는 기초 자격 평가 시험입니다.

▶ **시험 과목 및 출제 기준**

컴퓨터 기초 상식 + 마우스 + 키보드(타자)로 구성

시험과목	시간	문항수	배점	등급
컴퓨터 기초 상식	5	10	100	A등급 → 900점 이상
마우스 사용 능력	10	4	100	B등급 → 800점 이상
키보드(타자) 사용 능력	15	4	800	C등급 → 700점 이상
합계	30	18	1,000	D등급 → 600점 이상 비기너 → 599점 이하

▶ **자격증 특징**

✓ 누구나 쉽게 온라인으로 진행
- 교육기관에서는 단체 시험을 누구나 쉽게 온라인으로 원서접수 및 자격시험을 볼 수 있습니다.
- 교육기관은 교육 현장에서 교육 후 바로 시험을 볼 수 있습니다.
- 개인 응시자도 방문 접수 및 집체 시험 없이 온라인으로 원서접수 및 자격시험을 볼 수 있습니다.

✓ 타자 능력을 평가하는 컴퓨터 기초 시험입니다.
- OA 과정 또는 ITQ 및 DIAT 등 컴퓨터 전문 자격증을 취득하기 이전에 필요한 기초 타자 자격 시험입니다.
- 컴퓨터를 처음 접하는 입문자들에게 컴퓨터 기초 지식과 타자 및 마우스 사용 능력을 평가하는 시험입니다.

✓ 학습과 시험이 간단 명료합니다.
- K마블과 교재로 학습하고 해당 내용에서 출제하는 간단한 시험입니다.

✓ 모든 시험이 CBT 방식으로 컴퓨터에서 모두 시행됩니다.
- 시험의 모든 과목이 컴퓨터에서 진행됩니다.

채점프로그램 MAG 소개

MAG 채점 프로그램

자격증 채점프로그램의 새로운 변화!!

❶ 개인용 채점프로그램_MAG PER 2.0

▶ 개인을 위한 **채점프로그램**으로 각 자격증별 **시험 결과** 즉시 확인

▶ **빠른 채점**과 **보기 편한 디자인!**

▶ **인공지능**으로 채점 **오류 최소화!**

▲ 과목 선택

▲ 채점 결과

❷ 교육기관용 채점프로그램_MAG NET

▶ 선생님을 위한 또 다른 서비스를 제공합니다.

▶ 선생님을 위한 **온라인 채점프로그램**으로 접속한 수검자의 **시험 결과**를 실시간 확인

▶ 시험종료 후 **성적통계**로 문항별 부족한 부분과 단점을 완벽히 보완

▶ **인공지능**으로 채점율 UP

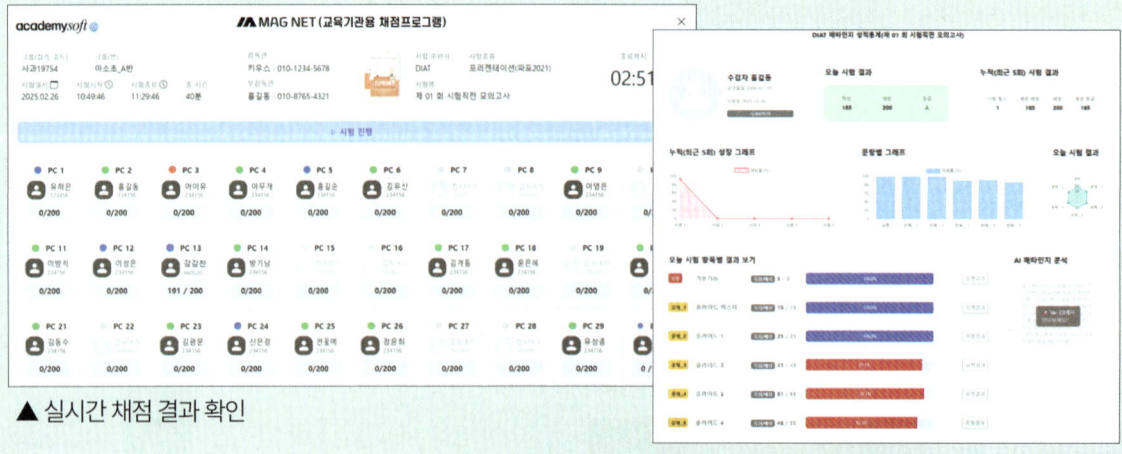
▲ 실시간 채점 결과 확인   ▲ 개인별 메타인지 성적 통계

 2026년 신간 교재부터는 웹(온라인) 버전으로 오픈됩니다.

MS Office 2021 버전용

디지털정보활용능력
(DIAT ; Digital Information Ability Test)

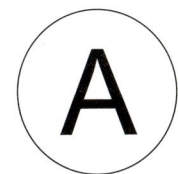

■ 시험과목 : 프리젠테이션(파워포인트)
■ 시험일자 : 20XX. XX. XX.(X)
■ 응시자 기재사항 및 감독위원 확인

수 검 번 호	DIP - XXXX -	감독위원 확인
성 명		

응시자 유의사항

1. 응시자는 신분증을 지참하여야 시험에 응시할 수 있으며, 시험이 종료될 때까지 신분증을 제시하지 못 할 경우 해당 시험은 0점 처리됩니다.
2. 시스템(PC작동여부, 네트워크 상태 등)의 이상여부를 반드시 확인하여야 하며, 시스템 이상이 있을 시 감독위원에게 조치를 받으셔야 합니다.
3. 시험 중 부주의 또는 고의로 시스템을 파손한 경우는 응시자 부담으로 합니다.
4. 답안 전송 프로그램을 통해 다운로드 받은 파일을 이용하여 답안 파일을 작성하시기 바랍니다.
5. 작성한 답안 파일은 답안 전송 프로그램을 통하여 전송됩니다. 감독위원의 지시에 따라 주시기바랍니다.
6. 다음 사항의 경우 실격(0점) 혹은 부정행위 처리됩니다.
    1) 답안파일을 저장하지 않았거나, 저장한 파일이 손상되었을 경우
    2) 답안파일을 지정된 폴더(바탕화면 - "KAIT" 폴더)에 저장하지 않았을 경우
        ※ 답안 전송 프로그램 로그인 시 바탕화면에 자동 생성됨
    3) 답안파일을 다른 보조기억장치(USB) 혹은 네트워크(메신저, 게시판 등)로 전송할 경우
    4) 휴대용 전화기 등 통신기기를 사용할 경우
7. 슬라이드는 반드시 순서대로 작성해야 하며, 순서가 다를 경우 "0"점 처리됩니다.
8. 시험지에 제시된 글꼴이 응시 프로그램에 없는 경우, 반드시 감독위원에게 해당 내용을 통보한 뒤 조치를 받아야 합니다.
9. **슬라이드 작성 시 도형의 그룹설정을 사용하는 경우, 채점에서 감점 처리됩니다.**
10. 시험의 완료는 작성이 완료된 답안을 저장하고, 답안전송이 완료된 상태를 확인한 것으로 합니다. 답안전송 확인 후 문제지는 감독위원에게 제출한 후 퇴실하여야 합니다.
11. 답안전송을 완료한 경우는 수정 또는 정정이 불가합니다.
12. 시험 시행 후 합격자 발표는 홈페이지(www.ihd.or.kr)에서 확인하시기를 바랍니다.

    ※ 시험지 공개 : 20XX. XX. XX. (X)

| 디지털정보활용능력 | **프리젠테이션(파워포인트)** | **(시험시간 : 40분)**

【슬라이드3】 아래의 작성조건 및 출력형태에 알맞게 세 번째 슬라이드에 작업하시오. **(60점)**

《출력형태》

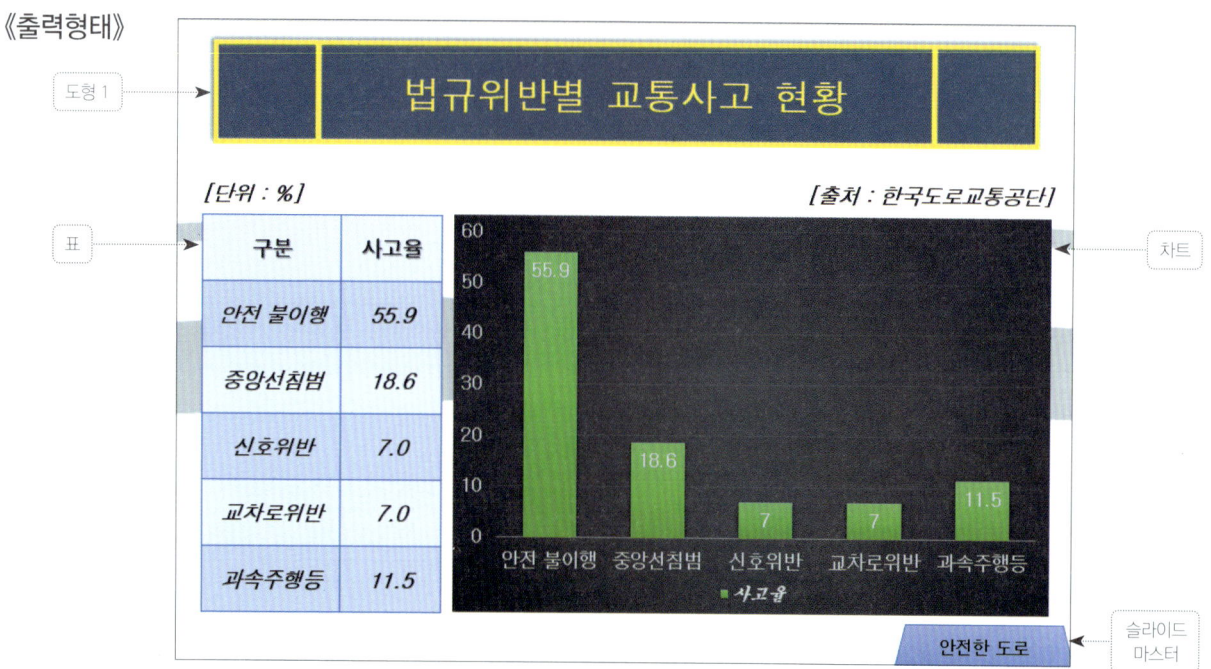

《작성조건》

(1) 제목

▶ 도형 1 ⇒ 순서도 - '순서도: 종속 처리', 도형 채우기('청회색, 텍스트 2'), 도형 윤곽선(실선, 색 : 노랑, 너비 : 5pt, 겹선 종류 : 단순형), 도형 효과(그림자 - 바깥쪽 - '오프셋: 왼쪽 위', 입체 효과 - '십자형으로'), 글꼴(돋움체, 32pt, 굵게, 노랑)

(2) 본문 (※ 차트 작성은 반드시 '차트 삽입 → 데이터 입력 → 차트 스타일' 순으로 작성 바랍니다.)

▶ 텍스트 상자 1([단위 : %]) ⇒ 글꼴(돋움, 18pt, 굵게, 기울임꼴)

▶ 표 ⇒ 표 스타일(중간 - '보통 스타일 4 - 강조 1'),
가장 위의 행 : 글꼴(돋움, 18pt, 굵게, 텍스트 그림자, 가운데 맞춤),
나머지 행 : 글꼴(돋움, 18pt, 굵게, 기울임꼴, 가운데 맞춤)

▶ 텍스트 상자 2([출처 : 한국도로교통공단]) ⇒ 글꼴(돋움, 18pt, 굵게, 기울임꼴)

▶ 차트 ⇒ 세로 막대형 - '묶은 세로 막대형', 차트 스타일(색 변경 – 색상형 - '다양한 색상표 4', 스타일 9), 축 서식/데이터 레이블 서식 : 글꼴(돋움, 16pt, 굵게),
범례 서식 : 글꼴(궁서체, 15pt, 굵게, 기울임꼴), 데이터는 표 참고

▶ 배경 ⇒ 배경 서식(채우기 - 그림 또는 질감 채우기)에서 그림 2 삽입(현재 슬라이드만 적용)

▶ 애니메이션 지정 ⇒ 차트 : 나타내기 - 나누기

▶ 지시사항이 없는 부분은 《출력형태》와 동일하게 작성하시오.

| 디지털정보활용능력 | **프리젠테이션(파워포인트)** | (시험시간 : 40분) |

유의사항

- 《작성조건》을 준수하여 반드시 프리젠테이션 슬라이드로 작업합니다.
- 글꼴 및 기타 사항에 대해 별도의 지시사항이 없는 경우, 슬라이드 크기와 전체적인 균형을 고려하여 임의로 작성하되, 도형은 그룹으로 설정하지 않습니다.
- 모든 슬라이드 크기(A4), 방향(가로), 디자인 테마(Office 테마)로 지정합니다.
  ▶ 슬라이드 크기, 방향 조정 시 '맞춤 확인'으로 지정하여야 합니다.
- 공통적용사항(슬라이드 마스터)
  ▶ 도형 ⇒ 기본 도형 - '사다리꼴',
     도형 스타일('미세 효과 - 파랑, 강조 1'), 글꼴(돋움, 15pt, 굵게)
- 그림 삽입 시 다운로드 한 그림 파일을 반드시 사용하여야 합니다.
- ⬚⬚⬚⬚ ➔ 은 지시사항이므로 작성하지 않습니다.
- 슬라이드에 제시된 글자 및 숫자 오탈자는 별도 감점 처리됩니다.
- "도형 서식"과 "셰이프 형식"은 동일한 기능이며, 버전에 따라 표현이 다릅니다.

【슬라이드1】 아래의 작성조건 및 출력형태에 알맞게 첫 번째 슬라이드에 작업하시오. **(30점)**

《출력형태》

《작성조건》

▶ 도형 1 ⇒ 기본 도형 - '십자형', 도형 채우기(그라데이션 : 미리 설정 - '밝은 그라데이션 - 강조 1', 종류 - 방사형, 방향 - '가운데에서'), 도형 윤곽선(실선, 색 : 진한 파랑, 너비 : 3pt, 겹선 종류 : 단순형), 도형 효과(그림자 - 바깥쪽 - '오프셋: 위쪽'), 글꼴(굴림, 45pt, 굵게, 빨강)

▶ 도형 2 ⇒ 기본 도형 -'"허용 안 됨" 기호', 도형 채우기(진한 빨강), 선 없음, 도형 효과(그림자 - 바깥쪽 - '오프셋: 오른쪽 아래', 반사 -'근접 반사: 터치')

▶ 도형 3 ⇒ 기본 도형 - '해', 도형 스타일('강한 효과 - 황금색, 강조 4')

▶ 그림 삽입 ⇒ 그림 1 삽입, 크기(높이 : 6cm, 너비 : 8cm)

▶ 텍스트 상자(당신의 안전이 곧 가족의 행복) ⇒ 글꼴(돋움체, 30pt, 굵게, 밑줄)

▶ 애니메이션 지정 ⇒ 도형 1 : 나타내기 - 날아오기

▶ 지시사항이 없는 부분은 《출력형태》와 동일하게 작성하시오.

| 디지털정보활용능력 | **프리젠테이션(파워포인트)** | (시험시간 : 40분) |

【슬라이드2】 아래의 작성조건 및 출력형태에 알맞게 두 번째 슬라이드에 작업하시오. **(50점)**

《출력형태》

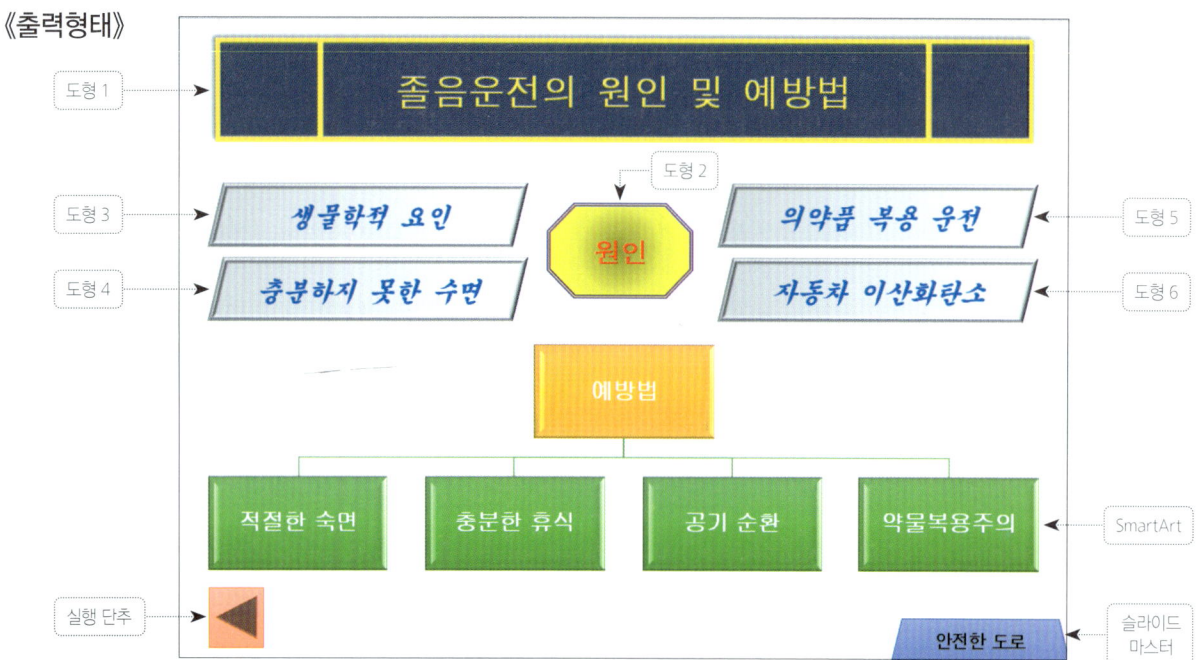

《작성조건》

(1) 제목

▶ 도형 1 ⇒ 순서도 - '순서도: 종속 처리', 도형 채우기('청회색, 텍스트 2'), 도형 윤곽선(실선, 색 : 노랑, 너비 : 5pt, 겹선 종류 : 단순형), 도형 효과(그림자 - 바깥쪽 - '오프셋: 왼쪽 위', 입체 효과 - '십자형으로'), 글꼴(돋움체, 32pt, 굵게, 노랑)

(2) 본문

▶ 도형 2 ⇒ 기본 도형 - '팔각형', 도형 채우기(노랑, 그라데이션 – '가운데에서'),
　　도형 윤곽선(실선, 색 : 자주, 너비 : 3pt, 겹선 종류 : 이중), 글꼴(돋움, 24pt, 굵게, 빨강)

▶ 도형 3~6 ⇒ 기본 도형 - '평행 사변형', 도형 채우기('회색, 강조 3', 그라데이션 - '선형 오른쪽'),
　　선 없음, 도형 효과(입체 효과 – '낮은 수준의 경사'),
　　글꼴(궁서체, 22pt, 굵게, 기울임꼴, 파랑)

▶ 실행 단추 ⇒ 실행 단추 – '실행 단추: 뒤로 또는 앞으로 이동', 하이퍼링크 : 이전 슬라이드,
　　도형 스타일('미세 효과 – 주황, 강조 2')

▶ SmartArt 삽입 ⇒ 계층 구조형 - '조직도형', 글꼴(굴림, 20pt, 굵게, 가운데 맞춤),
　　SmartArt 스타일(색 변경 – 색상형 - '색상형 범위 - 강조색 5 또는 6',
　　3차원 – '경사'), (반드시 SmartArt 기능을 이용하여 작성할 것)

▶ 애니메이션 지정 ⇒ SmartArt : 나타내기 – 밝기 변화

▶ 지시사항이 없는 부분은 《출력형태》와 동일하게 작성하시오.

디지털정보활용능력 프리젠테이션(파워포인트) (시험시간 : 40분)

【슬라이드4】 아래의 작성조건 및 출력형태에 알맞게 네 번째 슬라이드에 작업하시오. **(60점)**

《출력형태》

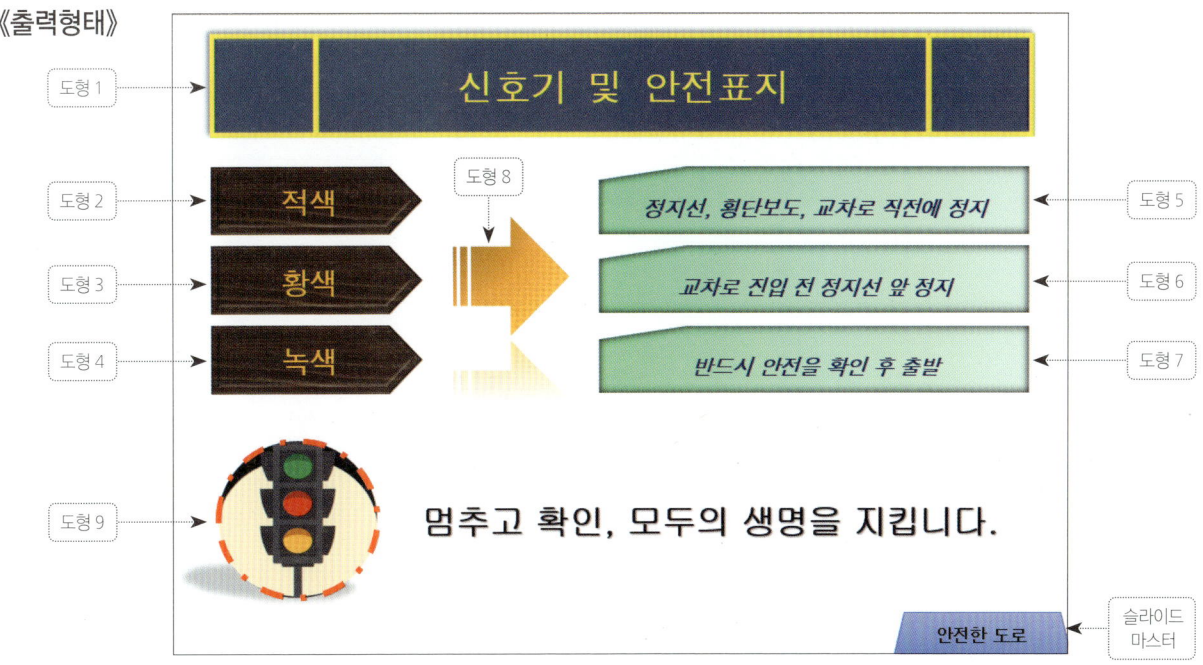

《작성조건》

(1) 제목
> ▶ 도형 1 ⇒ 순서도 - '순서도: 종속 처리', 도형 채우기('청회색, 텍스트 2'), 도형 윤곽선(실선, 색 : 노랑, 너비 : 5pt, 겹선 종류 : 단순형), 도형 효과(그림자 - 바깥쪽 - '오프셋: 왼쪽 위', 입체 효과 - '십자형으로'), 글꼴(돋움체, 32pt, 굵게, 노랑)

(2) 본문
> ▶ 도형 2~4 ⇒ 블록 화살표 -'화살표: 오각형', 도형 채우기(질감 : 월넛), 선 없음,
> 도형 효과(입체 효과 - '딱딱한 가장자리'), 글꼴(돋움, 25pt, 굵게, '황금색, 강조 4')
>
> ▶ 도형 5~7 ⇒ 순서도 - '순서도: 카드', 도형 채우기(녹색, 그라데이션 - '선형 오른쪽'), 선 없음,
> 도형 효과(그림자 - 안쪽 -'안쪽: 가운데'), 글꼴(돋움, 18pt, 굵게, 기울임꼴, 진한 파랑)
>
> ▶ 도형 8 ⇒ 블록 화살표 -'화살표: 줄무늬가 있는 오른쪽',
> 도형 채우기(주황, 그라데이션 - '왼쪽 위 모서리에서'), 선 없음,
> 도형 효과(반사 - '1/2 반사: 4pt 오프셋')
>
> ▶ 도형 9 ⇒ 기본 도형 - '타원', 도형 채우기(그림 또는 질감 채우기) 기능을 사용하여 그림 3 삽입,
> 도형 윤곽선(실선, 색 : 빨강, 너비 : 5pt, 겹선 종류 : 단순형, 대시 종류 : 파선-점선),
> 도형 효과(그림자 - 원근감 - '원근감: 왼쪽 위')
>
> ▶ WordArt 삽입(멈추고 확인, 모두의 생명을 지킵니다.)
> ⇒ WordArt 스타일('채우기: 검정, 텍스트 색 1, 그림자'), 글꼴(굴림, 30pt, 굵게, 텍스트 그림자)
>
> ▶ 지시사항이 없는 부분은 《출력형태》와 동일하게 작성하시오.

academy_soft_ Ⓢ

MS Office 2021 버전용

디지털정보활용능력
(DIAT ; Digital Information Ability Test)

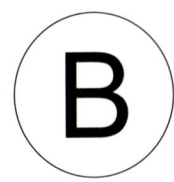

- **시험과목** : 프리젠테이션(파워포인트)
- **시험일자** : 20XX. XX. XX.(X)
- **응시자 기재사항 및 감독위원 확인**

수 검 번 호	DIP - XXXX -	감독위원 확인
성 명		

응시자 유의사항

1. 응시자는 신분증을 지참하여야 시험에 응시할 수 있으며, 시험이 종료될 때까지 신분증을 제시하지 못 할 경우 해당 시험은 0점 처리됩니다.
2. 시스템(PC작동여부, 네트워크 상태 등)의 이상여부를 반드시 확인하여야 하며, 시스템 이상이 있을 시 감독위원에게 조치를 받으셔야 합니다.
3. 시험 중 부주의 또는 고의로 시스템을 파손한 경우는 응시자 부담으로 합니다.
4. 답안 전송 프로그램을 통해 다운로드 받은 파일을 이용하여 답안 파일을 작성하시기 바랍니다.
5. 작성한 답안 파일은 답안 전송 프로그램을 통하여 전송됩니다. 감독위원의 지시에 따라 주시기바랍니다.
6. 다음 사항의 경우 실격(0점) 혹은 부정행위 처리됩니다.
    1) 답안파일을 저장하지 않았거나, 저장한 파일이 손상되었을 경우
    2) 답안파일을 지정된 폴더(바탕화면 – "KAIT" 폴더)에 저장하지 않았을 경우
        ※ 답안 전송 프로그램 로그인 시 바탕화면에 자동 생성됨
    3) 답안파일을 다른 보조기억장치(USB) 혹은 네트워크(메신저, 게시판 등)로 전송할 경우
    4) 휴대용 전화기 등 통신기기를 사용할 경우
7. 슬라이드는 반드시 순서대로 작성해야 하며, 순서가 다를 경우 "0"점 처리됩니다.
8. 시험지에 제시된 글꼴이 응시 프로그램에 없는 경우, 반드시 감독위원에게 해당 내용을 통보한 뒤 조치를 받아야 합니다.
9. 슬라이드 작성 시 도형의 그룹설정을 사용하는 경우, 채점에서 감점 처리됩니다.
10. 시험의 완료는 작성이 완료된 답안을 저장하고, 답안전송이 완료된 상태를 확인한 것으로 합니다. 답안전송 확인 후 문제지는 감독위원에게 제출한 후 퇴실하여야 합니다.
11. 답안전송을 완료한 경우는 수정 또는 정정이 불가합니다.
12. 시험 시행 후 합격자 발표는 홈페이지(www.ihd.or.kr)에서 확인하시기를 바랍니다.
    ※ 시험지 공개 : 20XX. XX. XX. (X)

| 디지털정보활용능력 | 프리젠테이션(파워포인트) | (시험시간 : 40분)

【슬라이드3】 아래의 작성조건 및 출력형태에 알맞게 세 번째 슬라이드에 작업하시오. **(60점)**

《출력형태》

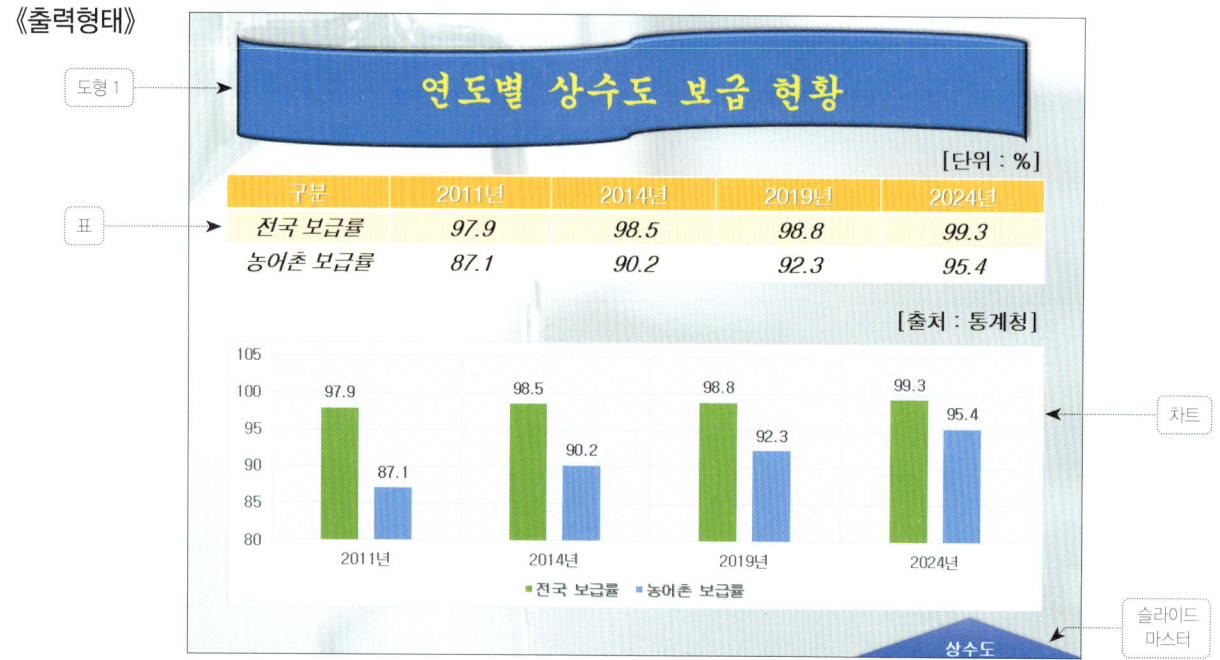

《작성조건》

(1) 제목

▶ 도형 1 ⇒ 순서도 - '순서도: 천공 테이프', 도형 채우기(파랑), 도형 윤곽선(실선, 색 : 진한 파랑, 너비 : 2pt, 겹선 종류 : 단순형), 도형 효과(그림자 - 바깥쪽 - '오프셋: 오른쪽 위', 입체 효과 - '리블렛'), 글꼴(궁서체, 32pt, 굵게, 노랑)

(2) 본문 (※ 차트 작성은 반드시 '차트 삽입 → 데이터 입력 → 차트 스타일' 순으로 작성 바랍니다.)

▶ 텍스트 상자 1([단위 : %]) ⇒ 글꼴(돋움, 18pt, 굵게)

▶ 표 ⇒ 표 스타일(중간 - '보통 스타일 2 - 강조 4'),
　　　가장 위의 행 : 글꼴(돋움, 18pt, 굵게, 텍스트 그림자, 가운데 맞춤),
　　　나머지 행 : 글꼴(돋움, 18pt, 굵게, 기울임꼴, 가운데 맞춤)

▶ 텍스트 상자 2([출처 : 통계청]) ⇒ 글꼴(돋움, 18pt, 굵게)

▶ 차트 ⇒ 세로 막대형 - '묶은 세로 막대형', 차트 스타일(색 변경 - 색상형 - '다양한 색상표 4', 스타일 7), 축 서식/데이터 레이블 서식 : 글꼴(돋움, 13pt, 굵게), 범례 서식 : 글꼴(굴림체, 13pt, 굵게, 텍스트 그림자), 데이터는 표 참고

▶ 배경 ⇒ 배경 서식(채우기 - 그림 또는 질감 채우기)에서 그림 2 삽입(현재 슬라이드만 적용)

▶ 애니메이션 지정 ⇒ 차트 : 나타내기 - 회전

▶ 지시사항이 없는 부분은 《출력형태》와 동일하게 작성하시오.

디지털정보활용능력 **프리젠테이션(파워포인트)** ━ **(시험시간 : 40분)**

【슬라이드2】 아래의 작성조건 및 출력형태에 알맞게 두 번째 슬라이드에 작업하시오. **(50점)**

《출력형태》

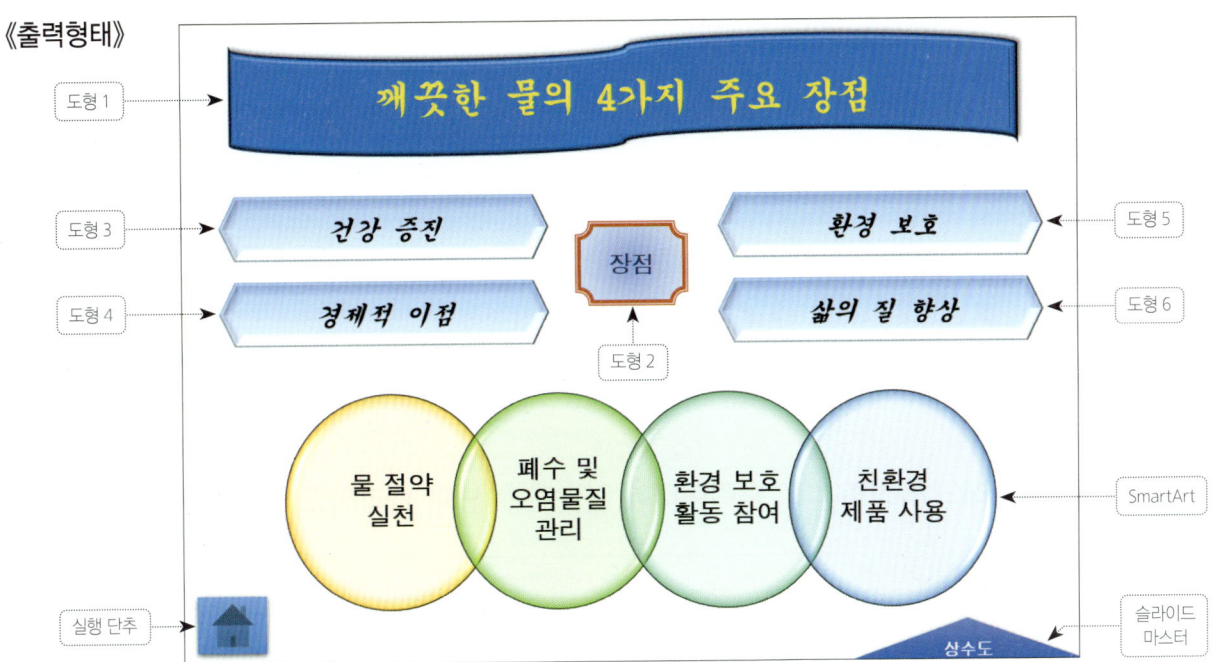

《작성조건》

(1) 제목

▶ 도형 1 ⇒ 순서도 - '순서도: 천공 테이프', 도형 채우기(파랑), 도형 윤곽선(실선, 색 : 진한 파랑, 너비 : 2pt, 겹선 종류 : 단순형), 도형 효과(그림자 - 바깥쪽 - '오프셋: 오른쪽 위', 입체 효과 - '리블렛'), 글꼴(궁서체, 32pt, 굵게, 노랑)

(2) 본문

▶ 도형 2 ⇒ 기본 도형 - '배지', 도형 채우기(파랑, 그라데이션 - '가운데에서'), 도형 윤곽선(실선, 색 : 진한 빨강, 너비 : 5pt, 겹선 종류 : 얇고 굵음), 글꼴(돋움, 20pt, 굵게, 진한 파랑)

▶ 도형 3~6 ⇒ 기본 도형 - '육각형', 도형 채우기('파랑, 강조 5', 그라데이션 - '선형 아래쪽'), 선 없음, 도형 효과(입체 효과 - '부드럽게 둥글리기'), 글꼴(궁서체, 22pt, 굵게, 기울임꼴, '검정, 텍스트 1')

▶ 실행 단추 ⇒ 실행 단추 - '실행 단추: 홈으로 이동', 하이퍼링크 : 첫째 슬라이드, 도형 스타일('강한 효과 - 파랑, 강조 5')

▶ SmartArt 삽입 ⇒ 관계형 - '선형 벤형', 글꼴(돋움, 22pt, 굵게, 가운데 맞춤), SmartArt 스타일(색 변경 - 색상형 - '색상형 범위 - 강조색 4 또는 5', 3차원 - '만화'), (반드시 SmartArt 기능을 이용하여 작성할 것)

▶ 애니메이션 지정 ⇒ SmartArt : 나타내기 - 바운드

▶ 지시사항이 없는 부분은 《출력형태》와 동일하게 작성하시오.

| 디지털정보활용능력 | **프리젠테이션(파워포인트)** | (시험시간 : 40분) |

유의사항

- 《작성조건》을 준수하여 반드시 프리젠테이션 슬라이드로 작업합니다.
- 글꼴 및 기타 사항에 대해 별도의 지시사항이 없는 경우, 슬라이드 크기와 전체적인 균형을 고려하여 임의로 작성하되, 도형은 그룹으로 설정하지 않습니다.
- 모든 슬라이드 크기(A4), 방향(가로), 디자인 테마(Office 테마)로 지정합니다.
  ▶ 슬라이드 크기, 방향 조정 시 '**맞춤 확인**'으로 지정하여야 합니다.
- 공통적용사항(슬라이드 마스터)
  ▶ 도형 ⇒ 기본 도형 - '이등변 삼각형',
    도형 스타일('강한 효과 - 파랑, 강조 1'), 글꼴(굴림, 15pt, 굵게)
- 그림 삽입 시 다운로드 한 그림 파일을 반드시 사용하여야 합니다.
- ⬭⟶ 은 지시사항이므로 작성하지 않습니다.
- 슬라이드에 제시된 글자 및 숫자 오탈자는 별도 감점 처리됩니다.
- "도형 서식"과 "셰이프 형식"은 동일한 기능이며, 버전에 따라 표현이 다릅니다.

【슬라이드1】 아래의 작성조건 및 출력형태에 알맞게 첫 번째 슬라이드에 작업하시오. (30점)

《출력형태》

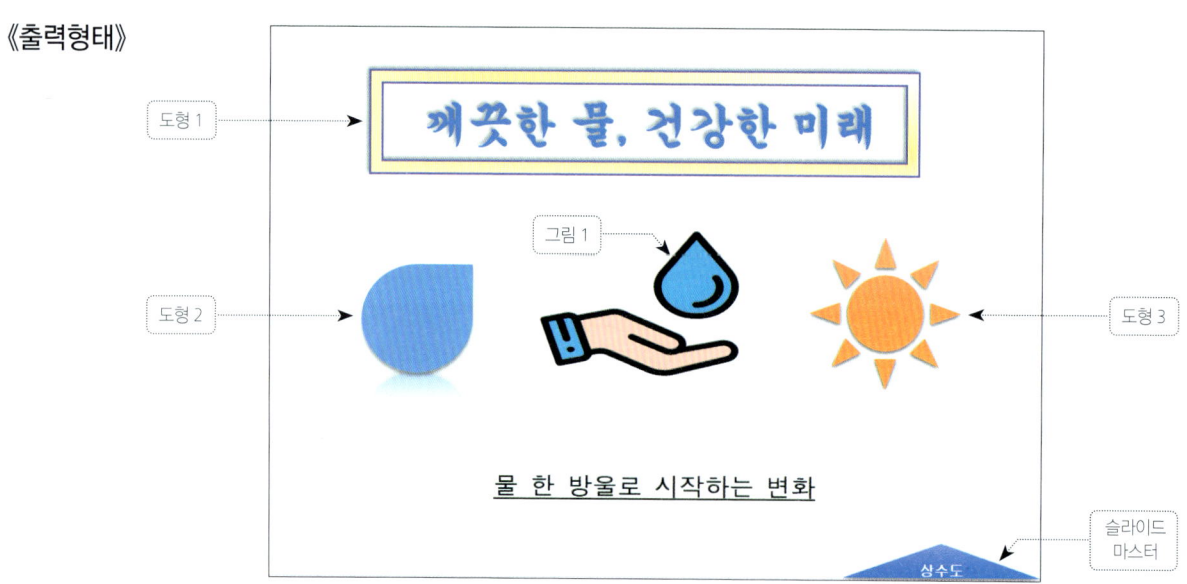

《작성조건》

▶ 도형 1 ⇒ 기본 도형 - '액자', 도형 채우기(그라데이션 : 미리 설정 - '밝은 그라데이션 - 강조 4', 종류 - 사각형, 방향 - '오른쪽 위 모서리에서'),
  도형 윤곽선(실선, 색 : 자주, 너비 : 2pt, 겹선 종류 : 단순형),
  도형 효과(그림자 - 바깥쪽 - '오프셋: 왼쪽 위'), 글꼴 (궁서, 45pt, 굵게, '파랑 , 강조 1')

▶ 도형 2 ⇒ 기본 도형 - '눈물 방울', 도형 채우기('파랑, 강조 5'), 선 없음,
  도형 효과(그림자 - 바깥쪽 - '오프셋: 아래쪽', 반사 - '근접 반사: 터치')

▶ 도형 3 ⇒ 기본 도형 - '해', 도형 스타일('강한 효과 - 주황, 강조 2')

▶ 그림 삽입 ⇒ 그림 1 삽입, 크기(높이 : 5cm, 너비 : 7cm)

▶ 텍스트 상자(물 한 방울로 시작하는 변화) ⇒ 글꼴(돋움체, 25pt, 굵게, 밑줄)

▶ 애니메이션 지정 ⇒ 도형 1 : 나타내기 - 확대/축소

▶ 지시사항이 없는 부분은 《출력형태》와 동일하게 작성하시오.

| 디지털정보활용능력 | **프리젠테이션(파워포인트)** | (시험시간 : 40분) |

【슬라이드4】 아래의 작성조건 및 출력형태에 알맞게 네 번째 슬라이드에 작업하시오. **(60점)**

《출력형태》

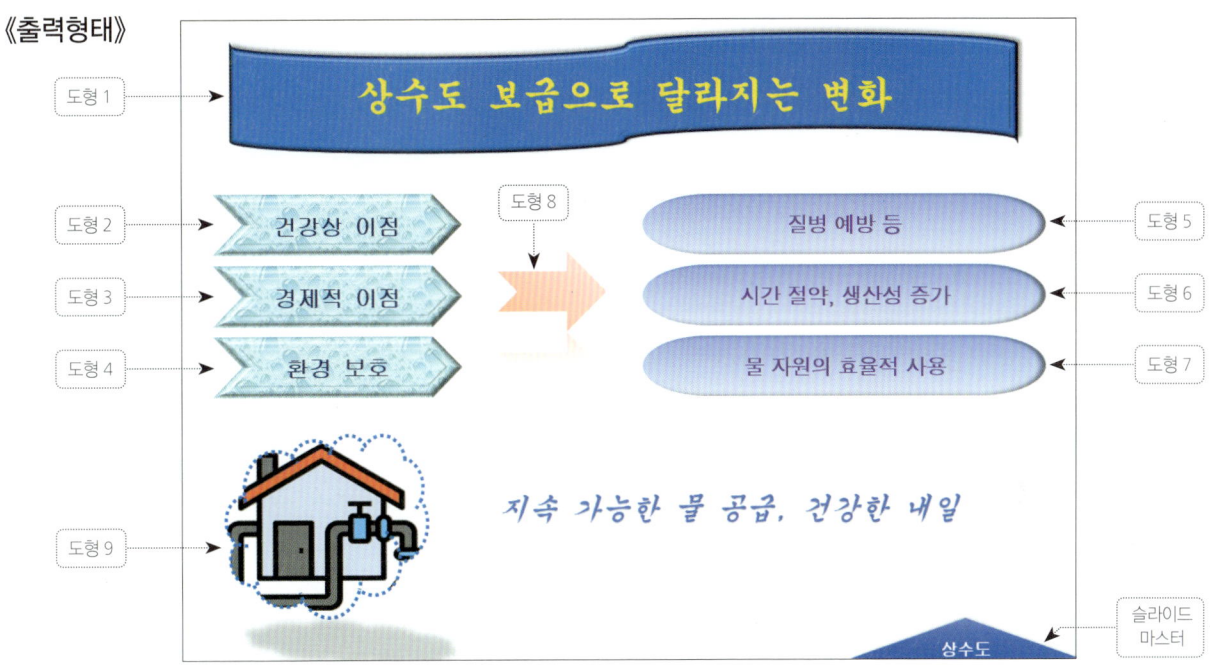

《작성조건》

(1) 제목
- ▶ 도형 1 ⇒ 순서도 - '순서도: 천공 테이프', 도형 채우기(파랑), 도형 윤곽선(실선, 색 : 진한 파랑, 너비 : 2pt, 겹선 종류 : 단순형), 도형 효과(그림자 - 바깥쪽 - '오프셋: 오른쪽 위', 입체 효과 - '리블렛'), 글꼴(궁서체, 32pt, 굵게, 노랑)

(2) 본문
- ▶ 도형 2~4 ⇒ 블록 화살표 -'화살표: 갈매기형 수장', 도형 채우기(질감 : 작은 물방울), 선 없음, 도형 효과(입체 효과 - '디벗'), 글꼴(굴림체, 20pt, 굵게, 진한 파랑)
- ▶ 도형 5~7 ⇒ 순서도 - '순서도: 수행의 시작/종료', 도형 채우기(파랑, 그라데이션 - '선형 아래쪽'), 선 없음, 도형 효과(그림자 - 안쪽 - '안쪽: 오른쪽'), 글꼴(돋움, 18pt, 굵게, 자주)
- ▶ 도형 8 ⇒ 블록 화살표 -'화살표: 톱니 모양의 오른쪽', 도형 채우기('주황, 강조 2', 그라데이션 - '선형 대각선 - 왼쪽 아래에서 오른쪽 위로'), 선 없음, 도형 효과(반사 - '1/2 반사: 터치')
- ▶ 도형 9 ⇒ 기본 도형 - '구름', 도형 채우기(그림 또는 질감 채우기) 기능을 사용하여 그림 3 삽입, 도형 윤곽선(실선, 색 : 파랑, 너비 : 3pt, 겹선 종류 : 단순형, 대시 종류 : 둥근 점선), 도형 효과(그림자 - 원근감 - '원근감: 오른쪽 아래')
- ▶ WordArt 삽입(지속 가능한 물 공급, 건강한 내일)
  ⇒ WordArt 스타일('채우기: 파랑, 강조색 1, 그림자'), 글꼴(궁서체, 25pt, 기울임꼴, 텍스트 그림자)
- ▶ 지시사항이 없는 부분은 《출력형태》와 동일하게 작성하시오.

academy*soft* Ⓢ

MS Office 2021 버전용

디지털정보활용능력

(**DIAT**; Digital Information Ability Test)

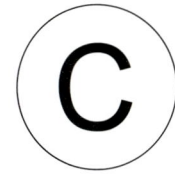

■ 시험과목 : 프리젠테이션(파워포인트)
■ 시험일자 : 20XX. XX. XX.(X)
■ 응시자 기재사항 및 감독위원 확인

수 검 번 호	DIP - XXXX -	감독위원 확인
성 명		

응시자 유의사항

1. 응시자는 신분증을 지참하여야 시험에 응시할 수 있으며, 시험이 종료될 때까지 신분증을 제시하지 못 할 경우 해당 시험은 0점 처리됩니다.
2. 시스템(PC작동여부, 네트워크 상태 등)의 이상여부를 반드시 확인하여야 하며, 시스템 이상이 있을 시 감독위원에게 조치를 받으셔야 합니다.
3. 시험 중 부주의 또는 고의로 시스템을 파손한 경우는 응시자 부담으로 합니다.
4. 답안 전송 프로그램을 통해 다운로드 받은 파일을 이용하여 답안 파일을 작성하시기 바랍니다.
5. 작성한 답안 파일은 답안 전송 프로그램을 통하여 전송됩니다. 감독위원의 지시에 따라 주시기바랍니다.
6. 다음 사항의 경우 실격(0점) 혹은 부정행위 처리됩니다.
   1) 답안파일을 저장하지 않았거나, 저장한 파일이 손상되었을 경우
   2) 답안파일을 지정된 폴더(바탕화면 – "KAIT" 폴더)에 저장하지 않았을 경우
      ※ 답안 전송 프로그램 로그인 시 바탕화면에 자동 생성됨
   3) 답안파일을 다른 보조기억장치(USB) 혹은 네트워크(메신저, 게시판 등)로 전송할 경우
   4) 휴대용 전화기 등 통신기기를 사용할 경우
7. 슬라이드는 반드시 순서대로 작성해야 하며, 순서가 다를 경우 "0"점 처리됩니다.
8. 시험지에 제시된 글꼴이 응시 프로그램에 없는 경우, 반드시 감독위원에게 해당 내용을 통보한 뒤 조치를 받아야 합니다.
9. 슬라이드 작성 시 도형의 그룹설정을 사용하는 경우, 채점에서 감점 처리됩니다.
10. 시험의 완료는 작성이 완료된 답안을 저장하고, 답안전송이 완료된 상태를 확인한 것으로 합니다. 답안전송 확인 후 문제지는 감독위원에게 제출한 후 퇴실하여야 합니다.
11. 답안전송을 완료한 경우는 수정 또는 정정이 불가합니다.
12. 시험 시행 후 합격자 발표는 홈페이지(www.ihd.or.kr)에서 확인하시기를 바랍니다.
    ※ 시험지 공개 : 20XX. XX. XX. (X)

| 디지털정보활용능력 | 프리젠테이션(파워포인트) | (시험시간 : 40분)

【슬라이드3】 아래의 작성조건 및 출력형태에 알맞게 세 번째 슬라이드에 작업하시오. **(60점)**

《출력형태》

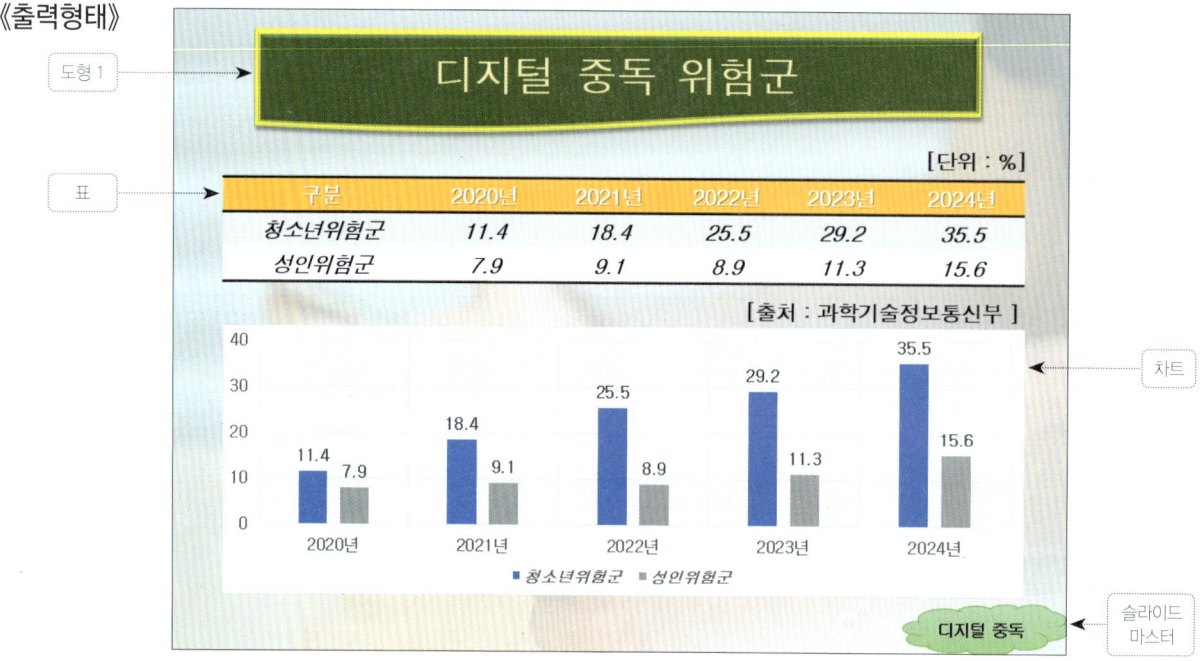

《작성조건》

(1) 제목

▶ 도형 1 ⇒ 순서도 - '순서도: 문서', 도형 채우기('녹색, 강조 6, 50% 더 어둡게'),
　　　　　도형 윤곽선(실선, 색 : 노랑, 너비 : 5pt, 겹선 종류 : 단순형),
　　　　　도형 효과(그림자 - 바깥쪽 - '오프셋: 아래쪽', 입체 효과 - '둥글게 볼록'),
　　　　　글꼴(돋움체, 35pt, 굵게, '황금색, 강조 4, 60% 더 밝게')

(2) 본문 (※ 차트 작성은 반드시 '차트 삽입 → 데이터 입력 → 차트 스타일' 순으로 작성바랍니다.)

▶ 텍스트 상자 1([단위 : %]) ⇒ 글꼴(돋움, 18pt, 굵게)

▶ 표 ⇒ 표 스타일(중간 - '보통 스타일 3 - 강조 4'),
　　　가장 위의 행 : 글꼴(돋움, 18pt, 굵게, 텍스트 그림자, 가운데 맞춤),
　　　나머지 행 : 글꼴(돋움, 18pt, 굵게, 기울임꼴, 가운데 맞춤)

▶ 텍스트 상자 2([출처 : 과학기술정보통신부]) ⇒ 글꼴(돋움, 18pt, 굵게)

▶ 차트 ⇒ 세로 막대형 - '묶은 세로 막대형', 차트 스타일(색 변경 - 색상형 - '다양한 색상표 2',
　　　　스타일 7), 축 서식/데이터 레이블 서식 : 글꼴(돋움, 14pt, 굵게),
　　　　범례 서식 : 글꼴(굴림체, 14pt, 굵게, 기울임꼴), 데이터는 표 참고

▶ 배경 ⇒ 배경 서식(채우기 - 그림 또는 질감 채우기)에서 그림 2 삽입(현재 슬라이드만 적용)

▶ 애니메이션 지정 ⇒ 차트 : 나타내기 - 날아오기

▶ 지시사항이 없는 부분은 《출력형태》와 동일하게 작성하시오.

| 디지털정보활용능력 | 프리젠테이션(파워포인트) | (시험시간 : 40분) |

【슬라이드2】 아래의 작성조건 및 출력형태에 알맞게 두 번째 슬라이드에 작업하시오. **(50점)**

《출력형태》

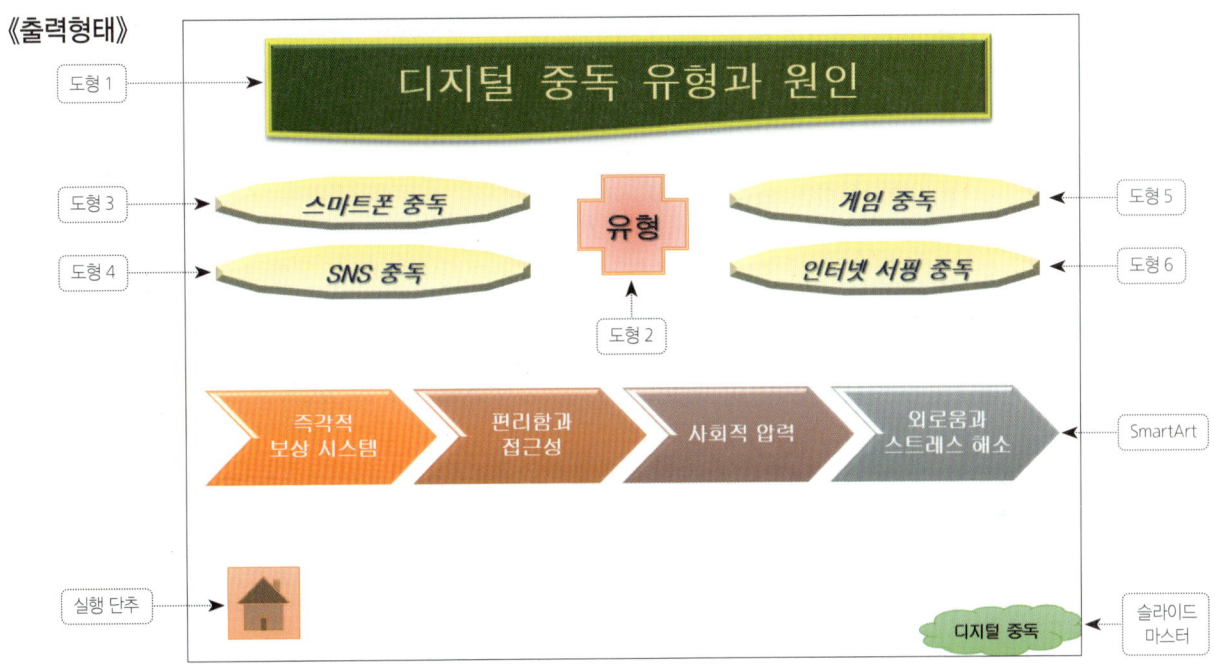

《작성조건》

(1) 제목

▶ 도형 1 ⇒ 순서도 - '순서도: 문서', 도형 채우기('녹색, 강조 6, 50% 더 어둡게'),
도형 윤곽선(실선, 색 : 노랑, 너비 : 5pt, 겹선 종류 : 단순형),
도형 효과(그림자 - 바깥쪽 - '오프셋: 아래쪽', 입체 효과 - '둥글게 볼록'),
글꼴(돋움체, 35pt, 굵게, '황금색, 강조 4, 60% 더 밝게')

(2) 본문

▶ 도형 2 ⇒ 기본 도형 - '십자형', 도형 채우기(빨강, 그라데이션 - '가운데에서'),
도형 윤곽선(실선, 색 : '주황, 강조 2', 너비 : 3pt, 겹선 종류 : 이중),
글꼴(굴림, 25pt, 굵게, 텍스트 그림자, '청회색, 텍스트 2, 50% 더 어둡게')

▶ 도형 3~6 ⇒ 기본 도형 - '십이각형', 도형 채우기('황금색, 강조 4', 그라데이션 - '선형 아래쪽'),
선 없음, 도형 효과(입체 효과 - '각지게'),
글꼴(돋움, 20pt, 굵게, 기울임꼴, 텍스트 그림자, 진한 파랑)

▶ 실행 단추 ⇒ 실행 단추 -'실행 단추: 홈으로 이동', 하이퍼링크 : 첫째 슬라이드,
도형 스타일('미세 효과 - 주황, 강조 2')

▶ SmartArt 삽입 ⇒ 프로세스형 - '기본 갈매기형 수장 프로세스형', 글꼴(굴림, 18pt, 굵게, 가운데 맞춤),
SmartArt 스타일(색 변경 - 색상형 - '색상형 범위 - 강조색 2 또는 3',
3차원 - '광택 처리'), (반드시 SmartArt 기능을 이용하여 작성할 것)

▶ 애니메이션 지정 ⇒ SmartArt : 나타내기 - 시계 방향 회전

▶ 지시사항이 없는 부분은 《출력형태》와 동일하게 작성하시오.

디지털정보활용능력 **프리젠테이션(파워포인트)** ― **(시험시간 : 40분)**

유의사항

- 《작성조건》을 준수하여 반드시 프리젠테이션 슬라이드로 작업합니다.
- 글꼴 및 기타 사항에 대해 별도의 지시사항이 없는 경우, 슬라이드 크기와 전체적인 균형을 고려하여 임의로 작성하되, 도형은 그룹으로 설정하지 않습니다.
- 모든 슬라이드 크기(A4), 방향(가로), **디자인 테마(Office 테마)**로 지정합니다.
  ▶ 슬라이드 크기, 방향 조정 시 **'맞춤 확인'**으로 지정하여야 합니다.
- 공통적용사항(슬라이드 마스터)
  ▶ 도형 ⇒ 기본 도형 - '구름',
     도형 스타일('미세 효과 - 녹색, 강조 6'), 글꼴(굴림, 14pt, 굵게)
- 그림 삽입 시 다운로드 한 그림 파일을 반드시 사용하여야 합니다.
- ⬚⬚⬚⬚ ➔ 은 지시사항이므로 작성하지 않습니다.
- 슬라이드에 제시된 글자 및 숫자 오탈자는 별도 감점 처리됩니다.
- "도형 서식"과 "셰이프 형식"은 동일한 기능이며, 버전에 따라 표현이 다릅니다.

【슬라이드1】 아래의 작성조건 및 출력형태에 알맞게 첫 번째 슬라이드에 작업하시오. **(30점)**

《출력형태》

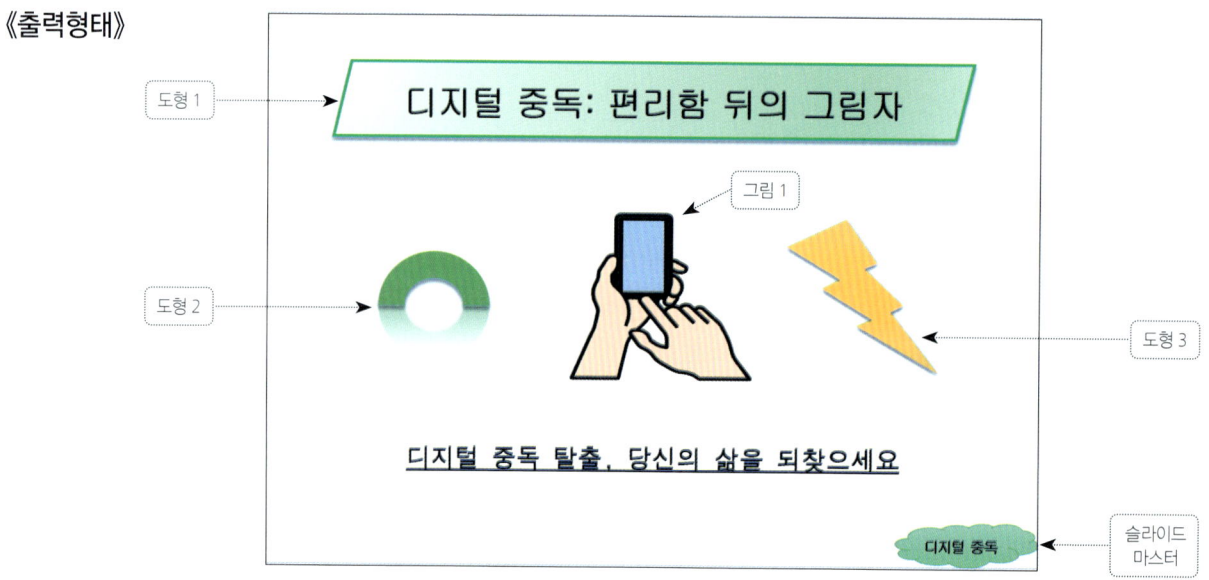

《작성조건》

▶ 도형 1 ⇒ 기본 도형 - '평행 사변형', 도형 채우기(그라데이션 : 미리 설정 - '밝은 그라데이션 - 강조 6', 종류 - 방사형, 방향 - '왼쪽 위 모서리에서'), 도형 윤곽선(실선, 색 : 녹색, 너비 : 3pt, 겹선 종류 : 단순형), 도형 효과(그림자 - 바깥쪽 - '오프셋: 아래쪽'), 글꼴(굴림, 35pt, 굵게, '검정, 텍스트 1')

▶ 도형 2 ⇒ 기본 도형 - '막힌 원호', 도형 채우기('녹색, 강조 6'), 선 없음, 도형 효과(그림자 - 바깥쪽 - '오프셋: 아래쪽', 반사 - '전체 반사: 터치')

▶ 도형 3 ⇒ 기본 도형 - '번개', 도형 스타일('강한 효과 - 황금색, 강조 4')

▶ 그림 삽입 ⇒ 그림 1 삽입, 크기(높이 : 6cm, 너비 : 8cm)

▶ 텍스트 상자(디지털 중독 탈출, 당신의 삶을 되찾으세요) ⇒ 글꼴(돋움체, 25pt, 굵게, 밑줄)

▶ 애니메이션 지정 ⇒ 도형 1 : 나타내기 - 도형

▶ 지시사항이 없는 부분은 《출력형태》와 동일하게 작성하시오.

디지털정보활용능력 **프리젠테이션(파워포인트)** (시험시간 : 40분)

【슬라이드4】 아래의 작성조건 및 출력형태에 알맞게 네 번째 슬라이드에 작업하시오. **(60점)**

《출력형태》

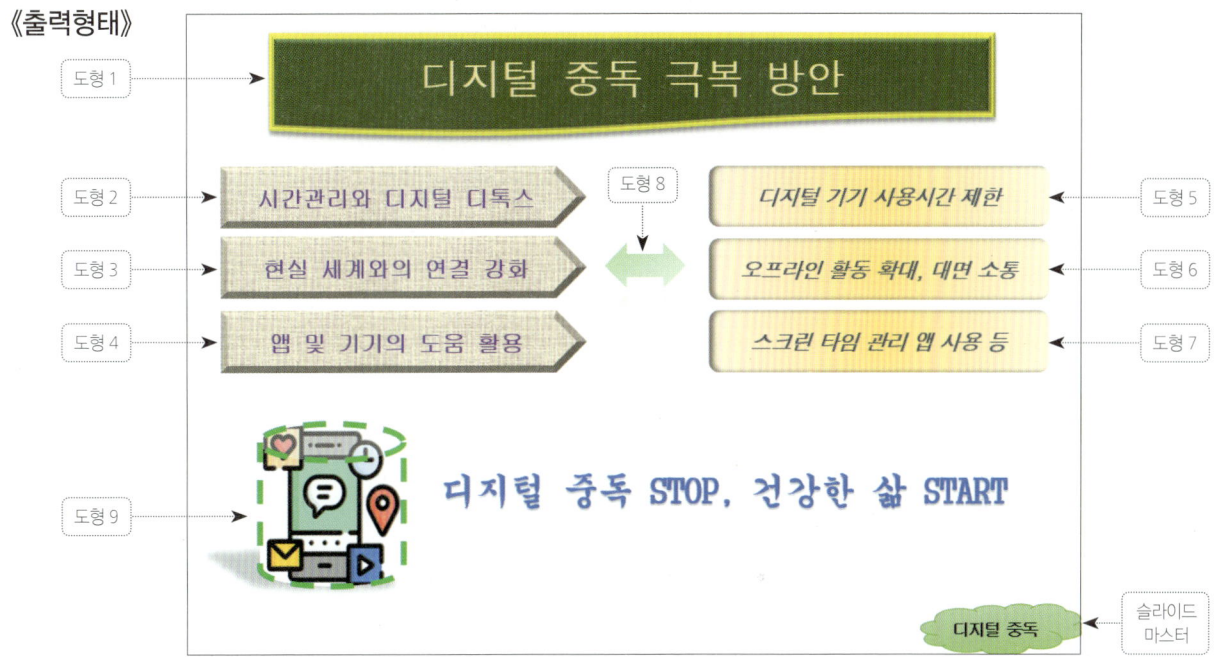

《작성조건》

(1) 제목

▶ 도형 1 ⇒ 순서도 - '순서도: 문서', 도형 채우기('녹색, 강조 6, 50% 더 어둡게'),
   도형 윤곽선(실선, 색 : 노랑, 너비 : 5pt, 겹선 종류 : 단순형),
   도형 효과(그림자 - 바깥쪽 - '오프셋: 아래쪽', 입체 효과 - '둥글게 볼록'),
   글꼴(돋움체, 35pt, 굵게, '황금색, 강조 4, 60% 더 밝게')

(2) 본문

▶ 도형 2~4 ⇒ 블록 화살표 - '화살표: 오각형', 도형 채우기(질감 : 캔버스), 선 없음,
   도형 효과(입체 효과 - '각지게'), 글꼴(굴림체, 20pt, 굵게, 자주)

▶ 도형 5~7 ⇒ 순서도 - '순서도: 대체 처리', 도형 채우기(주황, 그라데이션 - '가운데에서'), 선 없음,
   도형 효과(그림자 - 안쪽 - '안쪽: 왼쪽'), 글꼴(돋움, 18pt, 굵게, 기울임꼴, '청회색, 텍스트 2')

▶ 도형 8 ⇒ 블록 화살표 - '화살표: 왼쪽/오른쪽', 도형 채우기('녹색, 강조 6',
   그라데이션 - '선형 대각선 - 왼쪽 위에서 오른쪽 아래로'), 선 없음,
   도형 효과(반사 - '1/2 반사: 4pt 오프셋')

▶ 도형 9 ⇒ 기본 도형 - '원통형', 도형 채우기(그림 또는 질감 채우기) 기능을 사용하여 그림 3 삽입,
   도형 윤곽선(실선, 색 : 녹색, 너비 : 5pt, 겹선 종류 : 단순형, 대시 종류 : 파선),
   도형 효과(그림자 - 원근감 - '원근감: 왼쪽 위')

▶ WordArt 삽입(디지털 중독 STOP, 건강한 삶 START)
   ⇒ WordArt 스타일('채우기: 파랑, 강조색 1, 그림자'), 글꼴(궁서체, 30pt, 굵게, 텍스트 그림자)

▶ 지시사항이 없는 부분은 《**출력형태**》와 동일하게 작성하시오.

academy*soft*